高等学校酒店管理专业本科系列规划教材

服务企业运营管理

FUWU QIYE YUNYING GUANLI

◎主　编　李　雯　樊宏霞

◎副主编　杨智勇　肇丹丹

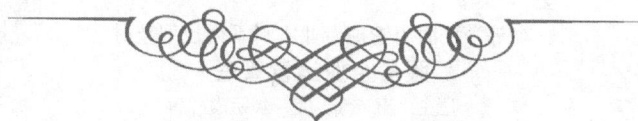

重庆大学出版社

内容提要

本书结构上分为三大编：服务管理概述、服务运营管理和服务质量评估。在第一编服务管理概述中包括导论、服务产品的构成与特征和服务分类三章内容；在第二编服务运营管理中包括服务战略、服务创新的管理、服务流程、服务设施设计、服务需求与生产能力管理、服务供应管理、服务排队管理及服务接触管理八章内容；在第三编服务质量评估中包括服务质量管理和顾客满意管理两章内容。本书不仅涵盖了建立服务性企业全过程所涉及的概念和工具的详细内容，而且列举了很多实例帮助读者了解这些概念和工具在实际中如何应用。

本书可作为旅游管理类专业的专业课教材，也可作为服务企业的工作人员的培训用书。

图书在版编目（CIP）数据

服务企业运营管理/李雯,樊宏霞主编.—重庆：重庆大学出版社,2016.8（2021.8重印）

高等学校酒店管理专业本科系列规划教材

ISBN 978-7-5624-9976-3

Ⅰ.①服… Ⅱ.①李…②樊… Ⅲ.①服务业—运营管理—高等学校—教材 Ⅳ.①F719

中国版本图书馆 CIP 数据核字（2016）第 156098 号

高等学校酒店管理专业本科系列规划教材

服务企业运营管理

主编 李 雯 樊宏霞
副主编 杨智勇 肇丹丹
策划编辑：尚东亮

责任编辑：杨 敬 叶相国 版式设计：尚东亮
责任校对：关德强 责任印制：张 策

*

重庆大学出版社出版发行
出版人：饶帮华
社址：重庆市沙坪坝区大学城西路 21 号
邮编：401331
电话：(023) 88617190 88617185（中小学）
传真：(023) 88617186 88617166
网址：http://www.cqup.com.cn
邮箱：fxk@ cqup.com.cn（营销中心）
全国新华书店经销
重庆俊蒲印务有限公司印刷

*

开本：787mm×1092mm 1/16 印张：21.75 字数：516 千
2016 年 8 月第 1 版 2021 年 8 月第 3 次印刷
印数：4 501— 5 500
ISBN 978-7-5624-9976-3 定价：59.00 元

编 委 会

总 序

　　旅游业已经发展成为全球市场经济中产业规模最大、发展势头最强的产业,其强劲的产业带动力受到全球众多国家的高度重视,促使众多区域将旅游业作为发展当地经济的支柱产业和先导产业。酒店业作为旅游业的三大支柱产业之一,在良好的旅游转型升级发展背景下,需要我们抓住旅游新常态机遇应对激烈的市场挑战。分析2000—2014年15年间的中国酒店统计数据,中国星级酒店客房总量以每年8.5%的复合年均增长率发展。酒店业在国际竞争国内化、国内竞争国际化的强竞争环境中,已从酒店间的竞争发展到酒店产业链与产业链之间、一个地区和另一个地区之间的线面竞争,酒店业发展总体呈现出酒店数量增长快,酒店主题多元化发展,酒店国际化程度高和融入科技元素实现智慧酒店的四大特征。为了更好地满足大众化酒店消费时代下的个性化需求,酒店集团开始转变酒店层次布局,更加注重差异化产品和独特品位酒店产品打造,转型升级酒店产品以应对市场化竞争。因此,酒店业发展应充分结合市场需求,实现新时代下酒店业的完美转型升级。

　　面对酒店业良好的发展态势,酒店人才的需求与培育已成为酒店业界和高校教育界亟待解决的问题,酒店人才培养成为高等院校的核心重点。从酒店管理本科人才培养情况来看,自2007年全国本科院校首次开设酒店管理专业,相对于旅游管理专业的开办而言起步较晚,但在这8年的发展中,特别是2012年教育部首次将酒店管理本科专业列入《普通高等学校本科专业目录(2012年)》以来,酒店管理本科教育得到快速发展,截至2014年全国开设酒店管理专业(不包含仅开设酒店管理专业方向)的本科院校就从2007年的4所上升到130所,人才培养规模紧跟行业发展速度。正是在我国酒店业逐步实现稳步转型发展和对酒店应用型人才需求的背景下,整合酒店教育资源,积极反映近几年来酒店管理本科教育教学与改革的新变化、新发展和新成果,为我国酒店业发展提供供需匹配的酒店人才支持,促进我国酒店管理教育进入稳定发展阶段。如此,规划出版一套具有前瞻性和新颖性的"高等学校酒店管理专业本科系列规划教材"已成为全国高等院校酒店教育的迫切需要和历史必然。

　　本套教材由教育部高等学校旅游管理类专业教学指导委员会副主任、国家"万人计划"教学名师、湖北大学旅游发展研究院马勇教授组织策划,担任编委会主任,自2012年启动选题调研与组织编写,历时3年多,汇聚全国一批知名酒店院校,定位于酒店产业发展人才需求层次较高的本科教育,根据教育部《旅游管理类本科专业(酒店管理专业)教学质量国家标准》,在对我国酒店教育人才培养方向、培养目标和教育特色等方面的把握以及对酒店发达国家酒店教育学习借鉴的基础上精心编撰而成的,具有较强的前瞻性、系统性和完整性。本套教材主要体现在以下四大特色:

　　第一,体系完整科学。本套教材围绕"融前沿、成体系、出精品"的核心理念展开,将酒店行业的新动态、新业态及管理职能、关系管理等都融于教材之中,将理论与实践相结合,实现多角度、多模块组合,形成完整的教材体系,出版精品之作。

第二,内容新颖前沿。本套教材尽可能地将当前国内外酒店产业发展的前沿理论和热点、焦点问题吸收进来以适应酒店业的现实发展需要,并突出酒店教育的中国特色。

第三,引用交叉融合。本套教材在保持本学科基本内容的基础上,注重处理好与相邻及交叉学科的关系,有重点、有关联地恰当引用其他相关学科的理论知识,以更广阔的视野来构建本学科的知识体系。

第四,作者队伍水平高。本套教材的作者很多都是中国酒店教育的知名专家,学历层次高、涉及领域广,包括诸多具有博士学位的经济学、管理学和工程学等多方面的专家和学者,并且还有酒店行业高水平的业界精英人士。我们力求通过邀请优秀知名的专业作者来保证所出教材拥有较高的水平。

在酒店教育新背景、新形势和新需求下,编写一套有特色、高质量的酒店管理专业教材是一项复杂的系统工程,需要专家学者、业界、出版社等的广泛支持与集思广益。本套教材在组织策划和编写出版过程中,得到了酒店业内专家、学者以及业界精英的广泛支持与积极参与,在此一并表示衷心的感谢!希望这套教材能够满足酒店本科教育新形势下的新要求,能够为中国酒店教育及教材建设的开拓创新贡献力量。

编委会

2015 年 3 月 5 日

前　言

　　中国正在步入大众休闲时代,休闲消费和休闲时间在国民消费的比例中不断上升,与此同时服务业在国家国民经济中所占的比重越来越大。在美国等发达国家,服务业的产值、服务业所占据的劳动人口的比重都已经接近甚至超过了总量的2/3。因此,如何加强对服务业企业的运营管理就成为一个越来越重要的问题。从20世纪初泰勒的科学管理理论诞生到现在,关于企业运营管理的理论和方法已经形成了一个庞大的、较完整的体系。但是,这些理论和方法主要是建立在对制造业企业管理实践的总结基础之上的,以制造业企业的管理为主要研究对象和应用对象。然而,仔细考察一下就可以发现,这些管理理论和方法在很多情况下对服务业企业的运营管理不适用,因为服务作为一种"无形"的产品,与制造业的"有形"产品相比,有很多特殊性,因此在运营管理上必然带来一系列不同。为此,有必要专门研究服务业企业的运营特点,专门研究适用于服务业企业的运营管理理论和方法。编写本书的目的,就在于探讨这样的理论和方法。

　　服务企业运营管理的意义是很广泛的,它不仅包括服务性企业的运营管理,也包括其他任何组织中所存在的服务运营。实际上,不仅服务业在一国经济中所占的比例越来越大,而且制造业所创造的产值中也有越来越多的部分是由它们的服务性活动所创造的。产品的科技含量越高,其所有生产经营中的服务性活动(展示、配送、维护保养、使用指导、培训、安装等)以及由这些活动所创造的价值就越多,从事服务性工作的人员在企业人数中所占比重也越大。例如,杜邦公司对产品实施的非物质化IBM的服务物流等,这些制造型企业不仅从服务性活动中获利,而且也通过这些高品质的服务活动提高了企业的竞争力。因此,制造业企业也需要加强对服务运营的管理。这从另一方面说明了研究服务企业运营管理的重要性和紧迫性。

　　但是,到目前为止,服务企业运营管理的方法和手段仍远远落后于制造业,生产率也远远低于制造业。其原因之一在于:以往书本中许多传统的运营管理工具和技术都是建立在产业革命和制造业的基础上,虽然其中的一些如项目管理、流程分析和存货管理对于服务领域来说同样适用,但是当它们应用到服务领域中的时候,它们的结构和重点就和生产领域中完全不同了。因此,本书中所包含的许多题目尽管来自运营管理的综合领域,却更多的是从一个服务部门管理者的角度去分析、讨论的。这也是本书的意义所在。

　　另外,本书还讨论了一些专门针对服务领域的工具和概念,比如服务需求管理、供给管理及收益管理。综观全书,它不仅涵盖了建立服务性企业全过程所涉及的概念和工具的详细内容,而且列举了很多实例帮助读者了解这些概念和工具在实际中如何应用。本书内容全面,实例丰富,很值得一读。

　　当前,服务问题并非只是服务型企业的专利,制造型企业的转型升级同样与服务息息相关。其实,人们所购买的产品,不管是汽车、地毯或是房屋,纯粹的制造成本绝对不超过20%。很显然,剩下的全部是服务成本。在很大程度上说,今天的客户所追求的是更加舒适、更加可靠、更加便宜、更加安全的产品和更加便捷、更加简单的服务。简而言之,他们追求有更高价值的产品和更好的服务。而企业通过对服务进行恰当的管理,不仅可以提高服务质量,而且可以实现利润的最大化。本书对此作了深入的讨论。

本书结构上分为三大编:服务管理概述、服务运营管理和服务质量评估。在第一编服务管理概述中包括导论、服务产品的构成与特征和服务的分类三章内容;在第二编服务运营管理中包括服务战略、服务创新的管理、服务流程、服务设施设计、服务需求与生产能力管理、服务供应管理、服务排队管理及服务接触管理八章内容;在第三编服务质量评估中包括服务质量管理和顾客满意管理两章内容。

本书由内蒙古财经大学李雯、樊宏霞任主编,并负责全书的统稿定稿工作。杨智勇、肇丹丹任本书副主编。在本书的编写过程中,内蒙古财经大学侯晓敏、孙瑞和苏超等参与了资料的搜集和整理工作,在此表示衷心的感谢。重庆大学出版社及其编辑老师为本书的出版提供了多方面的支持,在此表示真诚的感谢。此外,本书还参考了国内外同行的许多文献,并引用了他们的精华部分,特向这些作者表示诚挚的谢意。

本书在一定程度上丰富了关于服务管理学科的研究,但是因编者水平所限,不当之处在所难免,衷心欢迎读者朋友对本书批评指正!

李　雯

2016 年 5 月

目 录

第 1 编　服务管理概述

第 2 编　服务运营管理

第3编　服务质量评估

第1编 服务管理概述

第1章 导论

> 对自己的发展不是从领导别人开始,而是从服务他人做起,一开始就要朝一个超越自我的目标奋进。领导不是天生的,也不是任命的——他们是靠自己奋斗成功的。
>
> ——彼得·德鲁克

【学习目标】

通过本章的学习,你应该能够:

1. 了解世界及中国服务业的发展历程。

2. 了解服务业的分类。

3. 掌握服务管理理论各个阶段的发展特征。

4. 掌握服务管理的含义。

5. 理解服务管理的研究体系及其基本内容。

【案例导入】

根据中国官方统计,服务业在中国明显弱势——只占 GDP 的 1/3。而且,中国服务部门仅以 8.5% 的速度增长,慢于国民经济的总体增长速度。

相比之下,服务业约占美国经济的 80%,实际上是美国的服务业带动着美国经济的增长。美国经济经过几十年服务业方向的转变,在就业、技术、效率和资本结构等方面展现出巨大的优势。

服务业在中国经济中的表现相对偏弱可归结于许多因素。或许最重要的是中国将建筑业归结为一大"行业",而不是作为服务业的一部分。

除分类外,中国的其他主要经济也遭遇到与计算服务活动相关联的统计问题。来自美国和中国的经济学家和统计员,正在进行一项关于怎样更好地评价服务业对经济的贡献的联合研究。

但服务行业在中国历史上可能真的被低估了。在中国历史上,商人和其他服务供应人员不能享受到较高的社会地位。中华人民共和国成立后,商人和其他许多类型的个体服务供应人员的地位就更低了。

自 1978 年改革开放以来,中国服务行业已经取得了巨大的进步,我们可以期望在不久的将来还会取得更大的进步,因为中国全面贯彻实施对一般协议的服务承诺,我们能期待比较大的成长。

2005 年可说是中国服务部门黄金时期的开端。因为今天中国的服务部门呈现出三大趋势,给了我们一个充满希望的明天。这三大趋势是私有化、国际化和解除干预。

国内服务部门的成长将主要依赖于中国把握这些趋势的能力——对 WTO 承诺和参考其他国家与地区发展的最佳实践。

首先,中国在服务部门私有化方面已经取得了巨大的进步。无论怎么说,这都是一个巨大的成功。政府已经不再是服务供应商,多数服务业显示出真正动态的自由市场经济轮廓。在任何部门,私有化是市场竞争的关键——迫使每一供应商提供更好、更快捷、更便宜的产品。

各行业在兴旺发展——它们已经完成了私有化。如政府机构最近被告之,它们不能参与房地产投资,这个行业正处于急速发展之中。分析人士认为,近期中国的住房建设占全球住房建设的 50%。

在部分私有化或延迟私有化的行业,发展速度明显慢得多,如铁路与公共事业。在中国,所有铁路都是国有财产,所有铁路工人都是公务员。几乎所有公共事业都是国有企业。

或许这些部门的私人投资不足和当前的电力、运输不足存在一定的关系,或许需要对更多的区域加快私有化步伐。

第二个趋势是中国许多服务行业的国际化。世界银行这样描绘国际化特征(或服务贸易):跨国界供应、跨国消费、商业存在或人员的流动。显然,中国在每一个方面都取得了很大进步。无疑,中国在扩大服务进口和出口方面受益巨大。

但有些行业的服务贸易要么只是单向的,要么明显不足,如电信服务、建筑、工程、设计等。不幸的是,这些行业的国内供应商(常常与国内行业规则制定人员关系密切)不大欢迎外国人参与迅速扩展的市场。结果是,我们期望这些市场慢点增长,而消费者要为较差的服务质量支付更多费用。

第三个趋势是中国服务业的发展违反常规或者说自由化。今天你很容易同情中国可怜的宏观调控人员。每年将近 10% 的经济增长是难以调控的。当他们认为自己掌握了必需的数据并明白了需要解决的问题时,问题的性质可能已经改变。经济是动态变化的,所以难以调控。

幸运地,世贸组织服务贸易总协定(GATS)为评估中国在这一个领域的规则进展提供了便利的框架。中国为加入 WTO 签订的协议,要求中国在不同服务领域消除市场进入壁垒并给予外国企业国民待遇——有些是在几年以内实现。在某些领域,中国承诺允许外国企业进入,而以前这些领域外企禁止进入或受到严格限制。中国同时承诺根据 GATS 调整一些基本规则。

资料来源:摘自北京美国大使馆资深商务官员克宙格·艾伦的演讲。

【案例点评】

由上述文献,我们可以看到服务几乎渗入到了我们生活的方方面面。没有服务的生活是无法想象的。

在世纪之交,我们欣喜于一场服务革命。我们惊喜地看到服务席卷了我们生活的所有领域。从隔壁街道边私人的影印店,到像利郎移动(Reliance Mobile)公司那样投资几千亿的电信公司,从传统的商业知识领域(如广告或咨询)到像研发这样的新领域,服务部门正迅速取代制造业在国民经济中的地位。正如开篇所言,现今的服务业也正经历着巨变。我们很快会意识到,开采业和制造业将不再是经济学范例。实际上,制造业已经改变了姿态,在生产和经营中渗透着服务理念。

服务业的发展是空前的!它跟随着自然的进程而出现。经济学家认为,随着经济从"不发达"到"发展中"再到"发达"阶段的不断超越,主导经济从农业向制造业发展再向服务业转型成为必然。可支配收入的快速增长、消费心理的变化和社会文化的变革最终都强化了服务经济。服务业的需求弹性收入要高于实物产品。随着收入的增加,资源将向服务业转移。服务业的不断增长证实了这一点。

科林·克拉克(Colin Clark)在其划时代的著作中讨论了从前工业时代到工业时代到后工业化时代的经济转型。他把国民经济分成三大产业:第一产业(农业)、第二产业(制造业)和第三产业(服务业)。

第三世界大力发展经济并试图将自己与全球经济整合,这大大增强了服务需求,使服务的发展速度越来越快。在印度、中国、墨西哥、以色列等第三世界国家,除了比其他产业带来更多的工作岗位外,服务业已开始占有国民经济的一定份额。这清楚地表明,人类未来的繁荣将来自服务业。

随着近几年经济的发展变化,我们看到服务业已经成为经济增长的新热点。所以,我们有必要对世界和中国服务业的发展历程进行学习,掌握服务管理理论的发展阶段及特征,并且理解服务管理的研究内容与研究方法。

1.1　服务业的发展

国外服务业发展状况及主要国家推进服务业发展的政策措施服务经济在全球范围内发展迅速,成为20世纪下半叶以后世界经济发展的显著特征。据统计,服务业在世界发达国家已经占据了GDP70%以上的份额,且每年都以2%~4%的速度增长,与此同时,很多就业机会都源自服务业。服务经济已经成为国家核心竞争优势,是决定各国国际竞争力的关键。目前世界经济出现了向服务业倾斜发展的趋势。服务业成为各国重要的支柱产业和社会生产力发展的必然结果。本节通过国外服务业发展现状及政策措施、世界服务业发展特征、服务业发展新趋势来了解世界服务业的发展。

1.1.1　世界服务业的发展

1)国外服务业发展状况及主要国家推进服务业发展的政策措施

20世纪90年代以来,美国利用经济全球化与信息化两大趋势,及时进行产业结构调整升级,服务业呈现出强劲发展势头。近年来,美国生产性服务业的增长远远超出其服务业的平均增长水平,占美国服务业总量的70%左右,约占美国经济总量的二分之一,已成为美国的支柱产业,其中,信息服务业、专业服务业和商务服务业的增幅显著。美国的专业服务业整体实力全球领先,如:管理咨询公司全球前50强总部全部设在美国;美国的信息服务业引领全球产业发展,其中信息技术服务外包产业主导全球市场,雅虎、谷歌、亚马逊等一批美国互联网企业引领整个互联网产业,不断推出新的服务形式和商业模式。上世纪80年代末,德国经济逐渐向服务型经济转型。近年来,德国服务业中尤以贸易、旅游和会展业等发展最为迅速,如德国会展业居世界第一位,境内每年举办约150场国际性的展会,各行业的领先国际性展会中三分之二来自德国。德国拥有现代化的物流基础设施和装备,是当今世界现代物流经济最为发达的国家之一。根据世界银行2012年全球物流绩效指数排名,德国排在第四位。

当前,各个国家都将服务业作为经济发展中的主要推动力量,通过制定产业政策、优化发展环境、推动服务业开放等多种措施予以大力推动。

(1)制定实施产业、税收优惠政策

通过制定服务业产业政策、形成服务业发展战略来推动服务行业的快速发展,是很多国家和城市发展服务业的主要策略之一。日本政府2006年颁布的"新经济成长战略"提出服务业与制造业双引擎带动日本经济实现可持续发展的新战略,重点发展商务服务业、健康服务业等现代服务业,并将提高商业运营效率和生活质量作为服务业的发展目标。税收优惠政策也是一些政府运用较多的产业扶持措施之一,各国根据服务业发展的目标,将税收优惠的侧重点放在本国具有竞争优势的行业,尤其是生产性服务业,较好地引导了服务业的发展。如韩国政府通过税收减免支持服务业发展,扩大减免税种,并增加特别税额扣除,尤其对属于现代服务业的中小企业给予了大力支持。

(2)构筑高端服务业集聚区

各国政府十分重视营造良好的服务业发展环境,努力打造特色服务,形成区域核心竞争力,带动区域经济发展。如美国服务业以金融、信息、创意等知识密集型行业为主,形成了纽约华尔街金融业、洛杉矶好莱坞电影业、加州硅谷电子业等完整的产业链区。欧盟各大都市将构建核心区域、形成产业集群作为发展服务业的主要策略。亚洲很多城市也高度重视服务业功能集聚,韩国首尔、日本东京、新加坡、中国香港等都形成了高端服务业集聚区。日本政府强调核心区服务业功能集聚的重要性,将东京定位为全球金融和商务中心,并将东京及其附近地区发展成以知识和信息为基础的服务业基地,目前东京已经集中了金融、物流、信息服务和专业服务等生产性服务业。

(3)积极推行服务业标准化

服务业的快速发展对标准的需求日益增强,因此国际标准化组织(ISO)和发达国家的标准化研究机构越来越重视服务标准化工作。为了给各国提供指导,ISO提出"服务标准化指南",指出各国在制定服务标准时应主要考虑服务组织、服务人员、顾客、合同、支付方式、服务的交付、服务结果等12个要素。2007年以来,ISO加强了服务领域的标准化工作,相继成立了若干新的工作机构。目前发达国家主要围绕与消费者密切相关的行业开展服务标准化工作,如日本积极推行信息服务业中的信息技术标准化,在国内推行ISO制定的开放型系统互联标准,推动了高度信息化社会的进程。

2）世界服务业发展的新特征

（1）服务业离岸外包异军突起

信息技术的发展使服务业的虚拟化、外包化成为可能，这种服务方式也日益凸显其优越性，也促使企业智能化水平明显提高。在一个虚拟化的框架之中，企业可以高效地"整合"或"疏散"传统上认为的"内力"和"外力"资源，并让这些相关的结构性要素发挥市场价值，充分体现企业的现有优势。当前，发达国家跨国公司越来越多地将后勤办公、顾客服务、商务业务、研究开发、咨询分析等许多非核心业务活动全面外包，其中离岸外包成为新的发展趋势。目前服务离岸外包业务尚处于起步阶段，2004年的规模为3 000亿~5 000亿美元。联合国贸发会议估计近几年全球服务外包市场以每年20%~30%的速度递增，到2008年将突破1万亿美元，其中，仅在全球计算机用户电话服务中心领域，就将为印度提供110万个就业岗位和价值210亿至240亿美元的服务收入。

（2）服务业国际转移的产业结构趋向高度化

从总体上看，服务业国际转移先在低附加值领域，比如发达国家跨国公司从将后勤办公、顾客服务、商业服务、经营管理、金融财务分析等许多非核心业务活动全面外包，到后来将高附加值现代服务领域的服务活动，比如电信、物流、建筑设计、软件编程以及以咨询技术为基础的现代服务和基础性研发设计转移出去，发展中国家承接服务业国际转移的层次有了明显的提高，当前甚至出现了 KPO(Knowledge Process Outsourcing)业务，它处于价值链上的高端环节。它是需要有高级专业技术人才支撑的服务，这些高级专业技术人才主要指统计学家、经济计量学家、注册会计师、律师和科学家等。一般认为，KPO 的服务方式可使 BPO 服务向信息技术价值链的上游推进。

（3）服务业逐渐形成完整的产业链

近几十年来，服务业在发达国家得到充分的发展，逐渐形成了一个完整的产业链，这条产业链能够为企业提供从产品立项到产品营销与服务的全方位支持。无论诸如 IBM、HP 等大公司的成功转型，还是小型企业的异军突起，都必须在这条产业链中找到适合自身发展的位置。服务业作为货物生产或其他服务不同阶段产出的价值和运行效率，被定义在包括上游（如可行性研究、风险资本、产品概念设计、市场研究等）、中游（如质量控制、会计、人事管理、法律、保险等）和下游的活动（如广告、物流、销售、人员培训等）。一个生产企业在世界市场上保持竞争地位的关键是保持"上游""中游"和"下游"3个阶段的服务优势，因为贯穿于生产3个阶段的服务在产品价值链中开始胜过物质生产阶段。生产性服务，无论是"内化"服务（即企业内部提供的服务），还是"独立"服务（从企业外部购买的服务），都已经形成了生产者所生产的产品差异和增值的主要源泉。

（4）行业协会对服务业发展的作用日益突出

从美国、日本、印度等国家服务业发展的经营来看，它们都是通过组建行业协会的形式来加强和完善服务业市场的管理。在促进现代物流业发展方面，美国、日本、德国的物流协会都起到了举足轻重的作用。例如，美国物流协会由个人和公司会员组成，拥有3 000多个会员；德国的物流协会拥有6 000多个会员。这些协会不仅协助政府作好物流规划、制定政策、规范市场竞争秩序，同时还开展物流研究，指导行业发展，举办交流活动，提供信息咨询服务和各种专业培训,为物流业的发展输送了大量人才。

3)世界服务业发展的新趋势

随着信息化和全球化程度的不断加深,世界服务业将适应新的形势向纵深发展,其产业规模将不断扩大,服务业内部结构升级。创新趋势日益明显,并成为推动全球经济发展的基础性力量。当前,全球服务业经济延续增长趋势。2014年12月,JP摩根全球服务业商务活动指数为52.3%,较11月调整后的53.4%下降1.1个百分点。但从整体来看,全球服务业经济连续27个月保持增长,但增速有所放缓,商务活动指数创近14个月以来的新低。其中,英国和爱尔兰的服务业业务活动增长仍然较为强劲,处于前列;美国服务业业务活动指数高于欧元区服务业业务活动指数;日本和印度服务业均保持温和增长,巴西服务业业务活动小幅下降;俄罗斯服务业业务活动急剧下降。2014年12月,全球服务业从业人员指数达到51.2%,较11月的52.1%下降0.9个百分点,这表明全球服务业就业活动连续58个月保持增长,增速放缓至2014年4月以来最低水平。美国、欧元区、日本、英国、巴西和印度的服务业就业活动均有所上升。当前服务业的发展态势主要体现在以下几点:

(1)服务业呈现出与制造业互动的趋势

服务业和制造业的关系正在变得越来越密切,其主要表现是制造业投入中服务的投入大量增加。在近十年间,多数OECD国家产品生产中的投入发生了变化:服务投入增长速度快于实物投入增长速度,同时,服务业和某些经济活动特别是制造业的界限越来越模糊,经济活动由以制造为中心已经转向以服务为中心,最为明显的是通信产品。同时,某些信息产品也可以像制造业一样进行批量生产。另一方面,制造业部门的功能也日趋服务化,主要表现为:一是该制造业部门的产品是为了提供某种服务而生产的,例如通信和家电产品;二是随产品一同售出的有知识和技术服务;三是服务引导制造业部门的技术变革和产品创新。在激烈的市场竞争环境下,像以往那样通过提供某种产品而在市场上占据主动获得大量利润的情况,已经很难出现,许多跨国企业已经认识到要想保持企业原有的高额的利润率只有向服务型企业转型。

(2)生产性服务业成为主导产业

生产性服务业技术含量高、资源消耗少、环境污染小、发展潜力大,成为技术、知识密集型产业的典型,不仅改变了以往的服务业生产和经营方式,也带动了传统服务业的升级改造,成为现代产业链、价值链和创新链的高端环节。近年来,生产性服务在发达国家已经成为支柱产业,其增长远远超出服务业的平均增长水平,金融保险、专业服务、信息服务等生产性服务业的增加值占GDP的比重超过了1/3,对世界经济的发展和国际竞争具有重要作用。目前,发达国家已经形成了以服务业为主导的经济形态,其产业结构呈现出生产性服务业占绝对主体地位的格局。

(3)高新技术促进服务产业不断提速

随着全球技术的高速发展和信息化浪潮的兴起,以信息技术为主导的高新技术对服务业的支撑和引领作用日渐增强,使服务业不断向知识、技术密集型产业转变。高新技术的加速发展使现代服务业新行业不断涌现,同时使高新技术向传统服务业产业不断渗透。如以健康、教育、法律、咨询、创意等为主的基于新技术、新管理方式、新经营模式而形成的新兴服务业,正在发挥日益重要的作用;商贸、流通等领域由于广泛应用信息技术,使人们的日常生产和生活更加便利,如可通过电子银行付款、电子商务购物等;旅游、运输等传统服务业由于采用了先进技术手段,被赋予了新的内涵。

(4)服务外包发展潜力巨大

服务外包作为推动全球产业结构转型和经济增长的重要力量,已经成为一些国家扩大服务贸易出口的重要途径,对形成新的贸易格局具有重大作用。当前全球服务外包业正逐步摆脱金融危机、欧洲债务危机和全球性通货膨胀的影响,处于产业恢复和快速发展时期,发展潜力巨大。目前,全球服务外包市场多元化发展十分明显,传统的 ITO 外包近几年发展依然良好,但 BTO 和 KPO 外包迅速扩张,尤其是 KPO 展现出巨大潜力和升级空间。KPO 专注于价值链的高端环节,其高速成长和纵深拓展的空间十分巨大,充分展示了服务外包高端化的趋势。外包业务的技术复杂性将不断提高,外包市场结构将不断升级,服务外包将逐步向高端化、科技化方向发展。

(5)服务业空间载体呈现集群体化趋势

在现代商业和制造业一体化的供应链管理中,价值链的 75% 在流通环节,25% 在制造环节,制造环节想再提高盈利率已非常困难了,盈利主要来自流通,即服务业环节。当代服务业发展特点是服务业与物质生产在先进科学技术基础上的结合更为紧密,服务业发展需要不断进行内部结构升级,不断进行创新,这远非一个或几个企业可以完成的,其需要大量生产性服务企业通过空间集聚,进行集群内学习和集群间学习,不断提高企业竞争力,实现规模经济和范围经济效应,提高区域竞争优势。服务业发展的空间载体因而出现产业集群化趋势,出现了一批典型的国家服务业群体体系,比如典型的有英国生物技术产业集群服务体系,意大利中小企业集群服务体系,美国硅谷高新技术产业集群服务体系。

1.1.2 中国服务业的发展

1)中国服务业发展的动因

服务业的发展没有一成不变的模式,在不同的社会经济条件下会有不同的表现形式,同时各类制约因素的作用也不一致。但一般来说,在一定的历史阶段,它还是有规律可循的。

服务业的快速发展,从更深的层次看,最主要的原因在于生产力的发展,特别是现代市场经济的发展。具体地说,服务业的发展原因主要有以下几方面:

(1)前提:社会分工和工业发展

毫无疑问,服务业作为一个独立的产业是从工业中分离出来的,服务业的形成是社会分工不断深化的必然结果。这是因为,社会专业化和协作化的程度越高,与此相应的服务业的发展越快。如工业分工的细化,使得商业、运输业分离出来,成为专门从事商品交换和商品运输的行业;分工细化、专业化程度的提高,加上科技进步和组织管理水平的提高,促进了生产和生活过程中的自我服务向社会服务转化。

同时,工业的快速发展,也为服务业的形成和发展创造了条件。只有工业快速发展,物质产品足够丰富,社会生产才会提出专业化生产的更高要求。而工业生产率的提高,使得许多人从直接生产过程中分离出去,这就为服务业的发展提供了强大的物质基础和丰富的劳动力资源。

工业的发展从供给和需求两方面创造了服务业发展的条件,服务业在工业的母体中孕育并逐渐成熟,最终脱离工业逐渐发育成为具有自己个性特征,与工业并列的新型产业。

(2)源泉:市场发育

从国际上看,一个国家服务业的发展在很大程度上取决于其市场发育状况。市场化程度越高,服务业的数量扩展和质量提高就越快。

一方面,市场经济是推动服务业发展的动力。在市场经济形成和发展过程中,产生了一大批从事服务业的独立劳动者和服务产品的生产区域;以完善的市场体系为载体的生产力组织形式,对服务业产生了巨大的需求,不断推动服务业的发展;市场经济还会不断淘汰原有的一些行业并促使新的服务行业的产生,使服务业的门类越来越多。

另一方面,服务业的发展是市场经济发展的重要标志。物质产品交换是市场交换的基本内容,随着市场的发育和市场体系的完善,资金、技术和信息等生产要素也有了市场价格,且它们在市场中的比重不断提高,这标志着服务业领域的不断拓宽。市场体系是由各种不同的专业性市场相互联系、相互制约、相互影响而构成的一个有机的庞大系统。各类市场的出现,带动了大量新兴服务业的兴起,如资本市场的出现带动了股票交易、证券和期货市场,与此相关的金融服务业也就应运而生。

(3)重要原因:社会需求

首先是生产服务的需求。传统的服务业仅指为生活服务的行业。随着生产力的发展,生产的专业化使得工业体系内为生产服务的许多环节独立出来,产生了生产技术服务、信息咨询服务、生产设备安装维修服务、计算机服务、通信服务、设计勘探、技术鉴定服务等。

其次是生活服务的需求。随着经济的发展和人们物质生活水平的提高,人们对自身发展的需求更为重视,因此各种为人类自身服务、为提高人的价值服务的各种服务业应运而生,如形象设计服务、发展预测和咨询服务、艺术技艺和文学欣赏服务等。

(4)助推器:城市化进程

从历史上看,城市化水平的高低对服务业的发展有着直接的影响,因为服务业发展的前提是生产的发展、收入的增长、购买力的提高及各类需求的增长。城市化是服务业发展的重要基础,不仅服务业整体规模和结构与城市化水平有密切联系,而且服务业内部结构与城市化也有很大关系。一般来说,高附加值、为生产服务的新兴服务业,往往是与城市规模联系在一起的。在中小城市特别是小城镇,这些行业缺乏需求基础,很难发展起来。

从服务业的发展现状来看,发达国家服务业的发展速度远远快于发展中国家,发达地区服务业占国民生产总值的比重高于欠发达地区。主要原因是,为生活服务的行业的发展离不开相对密集的人口,为生产服务的行业的发展离不开工业的发展,而世界发达国家,其工业化和城市化建设往往是同步的,发达地区的消费者有较强的经济实力,有较高的支付能力,能享受为个人发展提供的服务。由此可见,在一定范围内有相对密集的人口,有相对集中的企业群,有相对收入较高、购买力较强的人群,是服务业发展的基本条件。

此外,城市化建设必然带动基础设施、市政设施建设,带来工业、商业、建筑业、金融信息业等行业的发展。这样在解决大批人口就业的同时,也带来了人们收入的提高,从而奠定了服务业发展的物质基础。

2）中国服务业发展现状

近年来，我国服务业发展取得一系列新进展和新突破，服务业成为国民经济第一大产业，新兴服务行业和业态层出不穷，服务贸易规模跃居世界第二。但服务业还存在结构性失衡，有效供给能力不足；劳动生产率低于第二产业，增幅明显放缓；贸易逆差持续扩大，对外开放水平有待提高等诸多问题。今后，我国服务业要立足经济新常态，以提升发展规模和效率为核心，以推进供给侧结构性改革和扩大开放为动力，以大型城市服务业集聚发展为载体，以互联网+实体经济为导向，努力实现服务业在更高平台上的创新、协调、绿色、开放和共享发展，不断增强对经济转型、民生改善以及大国崛起的带动支撑作用。

（1）服务业增加值和就业规模快速增长，已成为国民经济第一大产业

2014 年，我国服务业实现增加值 30.6 万亿元，是 2010 年的 1.7 倍。其增加值占 GDP 的比重为 48.1%，首次超过第二产业，形成"三二一"的产业结构，比 2012 年的比重提高 2.6 个百分点，比 2010 年提高 3.9 个百分点。截至 2014 年底，我国服务业就业规模已超过 3.1 亿人，比 2010 年增加 5 032 万人。2011 年服务业就业人数占总就业人数的比重为 35.7%，首次超过第一产业并成为吸纳就业的主渠道，2014 年又上升至 40.6%，比"十一五"末增加 6 个百分点。总之，无论是服务业的增加值比重还是就业比重，我国服务业在国民经济中第一大产业的地位在不断巩固和加强。

（2）服务创新持续加快，新兴行业和业态大量涌现

在物联网、云计算、大数据等现代信息技术的推动下，我国服务业的技术、管理、商业模式创新层出不穷。越来越多传统产业的企业开始线上线下互动融合，一些甚至转型成为供应链集成服务平台，整合标准化的服务要素和资源，形成了丰富多样的"互联网+"跨界合作模式。各类即时通信应用也成为众多行业企业广泛使用的新平台，增强了消费者体验和参与度。

同时，随着产业转型升级和居民消费升级步伐的加快，许多新的服务供给应运而生，推动了网购、快递、节能环保、健康服务等新兴行业以及地理信息、跨境电商、互联网金融等新兴业态的兴起和快速成长。以网购为例，2010 年我国网上零售交易额仅有 5 131 亿元，2013 年突破 1.8 万亿元，超过美国成为全球最大的网络零售市场，2014 年进一步升至 2.8 万亿元，相当于 2010 年的 5.4 倍多。网购的持续高速增长在创造消费新时点的同时，还带动了快递业的飞速发展。2014 年，我国快递业务量完成 139.6 亿件，是 2010 年的近 6 倍，也一跃成为世界第一。

（3）服务贸易规模不断扩张，吸引外资和对外投资取得新突破

近年来，我国服务贸易总额先后超过英国、德国，跻身世界第二，成为促进外贸发展的重要增长点。2014 年，服务进出口额达到 6 043 亿美元，比 2010 年增长了 66.7%，年均递增 13.6%，不仅高于同期货物贸易增速 6.7 个百分点，还超过同期世界服务贸易增速 7.2 个百分点，占世界服务进出口总额的比重也由 2010 年的 5.0% 上升到 2014 年的 6.3%。

2008 年国际金融危机以来，全球产业分工格局发生了深刻变化。一方面，国际产业转移更加注重对东道国市场需求的快速响应，与原有加工制造紧密联系的研发、采购、物流等生产性服务业，通过跨国直接投资等方式，加快向中国等新兴市场国家转移。另一方面，以中

国为代表的新兴市场国家也在加快对外投资布局,并逐渐成为对外投资的重要输出国。2014 年,在我国外资流入量首超美国位居全球第一的情况下,服务业实际使用外资 740 多亿美元,为 2010 年的近 1.5 倍,年均递增 10.4%,大大超过第二产业的增速。同时,租赁和商务服务业、批发零售业、金融业已成为我国对外直接投资的主要领域,2014 年底这 3 个行业累计投资存量占比高达 63.8%。其中,2014 年我国承接离岸服务外包执行金额 559.2 亿美元,是 2010 年的 3.8 倍多,年均增幅超过 40%,稳居全球第二大服务外包接包国。随着"一带一路"倡议的实施,我国与沿途国家的经贸联系也在加深。2014 年承接这些国家的服务外包执行金额 98.4 亿美元,增幅比当年离岸外包执行总额高出 13.2 个百分点。

(4)服务业领域体制改革提速,政策环境逐步转好

近年来,各级政府将服务业纳入政策优先领域,对促进服务业快速发展起到了有力支撑作用。开展全国范围的"营改增"试点、免征部分小微企业增值税和营业税,为服务业企业减轻了税负,同时也为整个行业发展注入了新动力。连续多次取消和下放行政审批事项,规范政府权力运行,降低了企业准入门槛。商事制度改革的全面实施,对不少服务行业的促进作用非常明显。利率市场化改革、大幅减少外汇干预、民营银行试点等,对于化解包括服务业在内的企业融资成本高的问题并促进服务主体多元化发展都产生了积极效果。此外,上海、天津、广东、福建四大自贸区的互补对比试验,通过开放倒逼深层次改革,在扩大服务业开放、构筑对外投资服务促进体系、探索负面清单管理模式、加快金融制度创新方面取得了阶段性成果。

3)中国服务业发展中存在的问题

(1)服务业结构性失衡明显,有效供给能力不足

目前,我国服务业的结构层次依然较低,产业发展的创新能力和核心竞争力不强,传统低成本的比较优势不断弱化,新的比较优势有待培育发展。以物流业为例,在物流组织创新、技术创新的推动下,近年来发达国家物流业结构出现重大变化,运输中介、设施运营等新兴物流行业快速发展,越来越成为物流业发展的新支柱。而在我国,以运输仓储为基础、以多样化和专业化新兴物流服务为主导、以物流设施及要素服务为支撑的现代物流业结构还未形成。同时,我国服务业所有制结构仍以国有经济为主导,远高于第二产业的国有比重。以投资结构为例,2014 年我国服务业固定资产投资中的国有控股投资占比达 43.1%,比第二产业高出 25.1 个百分点。特别是在交通运输、仓储及邮政业,水利、环境和公共设施管理业,教育 3 大行业中,国有控股投资占绝对优势。另外,我国服务业充分就业的潜力还有待挖掘,服务业就业比重长期落后于增加值比重的格局尚未得到明显转变。

还有,服务业有效供给难以满足经济社会发展需要。一方面,生产性、流通性服务业所提供的高质量中间服务明显不足,部分知识和技术高度密集的服务供给严重依赖进口。另一方面,个人、社会服务业的发展还不适应消费结构升级的步伐。一些领域低端、同质化的供给明显过剩,精细、高品质的供给短缺,致使很多服务消费流失到境外。

(2)服务业劳动生产率大大低于第二产业,增幅明显放缓

近年来,我国三次产业的劳动生产率持续提高。其中,服务业劳动生产率由 2010 年的 17 907 元/人增长到 2014 年的 21 147 元/人。不过,这一时期服务业的劳动生产率年均递增

4.2%,低于第二产业 6.5%的年均增幅,2014 年服务业劳动生产率水平仅相当于第二产业的
43.6%。如果从更长时期看,服务业劳动生产率的年均增速在 1979—1990 年为 4.0%,1990—
2000 年提高至 4.2%,2000—2010 年大幅攀升到 8.0%。

（3）服务贸易逆差持续扩大,对外开放水平有待提高

2010—2014 年,我国服务贸易逆差额由 219 亿美元猛增至 1 599 亿美元[1]。具体来看,
2014 年旅游服务的逆差额达到 1 079 亿美元,是 2010 年的近 12 倍,已成为我国服务贸易逆
差的最大来源。运输服务的逆差额由 2010 年的 290 亿美元扩大到 2014 年的 579 亿美元,保
险服务、专有权利使用费和特许费的逆差额也分别从 2010 年的 140 亿美元、122 亿美元增加
到 2014 年的 179 亿美元、220 亿美元。另外,通信服务由原来的小幅顺差转为 2014 年的逆
差,逆差额为 5 亿美元。仅有咨询、建筑服务、计算机和信息服务、广告宣传及其他商业服务
连续保持着贸易顺差。

在新兴市场国家中,我国服务业开放处于中高水平,但与更高收入水平国家相比,我国
服务业开放程度还有较大提升空间。根据 OECD 公布的服务贸易限制指数(Services Trade
Restrictiveness Index)[2],我国服务贸易 18 个重点领域的得分均高于全部样本国家和 OECD
成员国的平均值。具体来看,建筑、工程等服务领域的限制相对较少,而在速递、广播、电信、
金融等部门还存在较高的贸易壁垒。

4）中国服务业的发展路径

今后,我国服务业发展要立足经济新常态,以"创新、协调、绿色、开放、共享"发展理念为
指导,以提升发展规模和效率为核心,加快服务业结构调整升级,形成以知识、技术密集型服
务业为引领的现代服务业结构；以推进供给侧结构性改革和扩大开放为动力,着力消除制
约服务业发展的深层次体制机制障碍,提升供给质量和效率,统筹协调服务业发展与服务贸
易发展,建立科学规范、公开透明、运行有效、成熟定型的服务业发展制度体系;以大型城市
服务业集聚发展为载体,提升城市服务功能、辐射能力并带动全国服务业发展,实现向服务
业为主导的经济结构转型；以互联网+实体经济为导向,培育壮大新兴服务行业和业态,形
成"市场化、产业化、社会化、国际化"的新格局。针对不同类型的服务业,在发展思路上应各
有侧重。

（1）以提升生产率水平为重心,促进流通性服务业发展稳中提质

大力推动流通方式创新和产业融合发展,提高流通性服务业的信息化、智能化水平。培
育和壮大各类流通主体,鼓励有实力的流通企业向平台服务商转型,围绕平台构建商流、物
流、资金流、信息流合一的生态圈,增强流通综合服务功能,降低流通成本和损耗,真正发挥
流通的基础性和先导性作用。

---

① 我国服务贸易自 1995 年以来已连续 20 年出现逆差。这其中既有经济发展带来的消费能力增强,加入 WTO 后扩
大开放、增加进口的原因,同时也反映出我国服务贸易层次偏低、服务业整体竞争力不足的问题。

② OECD 服务贸易限制指数的值介于 0 和 1 之间,0 表示完全开放、1 代表完全封闭。计算这些数值是根据最惠国
原则(不考虑优惠贸易协定),综合不同国家在对外资准入的限制、对人员流动的限制、竞争障碍、监管透明性、其他歧视
性措施 5 个方面的信息计算得到的。2014 年 4 月,OECD 发布了最新的服务贸易限制指数,涵盖 34 个 OECD 成员国,以及
中国、巴西、印度、印度尼西亚、俄罗斯和南非 6 个新兴经济体,总共 40 个国家,涉及 18 个服务贸易重点领域。

（2）以产业转型升级需求为导向,进一步提升生产性服务业发展水平和竞争能力

重点加强生产性服务业的技术、管理和商业模式创新,紧扣产业价值链的核心环节,整合优化资源,努力向中高端延伸。同时,鼓励生产性服务领域的创业和中小企业快速成长,积极培育新兴业态,建立与国际接轨的专业化生产性服务业体系,推动服务业与农业、工业等在更高水平上的深度融合。

（3）顺应居民消费结构升级和消费观念转变,促进个人服务业健康发展

针对居民日益增长的服务消费需求,进一步丰富服务内容、创新服务方式、增进服务体验,更好地满足居民多层次服务消费的便利性和个性化。另外,结合未来服务消费需求向节约节能、环保低碳发展的趋势,以创新创造新供给,进而激发新的市场需求。

（4）加大政府财政投入力度,鼓励民间资本进入,实现社会服务业多元化稳步发展

推动社会服务领域公共服务与市场化服务并行发展,科学界定公共服务职能和公益性质。公共服务以公共财政作为支撑,以国有企业和事业单位为主导,不断提升服务质量,逐步实现基本公共服务均等化;市场化服务则要吸引社会力量和民间资本广泛参与,培育新型市场主体和组织形式,增加服务有效供给。

1.1.3 服务业在当代经济中的作用

伴随着技术状况、收入水平、消费习惯以及生产规模和流通规模等因素的变动,世界上各发达市场经济国家的经济结构在 20 世纪发生了很大变化。变化的突出特点是服务业在经济结构中的地位迅速上升,服务业在国民经济中的作用大大增强。服务业在经济中的地位与作用,在以下三方面达成了共识。

第一,服务业随整体经济的发展而变化,总的趋势是服务业在经济中的比重以及地位和作用随经济发展水平的提高而上升,而且当经济发展到一定阶段,它可能有一个高速增长时期。

第二,服务业的发展水平必须与经济发展阶段和人均收入水平相适应,如果服务业发展过于滞后,就会制约经济的发展和经济结构的调整,进而影响经济增长质量的提高。

第三,服务业具有大量吸纳劳动力的潜力,在经济发展的各个阶段,服务业的就业比重基本都呈上升趋势,在工业化过程中,劳动力从农业同时向工业和服务业转移,而最终以向服务业转移为主,服务业的就业比重会超过工业,进而会超过农业和工业之和。

尽管服务业对各国经济都发挥了重要作用,但就不同国家、不同服务业部门而言,具体情况也会大不相同。意大利市场营销专家佩里切利认为,服务在经济和社会发展中起决定性作用,它主要包括以下两方面的作用:

其一,竞争作用。某一国家的服务业如果比其他国家更有竞争力并能实现规模效益,就能在国际竞争中处于优势;而将服务业与其他产业（如农业和制造业）相结合.就可以使这些产业更具竞争力。

其二,倍增器作用。如上海世博会产生了对农业和制造业的需求,并带动了中国其他地区旅游业的发展。同时服务业还是极少产生污染的产业,并具有"抗萧条"的明显特点,以服务业为主的地区比以农业和工业为主的地区更能抵抗萧条的冲击。

概括起来,服务业除了成为主导产业和提供更多的就业量之外,还具有以下七方面的

作用。

（1）创造较高的劳动生产率

社会分工的发展，一方面是主要劳动的各个环节和各个方面的专业化，另一方面则是自我服务脱离原生产过程而不断专业化和社会化。这两个方面又互为条件、互相作用，由此推动全社会劳动生产率的提高，促进经济社会的全面发展。从第三次社会大分工起，自我服务转化为社会服务的过程就从来没有停止过，这正是社会发展的动力源泉之一。

服务经济的发展直接推动着社会劳动生产效率的提高。当今世界，服务经济越发达，劳动效率越高；反过来也可以说，劳动效率越高，服务经济也越发达。服务经济的发展状况，实际上是区分国家和地区发达或落后的基本标志之一。根据世界银行《1995 年世界发展报告》资料显示，低收入（发展中）国家和地区的人均国民生产总值（GNP）和每个劳动力人均国内生产总值（GDP）都是最低的。若以低收入国家人均国民生产总值为 1 计算，中等收入国家和地区为 6.5，高收入（发达）国家和地区为 60.8。以低收入国家的劳动力人均国内生产总值为 1 计算，中等收入国家和地区为 8.3，高收入国家和地区为 68.6。这巨大的差距，并不能完全归咎于自然条件、历史发展、所有制关系等方面的差别，经济结构的不合理也是重要因素。国民经济比例关系主要是三大产业的比例关系，工农业生产和服务业生产，始终是互为条件、互相依存的。高收入（发达）国家和地区之所以发达，归根到底，是服务经济发达，劳动生产率高。

（2）促进经济发展速度加快

服务经济发展，生产结构合理，劳动生产率提高，因而经济发展速度加快，这是现代经济发展的一般规律，发达国家（地区）、中等发达程度的国家（地区）的经济发展史充分证明了这一点。从 1970 —1993 年国内生产总值平均增长速度统计显示，国内生产总值在 23 年中的平均增长速度，低收入国家和地区为 6.2%，中等收入国家和地区为 12.1%，高收入国家和地区为 9.9%，全世界为 10.0%。可见，低收入国家和地区的经济增长速度最慢；中收入国家和地区呈由低向高的发展态势，生产结构日益合理，经济基数又小，所以增长速度最快；高收入国家和地区的经济基数大，能保持近两位数的增长速度，应当说仍处于高速度发展的状态。再拿三大产业的增长速度进行比较，可以看出，工业、服务业在低收入和中等收入国家和地区都几乎相等，而在高收入国家和地区则是服务业高于工业，充分说明了发展服务经济可以加快经济发展速度。

（3）服务业在经济结构中的影响与作用日益凸显

伴随着技术状况、收入水平、消费习惯以及生产规模和流通规模等因素的变动，世界上各发达市场经济国家的经济结构在 20 世纪发生了很大变化。变化的突出特点是服务业在经济结构中的地位迅速上升。这一点从服务业在国民生产总值和就业中份额的增长等方面可以清楚地看出来。服务业在经济结构中的影响与作用，主要表现在以下几方面：

①中间或生产者服务在增值过程中作用日益增加。

②人均产出增加和高收入对用户服务的需求弹性增强。

③企业服务活动外部化趋势日益加强。

④有关的营销、分销、售后维修等服务活动的重要性日益增加。

⑤直接与管理相关的服务，如行政部门服务、征税和社会安全等方面作用日益增加。

⑥促进了生产中的中间性服务的发展。

⑦促进了现代社会高效运行所必需的金融、银行、法律、保险、运输和其他支持性服务业的增长。

⑧促进新的服务业中间市场的出现,如欧洲市场、证券市场和新的数据传递组织等。

(4)服务业充当基础设施

运输、通信、银行、教育、保健和公用事业等服务业是每个国家基础设施的主要组成部分。拥有上述服务业部门有助于解决"瓶颈"问题,形成经济发展的前提条件。

(5)服务业作为中间环节

特别是通过生产者服务向商品或其他服务生产提供中间投入的那些环节。充当基础设施的一些服务同样属于这一类。保险、贸易、数据服务、会计、研究与开发、工程、建筑、法律服务和广告等服务也很重要。所有这一切都是作为生产者服务提供中间投入,通过其与工业活动和其他服务业相互作用,中间投入的效能将影响经济竞争力的提高。

(6)服务业对经济的战略意义

一般来说,银行、金融等服务业被许多国家看作是经济增长和发展的重心。如果一个国家不能有效控制宏观经济政策的上述方面,那么,它在管理其经济方面就会发生困难。

(7)对社会文化的影响

大众媒介、广告、教育、出版和旅游等服务业都会有一定的社会文化价值内容。它们的活动将影响人们的价值取向、行为模式和消费模式。

1.2 服务业的分类

1.2.1 服务业概述

在人类历史上,服务与服务劳动早已有之,而服务业作为一个完整概念被提出并进行系统的理论研究以及服务业作为一个产业在整体上迅猛发展,则是 20 世纪才发生的。本书将服务业的概念界定为:生产或提供各种服务的经济部门或企业的集合。服务业生产的基本特征是以服务形式提供满足社会生产需要和人们消费需要的各种使用价值。关于服务业的范围问题,历来存在很大的争论,不同的国家和地区,不同的历史时期,服务业所包括的范围有很大的差别。在我国,有两种典型的传统观点。

一是认为服务业即第三产业。这种划分方法使服务业成为一个除农业、工业以外无所不包的产业,就连那些根本不居于经济范畴而是属于政治范畴的部门,如政府部门、军队、公检法等也被包括在内,尽管它们具有一定的管理经济的职能,但其主要职能是协调政治和社会关系。

二是认为服务业即传统服务业。它仅包括饮食、修理、洗染、理发、照相等行业。在我国,到现在为止,相当多的人还仍然是这样理解服务业的。这一点实际上是以过去社会主义国家服务业管理体制为基点的,只是对现存的管理体制作肯定性的说明。可以说,正是把服务业单纯地理解为传统生活服务业的影响,严重削弱了服务经济在社会经济生活中的地位和作用,在确定服务业的经济政策时,总是首先考虑为生活服务,倾向于把服务经济置于其他经济的依附或配角地位,这极大地限制了服务业的正常发展。

迄今为止,人类产业发展呈现出 3 个明显的发展阶段:一是以广义农业为基本特征的生产阶段;二是以机器大工业为基本特征的生产阶段;三是以现代服务业为基本特征的生产阶段。服务业作为一种产业,它的形成和发展主要是由社会生产力发展水平所决定的,同时它作为一种特殊产业,又与社会文化的发展程度直接相关。世界各国和地区社会生产力和社会文化的发展水平不同,服务业形成和发展的历史时期也不一致。20 世纪 50 年代以来,人类社会正开始经历第三产业范围内的巨大变革,这就是现代服务业的迅速发展。与传统服务业相比,现代服务业在内容上已经发生了根本变化。在现代服务业中,不仅生活服务业有了新的发展变化。而且闲暇服务业、企业服务业和社会服务业也迅速生成和发展起来,尤其是社会服务业的发展代表着现代服务业的发展方向,对社会经济的发展日益起到决定性作用。服务业作为一个动态发展过程,其包含的范围会随着社会生产力的发展而不断拓宽。同时,由于各国的社会生产力发展水平和经济条件存在着很大差别,所以服务业的发展程度也存在着很大差别,包括对服务业的认识、服务业范围的划分等都很不一致。

事实上,人类社会与经济活动可以划分为三大方面:产业(农业、工业、服务业)、宗教和政府(政府机构、党派、军队、公检法等)。作为一种产业的服务业,应当是指除了第三产业中的政府部门、公检法等以外,其余都是服务业的范围。随着社会经济活动的不断变化,一些服务行业会逐步消亡,又有一些新的服务行业会陆续产生。服务业到底包括多少行业,不可能一一列举出来。服务业是一个大的产业系统,是一个门类十分繁杂、包容着五花八门的类别的产业,其中的许多行业在产业性质、功能、生产技术及与经济发展的关系等方面都存在很大差异。服务业所包含的行业数量,历来就多于其他产业,现代服务业更是如此。服务业所生产的服务产品,不论采取何种形式,都能满足人的需要,因而都是具体的社会产品,同样具有使用价值和价值二重属性。在现代社会,服务业包括的具体行业越来越广泛,既包括农业、工业所需的服务,如农业科技服务、农业销售服务、工业运输服务、工业信息服务等;也包括服务业本身生产所需的服务,如流通部门所需的信息咨询服务,科技部门所需的电信、保安、清洁服务等;还包括人们生活消费的服务,如居民生活服务(美容、旅游、家政服务等)、教育服务、卫生服务、文娱康乐服务、客运服务等。由此形成了各种具体的服务行业,并且不断有新的服务行业出现。

经济社会是由众多相互依存、相互联系、相互作用的产业部门构成的有机整体。每个产业部门都有其特定的功能。它们根植于经济社会大系统,共同实现社会的总体功能。按照产业经济理论的解释,产业是经济社会中从事同质生产或相同服务的经济群体,是与社会生产力水平相适应的社会分工的表现形式。产业居于宏观经济与微观经济的中间层次,是国民经济的组成部分,又是同类企业的集合。在国际上,三次产业分类法是 20 世纪 30 年代由英国经济学家费希尔提出的,英国经济学家和统计学家克拉克(C.Clark)在继承费希尔研究成果的基础上,在 20 世纪 40 年代使之逐步完善并得到普及,故其也被称为克拉克产业分类法。20 世纪 70 代,美国《国民生产总值论》的作者库兹涅茨进一步发展了这种分类法。克拉克三次产业分类法即农业、制造业、服务业三大类产业分类法;库兹涅茨三次产业分类法即农业、工业、服务业三大类产业分类法。

1.2.2 服务业的分类

1）按服务业在经济发展阶段中的特点分类

Katouzian(Katouzian,1970)根据各服务业在不同经济发展阶段的特点对服务业进行了宏观意义上的划分。

（1）传统服务业

传统服务业主要是指在生产方式上具有的传统性,如家仆服务和传统商业。现代发达国家传统服务业的比重呈现出下降趋势。

（2）补充性服务业

补充性服务业是伴随制造业的发展而出现的,其产生和发展动力来自工业生产的中间需求,是工业化过程的"伴生物",并且随工业生产的发展而发展。如金融服务、交通运输服务、通信服务、政府部门的法律服务、与微观管制有关的行政性服务等就是补充性服务业的典型代表。

（3）新兴服务业

新兴服务业是指工业产品的大规模消费阶段以后出现加速增长的服务业,包括教育、医疗、娱乐、文化和公共服务等。这类服务业在人类发展史的各个时期都存在,但只在工业化后期才会成为具有普遍消费需求的行业。

2）按服务功能进行分类

经济学家辛格曼(SingleMann,1978)按服务业在经济中发挥的功能将服务业分为四类,分别是流通服务、生产服务、社会服务和个人服务。该分类法反映了经济发展过程中服务业内部结构的变化。

（1）流通服务

这类服务在经济发展中起着流通和中介的重要作用,其规模随商品规模的扩大而增加。流通服务具体包括交通运输、仓储业、通信业、批发业、零售业(不含饮食业)、广告业及其销售服务。

（2）生产服务

该类服务主要作为商品生产的中间投入而存在,并随着商品生产规模的扩大、专业化程度的加深以及产业组织的复杂而不断从商品生产企业中分离并扩大。银行、信托及其他金融业、保险业、房地产工程和建筑服务业、会计和出版业、法律服务、其他营业服务都属于生产服务。

（3）社会服务

社会服务的需求主要来自消费者的直接需求,其发展也主要由最终需求推动。这类服务的大规模发展出现在工业化后期,并且必须借助高度发达的物质生产条件和科技条件才可能实现。社会服务包括医疗和保健业、医院、教育、福利和宗教服务、非营利机构、政府、邮政、其他专业化服务和社会服务。

（4）个人服务

个人服务属最终需求型服务。从事服务的企业一般规模小、人力资本和物质资本投入少、技术含量低、经营分散。在工业社会向"后工业社会"转型的过程中，服务的社会化程度不断增强，因此存在个人服务下降、社会服务上升的趋势。个人服务包括家庭服务、旅馆和饮食业、修理服务、洗衣服务、理发与美容、娱乐和休闲、其他个人服务。

黄少军在Singlemann的四分法基础上，提出了另一种按功能对服务业分类的方法，包括经济网络型服务、最终需求型服务、生产服务和交易成本型服务。它们代表了4种在经济活动中起完全不同作用的服务业。

根据服务业的新发展和所起的新作用，面雷和吴贵生提出，在上述分类的基础上，应增加知识服务业。知识服务业是指为人类的生产和生活提供较高层次精神文化需求的服务业，包括专业性服务业（如技术咨询、信息处理等）和发展性服务业（如新闻出版、报纸杂志、广播电视、文化教育等）。

3）国际服务贸易分类

根据世贸组织统计和信息系统局（SISD）提供的国际服务贸易分类表，服务业可分为11大类150多个服务项目：

①商业服务业。指在商业活动中涉及的服务交换。具体包括专业性服务，计算机及相关服务，研究与开发服务，房地产服务，设备租赁服务，其他的商业服务。

②通信服务业。包括邮政服务，快件服务，电信服务，视听服务。

③建筑及有关工程服务业。包括建筑物的一般工作，民用工程工作，安装与装配工作，建筑物的完善与装饰工作等。

④销售服务业。包括代理机构服务，批发贸易服务，零售服务代理服务，其他销售服务。

⑤教育服务业。包括初等教育服务，教官服务，其他教育服务。

⑥环境服务业。包括污水处理服务，废物处理服务，卫生及相关服务，其他环境服务。

⑦金融服务业。包括保险及有关服务，银行及其他金融服务等。

⑧健康与社会服务业。包括医院服务，其他人类健康服务，社会服务，其他健康与社会服务。

⑨与旅游有关的服务业。包括宾馆与饭店，旅行社及旅游经纪人服务社，导游服务等。

⑩文化娱乐及体育服务业。包括娱乐服务，新闻机构服务，图书馆、博物馆及其他文化服务，体育及其他娱乐服务。

⑪交通运输服务业。包括海运服务，内河服务，空运服务，空间服务，铁路运输服务，公路运输服务，管道运输（包括燃料运输和其他物资运输）服务，所有运输方式的辅助性服务（包括货物处理服务、存贮与仓库服务、货运代理服务及其他辅助性服务）。

4）中国服务业分类

迄今为止，中国还没有专门的服务业统计分类体系，而只有三次产业分类和统计数据。目前，我国统计学三次产业分类是：

第一产业：农业（含林、牧、渔）；

第二产业：工业（含采掘、制造、自来水、电力、蒸气、热水、煤气）和建筑业；

第三产业:除上述一、二产业之外的其他各业,第三产业又被分为两大部门四个层次,如表1.1所示。

表1.1　我国第三产业分类简表

流通部门		服务部门	
第一层次	第二层次	第三层次	第四层次
为生产或生活流通的部门	为生产、生活服务的部门	为提高科学文化素质服务的部门	为社会公共部门需要服务的部门
交通运输业、邮电通信、商业饮食业、物资供销与仓储	金融业、保险业、地质普查业、房地产业、居民服务、旅游业、咨询信息服务业、各类技术服务业	教育、文化、广播、电视、科研、卫生、体育、社会福利	国家机关、党政机关、社会团体、军队、警察

1994年,国家统计局在《中国统计年鉴》中首次通过细分行业统计公布我国在业职工人数等指标,其中第三产业作了两级分类,包括:农、林、牧、渔服务业;地质勘察、水利管理业;交通运输、仓储及邮电通信业;批发零售和餐饮业;金融、保险业;房地产业;社会服务业;卫生体育和社会福利业;教育、文化艺术和广播电影电视业;科学研究和综合技术服务业;国家机关、政党机关和社会团体等11类。1995年2月全国第三产业普查办公室编发了《中国首次第三产业普查资料摘要》,该摘要所划定的第三产业行业单位与上述国家统计局所公布的统计口径基本一致,它又作了三级分类,按三级分类的第三产业的行业单位有上百种。我国对三次产业的分类法,有的其他国家也在采用,在我国经济和社会发展中具有一定的科学价值。但是,随着现代社会的进步和经济的发展,第三产业概念在经济学理论和实际应用中显示出它许多不科学之处。特别是它把农业、工业以外的一切社会活动都包括无遗,存在经济理论上的混乱。随着各国经济的发展与社会的进步,不少国家以服务业代替了第三产业的概念。

1.3　服务管理理论的发展阶段与特征

服务管理与营销一直是一个被学者们遗忘的"角落",服务业对经济发展的重要性被严重低估。科恩沃斯(Converse P.D.)在1921年出版的一本书中直言不讳的评价:会计、银行、保险以及运输都仅仅是工具,虽然他们十分重要,但他们也只是生产和销售商品的工具而已。这句话淋漓尽致地反映了当时学者对服务业的基本态度,导致服务研究的滞后。直到20世纪60年代后,针对实践中出现的大量管理问题,一些学者才开始关注服务管理与营销问题。到目前为止,服务管理理论研究已经经历了不同的阶段,服务管理的概念也已经清晰。

1.3.1　服务管理理论研究的阶段划分

服务管理的研究是一个逐步发展的和深化的过程。对服务管理相关理论和实践的研究,大致经过了服务觉醒、跳出产品模式、跨学科研究和回归本原四个阶段。

1)服务管理研究的第一阶段:服务觉醒

20世纪70年代,随着服务业产出占GDP比重的不断上升,服务业在社会经济活动中扮演着日益重要的角色。人们开始重新认识服务特有的运作特征,以服务的运作特征和服务实现为基础的新模型、新概念与新方法出现在这一时期。

其中最具代表性的人物是约翰逊,他在一篇论文中首次提出了"商品和服务是否有区别",从而引发了一场服务与商品的论战。

这一时期约翰逊和伯法推出了两本探讨服务部门运作的著作,书名都叫作《运作管理》。虽然书中涉及服务的内容很少,但作者已经开始关注服务业。这两部著作的意义在于,正是自他们开始将研究运作管理的注意力从单纯以产品制造为主领域向服务领域转移。

实质性的突破是1976年萨瑟在《哈佛商业》周刊上发表了名为"在服务业中平衡供应与需求"的文章。两年之后,由萨瑟等人所著的《服务运作管理》教材问世。这是第一本直接以服务运作为主要研究对象的专著。

上述著作所表明的观点划定了服务管理发展过程的第一阶段,我们称其为服务觉醒阶段,这一阶段的特征是初步认识到服务的存在,研究主要集中在描述和强调商品与服务的区别。但是对服务运作的研究和概念体系的建立,仍然拘泥于传统的工厂式运作研究,未能突破传统制造业管理的桎梏。

2)服务管理研究的第二阶段:跳出生产模式

1980—1985年,人们对服务问题高度热衷,研究工作主要集中在阐明有关服务的概念和性质,构建有助于理解服务管理特性的概念结构。正如帕拉休拉曼的文章所指出的那样:主要建立了服务质量的概念模型并开始了对未来服务的研究,这是构建服务管理职能结构的非常重要的一步。因为服务质量对各个职能管理领域意义重大,作用突出。

服务管理研究第二阶段主要特点,表现在服务研究脱离了完全以产品为基础的研究,开始了主要以服务领域自身内容和特征为研究对象的研究工作,其他相关学科也开始将本学科的研究项目与服务管理相联系,开始进行跨学科的服务研究。

3)服务管理研究的第三阶段:跨学科研究

1985—1995年,已经基本形成了较独立的服务管理研究领域。1990年,首届国际服务管理研究大会在法国召开。会议强调了服务管理研究的多学科性,指出服务管理研究涉及的学科包括经济学、管理学、心理学、市场学、组织行为学、社会学等。从此,服务管理踏上了多学科、多角度、多层次的较为科学规范的研究之路,并与服务营销和服务运作相区别,进入了重点进行跨学科性质的研究时代。同时,注重方法研究也是这一时期的一个特点。

在众多的研究成本中,有代表性的是芬兰学者格朗鲁斯发表的一系列著作。他在1990年出版的《服务管理与营销》一书中,将企业的竞争战略划分为以成本、价格、技术和服务为主的4种形态,指出目前的市场处于服务竞争阶段,企业经营战略开始转向以"服务"为主导的战略。他发表的《以科学管理到服务管理:服务竞争时代的管理视角》一文,从理论上阐述了服务管理与科学管理的区别,论证了服务管理的特征及其理论和实践对经济发展的贡献。他根据认知心理学的基本理论,提出了顾客感知服务质量的概念,论证了服务质量本质是一种感知,是顾客的服务与服务经历比较的结果,服务质量的高低取决于顾客的感知,其最终评价是顾客而不是企业。格斯鲁斯在这一领域的研究成果为服务管理理论体系的形成奠定了基础。

美国哈佛大学商学院、凡德彼尔大学服务研究中心等院校的学者和专家在"服务质量"领域的研究也日益深入。汉斯凯特在有关研究中,讨论了影响利润的变量及其相互关系,建立了"服务利润链"式结构,形象而具体地将变量之间的关系表示出来了。这个结构对研究服务问题和寻找影响服务质量的原因,具有十分重要的作用。

4)服务管理研究的第四阶段:回归本原

从 1995 年起,服务管理研究真正实现了由跨学科研究向交叉边缘学科本质的回归,各学科分离,保持相对的独立性。服务管理发展的重要工作内容是努力在各个核心学科中建立服务的概念构架。拉斯特在主持服务质量回报的研究中阐述了提高服务质量给企业带来的收益途径和机理,论证了服务质量与企业获利性之间的关系:

①从广义的服务质量角度来看,高质量可减少返工成本,进而赢得高利润;

②高质量可以赢得顾客高满意度,可达到效率提高,成本降低的目的;

③高质量可吸引竞争者的顾客,产生高的市场份额和收益。

因为利用现有顾客的口碑宣传吸引新顾客,可以达到增加销售和减少广告费用的目的。所以一些学者认为,持续的服务质量改进不是成本支出,而是对顾客的投资,可以带来更大的收益和利润。

这个阶段的各种理论研究成果集中体现于美国服务管理领域的学术权威 James A. Fitzsimmons 的专著《服务管理》(机械工业出版社,1998)一书中。作者以其深厚扎实的理论积淀,从服务业与经济的关系讲起,逐步展开,依次涉及了服务的内涵与竞争战略、服务性企业的构造、服务作业的管理、迈向世界级服务、服务应用的数量模型等,基本上涵盖了服务管理的所有重要理论。可以说是服务管理作为独立学科研究的开山之作与奠基之笔,对于开展服务管理的研究有着重要的指导意义和参考价值。

1.3.2　服务管理的概念

从服务管理理论研究不同阶段的回顾中我们知道,服务管理的理论来源广泛且尚未综合为统一的管理理论,至今还没有为人们所广泛接受的统一的相关服务管理的定义。阿尔布兰特 1988 年给出了服务管理的简单定义,他认为"服务管理是为了形成被顾客感觉的服务质量而运用的一种组织整体运作方法,是企业运作的第一驱动力"。另外一种学术界的定义,认为服务管理是一种形成顾客感知服务质量和促进企业发展的最重要方法。1990 年芬兰学者格朗鲁斯曾提出过一个相对全面的定义,按照他的观点可以从以下 4 个方面理解服务管理的内涵:

1)了解顾客及其需求

组织要了解顾客如何通过消费或使用组织提供的服务来获取价值,了解服务本身或者服务信息、有形产品及其他有形要素一起如何对形成顾客需要的价值起作用。也就是了解在服务企业与顾客关系中,顾客如何通过质量感知形成感知价值并随着时间而变化。

2)了解组织创造价值的能力

管理者要了解组织中包括人力、技术和物资资源、服务系统与顾客互动等是如何具备提供顾客感知质量或创造价值能力的。

3)了解组织如何创造价值

管理者要了解组织应该如何发展和管理控制,以实现顾客期望的感知质量和价值。

4)了解组织如何实现目标

使组织发挥正常功能,为顾客提供优质服务和价值,并实现企业,顾客及其他有关各方所期望的目标。

服务管理的定义要求企业必须明确:①在服务竞争中,顾客所需要的感知服务质量和价值是什么;②如何为顾客创造价值;③如何恰当地对企业资源进行管理,以顺利完成顾客感知价值的增值过程。

格朗鲁斯上述定义的某些内容虽然松散,但清晰地表达出了服务管理的一些关键要素、主要内容和重要意义。他认为服务管理所研究的是如何在竞争环境中进行管理并取得成功,这种研究并不考虑企业的类型,即不管是服务企业还是制造业都是服务管理研究的对象。服务管理的这种定位,意味着管理重点的四大转移:①从研究产品的效用向研究顾客关系的总效用转移;②从短期交易向长期伙伴关系的转移;③从产品质量或产出技术质量向顾客感知质量转移;④从把产品技术质量作为组织生产的关键向把全面效用和全面质量作为组织生产关键的转移。

综合上述观点,本书认为服务管理是一种组织形成顾客感知服务质量并实现其目标的整体运作方法。

1.4　服务管理的研究体系与方法

服务管理研究经过了服务觉醒、跳出产品的模式、跨学科研究和同归本原四个阶段的发展,作为一个学科和研究领域,其框架机构和概念体系已基本形成并不断发展和完善。未来服务管理的研究应该聚焦于作为整体服务企业的一般性经营管理问题。服务管理以全面管理的观点,将企业的外部效率、顾客如何感知核心产品及服务的质量和企业的整体运作置于优先地位。服务管理的重点是通过一种组织的整体运作方法,形成被顾客感觉到的服务质量。

1.4.1　服务管理系统

服务管理首先是对服务管理系统的研究,在构建或研究服务系统时,整体的观念很重要,必须找出服务企业成功的关键因素并把它们移植到组织的管理和文化中,这样才能复制并长时间保持一个服务系统。如图1.1所示为服务管理系统研究的基本模型。

服务管理系统有五个组成部分:服务概念、细分市场、组织形式、文化和主导思想(服务

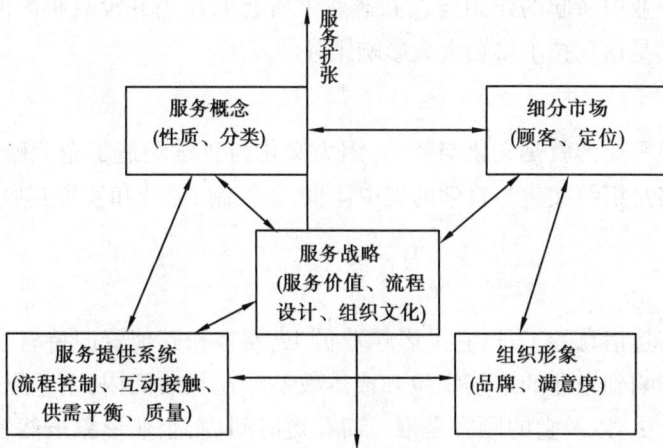

图 1.1 服务管理系统模型

战略)以及服务提供系统,其中文化和主导思想为系统的核心。服务战略是在全面正确认识服务的性质和细分市场顾客需求的基础上制定的。体现组织的文化和主导思想,它处于服务系统的核心位置,统御了整个组织的服务管理,决定着服务提交系统管理、服务形象管理及服务系统扩张发展模式。

1)服务概念

服务概念是指组织为顾客带来的利益。就像我们所看到的,服务概念常常包括一套复杂的价值观。组织为顾客带来的利益有物质上的,也有精神和情感上的。较为重要的服务称为核心服务,而另一些则是相对次要的服务。服务的有些特征能够加以衡量和详细描述,而有一些特征虽然非常重要却难以描述。

2)细分市场

细分市场是指整个服务系统所服务的顾客类型,主要研究顾客对服务的选择和评价标准以及顾客的期望与感知。

3)服务提供系统

服务提供系统相当于制造企业的生产系统和分销系统,但是和他们有着不同的特征。服务组织的创新理念主要表现在它的服务提供系统上。服务提供系统有 3 个组成部分:

(1)人员

服务组织通常是人员密集型企业。成功的服务组织发展、开发和关注人才的方式不拘一格。它们还没法调动非本组织的"编外人员"的积极性。

(2)顾客

顾客在服务组织中扮演着有趣而复杂的角色,因为他们不仅是服务的接受者和消费者,同时还参与服务的生产和提交。因此,服务组织必须像对待员工一样去精心挑选和管理顾客。

(3)技术和物质支持

尽管大部分服务企业都是人员密集型企业,但大量的资本和设备对它们也是必不可少的。相对于其他部分,我们对服务提供系统的技术与物质支持部分介绍得较少,因为技术与物质支持在服务企业中所起的作用与在制造业中所起的作用并没有很大的不同。不过,必须看到新技术尤其是信息技术将会大大影响服务的发展。

4)服务战略

服务组织中最重要的就是文化与哲学,因为文化与哲学塑造了企业赖以发展的价值观和信念。服务战略是组织文化与哲学的集中体现,是控制、保持和发展其服务产品的一整套原则。

5)组织形象

形象是一种传达信息的工具,它是影响着员工、顾客和其他资源持有者,他们的行为及其对企业的印象影响到企业的市场定位和成本效益。在长时间内,企业形象主要取决于企业向市场提供了什么,以及它的顾客是谁。而在短时间内,企业形象虽然看不见摸不着,但却影响着人们的行为。

服务管理系统模型的各个组成部分之间是互相关联的。必须强调对它的应用应该是一个"文化"的过程。我们用"过程"这个词是为了强调该模型需要进一步发展。之所以说这个发展过程是"文化"的,是因为它涉及人的问题。所以,对服务的管理其实就是对人的文化及社会活动的管理,它不同于机械设计制造活动。

1.4.2　服务管理研究体系

服务管理的任务就是管理服务系统五部分并使其达到相互之间的良性循环。当组织在管理上走向成熟,并达到了一定程度的成功时,就获得了可持续性竞争优势。要想保持企业的持续竞争力,组织需要实施持续改进战略,促进服务增长,并向国际化、多元化扩张,不断应对新的挑战,所以,服务管理还要研究服务的扩张问题,即要研究全面动态的服务系统。

本节将对服务管理研究体系的主要研究内容进行简明说明,各项管理问题的详细介绍将在以后的各章节中分别进行。

1)服务特性与分类

服务管理缘起于服务业的蓬勃发展,以企业等社会组织提供的服务为研究对象,所以,对于服务管理的学习,首先要从对服务特性、服务产品和服务分类的认识开始。

(1)服务特性

通过对服务概念的界定,研究服务产品的内涵和特性。服务产品的特性决定着服务管理会面临的主要问题和挑战。

(2)服务分类

服务组织包罗万象,对服务进行分类,有助于提炼管理原则,有助于更有条理地讨论服务管理,打破行业障碍,各自取长补短,通过介绍四种影响较大的分类方法,将注意力集中到类似的服务组织中具有的管理问题上,并有针对性地采取管理措施。

2)市场细分

了解顾客对服务的不同理解不仅是每次服务交互活动完美进行的前提,也有助于有效地为服务定位、采取有竞争力的服务战略和设计高效的服务系统等。

（1）服务选择与评价

由于服务具有无形性、同步性、异质性、易逝性等特征,顾客对服务的感知与评价比对有形产品要困难得多。本书通过对马斯洛的需求层次的分析,认识顾客消费的影响因素,全面描述顾客购买服务的全过程,并阐述顾客购买服务的特征。顾客购买服务的决策过程,分为七个部分:确定需要、信息搜寻、服务的选择和评价、购买和消费以及购后行为。服务购买具有七方面的主要特征。

（2）服务期望和感知

当顾客评估服务质量时,要把他们对服务绩效的感知与服务传递的期望相比较。期望是评估服务绩效的标准和参考点,感知服务是对受到服务的实际反映。服务组织的中心工作就是弥合顾客期望和顾客感知之间的差距,使顾客满意并与他们建立长期的关系。本书重点介绍顾客期望、顾客感知、顾客感知服务质量的含义和类型,分析容忍区域的影响因素、顾客服务期望的影响因素和顾客的感知影响因素。最后,介绍服务承诺与服务传递匹配的战略。

3）服务战略管理

服务竞争的研究目的就是建立新型的服务竞争理念,构建系统的服务竞争战略框架体系,立足于企业合适的业务和资源进行服务竞争的战略选择。

服务组织的战略可分为 3 个层次:组织战略、业务战略和职能战略。

组织战略,又称总体战略或服务战略,是组织最高层次的战略。它需要根据组织的目标,选择组织可竞争的经营领域,合理配置组织经营所必需的资源,使各项经营业务相互支持、相互协调。如酒店的选址、服务级别的定位、服务远景等。

组织的二级战略常常被称作业务战略或竞争战略。服务流程是富有创造性的作业,它能够提供一种与竞争对手有所不同的服务概念和战略。这些战略的直接目标是使顾客直接获益,从而赢得组织的竞争优势。其集中表现是组织的流程设计。

职能战略,又称职能层战略,主要涉及组织内各部门组织,如营销、财务和计划等,如何更好地为各级战略服务。"先有战略,后有组织",这些战略的直接目的就是服务于组织内部,提高组织效率,如组织内部的小型网络、团队培训和提升等。其集中表现是建设科学的服务组织机构。

（1）服务战略

由于服务本身的特性和服务过程中的许多不确定性,使得尽管事先策划周密的计划常常因为各种无法控制的随机因素而难以实现服务承诺,并可能带来各种质量问题,直接影响服务竞争目标的实现。同时因为它们在进入障碍相对较低的环境中竞争,服务组织总会面对新的竞争对手。那么,服务企业竞争的优势究竟体现在哪些方面? 服务企业究竟靠什么来吸引客户,提高企业的竞争力? 本书的研究力求回答这些问题,通过对战略服务系统的介绍,阐述服务价值模型和服务价值链理论,分析服务竞争的特殊性,论述成本领先、差别化、集中化和顾客战略在服务组织中的运用,并介绍服务战略的制定、战略选择与实施、战略评价和调整等。

（2）服务流程

服务流程是服务组织向顾客提供的整个过程和完成这个过程所需要素的组合方式。服务流程是富有创造性的作业，它能够提供一种与竞争对手有所不同的服务概念和战略。服务流程的设计过程是复杂的，一个好的服务流程，应当详细指明顾客何时何地会提出何样要求、何时将会离开、在服务过程中顾客与服务流程之间有怎样的接触，要不断地对服务流程进行修正。在系统开始运转后，在条件允许的情况下，要不断地对服务流程进行修正，以提高流程运作的效率。服务传递系统设计是服务战略能否成功实施的关键。科学的流程设计涉及多方面的问题：服务场所选择、设计服务流程的内容和步骤、服务流程的定位和分类、服务流程设计的方法、服务流程中可能出现的瓶颈现象与解决方案、服务蓝图的概念和基本框架、如何绘制和解读服务蓝图等。本书将重点介绍服务流程定位、服务流程设计的方法、瓶颈和服务蓝图等问题。

（3）服务组织

"先有战略，后有组织"，战略要有健全的组织结构来保证实施。组织结构是组织的构成形式，即组织的目标、协调、人员、职务、相互关系、信息等组织要素的有效排列组合方式，它是将企业的目标分解到职务，并把职务综合到部门，由众多的部门组成垂直的权利系统和水平分工协作系统的一个有机的整体。当一个组织通过"战略管理过程"确立了既定战略之后，如何通过组织结构为其提供有效配置资源的保障便成为管理的关键问题。

科学的流程保证了组织的精干有效。服务企业不但要解决流程问题还要解决组织问题、薪资问题和绩效考核问题，这些问题也是服务管理特点。著名的服务管理学者泽斯曼尔认为："服务文化"就是"鼓励优质服务存在，给予内部和外部最终顾客以优质服务，并把这种文化当作自然而然的生活方式和每个人最重要的行为标准"，服务文化的构建是一门学科，是企业全员参与的一项系统工程。1982年，彼得斯和沃特曼在《追求卓越》一书中确认，文化在组织成功中居于决胜一切的中心地位。服务可以看成是服务组织和服务人员的劳动产出，而对服务人员的培训与训练就成了先期投入，他们是组织成功服务的最主要因素。

4）服务提供系统管理

服务提供系统管理是对服务提供过程的计划、组织和控制，主要包括服务接触管理、服务能力管理、服务质量管理。

（1）服务接触管理

大多数服务企业的基本特征是服务提供者和顾客之间发生接触。通常，这种短暂的接触往往发生在顾客评估服务的一瞬间，同时也形成了对服务质量好坏的评价。所以组织存在的目的就是支持那些直接与顾客接触的一线员工。组织中的每个员工的职责是服务这些一线员工，后者直接为顾客服务。改变组织结构图表明了对顾客的关注和对关键时刻管理的重视。本书将从服务接触的特征、服务交互性质、服务交互管理、服务交互剧场模式以及服务关键时刻模型来进行阐述和说明。

（2）服务能力管理

服务的生产和消费是同时进行的，是不可储存的。如果服务需求不足，结果将导致服务人员和设备的闲置。人们的需求总会有淡旺季的变动，这种需求水平的自然波动造成了服务在某些时间闲置,而在一些时间则人满为患。许多度假地的酒店的管理者都会面临这样的问题。如何对服务的供求进行管理,提高服务的利用率,是服务管理者必须解决的问题。本书主要介绍需求管理策略、供给管理策略的相关知识与对策,同时还涉及服务排队管理。

（3）服务质量管理

对于产品来说,总体质量主要取决于技术质量;就服务而言,技术质量和功能质量都很重要,但功能质量对顾客满意度的贡献远远高于技术质量,即服务质量主要取决于顾客对接受的服务感知与服务期望的比较结果。当顾客觉得组织的服务满足了他的需求时,他对服务质量评价会较高,反之则较低。由于服务比有形产品有着更多难以把握、难以标准化的特征,服务质量比产品质量更难管理。本书主要探讨服务质量的要素、服务质量的评价方法与测量等。

5）形象管理

形象是服务管理系统的一个组成部分。提高服务满意度可以为组织塑造良好的形象,造就宝贵的无形资产,可以极大地增强知识的凝聚力和竞争力,它的实现需要有效的服务保证的策略。

（1）服务满意

顾客的需求是否得到了满足或在多大程度上得到了满足,是评定企业质量管理体系业绩,进行质量改进的重要依据。建立科学合理的顾客满意信息收集系统,及时准确地掌握顾客满意的信息,客观公正地评价顾客满意度是企业质量管理的重要内容。创造顾客价值和提高服务满意度是服务管理的重点,本书中的所有章节都围绕着这一主题展开。本书通过对顾客满意度基本概念和影响要素的分析,讨论满意度的衡量以及提高途径。

（2）服务保证

服务的无形性意味着顾客满意度在很大程度上取决于个人的感知和判断,这个感知和判断是在整个服务过程中形成的,完整的服务体验是由不同的阶段组成的,每个阶段都有相应的服务保证策略:购买前市场沟通中的服务承诺;购买消费中的服务授权;服务过程以及购后评价中的服务补救。应该把这些策略看作是一个紧密关联的服务保证的策略系统。服务承诺、服务授权、服务补救这些保证策略具有互补性,并且作为一个协调的服务策略系统会渗透到整个企业文化之中,使得其他企业很难仿效。因此有效协调这些保证策略的企业不但可以保证服务质量,还可以提高顾客满意度,塑造更好的企业形象从而获得可持续的竞争优势。本书通过对服务承诺、服务授权、服务补救的含义、方式及其重要性的阐述,讨论它们的实施程序和办法。

（3）服务形象

形象是一种传达信息的工具,"信息就是权利",它影响着员工、顾客和其他资源持有者,他们的行为及其对企业的印象会影响到企业的市场定位和成本效益。在现代社会中,良好的企业信誉和形象已成为企业一项越来越重要的无形财富,它是企业生存和发展的有利条件。企业形象是顾客感知服务质量的过滤器。如果企业拥有良好的形象,些许的失误会得到顾客的谅解,如果失误频繁发生,则必然会破坏企业形象,倘若企业形象不佳,则企业任何细微的失误都会给顾客造成很坏的印象。本书通过对形象含义、特征、价值的分析,介绍影响形象的因素和目标群体以及功能,讨论企业形象构成与塑造的基本原理。

6)服务扩张

当组织在管理上走向成熟,并达到了一定程度的成功时,就获得了可持续性竞争优势。要想保持企业的持续竞争力,组织需要实施持续改进战略,促进服务增长,有些组织还向国际化、多元化扩张,不断应对新的挑战。本书研究服务组织生命周期理论与服务复制的基本法则,分析服务竞争力的几个阶段,介绍服务成长与扩张战略以及特许经营和全球化战略等实现服务组织扩张的主要方式。

1.4.3 研究对象和研究方法

1)研究对象

服务管理的研究对象主要处于服务领域的服务型企业,尽管服务管理中许多理论、方法、观点也同样适用制造业和其他行业,但基本理论研究模型的前提与假设、论证推理与实证都主要以服务企业为参照系,服务管理的研究对象主要就是服务型企业中的服务竞争、服务质量和服务能力。

2)研究方法

服务独特的研究对象决定了适合自身特点的研究方法,当然,也同时遵循科学研究的一般方法。

(1)跨学科研究方法

首先是跨学科的研究方法。任何学科的产生和发展,都得益于综合运用相关知识领域的理论、技术和方法。

(2)理论联系实践的方法

理论联系实践的方法作为科学研究普遍使用的方法,同样适用于服务的研究。只有从实践中来,到实践中去,理论才有针对性和指导性,才有生命和活力。服务本身就是一种实践性很强的活动,更需要这样从理论到实践,再从实践到理论的循环往复过程。

(3)系统分析的方法

从服务内容上来看,服务管理是由众多要素组成的一个具有特定功能的整体,即是一个系统;从服务质量管理和控制上看也是如此。因此,系统分析的方法也是进行服务研究必不可少的手段之一。

(4)数量分析法

数量分析法就是通过确定服务模型,能更直观、更精确地反映服务的真实客观面貌,更易于把握隐藏在各种复杂关系背后的服务的本质。

(5)管理学研究的方法

服务管理的一般理论研究方法,是从管理学的角度出发,综合运用规范分析与实证分析、案例分析、历史分析与比较分析、宏观分析与微观分析等多种方法,重点对服务竞争战略的构建和竞争战略的选择、服务组织管理和服务过程管理等领域进行全面和系统的研究。

【案例分析】

IBM——服务制胜的典范

被称作"蓝色巨人"的 IBM,不仅是世界信息技术产业最大的硬件、软件公司,同时也是业界最大的服务公司。其中,全球专业信息服务和售后服务的收入就超过 250 亿美元,约占总额的 1/3。每天,都有超过 11 万名 IBM 的专业人员在全球各地从事信息服务工作,凭着"顾客第一"的不变宗旨与高标准的服务质量,IBM 深受顾客的尊敬,被公认为业界的领导者。

虽然很少有企业公开承认自己在模仿 IBM,但其做法却让人一看便知其模仿了 IBM。然而有趣的是,尽管那么多对手在后面拼命追赶,但真正能威胁到 IBM 地位的却寥寥无几。这时,一定会有人问:为什么 IBM 行,我不行?

一、不一样的服务

服务的概念应该如何定义?在现阶段,中国的"服务"文化尚未完全成熟的时候,人们对它的理解可谓五花八门。有相当多的人把服务认为是与产品相关的服务。在 10 年前,服务被认为就是售后服务和维修服务,即使到了今天,产业界已经发生了很大的变化,人们的认识已经把服务的概念扩展到自己业务某一领域,外延到咨询服务,但在很多人的脑海中,服务依然是要和产品挂钩的,或者是为了更多更快地销售产品而作为附加价值提供给用户。总之,在人们的思维惯性中,服务无法脱离产品独立存在,它依然是一个附属品。

IBM 的服务观念绝对不仅限于此,IBM 全球服务可以不附带任何 IBM 的产品。因为IBM 用自身的经验证明,服务可以自己站稳脚跟。IBM 的服务已经在全球建立了强大的品牌,和 IBM 的软件、硬件一样成为 IBM 公司制胜商场的"三驾马车"之一。那么 IBM 的服务是什么?确切地说,IBM 全球服务是技术支持型咨询顾问服务。"知道你的业务,了解你的业务,帮你解决困难,达到你所需要的业务目标",这就是 IBM 全球服务部的声音。而且 IBM全球服务部提供服务的全面性对业界来说是无可比拟的,IBM 的服务从微机到服务器,从软件到硬件,再到解决方案,无所不包。作为全球最大的信息技术和电子商务提供商,IBM 的服务内容涵盖了从行业战略层面的商务战略咨询和托管服务,到企业管理层的顾客关系管理、供应链管理、企业资源规划等全方位服务,还包括 IT 系统的设计、实现和后期的维护服务。可以看出,全面和独立于产品的服务概念是 IBM 取胜的秘诀。

二、服务转型,力挽狂澜

IBM 也不是没有低谷的时候。1993 年 IBM 一年就亏损了 81 亿美元,创下了自公司成立以来亏损的最高纪录。其后,空降经理人路易斯·郭士纳力挽狂澜,率领 IBM 成功转型,走上了服务之路。当时,在新任 CEO 郭士纳的带领下,在"以顾客为中心"理念的基础上对企业进行了重大的重组,使 IBM 获得了新的力量。具体而言,IBM 这方面的工作体现在三个方面:

首先,根据顾客所处的行业以及地区的差异性,IBM 公司在全球范围内对营销以及服务部门作了重大的重组。营销与服务体系根据行业特征来建设,以便更好地为顾客服务。IBM

要求每一位销售人员熟悉所负责行业的特征和业务发展趋势,了解顾客的需求,与顾客共同制订信息化规划;在 IBM 内部,每一位销售人员还负责协调处理与该顾客有关的所有事务,真正成为顾客在 IBM 公司的代表。这是 IBM 企业文化方面的一个重大转变。

其次,IBM 站在战略的高度建立了全方位的顾客服务体系,即现在的全球服务部。今天IBM 全球服务部提供给顾客的服务包括管理的咨询、信息技术规划、系统的集成以及全方位的发展战略。IBM 追求的是一种新型的顾客关系,从"产品服务的供应商"向"顾客的长期合作伙伴"方向发展。

最后,IBM 在企业内部大力倡导和实践全面服务顾客,即 360 度服务顾客的企业文化。从 IBM 的最高层领导郭士纳做起,花大量的时间亲自拜访顾客,倾听顾客的意见和建议;在IBM 内部通过各种培训活动,向员工积极灌输 360 度服务顾客的文化,并且使这一理念能够成为所有 IBM 员工的自觉行动;完善顾客服务中心,改善与顾客的交流,用专门的人员来处理协调顾客的意见与建议。

正如营销大师菲利普·科特勒所言:优秀的公司发现需求,而伟大的公司创造市场。从1993 年起,被世人视为拯救即将沉沦的 IBM 的英雄——郭士纳,没有对这艘巨轮进行拆分,也没有采取大量解散员工之举,而是为其找到新的市场——服务,这使 IBM 的经营重点从硬件制造转向了服务提供。

郭士纳在其自传中写道:如果建设 IBM 全球服务部的努力失败了,那么 IBM 或者至少是我想象的 IBM,就会随之失败。在郭士纳看来,服务市场是 IBM 的唯一机会。如今,全球服务已成为 IBM 效益增长最快的一个部门。资料显示,在去年"与 IT 相关的咨询服务"排名中,IBM 全球服务部(IGS)以 330 亿美元雄踞榜首,EDS 和埃森哲等老牌咨询公司只能望其项背。此时,几乎所有的业界巨头都发现,与 IT 相关的咨询服务是增速最快的一块市场。在电子化的冲击下,处在新经济下的各种企业全部面临转型。而如麦肯锡等传统咨询公司擅长的是战略咨询而非技术咨询,给 IT 公司以空当。其中 IBM 转型最快,也最幸运。

三、"魔鬼"训练,将员工培训进行到底

IBM 公司追求卓越,特别是在人才培训、造就销售人才方面取得了成功的经验。具体地说,IBM 公司绝不让一名未经培训或者未经全面培训的人到销售第一线去。销售人员说些什么、做些什么以及怎样说和怎样做,都对公司的形象和信用影响极大。如果准备不足就仓促上阵,会使一个很有潜力的销售人员夭折。因此该公司用于培训的资金充足,计划严密,结构合理。一到培训结束,学员就可以有足够的技能,满怀信心地同用户打交道。

有人称 IBM 的新员工培训是"魔鬼训练营",因为培训过程非常艰辛。除行政管理类人员只有为期两周的培训外,IBM 所有销售、市场和服务部门的员工全部要经过三个月的"魔鬼"训练,内容包括:了解 IBM 内部工作方式,了解自己的部门职能;了解 IBM 的产品和服务;专注于销售和市场,以模拟实践的形式学习 IBM 怎样做生意,以及团队工作和沟通技能、表达技巧等。这期间,十多种考试像跨栏一样需要新员工跨越,包括:做讲演,笔试产品性能,练习扮演客户和销售角色等。全部考试合格后,才可成为 IBM 的一名新员工,有自己正式的职务和责任。之后,负责市场和服务部门的人员还要接受 6—9 个月的业务学习。

IBM 公司的销售人员和系统工程师要接受为期 12 个月的初步培训,主要采用现场实习和课堂讲授相结合的教学方法。其中 75% 的时间是在各地分公司中度过的;25% 的时间在公司的教育中心学习。分公司负责培训工作的中层干部将检查该公司学员的教学大纲,这个大纲包括从公司中学员的素养、价值观念、信念原则到整个生产过程中的基本知识等方面的内容。学员利用一定时间与市场营销人员一起访问用户,从实际工作中得到体会。此外,还经常让新学员在分公司的会议上,在经验丰富的市场营销代表面前,进行他们的第一次成果演习。有时,有些批评可能十分尖锐,但学员却因此增强了信心,并赢得了同事的尊敬。事实上,在 IBM,培训从来都不会停止。在 IBM,不学习的人不可能待下去。从进入 IBM 的第一天起,IBM 就给员工描绘了一个学习的蓝图。课堂上、工作中,经理和师傅的言传身教,员工自己通过公司内部的局域网络自学,总部的培训以及到别的国家工作和学习等,庞大而全面的培训系统一直是 IBM 的骄傲。鼓励员工学习和提高是 IBM 培训文化的精髓。如果哪个员工要求提薪,IBM 可能会犹豫;如果哪个员工要求学习,IBM 肯定会非常欢迎。

IBM 非常重视素质教育,基于此,IBM 设置了"师傅"和培训经理这两个角色,将素质教育日常化。每个新员工到 IBM 都会有一个专门带他的"师傅"。而培训经理是 IBM 专门为照顾新员工、提高培训效率而设置的一个职位。

IBM 从来不会派一名不合格的代表会见用户,也不会送一名不合格的学员去接受培训,因为这不符合优秀企业的概念。

四、不断创新,成就卓越

IBM 一直非常重视技术创新。该公司全球每年申请的技术专利数都名列前茅,在过去的十年中,IBM 的专利更是加速领先。全世界最早的大型机、服务器、个人电脑等 IT 技术都出自这个蓝色巨人之手。IBM 也是一个非常重视理念创新和服务创新的公司。早在 20 世纪 90 年代初,IBM 就提出了"电子商务"概念,催生出 IT 产业的巨大商机,并且经过十年的努力,最早完成了从产品到服务的转型,赋予 IT 服务丰富的内涵和巨大的生产力。

2002 年,IBM 又前瞻性地提出了"电子商务随需应变"的战略,认为"如果公司变得更加灵活和易交流,那么它们将会要求以更加灵活和易变通的方式来获得信息技术和为此进行支付。一种按使用支付的供应模型将会把客户从购买传统 IT 资产的前期投资中解脱出来。它将使客户能够将资源集中在自己的核心业务上,并以从前根本不可能想象的方式拥有或管理计算资源"。正如彭明盛所说,"我们将以客户需求为中心重塑 IT 行业"。IBM 不断探索并创新着它的技术、产品和服务,大概这正是 IBM 成立 90 多年来能够一直执 IT 界牛耳,在 IT 服务领域具有无法超越的领先地位的真正原因。

在银行信息化服务领域,IBM 历来也一直占据领跑地位。针对银行顾客的需求,IBM 提供了一系列端到端的解决方案,包括咨询、集成、开发、基础设施的建设以及外包服务等。针对金融系统对安全的高度敏感性,目前 IBM 公司在全球设立有超过 850 名的 IT 安全专家,在亚太地区有将近 100 名安全专家,拥有丰富的金融安全防范与灾难备份经验。此外,IBM 在顾客洞察方面也拥有丰富的经验和实力,能够帮助银行业顾客了解其消费者的真正需求,并帮助顾客通过一系列数据来研究其消费者的行为,也能够提供财富关系系统,为顾客在财富规划方面提供咨询。2005 年 3 月,IBM 全球服务部大中华区总经理于雪莉宣布了 IBM 全球服务部 2005 年的中国市场四大战略重点:通过业务与技术相结合,帮助顾客转型;增强提供行业解决方案的能力;持续提供高质量服务,保证顾客高满意度;重点发展战略外包业务。从这四大战略重点中可以看出,IBM 在 2005 年的主要目标是全面快速地提高服务能力,全方位为顾客提供"随需应变"的服务。

[案例讨论题]

1.服务的概念应该如何定义？

2.IBM 服务管理的精髓是什么？

本章小结

本章对世界服务业的发展特征与趋势、中国服务业发展的动因、现状、问题及路径作了概述。在此基础上,本章又介绍了服务业的分类,其按服务业在经济发展阶段中的特点分为传统服务业、补充性服务业和新兴服务业;按服务功能分为流通服务、生产服务、社会服务和个人服务;按照国际服务贸易分为商业服务业、通信服务业、建筑及有关工程服务业、销售服务业、教育服务业、环境服务业、金融服务业、健康与社会服务业、与旅游有关的服务业、文化娱乐及体育服务业、交通运输服务业。

学术界对服务管理相关理论和实践的研究,大致经过了服务觉醒、跳出产品模式、跨学科研究和回归本原四个阶段的发展。服务管理的全面管理的观点包括顾客驱动、顾客感知质量导向、长期发展、员工导向和重视综合管理等方面。服务管理的重点是通过团队工作、跨职能合作、跨组织的伙伴关系以及长期观念等整体运作方法,形成被顾客感觉到的服务质量。服务管理系统有五个组成部分:服务概念、细分市场、组织形象、文化和主导思想以及服务提供系统,其中文化和主导思想为系统的核心。

【思考与练习】

1.服务管理理论的发展经过了哪些阶段？具有何种特征？

2.服务管理的含义是什么？试说明服务管理与其他管理思想的不同。

3.讨论服务管理的研究体系和主要内容以及研究的重点和难点。

4.有人认为"本无所谓的服务业,有的只是一些行业中的服务含量多一些或少一些。"试评论这一说法并说明你的观点。

第2章 服务产品的构成与特征

一个竞争的世界,有两种可能:你会输;或者,你能赢,但你必须改变。

——雷斯达·梭罗

【学习目标】

通过本章的学习,你应该能够:

1.理解服务的概念。

2.认识服务产品的特征。

3.学会用服务包的概念描述一种服务。

4.理解和运用服务特性,认识服务管理者面临的各种问题和挑战。

【案例导入】

Chokhi Dhani 民族旅游村

(他所向往的不只是印度这个民族。)亚历山大,墨西哥一所大学工业工程教授,刚刚已经计划好为期2周的假期。他旋风般地匆匆赶往他所梦寐以求的目的地——印度,一块古老而充满色彩与变化的土地。他乘坐 NH-8,沿着印度旅游业的黄金路线,向着斋浦尔进发,在六车道高速公路上与回墨西哥家里没有什么差别。德里的酒店是他见过的最好的酒店,但这不是他此次印度行的目的。领略这个奇异的国度,它热情的人民、多彩的村庄、辛辣的食物、骆驼和奶牛,让人难以忘怀。他想了解印度的村落生活。顺路来到斋浦尔的一个朋友家,亚历山大才突然醒悟。当时正值六月,白天的气温还在不断上升。出租车司机提醒他访问这个内陆村庄的行动有些不切实际。这将会花费他许多有限的时间,而且拉贾斯坦邦沙漠村庄的夏季生活也会让他吃不消。去这样的一个村落并不方便。

对许多来自世界各地的外国游客来讲,到拉贾斯坦邦旅游,亲密接触一下这里多彩的生活是他们共同的梦想。然而,严酷的气候、基础设施的短缺往往使他们半途而废。

多年来,恶劣的气候使那些好奇的游客无法探索拉贾斯坦邦典型的生活方式。然而,集乡村环境和现代化为一体的梦幻之城 Chokhi Dhani 成了重要的旅游目的地。拉贾斯坦——这块充满魔力的土地,那里热光犹如水波幻影;在那里,你所见到的东西却不一定存在,终将消失在虚幻的面纱后面。充满多彩的异国情调的 Chokhi Dhani 民族旅游村将拉贾斯坦所有传统村落的市集形式集中展现在你的面前。

Ram Ram Sa 的传统接待方式开始了 Chokhi Dhani 的独特体验。这里具有典型的拉贾斯坦村落的气氛，它不仅仅提供五星级的舒适服务，而且拥有举行所有会议所需的设施。所有事务都以专业、高效和热情周到的服务处理，这就是 Chokhi Dhani 的特点。

Chokhi Dhani 是一个美丽的五星级的民族旅游村，那里每天晚上都举行丰富的娱乐活动。拉贾基坦邦村绵延 10 多英亩，到处是优美的乡村美景，树上点缀着狩猎台和艺术家实地表演的舞台，那些被深深吸引的观众无一例外地去那里体验奇异的拉贾斯坦。夜幕降临，每晚的乡村节目开始了：跳卡贝利亚舞（Kalbeliya）、驾乘公牛车、看木偶戏、坐旋转木马、骑骆驼、划船，等等，让你觉得每一刻都很充实。对于那些不喜欢游乐的人，有博物馆和被称为"哈特"的购物长廊，摆设着各式镯子、传统服饰以及珠宝供游客参观和购买。

Chokhi Dhani，其字意为"美好的村落"。它是印度第一个五星级的民族旅游村，拥有 65 间村舍、8 间客房、2 间大会议室、2 个不同风格的酒吧和一个能提供多种烹饪风格的餐馆。该旅游胜地融合了丰富的服务特色与国际化标准的服务，能满足商务旅游与休闲等多种需要。在 Chokhi Dhani，你可以切切实实感受到拉贾斯坦的真实风味，热情好客的拉贾斯坦传统。

说到食物，Chokhi Dhani 擅长做拉贾斯坦食物，香格里饭店提供典型的土著餐饮风格——吃饭席地而坐。Chokhi Dhani 每晚的菜单都有变化。每位游客支付固定的费用，可以享用晚餐和非酒精饮料。晚餐包括各式绝对正宗的传统拉贾斯坦食物。客人在厨房的地毯上坐成一排，以干叶子为器皿随便享用。年轻的村落小伙子频繁而又恭敬地为客人增添食物。

Chokhi Dhani 离斋浦尔市中心 18 千米，离机场 6 千米。远离高速发展的城市，使得去拉贾斯坦民族村的游客有一种身为客人的感觉。干燥的沙地和农场为村落体验设置了现存的环境。虽然远离城市给交通和后勤工作带来了诸多问题，但是经营者却把这些看成了游客为亲密体验真正民族特色所付出的成本。除此之外，当地居民的精湛手艺和建筑风格也给游客留下深刻的印象。

竹片做成的顶篷、光滑的泥地以及抹有灰泥的墙壁上点缀着拉贾斯坦风格壁画和油画。所有的结构都按典型的拉贾斯坦村台风格样式制作。每一间小屋都是典型的拉贾斯坦风格家具和帷帐。为了增强效果，大量地运用了壁画和油画。再看看游客们的生活，在舒适的拉贾斯坦背景下有电视、台灯、冰箱等，一切都融合得恰到好处。

服务环境方面，热情好客的 Chokhi Dhani 男士们身穿民族衬衣，头戴民族花帽；女士们则穿做工精致的民族裙子。

游客在等待服务的时候可以加入村落集会。村落的整个风景都是为了村落集会这一娱乐活动而设置的。游客在由黏土和畜类制作的接待处就能感受到欢乐的气氛。柜台是内嵌式的，有壁画装饰。陶制台灯和一个大鼓给客人的就是他们所期望的那种感觉。当你经过接待处时，等在那里的村落男孩会递给你一杯当地的凝乳饮料，并把你引到村落集会。那里你能看到铁匠、木偶表演、民族舞女以及制陶工人等在四周忙碌。那里有生火的炉子和为客人准备的食品，还有母牛、水牛、羊和骆驼。游客可以骑骆驼、欣赏木偶戏、围着民族舞蹈少女跳舞。灯笼是必需的照明工具。那里还有村落商店和一个可以划船的湖。虽然远离外界,但良好的通信设施使你可以与外界保持联系。

晚会的风格保持绝对的原汁原味。绝大部分侍者来自邻村,他们不必经过培训就已熟知村落的传统。这样便保证了晚会的真实性,使晚会没有任何做作成分。不仅如此,这些当地侍者还带来了传统的乡村烹饪风格。这里存在两方面外在利益:第一,保持了正宗的乡村风味;第二,使这些披肩侍者有一种主人翁的感觉。在这里工作可以免费用餐,而且能够成为旅游胜地的一部分也带给他们莫大的乐趣,还可以和来自大城市的人们与外国客人接触,这些都很吸引他们。他们因此对这项工作持有积极的心态。该旅游胜地依托村里的手艺人员建造那些精细的建筑。这些手艺人员相当忠诚——现在,旅游村晚上的集会已经成了他们生活的一部分。有时也需要对他们进行一些房间与厨房处理方面的培训工作。

整个村落集会由首领领导,有少数极具民族自豪感的管理人员,他们深信:对于来自世界各地的游人,这绝对具有价值。善良朴实的当地村民提供给大家相当个性化的服务:从开始时的热烈欢迎到最后的深情告别。因此,游人的心情从头到尾都很好。另外安全的免费泊车、灯光良好的景色照明,都给人一种物超所值的感觉。

【案例点评】

服务的基本问题是服务供应商不能使服务产品完全增值。这一问题一方面是由服务的无形特征引起的,另一方面是在服务过程中的顾客在场和参与,引起他们对服务体验的关注。

通过每晚的村落集会体验,使民族旅游村的定位得以延伸。

Chokhi Dhani 坐落在离市中心 18 千米、机场 6 千米的地方,那里有农田和村庄环绕,增添了乡村胜地的感觉。旅游公司坚持认为,从高楼林立的市中心来的游客穿越田野,会逐渐产生对民族风情的退想。他们认为他们就是在拉贾斯坦村落旅游。当到达旅游村时,他们会看到复制的当地部落、光滑的泥地和竹编的天花板。装饰墙面的拉贾斯坦图案与壁画用黏土做成。所有的家具从设计、材料到制作都具有纯正的农家味。旅游村具有所有的村落要素:村落集会的地方、棚屋和市场、池塘、用来坐和休息的床、厨房和储藏间、餐厅。用牛粪与黏土制作的入口处有一个巨大的鼓欢迎游客的到来。所有的照明都使用油灯。地底下的电线是看不见的,像拉贾斯坦农村地区一样,这里见不到路灯和电线。

为了方便游客,这里有自动售货亭、良好的照明和安全的停车场。这里提供了适当的等待场所,在游客等待就餐时,他们可以在村落集会娱乐。这里有两个餐厅,主餐厅叫香格里。为方便游客,这里还有盥洗室。

大部分便利产品是民族村特意安排的。Chokhi Dhani 配备了可供选择的固定菜单,每天晚上提供一种主食。每位游客必须支付固定的费用(目前接待处的收费是每人 175 卢比),包括食品和其他活动。真正的拉贾斯坦传统主题是 Manuhaar,即主人不断地为客人安排一切(尤其是食品)的热情好客的传统。每晚的菜式都很丰富。当顾客来到旅游村时,年轻的村落男孩就会主动接近他们并提供一杯名为 lapsi 的无酒精饮料。就算是在民族村偶遇这些男孩,他们也会无限提供这种饮料。甚至在场厅就餐,也是使用树叶制成的盘碗来装拉贾斯坦风味食品。游客坐在铺在地面的毯子上,食物很多,可以任意享用。食物是从邻近村落雇用的村民精心准备的,因此绝对正宗。这些村民还建议使用新器皿和季节食品。

面对面体验真实的民族风情是服务产品的外在组成部分。这里的成功依赖于如何通过消费(食品)和其他模仿活动给游客一种真实的民族体验。包括服务人员一开始以在村落集会表演创作:包括木偶表演艺术、吉普赛人表演、骑骆驼、骑马。还有与拉贾斯坦村落一样的其他动物。你能发现鞋匠、铁匠、paan wala(一种可以嚼的叶子,能使口腔清新并加强消化)、当地艺术家等。民间艺人表演着传统的土著舞蹈。

整个体验过程都由身着日常民族服装的人员进行服务。Chokhi Dhani 没有给员工提供统一的服饰,反而让他们穿着日常服饰工作。也没有对表旗人员(如艺术家和服务员等)进行正式的培训。艺术家和其他人员都是直接从附近的村落招募过来的,他们所扮演的角色都是自然之情的流露。

Chokhi Dhani 的服务构成包括提供个性化服务的真诚的员工的服务态度。顾客认为他们在这里的花费是值得的,而这一切源于他们所受到的热情欢迎,礼貌、尊重游客的服务人员,准时的服务,多情的告别仪式等。游客在集会上可以参加各种活动进行自我放松,如跳舞、骑马、骑骆驼,或只是简单地欣赏乡村生活,或购买一些精美的手工艺品以及当地珠宝饰品。

当游客到处走动时,在旅游村的等待也能得到乐趣。想想村落男孩拼命地追上你并尊敬地为你递上地方饮料,这本身就使人兴奋。

旅游村的成功在于它给游客带来的出色娱乐体验。游客可以就近享受村落集会的快乐体验,不再需要穿越地势曲折的沙漠,长途旅行到偏远地方,过艰苦的农村生活。Chokhi Dhani 为游客提供了丰富多彩、近似真实的村落体验,并且提供地道的烹饪和真实的乡村器皿。

Chokhi Dhani 是第一个五星级的民族旅游村,拥有所有必需的设施。当游客把车停泊在免费、安全且照明良好的停车场后,就可尽情享受这里的风情了。

2.1 服务与服务运营管理概念的界定

2.1.1 服务的含义

对外行来说,服务本质上是无形的。购买服务不会导致实体产品所有权的转移。看电影时你购买的是娱乐观赏机会而非电影本身。你只能寻求医生的建议而无法购买医生。从本质上看,服务是短暂的、体验性的。我们现实中购买的大部分属于服务。例如,受教育、公共交通、餐饮、银行服务等,都是顾客花钱购买服务或服务体验。在许多情况下,服务商提供的活动会转化成无形的利益。

服务是指那些满足顾客需求的可识别的、本质上无形的活动,不一定与产品销售或其他服务相关。服务的生产不要求是否使用有形产品,即使使用,也不会产生所有权的转移。所以,诸如修理、娱乐、酒店、医疗、运输、个人护理、干洗、咨询等活动都属于服务业。

实体产品的变化基于制造系统,如产品的切削、弯折、锻造、刨平、磨光、装配、成型等,在此基础上,我们才能购买裤子、钢笔、书本、汽车等需要的任何东西。但是,我们需要的不只是实物产品,例如,我们需要理发或者阑尾切除手术。传统上我们把前者归为实物产品,把后者归为服务。但这种分类容易引起混乱。例如,牙医为我们定做一套义齿,这是产品还是服务? 那么补牙或者拔牙呢?

你看这是不是很混乱? 我们再举一个例子。你想用沙子把草坪填平,而你的邻居院子里全是沙子,他雇人在院子里挖了个洞并种上了树。你与邻居协商,付20元请人把挖出来的沙子运到你家填草坪。这是产品还是服务? 为了避免歧义,萨瑟(Sasser)认为,增值转换过程中附属的有形实体都是表里不一的产品(如书桌、义齿、补牙的填充物、沙子)。在许多情况下不存在便利产品。

接下来的问题是,服务与实体产品有何区别? 我们是否已准备好探讨服务业? 这是一个全新的话题吗? 我们是否在探讨一项与众不同的商业提议? 不,完全不是!

过去一段时间,已有学者认识到一些无形活动的经济价值:如通信、娱乐、健康等。他们的反应是,快速将"产品"替换为"产品与服务"。每个商业文本在提及总产值时都使用了这个新的表达方法。然而,中间的"与"字带来了许多问题。第一,这个字清楚地表明,总产值可能由有形产品或无形服务两种类型构成。第二,两者属于不同的商业概念,需要区别对待。一些激进学者经过不懈努力,发现实物产品和服务在近50个方面存在差异。这些差异逐渐集中在以下4方面基本差别:无形性、不一致性、不可分离性及不可储存性。有些人则坚持把顾客参与作为第五种特征。学院派将两者区分为产品和过程:当你支付购买产品时,是传统的有形商品交易;当你购买过程时,是短暂的服务交易。而且,前者产品的所有权会发生转移,而后者并不伴随所有权的转移。这是不是唯一的区别? 是两者真正的区别吗? 这种区别是否真实? (图2.1)

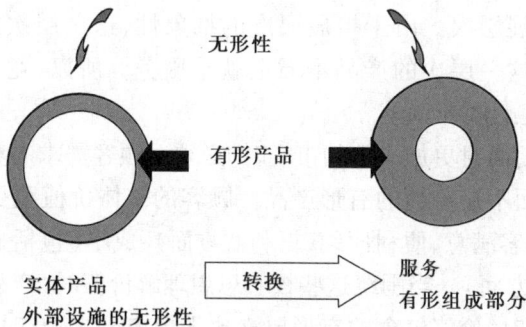

图2.1　从实体产品转换到服务

我们来看一个例子。电视机是一种普遍的家用产品,它是一种硬件产品。但我们为什么使用电视呢? 答案不外乎是为了"娱乐"和"信息"。进一步思考会使我们意识到,电视是娱乐或信息服务的一部分,它本身并没有内在价值,只不过是促成了价值的实现,价值在于娱乐或信息。再看一个例子。我们都熟悉计算机,多数公司用于数据处理。为此它们都必须购买计算机。我再重复一遍,目的是为了数据处理。现在,有一家企业提供计算机租赁业务。这些公司同意进行租赁。它们仍然拥有计算机,但不承担任何责任,继续用最新设备作数据处理,也不必登记这些设备的所有权。它们得益于租赁服务。或者,将它们的账目数据处理转包给一家会计师事务所——另一种服务!过程相同或相似,名义上未作任何变动,我们就从实物产品转到了服务。我们自问一下,这种区别是否真实?当我们调整安排时,到底发生了什么变化?电视和计算机都不是实物产品吗?"服务"引出的混乱是什么?

这里没有实质上的区别,但方法上发生了明显的变化。顾客总有期望价值。商业将其概念化为产品。产品必须体现价值,并与顾客进行交易。价值是产品的最终体现。随着竞争日趋成熟,营销人员意识到顾客需求与价值相关,而与产品无关。产品的价值创造与顾客的基本需求或附属需求相联系。应以产品为中心价值创造方法,至于产品的有形要素,我们将其置于次要地位。

这种自然的转变将贯穿全部传统产品。所有权将不再像以前那样重要。主流汽车公司的重要计划是销售驾驶里程数而不是汽车数量。顾客能灵活购买一定量的驾驶里程。他只需带上汽车卡,就可以在不同地点驾驶不同型号的汽车,无需再为停车、维修操心——这样,汽车产品就转变为汽车服务。这又体现了哪些区别呢?传统上我们把产品理解为有形产品的核心部分,几乎不考虑相应的无形部分。我们认为有形的核心产品具有递送价值。现在的企业必须关注以无形利益形式呈现的价值。产品所有权则无关紧要。我们进一步分析营销大师菲利浦·科特勒的产品观念:产品由核心功能、有形产品和扩展产品三个不同的层次构成。例如,坐是椅子的核心功能,金属椅、木椅、塑料椅都是产品的有形层次,而保修、品质保证、包装、提供财务支持和售后服务是产品的扩展部分。稍加分析就会明白,开始时引入创新的想法或理念可以创造市场的领先。谁有办法和能力说服消费者,谁就能在市场上领先。无需更多努力,创新思想足以保持竞争力。然而,随着竞争日趋成熟,更多对手涉足基本产品,竞争逐渐转移到产品的有形层次。谁能创造更好的有形产品,谁就处于领先。当竞争对手借助技术生产类似产品时,原先的竞争优势就很快消失,竞争转向扩展层次。由于扩展层次的抽象性,这一层次的要素一般很难仿效。进一步思考会发现,在这一层次的产品本质上就是服务。所以,竞争发展到最后,所有的对手都必须在服务维度上展开竞争。

整体思路是:当我们面对更加成熟的市场时,必须对顾客需求有整体的理解。必须关注顾客需求的整体价值,而不是单纯的有形产品。顾客的整体价值至少包括 5 个方面的内容(即平常所说的 5C):顾客满意、便利性(获得利益方面)、成本(包括显性与隐性成本)、沟通(信息)和一致性(交易方面)。当围绕这些核心思想理解价值时,产品就必须同时具有有形和无形两方面特性。有时,价值包含的有形要素比无形成分多;有时,无形性又会占主宰地位。因此,我们要对传统的产品与服务的分类进行适当修正。产品的本质是总体上有形,而服务的本质是大部分成分属于无形。我们同时认为,产品和服务位于一个连续统一体的两端。

这种解释的优点在于,无论有没有辅助产品,每一次附加价值的变化只不过是一种服务!如果你购买了一张桌子,你购买的并非一件简单的产品,而是许多服务,其中体现了许多辅助产品:伐树、锯木和设计服务、运输服务、贮存服务,甚至还有广告服务——告诉你哪家店里有这种桌子出售。萨瑟将这些服务看成是"利益的集合",其中一些是有形的(设计的桌面、木头的类型等),另外一些是无形的(彬彬有礼的销售员、方便的位置、多种付款方式等)。一些服务甚至可能是相反的,如税收返还。(图2.2)

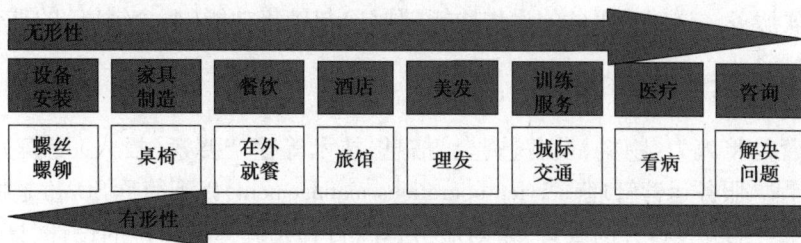

无形性 →							
设备安装	家具制造	餐饮	酒店	美发	训练服务	医疗	咨询
螺丝螺铆	桌椅	在外就餐	旅馆	理发	城际交通	看病	解决问题
← 有形性							

图 2.2 对服务业和制造业的比较

从有形到无形存在一个整体图谱。我们称其为确定性图谱。以下的例子阐述的就是产品生产或服务提供从一个极端(有形性)到另一个极端(无形性)的过程。

许多学者对服务业和制造业进行了比较,上面是他们比较后的主要差异观。从图谱有形性的一端转向无形性一端,转换过程的管理存在大量相似之处。为持续生产,家具制造商需要储备木头、螺丝等;为准备膳食,餐馆老板需要储备蔬菜;为治疗患者,医院需要储备适当的药物。所有这些都需要事前预测需求,并制定原材料储存政策,以最低的有效成本满足管理需求。所有组织都需要人力资源效用的计划和管理:餐馆里大厨师应该根据顾客需求准备食物;驾校教练应根据时间表教授驾驶技术;教授必须根据课程安排授课。同时,也需要管理有形资源,如厨房设备和炉子,旅馆的客房,教室的灯光、风扇和投影仪等。

有这样一种倾向,当我们越接近图谱的无形性一端,相似之处就越少,而且由于服务环境自身的特性,供应观念更淡薄。然而,由于每一产品制造环境的独特性及其自身的约束性,上述观点没有依据。管理一大挑战是在特定情形下采用通用理念。应该说,在纯粹的服务业和纯粹的制造业之间存在一定的差异,其中有些差异应该能得到验证,并得到有效利用。

许多学者提出了"前后台"的概念,这是服务企业中常见的一种结构。如银行业,临柜职员直接与顾客接触。后台职员的工作则与顾客是否在场无关,如处理借贷、审核账户、外汇管理及其他活动。再如保险业、零售业的店面存货管理和仓库管理、医疗保健业的 X 光照射。这些部门都在前台接待顾客。这实际上起到了缓冲作用,使后台不用频繁接触顾客。前台顾客在场会对计划带来"不利"影响。办公后台更像是一间"工厂"(一些学者直接使用这个比喻):因为存在更易预测的环境,其活动更容易计划,有着许多与计划相关方面的义务。

在提供服务时顾客在场可能是一件忧喜参半的事。他们可作为一种资源,如在银行填写表格,在超市自我服务。我们周围有许多自助服务的例子。另一方面,由于顾客是服务系统的一部分,他们往往有能力检查隐含于服务中的过程质量。他们将看到布置餐桌时叉子掉到地面但继续使用或医院重复使用注射器。而冰柜购买者肯定不会知道,在安装过程中由于轴太紧,用锤子砸了转叶。顾客可用于质量控制,如在挑选水果和蔬菜时,或查看银行回执中的错误时。

同时,顾客具有一定程度的不可预料性,使资源计划不容易制订。理发店的下一位顾客可能要剃须(需要 5 分钟时间),可能要理发(需要 10 分钟),也可能要染发或洗头。

在制造业,比较容易划定范围并限定责任。而服务的运作必须结合市场营销,有时还会直接交叠;前面所述的前台结构尤其如此。当有人在一家新餐馆的前台订餐时,就会被告之他们也有外卖服务。这就是服务的运作功能(预订)与销售功能(概念销售)的整合。

2.1.2 服务运营管理的含义

服务运营是将人力、物料、设备、资金、信息、技术等生产要素(投入)变换为无形服务(产出)的过程。服务运营管理(service operations management,以下简称 SOM)是指对服务业企业所提供服务的开发设计的管理,是对服务运营过程及其运营系统的设计、计划、组织和控制。

服务业包括与经济发展和工业生产密切相关的金融业、保险业、对外贸易业、房地产业、物资业、仓储运输业等行业,包括咨询业、信息业和各类技术服务业等新兴行业,包括对国民经济发展具有全局性、先导性影响的交通业、邮电通信业、科学研究事业、教育事业和公用事业等行业,也包括与人民生活密切相关的商业、旅游业、居民服务业、饮食业和文化卫生事业等行业。服务业企业泛指这些行业的众多企业单位,也包括这些行业的非营利性公用事业单位(为简便起见,以下统称“服务业企业”)。SOM 的内容包括完整服务项目(service package)和服务提供系统(service delivery system)的设计,服务运营活动的计划、组织与管理,服务营销与服务运营的集成,服务提供过程中对质量、成本、时间的控制等。

服务运营管理的基本问题与制造业企业运营管理的基本问题是类似的。但是,与制造业企业所产出的物质形态的产品相比,服务业企业产出的主要是一种非物质形态的“无形”产品。这种产品的特殊性从以下几个方面决定了服务业运营管理不能照搬制造业企业运营管理的方法。

①服务业企业的产出是无形的、不可触的,因而是不可储存和运输的。这决定了服务业企业产品设计、产出评价和质量控制等方法与制造业完全不同,也决定了不能用制造业的库存管理作为过程控制的主要手段之一。

②服务提供过程中有顾客的参与,生产与销售甚至消费是同时进行的,这决定了制造业企业中“生产运营”与“营销”的职能划分和分别管理不能照搬到服务业企业,制造业以产品为中心的管理方法也难以应用于服务业以人为中心的运营过程。所以,在服务业企业管理中,“服务运营(service operations)”“营销(marketing)”和“人力资源管理(human resources management)”这三者是密不可分的,其含义与制造业企业有很大不同,必须用一种新的、集成的思路和观念来看待和研究。

③服务需求是时间相关需求、地点相关需求,服务设施的能力具有很强的时间性,这决定了服务业企业在设施能力、人员能力规划上的独特性和设施地点分布的独特性,也决定了服务业企业在某种程度上难以利用制造业企业中的规模生产效益,必须寻求其他方法降低成本,提高效率。

所以,企业管理学中现有的以制造业企业管理为主的生产管理、营销管理等很多理论和方法对服务业企业的运营管理是不适用的,必须考虑专门针对服务业企业运营管理的理论和方法。本书的目的,就是介绍和讨论这样的理论和方法。

2.1.3　服务运营管理的意义

由第一章第一节服务业的发展，我们可以看出服务在国民经济发展中具有非常重要的地位和作用。因而，服务运营管理的好坏，首先对一个国家国民经济的发展有重要作用，而且这种作用越来越强。其次，服务运营管理的好坏，对于服务业企业的竞争力有直接的、决定性的作用。服务业企业要生存、要发展，就必须赢利。但是，利润从哪里来？只能从提供良好的服务中来。所谓"良好"的服务，有很多具体的含义：所提供的服务是否是顾客所需要的；所提供的服务时间与顾客希望的时间是否一致；所提供服务的价格是否能使顾客接受；顾客在接受服务的过程中是否感受到了愉快；等等。而所有这些问题的解决，都需要有服务运营管理的理念和方法来支持。而如前文所述，由于服务运营管理有其特殊性，因此，服务业企业必须找到其他方法来管理自己的服务运营。再次，在信息技术等新技术革命的推动下，现代服务业出现了以下新趋势。

①现代服务业由传统的以生活消费服务为主转向以生产服务为主和提高国民素质为主；

②服务业中的知识密集型行业的地位日益重要，其占整个服务业产出的比重越来越大；

③服务业的运营手段发生了极大变化，服务业的技术密集程度正在迅速增高，以信息为载体的劳务交换的流动性增强，信息的作用日渐增强。

现代服务业的这些变化要求服务业企业适应市场需求的变化及时推出新的服务产品，要求服务业企业的工作方式、组织结构和管理方式进行相应的变革，其高技术、高智力投入要求不断提高生产率，当今顾客消费水平不断提高的特点也要求其不断提高服务质量。因此，更加要求有相应的服务运营管理的方法和手段，更加突出了服务运营管理的重要性。

最后，社会经济的发展意味着社会化程度的提高，每一个人的生活都将与社会的方方面面发生不可避免的联系，距离自给自足的自然状态越来越远。可以说，社会和他人给予每个人的支持和帮助——服务——将显著影响每个人的生活。因此，服务业运营管理实际上与我们每一个人都有关系。

2.2　服务产品的构成与特征

2.2.1　服务产品概述

菲利普·科特勒为产品下的定义是"任何能用以满足人类某种需要或欲望的东西都是产品"。一般，我们可以分别用物品和服务来区分有形产品和无形产品。营销学理论告诉我们，顾客购买物品和服务实际上并不是购买他们的属性和特色，而是购买它们给予顾客的利益和消费价值。例如，顾客购买电视机，并不是为了消费电视机，而是为了消费电视台的各种服务。学生听老师讲课（作为一种服务），并不是为了欣赏老师的讲课动作或语言，而是希望从老师的讲课中获得知识和智慧。因此，物品和服务都是满足顾客需要的手段。

在现代经济生活中,为了提高给予顾客的利益和消费价值,企业向顾客销售物品时,经常伴随着一些附加服务,如消费空调时,同时提供空调安装服务;企业向顾客销售服务时,经常包含着一些辅助物品,如航空公司在飞机上同时为顾客提供食品和饮料。因此,把有形产品和无形产品完全割裂开很困难,顾客每次的购买总会包含不同比例的有形产品(物品)和无形产品(服务)。因此,企业销售的或顾客购买的产品,实际上是由有形产品和无形产品共同构成的一个产品组合。

我们可以按照物品或服务的重要性在一个连续谱上划分产品组合,从近乎纯物品的食盐销售到近乎纯服务的心理咨询,如图2.3所示。以快餐店为中心,左边的企业以销售有形物品为主导,右边的企业以销售无形服务为主导。在以销售物品为主导的产品组合中,物品是顾客购买的主要对象,服务只是起辅导作用。相反,在以销售为主导的产品组合中,服务是顾客购买的主要对象,物品只起辅助作用。通常情况下,以销售物品为主导的企业被称为流通企业,而以销售服务为主导的企业被称为服务性企业。

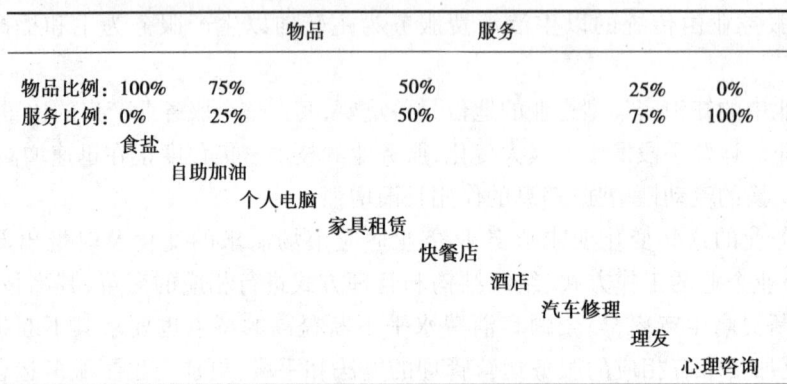

	物品		服务	
物品比例:100%	75%	50%	25%	0%
服务比例:0%	25%	50%	75%	100%
食盐				
	自助加油			
	个人电脑			
		家具租赁		
		快餐店		
		酒店		
		汽车修理		
			理发	
			心理咨询	

图 2.3 顾客购买中有形产品和无形产品的比例

无论是以服务为主导的产品还是以物品销售为主导的产品组合,由于企业的经营行为都属于服务行为而非制造行为,因此我们把这两种产品组合统称为服务产品,它们都是服务企业运营管理研究的范畴。

2.2.2 服务产品构成

从消费者的角度看,服务是一种产品,是一系列产品和服务的组合,管理者要识别他们的产品。

1)服务套餐

服务是服务接受者在特定时间内与服务人员、其他客人、物质环境、服务提供过程进行接触和互动过程中获得的一种总体体验。这种总体的体验被称为服务套餐,主要内容包括:实物产品、服务、企业形象、消费体验。我们营销的不是单纯的服务和实物,而是包括体验在内的"能够使客人满意的服务套餐"。

"服务套餐"是指提供给消费者所有的产品、服务和体验的总合。也是为消费者提供的服务价值。服务套餐的概念可以让经理们推出各种不同的项目加以组合,并以单一价格推出以满足消费者个体和群体的不同需求,为消费者打造最完美的体验。例如酒店可以提供不同的服务套餐,如图 2.4 所示。

2)核心服务和辅助性服务

服务套餐包括核心服务和辅助性服务,如图 2.5 所示,核心服务是消费者主要寻求的利益,辅助性服务是作为附加好处而提供的次要服务项目。核心服务是企业经营的主要目的,在提供服务过程中占据举足轻重的地位。安全和便捷是满足顾客需求的主要核心内容之一。辅助性服务是一系列配套的产品、服务和体验,这些辅助性产品、服务和体验与核心服务结合起来,可以起到

图 2.4 酒店为不同客人提供的服务套餐

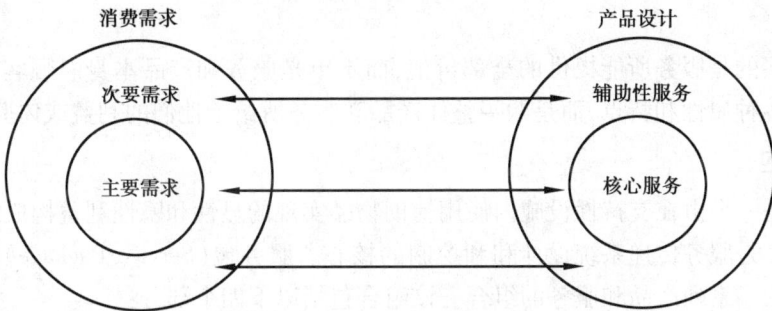

"杠杆作用效应",在消费者的心里营造出高价值的感受。顾客主要通过外围服务来区分提供相似服务的店家。以酒店为例,核心服务为一间干净整洁、设施齐全的客房,而辅助性服务则包括客房以外的所有额外服务,例如叫醒、早茶、咖啡、报纸、洗衣、擦鞋以及机场迎送等服务。

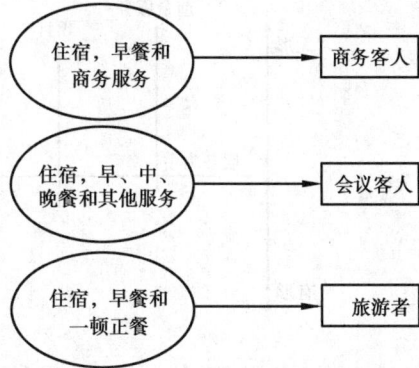

图 2.5 消费需求与产品设计

贝尔和扎母克(1990)认为,客人的满意实际上来源于那些支持核心服务的辅助性服务。在许多情况下,竞争对手之间的唯一差别也许就在于提供的辅助性服务方面。因此,核心服务一旦被证实具有市场需求,即能满足消费者的主要需求,那么辅助性服务最后就成为消费者最终判断整体服务产品竞争的关键要素了。推出经过精心设计的辅助性服务的企业将成为市场上竞争力最强的企业。

3)服务产品——有形与无形的统一体

所有的服务产品都是以服务要素和产品要素组合的形式提供给消费者的。如图 2.6 所示,不涉及产品要素的"纯"服务很少。管理者要了解无形与有形要素的组合,更要清楚各要素之间是如何相互作用、相互保持补充以及如何生产、营销和管理这些要素的。其中因为无形要素比有形要素更具有竞争对手很难模仿的特点,更容易影响客人对服务质量的看法以及由此产生的心目中的企业形象。因此,管理者要特别重视那些需要关注的服务要素,强化客人对优质服务的感知。

4)服务产品整体概念

比特斯(Peters,1987)引用莱维特提出的服务产品整体概念用以说明顾客识别服务提供

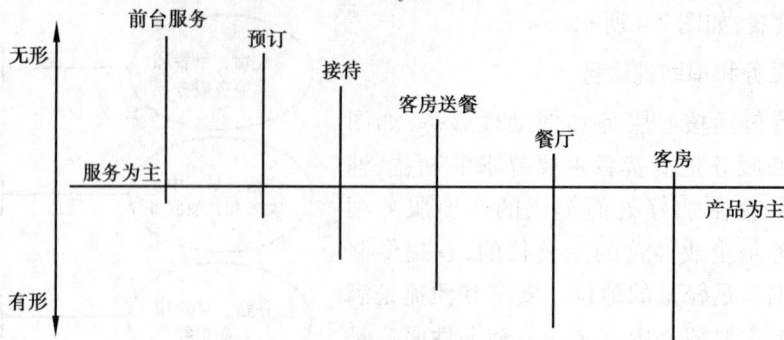

图 2.6　服务与产品统一体

商之间差异的方式,通常包括以下四个方面:

①基本服务:核心服务,服务有形部分,指"硬件"。例如,饭店的住宿服务。

②预期服务:核心服务的服务等级标准,指"软件"。例如,五星级饭店服务。

③增量服务:额外服务,指"配套"服务。例如,五星级饭店,邀请著名笑星欢度圣诞节。

④潜在服务:期望之上或之外的各种服务,指"额外"服务。例如,五星级饭店会员俱乐部。

顾客购买的是服务所能提供的全部价值,而不单是服务和产品本身。顾客并不购买产品和服务的各种属性和特点,而是购买整体产品和服务所给予他们的利益或体验。

5)服务包

服务包是一个由在支持性设施内使用辅助物品实现的显性和隐性利益构成的"包"。服务的多重维度是服务传递系统设计和利控制的核心。服务包(Service Package)是指在某种环境下提供的一系列产品和服务的组合。该组合包括以下四个部分:

①支持性设备:在提供服务前必须到位的物质资源。例如,高尔夫球场、饭店的客房等。

②辅助物品:顾客购买服务时需要同时购买和消费的物质产品,或是顾客自备的物品。例如,高尔夫球杆、餐厅的菜品和酒水等。

③显性服务:可以用感官觉察到的、构成服务基本或本质特性的利益。如旅游目的地是否有网站,游览过程中能否学到知识,导游人员是否有导游资格证等。

④隐性服务:顾客能模糊感到服务带来的精神上的收获。如旅游时的愉悦、娱乐项目的惊险刺激等。

服务组织的任务就是为顾客提供与他们期望的服务包一致的整个经历。因此,管理者首先要明确顾客所期望的服务包是什么样子的,并以此为目标,对提供的服务包进行改进。以廉价旅馆为例,支持性设施是一幢楼房,有简单的家具;辅助物品减少到最小限度,仅有肥皂和纸;显性服务为床的舒适程度和服务人员热情的服务;隐性服务可能是休息一晚后充沛的精力和愉快的心情。偏离这个服务包,反倒会破坏顾客对廉价旅馆的印象,导致服务失败。表 2.1 列出了评价服务包的标准。

表 2.1 评价服务包的标准

支持性设施	
1.地点 　乘车是否方便到达 　是否坐落在市中心 2.内部装修 　合适的情调 　设施的质量和协调性 3.支持性设备 　旅行社使用的车辆类型、年限	4.建筑的适当性 　酒店建筑的风格 　景区大门的特色 5.设施布局 　是否提供了足够的停车场地 　景区游览线路是否存在不必要的重复
辅助物品	
1.一致性 　菜品的口味 2.数量 　饮料和菜品的丰富程度	3.选择 　各种可供选择的旅游线路 　可供租用的各种类型的旅游车辆
显性服务	
1.服务人员的资质 　导游人员是否有导游资格证 　律师的从业资格证 2.全面性 　高星级饭店比低星级饭店提供更多的 服务	3.稳定性 　航空公司的准点记录 　餐厅的上菜时间 4.便利性 　是否有网站、免费电话等 5.企业形象
隐性服务	
1.服务态度 　服务人员的热情和亲切 　导游员的机智和幽默 2.气氛 　酒吧的音乐 3.等候 　排队的时间 　等候时间是否有可供阅读的材料或是 免费饮品	4.地位 　观看比赛时的包厢 5.舒适感 　灯光较好的停车场 6.保密性与安全性 　宾馆房间中的保险箱 7.便利 　可以预约 　免费停车 8.参与互动体验

2.2.3　服务产品的特征

服务产品是以服务包的形式存在的,既包含支持设施、辅助物品两项有形要素,又包含显性服务和隐性服务两项无形要素,因此,与制造产品相比较,服务产品具有无形性、动态性、情感性、组合性等特征。

对于包含无形要素比较多的服务产品而言,无形性特征是服务产品的一个重要特征,其具体表现为:员工的服务行为过程(表演),创造的消费气氛(档次、温馨等),员工对顾客的尊重和提供的情感服务给顾客带来的精神感觉、品牌宣传给顾客带来的对于身份与地位的体验等。

无形性特征又引发了许多二级特征,这些二级特征对于指导服务企业运营具有积极的意义,下面予以进一步探讨。

(1)无形服务产品的消费和不可重复性

对于服装、家电、汽车等大多数物质产品而言,我们用"使用"这个词似乎比"消费"更合适,而且可以反复"使用";相比之下,饭店气氛、演员表演等无形服务产品恐怕只能用"消费"这个词,而且无法重复消费,下一次的消费和上一次的消费完全是两回事。

(2)无形服务产品没有所有权且易于被模仿

由于服务产品的无形性特征,所以服务企业对无形服务产品不具有独占权,也不能申请专利。由于服务方式、服务过程、消费气氛、员工对顾客的尊重等无形要素必须展现在顾客面前,又无法被企业独占和申请专利,所以服务企业的服务产品非常容易被其他服务企业模仿,很难有秘籍可言。因此,如果服务企业想保持服务产品的独特性和差异性,必须不断去创造和学习先进的东西。比如,麦当劳的"柜台服务方式"就是对传统餐馆"餐桌服务方式"的创新;邮局、银行采用的"领号等待服务方式",也是对传统"站着排队方式"的创新。尽管都是创新,但是都无法申请专利。几年前,北京一家餐馆在卫生间的小便池上方挂贴了幽默漫画和幽默故事,使顾客在上厕所小便时还能愉悦心情,受到了顾客的好评,对于宣传企业起到了很好的效果。但是,没过多久,我们就发现有很多餐馆开始效仿。带来的结果是,原来的那家餐馆如果想在经营上继续保持特色和差异性,就必须继续创新。

(3)服务质量不稳定,并难以衡量

我们知道,物质产品具有客观的评价标准,可以用各种物理计算单位(尺寸、质量、数量、颜色、款式等)来进行测量和评价。但是,由于服务产品的无形性和定制性,因此服务产品的生产和提供具有很大的不稳定性和随意性,服务质量的评价缺乏客观标准而取决于顾客的感受,质量好坏顾客说了算。这就是说,服务质量的不稳定是由两个方面的原因造成的:一方面是服务提供者的服务技术和情绪,因人、因时、因地而异,都会造成所提供服务质量的不稳定;另一方面是顾客的情绪,心态、偏好、评价标准、对服务的了解与配合程度等,也都会因人、因时、因地而异,因此对服务质量的评价也会造成很大的不稳定。

(4)服务产品不便于展示、试货、转售和退货

我们去商场买东西,商场所有的物品都展示在货架上,你可以试穿、试用,如果不喜欢可以退货或转售给其他人,所有这些特征都归功于物品的特质特性或有型性。然而,无形服务产品(或无形产品的无形部分)就不具备这些特征。例如,我们无法让理发师为我们试剪一个发型,然后再决定是否购买这个发型,一旦理发师结束就无法再退回去,不论客户多么不满意。同样的道理,医院的手术、酒店的宴会等,都无法把顾客实际消费的服务产品"展示"给顾客,也无法让顾客"试用"和"退货"。

服务产品的无形性特征所带来的不便于展示、试货、转售和退货等特征,对于消费者的购买决策并不是一件好事。为了克服这个缺点,服务企业想尽了各种办法,为其无形服务产

品提供有形线索以便顾客识别。例如理发服务,为了实现"展示"功能,理发店为顾客提供了大量的发型图片供顾客选择,为了实现"试货"功能,理发店采用电子软件,在顾客的头像上面虚拟各种发型供顾客试验和选择;"转售"和"退货"功能确实做不到,但为了让顾客放心购买(在商场中,"退货"政策也主要是为了吸引顾客购买),理发店同样也有一些承诺,例如"不满意可以不收费"。

(5)购买服务产品所依据的经验特性和信任特征

顾客去商场购物时,可以依据物品的物理特性去判断一件物品的好坏和适合程度,进而做出是否购买的决定。这些物理特性包括颜色、款式、尺寸、手感和气味等。但是,当我们购买一项服务,如请家政公司清洗抽油烟机,去餐馆吃饭,去理发店理发,去医院看病等,我们无法依据物理特性来判断,而是依据我们的消费经验和对服务企业品牌的信任来进行判断。

【案例分析】

欧洲经济型旅馆、学生旅馆的设计理念与服务包

一、经济型旅馆(Budget Hotel)

经济型旅馆是近年来为欧洲饭店业广为推崇的一种新型旅馆形式,许多著名的高档饭店集团都相继把开发这种旅馆形式作为自己产品结构改善的一个主要发展方向。

经济型旅馆概念的形成源自对饭店业需求趋势的分析。旅游的大众化和经济萧条减少了对高档饭店(Hotel)的需求,而低价位的简易客栈(Hostel)和青年旅馆(Youth Hotel)又过于简陋。这就引发了对新的饭店产品的思考:能否在这两者之间找到一种中间型产品?

经济型旅馆应运而生。它的服务理念是为顾客提供一种低价位的简单但十分有效的饭店服务。其价位比 Hostel 和 Youth Hotel 略高,但大大低于 Hotel。它没有 Hotel 的齐备设施和综合服务,但能满足顾客外出旅行的基本要求:住宿和膳食以及一些简单的配套服务。这比只提供住宿和自助膳食的 Hostel 和 Youth Hotel 要好得多。

在这种理念的指导下,经济型旅馆的经营者们设计了自己独特的服务包。

(一)辅助性设施

建筑材料最好能用结实耐用而不需养护的材料,砖头比较合适。如果用石料或玻璃幕墙,则成本太高。空调系统最好不采用中央空调,而用分体式空调,有利于节能。其他设施都以简单、实用为好。

(二)辅助性产品

选用一次性杯具替代玻璃瓷器,供应的餐食也以简单为宜。住经济旅馆的客人在吃的方面也会很节省。

(三)显性服务

客房服务员都以统一的标准打扫清理房间,餐厅服务员提供简单快速的餐食服务。

(四)支持性服务

后台服务人员和工作人员数量较少,支持性的工作如厨房工作、人事管理等都由前台人员兼任。

（五）隐性服务

总服务台员工能表现出良好的人际交往能力。

标准化的服务能满足顾客的服务期望，让顾客觉得"物有所值"。

然后，我们将质量标准与服务包结合起来，分析组成服务的要素如何达到质量要求，见表2.2。

表2.2　质量标准与服务包

服务包要素	详细项目	衡量标准	对不合标准的修正
辅助性设施	建筑物外观	无脱漆	重漆
	地　面	绿草地	浇水
	空调、供热	温度在25~28℃	修理或置换
辅助性物品	电视	正常收视	修理或重置
	肥皂供应	每床位一块	添加
	冰块	每房一桶（冰桶）	添加
	餐食	面包、牛奶新鲜	调换
显性服务	房间干净度	无污垢、垃圾	用清洁设备打扫
	总台服务	快速	培训员工
	餐厅干净度	无污垢、垃圾	用清洁设备打扫
隐性服务	安全	有消防设施、通道和门锁	修理或置换
	气氛	友好、轻松	培训员工

二、学生旅馆

我们再介绍一下学生旅馆的服务产品内容及特点。读者可根据上面经济型旅馆的服务包分析方法，自行总结学生旅馆的服务包。

欧洲是世界上最大的旅游客源地同时也是最大的旅游接待区，旅馆业极其发达。学生旅馆是其中特点十分鲜明的一种类型。

一般旅馆、饭店的客源市场都呈现多元化结构（当然每个旅馆都有其主导客源），极少把企业的经营捆绑在某一个单一的市场板块之上。相应地，一般饭店的服务设计也反映了这一客源结构，即具有较广市场范围的适应度。这种设计理念就是我们平时了解的所谓饭店的基本形象，有敞亮的大堂，带卫生间的客房，舒适的餐厅，无微不至的服务等。

而学生旅馆则采用了另一种截然不同的战略和服务设计。学生旅馆是专为青年学生提供膳宿服务的企业。它的目标市场是一个单一的特点鲜明的板块——青年学生。近年来，青年学生外出旅游成为旅游市场的一个亮点。作为没有稳定经济收入的旅游者，青年学生很难支付传统旅馆饭店的住宿费用。同时，他们在旅游过程中对膳宿要求亦保持在较低水平，不需要更多的服务和配套设施。因此，为他们提供一种相应的食宿服务便成为学生旅馆的服务理念的起源。

由于目标市场单一、特点鲜明，学生旅馆采用了针对性极强的服务设计。设计理念的核心就是提供一种最基本、最简单而又最廉价的食宿。旅馆选址在城市较偏僻的边缘地带，一般都利用旧房子改造而成，一般没有直接的通道与街道相连。这样就降低了土地成本或租金。

学生旅馆的大堂很小，常常与简易餐厅共用一个空间。地下室常被用来作为餐厅或娱乐活动室（只有一台电视机和一些旧家具）。客房内没有单独卫生间，往往十余间客房共用一个公共卫生间。卫生间内没有浴缸，只设淋浴。一般有热水供应，但供应时间有限。卫生间内除手纸之外无一次性洗浴用品和布巾。房间内无电视机、台灯、落地灯和写字台等家具，只有床和少量简易座椅。这里不使用一般饭店常用的席梦思床，而是多层的高低铺。所以这种旅馆出售床位而不是房间。

餐厅设施也很简单，狭小的桌子和简易椅，除几张现代艺术画之外无任何装饰。厨房是开放式的，供青年学生自助烹调。烹饪设备仅限于简易食品制作。

旅馆的服务风格为简单、朴素、自动。在这里，找不到所谓的楼层服务员、餐厅服务员、保安。唯一能看到服务存在的是总服务台，一般只有一位员工当班提供入住登记甚至结账服务。

旅馆虽设有餐厅，但除提供简易的欧陆式早餐（面包、牛奶或咖啡、水果）之外，没有任何正规服务。厨房是为学生自助烹调而设的。

为适应青年学生的特点，旅馆还设有小型网吧，但需收费。另备有一些青年杂志和报纸及旅游地图，供消遣并为自助旅游提供帮助。

学生旅馆的价格十分低廉，一般在 5~9 英镑。而一般经济型旅馆的价格则在 20 英镑上下。

学生旅馆通常不做广告，只通过专业组织来进行销售。如高校学生会、学生社团和部分学生旅行社。

［案例讨论题］
1.分析学生旅馆的服务包构成。
2.服务包构成原理对服务营销的启示。
3.结合本案例分析服务的特征。

本章小结

本章对服务与服务运营管理的概念进行了界定。在此基础上，本章运用服务套餐、核心服务和辅助性服务、服务产品——有形与无形的统一体、服务产品整体概念及服务包理论介绍了如何分析服务产品的构成。那么，与有形产品相比，服务具有无形性、同步性、异质性、易逝性的特征。服务的上述特征，决定了服务管理者面临的各种问题和挑战。理解和运用这些特性，是成功实施服务管理的基础和前提。

【思考与练习】

1.你是如何理解服务及服务业的内涵的?

2.请选择一种服务,识别该服务具有的运营特征。

3.服务同步性表现在哪些方面?

4.服务提供者和顾客在服务生产过程中的角色,他们是如何分工的?

5.顾客参与服务过程的特性对服务管理者有何启示?

6.怎样理解服务是一种过程? 服务管理者在服务过程中应该注意哪些问题?

7.分组讨论:每一小组选择一项服务,基于不同的服务分类方法讨论其服务特征。

A.所选服务	
B.服务分类方法	
C.高/低接触度服务	
D.劳动密集/资本密集	
E.隐含的服务特征	

8.根据劳夫劳克的评判标准,将服务公司分成4种类型(服务行为本质和服务对象)并填写下表。

不同特征	人员服务	财产服务	精神服务	信息服务
服务举例				
顾客得不到所有权的服务				
服务产品是无形的				
顾客参与生产过程				
其他人可能成为服务产品的一部分				
运作的输入与产出具有更大的变动性				
许多服务顾客很难评估				
服务产品不能储存				
时间因素相对重要				
递送系统同时涉及网络与实体渠道				

第3章 服务的分类

麦当劳拥有的员工比美国钢铁公司的员工还要多,美国经济的标志是那两道金色的拱门,而不是烈焰熊熊的火炉。

——乔治·威尔

【学习目标】

通过本章的学习,你应该能够:

1.掌握"服务"的托马斯等4种分类方法。

2.理解服务体系的分类及其在管理中的运用。

3.能够辨别资本密集型服务组织与劳动密集型服务组织所采用的不同策略。

4.理解服务工厂、服务作坊、大众服务和专业服务面临着哪些不同的管理挑战。

5.了解服务分类的意义

【案例导入】

安妮为什么会被感动

7月的一天早上,北京某酒店保安员小翟上完夜班准备回家。这时,住在酒店的一位美国老妇人因身体不便,需乘轮椅去故宫游览,急需一名员工前去帮助。小翟得知此消息后,不顾刚下夜班的疲劳,愉快地答应了。

在游览故宫的途中,天下起了小雨,可是只有一把雨伞,小翟毫不犹豫地为老妇人撑起伞,自己却被雨淋透。游览故宫后,美国老妇人深深迷恋上了中国悠久的历史文化遗产,她还要求到颐和园去游览。此时小翟已非常疲惫,但他想到客人住在自己的酒店,自己是代表酒店为客人服务的,客人不远万里来到中国,要尽可能满足她的要求,让这位老人在短暂的旅游行程中能更多地了解中国,这样她回国后才能更好地宣传中国,才能为酒店赢得口碑。想到这里,小翟便答应了客人的要求。

雨仍然下着,小翟拖着疲惫的身躯,为客人撑着伞徜徉在颐和园的各个景点中。因路不平推轮椅很不方便,一会儿抬上,一会儿搬下,天上又下着雨,还要为客人撑伞,更增加了不少困难,此时的小翟早已被雨水、汗水淋透了,但是雨中的那把伞始终为那位美国老妇人撑着。

第二天酒店收到了一位署名安妮的美国客人和她的朋友写来的两封表扬信。她们都被小翟这种舍己助人的行为深深地感动,安妮在信中写道:"我非常感谢翟先生的精心照顾和帮助……"

【案例点评】

保安员小翟连续工作20多个小时,冒着小雨为客人撑伞,自己浑身被雨水淋透,这虽然看似是一件小事,但却体现着一种敬业和助人为乐的精神,这种精神感动了酒店的上帝。如果酒店的员工都像他那样多为客人着想,用真诚和热心,根据客人的不同需求,为客人提供一些灵活的超常服务,酒店就会赢得更多回头客。

这个案例告诉我们,个性化服务是优质服务,它是基于标准化服务之上的针对不同客人不同需求的灵活性很强的超常服务。标准化服务会使客人满意,但个性化服务才会使客人十分满意。个性化服务是满意加惊喜的服务。代办服务、礼宾服务、意外服务、伺从服务、感情服务、超常服务、"金钥匙"服务等都属于个性化服务范围。相当一部分个性化服务在服务范围之外。在法律和道德允许的范围内,酒店可以打破常规为客人提供个性化服务,但由于服务成本的加大,可向客人收取一定的费用,这是符合等价交换原则的。另外就是要抓好巩固标准化服务的工作,而不能"邯郸学步",个性化服务没搞好,却把基础的标准化服务丢了。

然而,同一服务用不同的方法分类其面临的挑战和采取的策略也不同。每一种不同的分类在管理上都有着不同的意义。服务分类可基于以下不同的角度进行:接触程度、劳动强度、需求变动幅度、服务可及性、服务对象、企业盈利目标、定制化、服务交易地点等。

3.1 托马斯分类法

3.1.1 托马斯分类

美国哈佛大学托马斯(Dan R. E.Thomas)教授认为服务可划分为两种类型:一类是设备提供的服务;另一类是人工提供的服务。如图3.1所示。

3.1.2 管理启示

以人工为主提供服务通常是劳动密集型服务组织,以设备为主提供服务通常是资本密集型服务组织。两类组织可以相互转变,不少服务组织提供的服务既可以是人工的也可以是设备的。例如银行的取款业务,既使用自动柜员机,也使用营业员提供储蓄业务。资本密集型服务组织与劳动密集型服务组织应采用不同的策略。如表3.1所示。

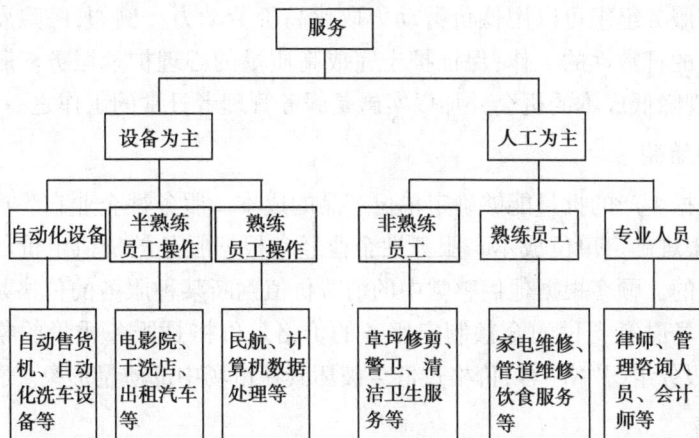

图 3.1 各类服务性企业

表 3.1 资本密集型服务组织与劳动密集型服务组织所采用的策略

策 略	工业企业	资本密集型服务组织	劳动密集型服务组织
规模化	做大	做大	单体较小发展连锁
专利技术	开发	保持	利用
差异化	采用	采用	采用
低成本	采用	采用	采用
价格竞争	采用	适当采用	不宜采用
创新活动	多	多但模仿多	多但模仿多
扩张	积极收购	有选择地收购	不宜收购

1）适当实施规模经济市场壁垒策略

工业企业经常以资本为市场壁垒,防止竞争对手打入市场。在发展过程中,工业企业可利用规模经济效益,进行技术投资获取专利,并通过营销活动为顾客提供差异化产品。与之相比,服务组织由于无法将生产活动和销售活动分割开来,服务无法存储。因此,服务组织难以提高规模经济效益,但是并不是说服务组织无法利用规模经济效益。例如,民航公司购买大型客机,不必增加飞行员和机械师的人数,乘客人数却成几倍增加。大型服务组织可以在大的范围内进行广告等市场沟通活动,提高规模经济效益。资本密集型服务组织主要利用规模经济效益,防止竞争对手打入市场。劳动密集型服务组织也可以采用不同的方式实现规模经济效益,例如,采用连锁经营、企业集团等方式作为市场壁垒策略。服务组织利用专利技术和差异化服务,也能有效地防止竞争对手进入自己的市场。

2）采用现代化机械设备实现低成本策略

采用机械设备自动化,服务组织可以以更快的速度为顾客提供标准化的服务。例如,自动化洗车服务设备、自动售货机,都可以取代非熟练员工,提高服务工作效率,降低成本费用。劳动密集型服务组织可以用低价劳动力取代高价劳动力。例如,医院雇用义工和使用实习生完成大量的日常性的工作,保证护士完成高质量的心理护理服务。服务组织中的浪费现象很多,发现降低成本的机会并加以实施是服务管理者日常的工作之一。

3)价格竞争策略

工业企业根据生产的批量能够确定单位产品的成本。服务性企业在生产之前无法确定服务的数量,就很难确定单位成本。服务性企业经常根据服务的价值定价。服务的价值通常是由顾客确定的。顾客根据他们感觉中的消费价值判断某种服务的价格是否合理。多数服务企业根据市场愿意支付的金额制定服务的价格。价格是服务质量的象征。但价格过高,顾客会认为服务组织"宰"客;价格过低会破坏其在市场中的质量形象。

4)创新策略

在激烈的市场竞争中,创新才能使企业生存和发展。工业企业设计和测试新产品改进现有产品,让顾客决定是否愿意使用。服务企业很难对服务创新进行市场测试。因此,服务组织里,创新较少,模仿较多。但在劳动密集型服务组织中,根据顾客特殊需求,会不断地推出新服务项目和新服务方法,不但很快赢得顾客的满意,也使组织不断地进行着创新,顾客的需要成为创新的源泉,而且代价小收益大。

5)发展策略

收购其他企业是许多工业企业发展策略中的重要组成部分,但服务性组织通过收购谋求发展风险很大。收购劳动密集型服务组织比收购资本密集型服务组织风险更大。如果资本密集型服务组织有形资产比同类新资产的价格低廉,或这类资产非常紧俏,或收购方组织位于战略性阶段,就可以购买,如果上述条件不存在,就不应该购买。收购劳动密集型服务组织风险更大的原因是被收购组织的员工可能随时"跳槽",带走他们的知识和技能。将优秀的员工"挖"过来,就比较划算。

3.2　蔡斯分类法

3.2.1　蔡斯分类

美国亚利桑那大学蔡斯(Richard B.Chase)教授根据顾客和服务体系接触程度划分服务体系,蔡斯所说的服务接触程度是指顾客必须待在服务现场的时间与服务体系为顾客提供服务的时间之比。这个比率越高,在服务过程中,顾客与服务体系之间的接触程度也就越高。这里,蔡斯采用的是一维因素划分法,如表3.2所示。

在接触程度高的服务体系中,顾客参与服务过程,会影响服务需求时间、服务的性质和服务的质量,这类服务体系较难控制,较难提高生产率。在接触程度低的服务体系中,顾客与服务体系之间的相互交往很少发生,或相互交往时间相当短暂。在服务过程中,顾客对服务几乎没有什么影响,这类服务体系可以实现与工业企业类似的生产效率。

表 3.2　蔡斯分类法划分的服务体系类别

	纯服务体系
	保健中心
	旅馆
	公交公司
	餐馆
	学校
	私人服务
	混合服务体系
	银行储蓄所
接触程度高	计算机公司办事处
	房地产公司办事处
	邮政所
	殡仪馆
	准制造体系
	银行总行
	计算机公司总部
	批发公司总部
	邮电总局
	制造业
	耐用品生产厂家
接触程度低	食品加工厂
	矿业公司
	化工厂

　　服务体系可以分为三类:纯服务体系、混合服务体系和准制造体系。纯服务体系主要业务活动需要顾客直接参与;混合服务体系是面对面的服务工作与后台辅助工作结合在一起;准制造体系与顾客几乎没有面对面接触。

3.2.2　管理启示

　　服务组织往往存在不同的服务体系。例如,民航客舱服务表现为纯服务特点,机场服务具有混合服务特点,客机检修工作则表现出准制造特点。在服务管理中,管理人员应研究以下问题:

1）明确不同接触程度对经营管理的影响

（1）接触程度高的服务体系面临较多的不确定因素

如顾客到达的时间不确定，每个顾客服务的时间不一样，顾客可以随时提出新要求等，随时引起服务的中断或其他顾客的不满。例如，民航客机会因等待迟到的乘客，推迟起飞时间，引起客人的不满。在这样的体系中，服务人员和顾客之间的交往是服务工作的重要成分。服务人员的态度会影响顾客感觉中的服务质量。因此，公关能力和交际能力是服务人员必须掌握的重要技能，他们的工作直接影响组织的形象，应提高其在组织中的地位。同时管理人员要用统计的方法，预测某一时刻顾客的人数，合理安排好员工工作时间。

（2）接触程度低的服务体系中，可能做到供需的一致

这类组织的员工应提高技术水平和数据分析能力，管理人员可根据工作量，指定工作进度表，安排员工工作时间。

2）明确本组织属于哪一类体系

管理人员通过分析员工与顾客直接接触时间在员工工作总时数中占多大比率，确定服务体系是纯服务体系、混合服务体系还是准制造体系。可使用工作抽样法，分析服务体系与顾客之间的接触程度，了解员工花费多少时间与顾客直接接触，分析员工配备是否合理，研究后台员工是否可以为前台服务人员完成一部分工作任务。

3）减少不必要的面对面服务

服务前台工作最能向公众表明组织的市场形象。如果管理人员将不必要的面对面服务改为后台操作工作，服务人员就可以集中精力做好相互交往工作。管理人员应研究本单位是否可以将前台的工作改为后台操作，根据各个岗位与顾客的接触程度，合理地安排员工的工作。如，文字处理中心在顾客提供文本之后，在后台用电子计算机为顾客打印文件。

4）提高前台的服务工作效率

管理人员应研究是否可在前台服务工作最繁忙的时刻，增加服务人员的人数，加快服务速度，缩短服务等待时间，使顾客得到更多个性化服务。例如，商店管理人员可以安排存货管理员，完成柜台存货盘点工作，以便营业员集中精力做好商品销售工作。

5）提高接触程度低（后台）的服务体系工作效率

管理人员应研究本企业是否能在后台应用分批生产计划、预测、存货控制、工作衡量、工作简化等生产管理概念，提高后台的操作工作效率；能否使用最宏的技术成果，协助前台的服务工作。

6）工薪制度与服务体系分工是否相配

管理人员应分析本单位是否根据服务体系的性质确定工薪制度，本单位是否合理地分配前台和后台的工作任务。例如，接触程度高的服务体系常常采用计时工资制，接触程度低的服务体系多采用计件工资制。

3.3　施曼纳分类法

3.3.1　施曼纳分类

美国印第安纳大学商学院教授罗杰·施曼纳(Roger Schmenner)认为:可以根据影响服务传递过程性质的两个主要维度:服务组织的劳动密集程度和服务人员与顾客相互交往的程度和服务定制化(个性化)程度对服务进行分类,并设计了一个服务过程矩阵。

垂直维度是劳动力成本与资本成本的比率。因此,资本密集型服务,如航空服务和医院服务位于图3.2的上方,因为它们在设施设备上的投资大大高于其劳动力支出;劳动密集型服务,如学校和法律服务,则位于图中的下方,因为它们的劳动力消耗高于其资本需求。

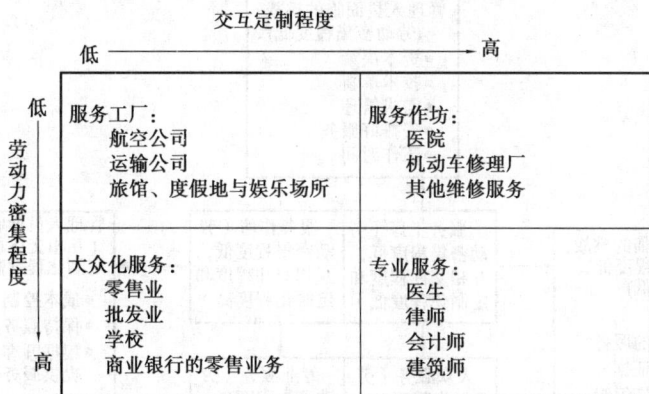

```
                    交互定制程度
          低 ─────────────────→ 高

    低    服务工厂:                服务作坊:
          航空公司                 医院
  劳        运输公司                 机动车修理厂
  动        旅馆、度假地与娱乐场所      其他维修服务
  力
  密
  集    大众化服务:              专业服务:
  程        零售业                  医生
  度        批发业                  律师
          学校                    会计师
    高    商业银行的零售业务          建筑师
```

图 3.2　服务过程矩阵

水平维度是服务双方的交互及服务的定制程度。交互及定制程度高的服务,如医疗服务,医生与病人必须在诊断与治疗阶段充分沟通了解交互才能取得令人满意的效果。病人也希望被当作个性化的人来看待,希望得到与自己相符的定制化服务;交互及定制程度低的服务,如在麦当劳就餐,吃的是制成品,服务双方发生的交互很少,定制程度也低,但并不代表服务水平低,相反麦当劳已成为服务业的一个标兵。

施曼纳将图3.2中四个象限赋予不同的名称:服务工厂、服务作坊、大众化服务、专业服务。

1)服务工厂

提供标准化的服务,具有较高的资本投资,更像一个流水线工厂。这类服务设施的操作方式和服务工厂基本相同。航空公司、汽车运输公司、酒店、度假风景区都是服务工厂。

2)服务作坊

在高资本环境下经营,有更多的服务定制。医院、汽车修理厂、其他维修服务和大多数餐馆都是这类组织。

3)大众服务

顾客在劳动密集的环境中接受标准化的服务。许多传统的服务组织,例如零售商、学校、银行的零售业务批发商、大众餐馆、许多日常性计算机软件和数据处理服务都是大众服务。

4）专业服务

如果是顾客在劳动密集的环境中接受非标准化的服务，服务人员与顾客相互交往的程度和服务定制化（特性化）程度提高，大众服务就变成专业服务，顾客会得到经过专业服务培训的专家提供的个性化服务。医生、律师、会计师、设计师、教练与个人辅导、咨询顾问都提供的是专业服务。

3.3.2 管理挑战

图3.2中每一象限的服务组织都具有一些相同的服务特征，处于不同象限的服务组织便面临不同的管理挑战，如图3.3所示。

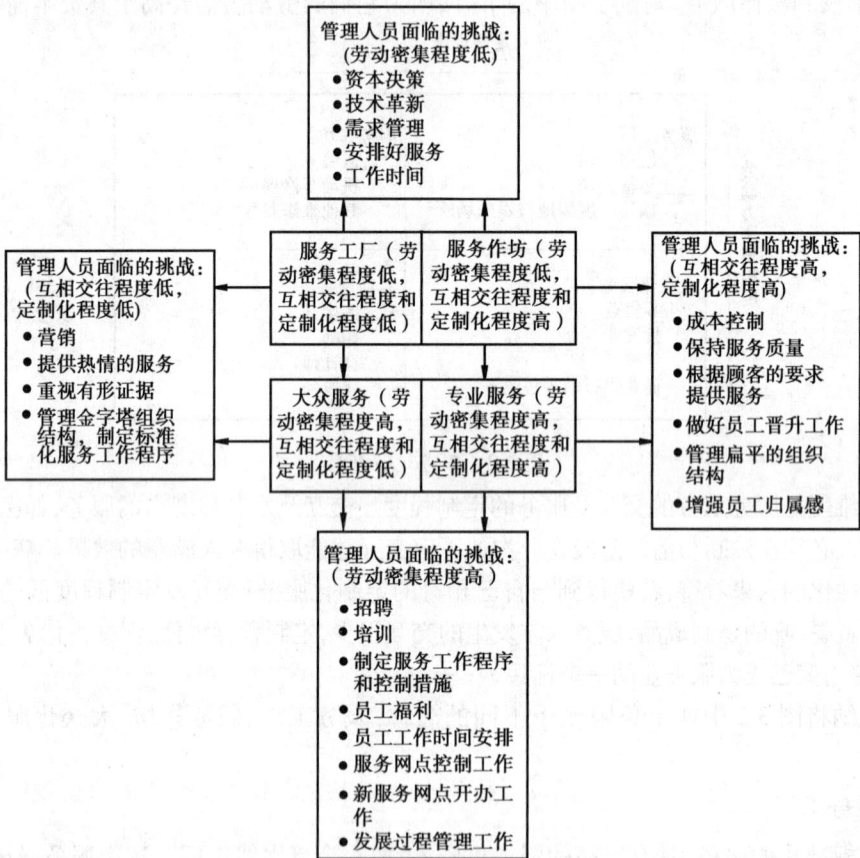

图 3.3 服务性企业管理人员面临的挑战

3.3.3 选择适当的经营方式

在激烈的市场竞争中，服务性企业管理人员必须选定适当的经营方式，以便提高本企业的竞争实力。如图3.4所示，企业加强控制，降低成本，选择沿着对角线向上移动或向对角线移动的经营方式。

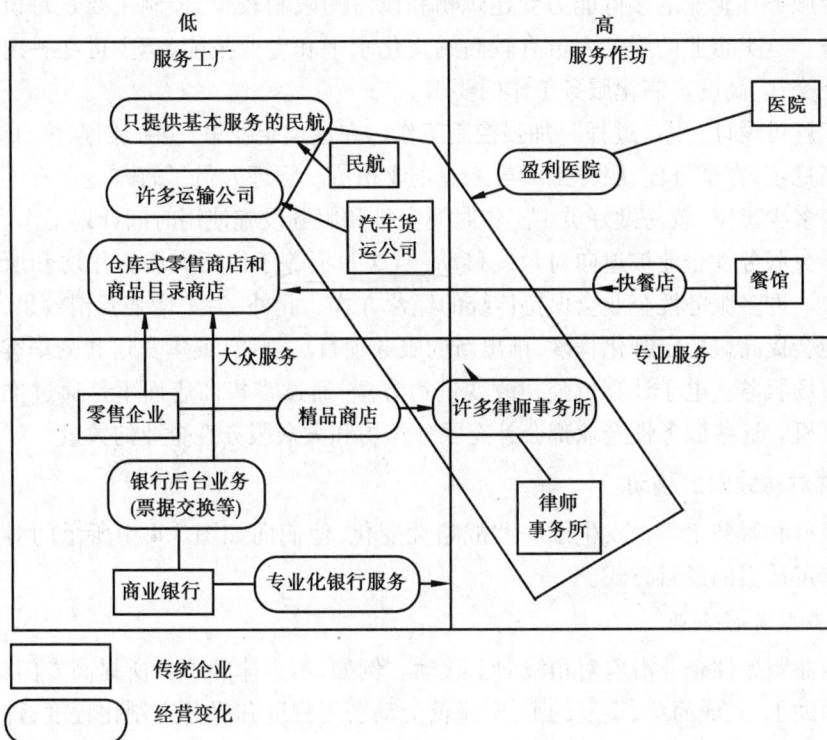

图 3.4 沿着对角线向上移动或向对角线移动

1)向对角线移动

为了加强控制,大众服务性企业与服务作坊向如图 3.4 所示的对角线方向移动选定适当的经营方式。

（1）大众服务性企业

大众服务性企业需做好员工工作时间安排工作,提高劳动生产率。这类企业的接待能力几乎不受建筑物和服务设备的限制,控制工作经常与人工成本和工作效率有关。例如,在零售业,人工成本是极为重要的变动成本。因此,员工工作时间安排是非常重要的管理工作。许多零售企业使用电子销售点终端系统,了解各种商品每小时销售量,以便做好员工工作时间安排和存货控制工作。零售企业提高服务定制化程度,例如百货商店服饰部采用佣金制,是为了加强销售控制工作,以便提高销售额、利润额和劳动生产率。

（2）服务作坊

在对角线的另一边,服务作坊管理人员非常重视服务设施利用率。这类企业的接待能力始终受建筑物和服务设备的限制。管理人员很关心本企业需安排多少无法预见的服务工作,管理人员很难判断每项服务工作需多少时间才能完成,这也会影响控制工作。例如,医院的固定成本率很高,管理人员非常关心服务设施利用率。为了提高各类资源利用率,管理人员往往会降低定制以及相互交往程度。

（3）服务工厂和专业服务性企业

服务工厂和专业服务性企业也应做好控制工作,但这两类企业因失控而遭受的损失却较少。专业服务性企业的接待能力受建筑物和设备的限制较少,控制主要是每位专业人员的工作任务。这类企业的服务人员有较高的文化水平和专业技能,至少可在一定程度上适应高度相互交往、高度定制化服务工作的要求。

服务工厂可设计"生产过程",加强控制工作。在这类企业里,服务流程、信息流程、物资流程都相当稳定,在这方面,服务工厂与工业企业相仿。管理人员了解本企业在不同的市场需求量时需多少员工,较易做好员工工作时间安排和服务设施使用时间计划工作。

虽然不少服务性企业被迫向对角线移动,但这并不等于说所有服务作坊和所有大众服务都将消失。许多服务性企业会保持传统的经营方式。此外,为了增强营销效果,有些服务性企业可能会提高服务定制化程度,推出新的服务项目。例如,豪华宾馆和豪华客机为某一特殊细分市场服务。电子计算机公司改变销售方法,通过零售商店而不是通过推销人员销售电子计算机。这些服务性企业都会补充服务作坊和大众服务性企业的数量。

2)沿着对角线向上移动

专业服务和服务工厂也发生了一些战略性变化,他们向如图 3.4 中所示的对角线方向向上移动选定适当的经营方式。

(1)专业服务性企业

不少专业服务性企业沿着对角线向上移动。例如,不少律师事务所提高专门化程度,雇用专职律师助手,完成简单、重复的工作,降低劳动密集程度和服务定制化程度;许多专业服务性企业增加高新技术设备投资数额,降低劳动密集程度和相互交往程度。

(2)服务工厂

不少服务工厂也沿着对角线向上移动。许多货运公司投资建造货运站,增加竞争对手进入市场的障碍,但服务定制化程度却降低了;许多货运公司改变价格结构,鼓励客户按规定的路线运货。因此,货运公司在沿着对角线向上移动。主要民航公司都采用中枢轮辐式客运网络,以便降低成本。过去,民航公司之间的竞争主要是在服务档次、起飞和到达时间方面的竞争。现在,民航公司更强调价格竞争,大多数民航公司的服务定制化程度和劳动密集程度都降低了。

许多服务性企业沿着对角线向上移动,并不等于说所有专业服务性企业都将变成服务工厂,有些专业服务性企业会继续保持目前的经营方式。此外,还会出现一批新的高度劳动密集型的专业服务性企业,为顾客提供高度相互交往、高度定制化的服务。

3.4 罗伍劳克分类法

瑞士洛桑国际管理发展学院访问教授罗伍劳克(Christopher H.Lovelock)从服务行业性质、服务业与顾客的关系、服务自动化程度和服务人员主观判断程度、服务需求性质、服务传递方式等多个角度对服务进行了细致的分类,并根据不同类别的服务制定了相应的管理方法。

3.4.1 依据服务活动的性质分类

如表 3.5 所示,服务活动性质主要是由两个维度决定的:服务的直接接受者以及服务的有形性。这样可以得到四种可能的服务类型:①为顾客人身服务的有形行动,如医疗、个人保健、外科手术、美容服务、度假、酒店、民航客运等服务;②为顾客的物品或其他有形财产服务的有形行动,如房屋装修、货运服务;③针对顾客精神的无形行动,如医疗心理咨询、教育辅导;④为顾客无形资产服务的无形行动,如保险、投资咨询。医疗服务是对顾客人身的有形和无形的服务。类属同一类问题的服务,会面临着相似的问题,也有可能共享某些问题的解决方案。

服务的直接接受者

	人	物
有形活动	(1)作用于人体的服务: 健康护理 客运 美容 健身 餐馆	(2)作用于物品或其他实体财产的服务: 货运 工业设备的修理和维护 洗衣 园艺和草坪修护 兽医服务
无形活动	(3)作用于人精神的服务: 旅游服务 教育 广播 信息服务	(4)作用于无形资产的服务: 银行 法律服务 会计 保险

（左侧纵向标注：服务的有形性）

图 3.5 依据服务对象和服务活动性质的分类

有时某种服务似乎可以同时列入几个类别。例如,教育、宗教、娱乐等服务经常需要有形服务。民航客运服务不仅把乘客从一个机场送到另一个机场,而且可能会影响乘客的心情。但大多数情况下,某一种服务的主要行动却只能列入某一大类别,虽然其次的行动可列入另一个类别。这种分类方法有助于服务组织管理人员回答以下问题:

1)顾客是否必须到现场接受服务

(1)在整个服务过程中,顾客必须始终在服务现场

这种情况,服务人员与顾客之间的相互交往、服务设施的类别、其他顾客的特点,都会影响顾客满意度。

(2)顾客只需要在服务开始和结束时到达现场

例如家电维修。这种情况下,服务设施的地点和服务时间是否方便顾客接受服务就极为重要。

(3)顾客不必到现场

例如电话服务。顾客可能从未见到过服务人员。在这类情况下,服务过程可能无关紧要,但服务结果却非常重要。

2)在服务过程中,顾客是否必须到现场接受精神"产品"? 服务组织是否可通过邮件或通信设备为遥远的顾客服务

从经营角度考虑,服务组织最好能将接触程度高的服务改为接触程度低的服务,尤其是为顾客物品服务的组织采用高科技成果,可为任何地点的顾客提供方便的服务。深入思考服务的性质,管理人员可以发现更加方便的服务方法。例如,教学单位可以通过函授、广播电视等形式为学员服务。

3)接受某种服务后,服务行为的对象会发生哪些变化? 这些变化可使顾客获得哪些利益

明确服务活动的对象,分析服务行为的对象在服务前后的变化,管理人员就能深刻地理解服务行为的性质及本组织的服务可为顾客提供哪些核心利益。例如,理发服务要使发型更美观;民航服务要迅速、安全;新闻节目要使听众及时了解最近发生的重大事件;旅游服务要使游客体验愉悦。

3.4.2　依据服务组织与顾客的关系分类

如图 3.6 所示,依据服务组织与顾客之间的关系和服务传递性质两个维度,可将服务划分为四种类型:

①对会员(或近似会员)顾客的不间断服务;

②对大众的不间断服务;

③对会员(或近似会员)顾客的间断性的服务;

④对大众的间断性的服务。

服务组织与顾客之间关系的类型

	会员关系	非正式关系
持续传递	(1)不间断服务: 保险 电话服务 银行业 协会	(2)不间断服务: 广播电台 高速公路 灯塔
间断交易	(3)间断性服务: 旅行服务 通行证或月票	(4)间断性服务: 汽车租赁 邮递服务

（服务传送的性质）

图 3.6　依据顾客关系和服务传递性质的分类

3.4.3　依据服务定制与判断分类

由于服务的生产和消费同时进行,顾客常常是过程的参与者,服务组织有机会按照顾客的具体要求提供定制服务来满足不同顾客。如图 3.7 所示,服务组织管理人员可从以下两个方面考虑服务定制化程度:①服务操作体系是否能够提供定制化服务;②服务人员需要对顾客的具体需求作出多少主观判断。从这两个维度可以将服务分为四类:①高度定制化并要发挥服务人员自主性的服务;②要求服务人员自主性的标准化服务;③不要求服务人员自主性的高度定制化服务;④不要求服务人员自主性的标准化服务。

	高	低
高	**（1）高判断高定制：** 专业服务 旅游服务 特色餐馆 外科 美容师 教育（辅导）	**（2）高判断低定制：** 学校教育 面对大量固定群体的食堂服务 预防性健康计划
低	**（3）低判断高定制：** 电话服务 餐馆服务 零售银行 家庭餐馆	**（4）低判断低定制：** 公共交通 快餐店 器具的常规维修 电影院 体育比赛

（左侧纵向文字：服务人员为满足顾客需求形式判断的程度）

图 3.7 依据服务定制程度和服务人员自行判断程度的分类

（1）高判断高定制

此类服务不仅要求高度定制化，而且要求服务人员作出大量的主观判断以确定服务方法。在与顾客的接触中，服务人员不只是对顾客的要求作出（被动的）反应，还应经常积极地引导顾客消费。例如咨询、法律、医疗等，控制权在服务人员手中，有些顾客因此感到困窘。例如，病人的生命完全掌握在外科医生的手中。服务人员必须接受全面的培训，掌握专业知识，善于判断，以便为顾客提供优质的服务。这类服务可称作"知识密集型服务"。

（2）高判断低定制

服务中，服务人员需灵活地决定服务方法，但他们为不同的顾客提供完全相同的服务。例如教师为每个学生提供相同的服务，但教每一门课程的老师却可以自行决定各自的教学方法。

（3）低判断高定制

服务给予顾客多种选择，高档餐馆和旅馆给予顾客多种选择，服务过程也相当灵活。

（4）低判断低定制

此类服务相当标准化。

第三类和第四类服务中服务控制权在顾客，服务人员扮演操作人员或命令执行者角色。他们需要回答顾客简单的问题，服务行为需要符合顾客的要求。

3.4.4 依据服务供需关系的分类

如表3.8所示，从服务需求的波动程度和供给受服务能力的限制程度可以将服务分成四类：①需求波动大但高峰期不会出现供不应求的服务；②需求波动小通常不会出现供不应求的服务；③需求波动大，高峰期常常出现供不应求的服务；④需求波动小但企业自身能力不足的服务。

服务组织的需求量波动很大，又无法利用存货减少供需矛盾，但仍可以通过营销活动做好需求管理工作，提高赢利能力。第一类组织应尽力增大高峰期之外的需求量；第二类组织必须决定是应不断增大需求量，扩大生产能力，还是应保持现状；第三类组织始终需要稳定需求量，使供需一致，淡季的时候需要刺激需求量，旺季的时候需要减少需求量。

需求随时间波动的程度

		大	小
供给受能力限制的程度	最高需求能被满足	(1)需求波动大但满足要求: 电力 天然气 电话 医院	(2)需求波动小能满足要求: 保险 法律服务 银行业 洗衣服务
	最高需求超过服务能力	(3)需求波动大常供不应求: 会计服务 客运 旅游 剧院	(4)需求波动小仍供不应求: 与上面的服务类似但企业的基本能力不足

图 3.8　依据服务供需关系的分类

3.4.5　依据服务的可获性和服务交互性质的分类

如表 3.3 所示,从服务的可获性和服务交互性质可以将服务分为六类:①需要顾客到单一场所购买的服务;②顾客可以到多个场所购买的服务;③由服务提供者到指定场所进行的服务:④由服务提供者到多个场所进行的服务;⑤由单一场所向顾客提供的远程服务;⑥由多个场所向顾客提供的远程服务。

表 3.3　依据服务的可获性和服务交互性质的分类

顾客与服务企业交互的性质	服务网点	
	单一场所	多个场所
顾客去服务场所	景点	公共汽车汽车站
	宾馆	快餐连锁店
上门服务	出租车	邮递
	家政服务	紧急修理服务
远程交易	信用卡服务	广播网
	电视台	电话公司

对顾客来说,到某一个服务点接受服务,可能会很不方便,服务组织在若干个服务网点为顾客服务,可方便顾客购买,降低顾客消费成本,但也会引起服务标准的不一致和质量控制问题。有些服务对象是无法移动的,服务人员必须为顾客提供上门服务,这种服务通常费用很高;许多服务并不需要顾客与服务组织直接接触,双方可以通过邮件或通信设备完成交易。

上述几种分类并不是绝对不变的,各类服务是相互交叉的,而且,随着市场和技术等因素的发展,某些服务可能会由一种类型转为其他的一种或多种类型共存。这四种分类的可贵之处在于,它向服务管理者展示了服务视角的多维化。管理者可以从不同的角度对服务进行认识,在制定服务战略时,要考虑多方面的因素,从多个角度发掘自身的竞争优势。

【案例分析】

我不喜欢我的银行

一些银行以规模大而自豪,然而它们的服务有时根本不好。我在一家银行排长队等候服务,填了需要的交易申请表,但当轮到我时,得到的却是很差的服务。

我单位的工资账户开设在另一家银行,为了方便,单位决定换一家大银行。虽然现在这家银行有那么多分支机构,但我更喜欢原先那家银行,因为我原来经常去的分支机构,那里的人都认识我,办理业务非常方便。排队的人很少,所以等候的时间也少。

我习惯于直接走到柜台,柜员会向我问好,然后便开始办理业务。最后在电脑打印的收据或支票上盖章。大约10分钟时间,我就可以离开银行了。

然而在这家新银行,操作业务需要表格的支持。客户必须填写各式表格。这里有各式各样的申请表,很难弄清楚到底需要填哪一张。

有一次我想把我支票上的钱存入账户,所以我来到银行寻找存款单。那里至少有4种存款单。我跟往常一样填完了表格。与原来那家银行相比,这里烦人的程序真叫我受不了。

我花了大约5分钟填完这张表格,又去排那长长的队伍。等了30分钟后,终于轮到我了。我告诉柜员我要办理的业务并把表格递给她确认。

柜员说:"嗯,这表格恐怕不对。"我变得急躁起来,这让我无法不生气。

"那可不可以请你帮我填写一张正确的表格,我实在不知道哪种是对的。这是银行的疏忽,有那么多的表格,根本没有清楚表明到底该填哪一张。"我的争辩显然使她很不高兴。

"不,先生,恐怕我不能帮你,这么长的队伍不允许我这样做。"柜员回答。

我彻底生气了。我知道我还得花35分钟以上的时间来做这件事。我是多么想念原来的那家银行啊!

"小姐,那么请你给我正确的表格,我来填写。"我希望得到折中的处理。

"先生,如果你去那里取表格,填完后再来就不用排队了。"柜员边说边指向对面的那个角落。

我再也耐不住性子。"你这里一张都没有吗?"我几近喊叫。

"是的,先生,我一张都没有,你得去那边填写。"她又指向那个地方。

我别无选择。我真的很生气:这么长的队伍,这么低的效率,这么差的服务态度,他们明显不关心他们的顾客。为了减少工作量,柜员故意不将表格放在身边。

最后,我决定到原先的那家银行开一个支票账户。工资一发下来,我就马上开张支票将钱存到原来的那家银行。我将业务转移到感觉舒服的银行办理。

[案例讨论题]

1.案例中的问题出现的根源是什么?

2.如果服务态度好一点,柜员需要怎样回答这位顾客的质询?

3.这种状况存在哪些潜在风险?

本章小结

本章主要介绍了服务产品的 5 种分类方法。第一种托马斯分类法根据服务提供者的不同将服务划分为设备提供的服务和人工提供的服务。第二种蔡斯分类法根据顾客和服务体系接触程度的不同将服务体系分为纯服务体系、混合服务体系和准制造体系。第三种施曼纳分类法根据服务组织的劳动密集程度和服务人员与顾客相互交往的程度和服务定制化(特性化)程度不同将服务分为服务工厂、服务作坊、大众服务和专业服务。第四种罗伍劳克分类法依据服务活动的性质、服务组织与顾客的关系、服务定制与判断、服务的可获性和服务交互性质及服务供需关系分别对服务种类进行了划分。

【思考与练习】

1.回顾服务的不同分类方法,思考每一种分类结构对管理决策起哪些作用? 你认为哪一种最适用?

2.对人员服务、财产服务、信息服务和精神服务各举一例,参考课堂上讨论过的不同特征,讨论它们的服务本质。

3.比较高接触度服务和低接触度服务的异同点。

4.服务工厂、服务作坊、大众服务和专业服务这些处于不同象限的服务组织面临着哪些不同和相同的管理挑战?

5.如何理解服务性企业选择沿着对角线向上移动或向对角线移动的经营方式。

6.分组讨论:每一小组选择一项服务,基于不同的服务分类方法讨论其服务特征。

A.所选服务	
B.服务分类方法	
C.高/低接触度服务	
D.劳动密集/资本密集	
E.隐含的服务特征	

7.根据劳夫劳克的评判标准,将服务公司分成 4 种类型(服务行为本质和服务对象)并填写下表。

不同特征	人员服务	财产服务	精神服务	信息服务
服务举例				
顾客得不到所有权的服务				
服务产品是无形的				

不同特征	人员服务	财产服务	精神服务	信息服务
顾客参与生产过程				
其他人可能成为服务产品的一部分				
运作的输入与产出具有更大的变动性				
许多服务顾客很难评估				
服务产品不能储存				
时间因素相对重要				
递送系统同时涉及网络与实体渠道				

第2编 服务运营管理

第4章 服务战略

消费者心目中的价值由一连串企业内部物质与技术上的具体活动和利润所构成,当你和其他企业竞争时,其实是内部多项活动在进行竞争,而不是某一项活动的竞争。

——迈克尔·波特

【学习目标】

通过本章的学习,你应该能够:

1.掌握服务企业竞争战略内容。

2.了解服务定价的原理。

3.理解顾客服务期望的含义和类型。

4.掌握影响顾客服务期望的因素。

5.掌握感知服务质量的含义及其影响因素。

6.掌握服务价值与服务价值链模型。

【案例导入】

量身定制的送餐服务

一天中午,某大酒店二楼中餐厅一对新人正在举行婚礼,30多桌的婚宴,使所有的服务人员都十分繁忙。

临近中午1点,酒店的质量督导员正在中餐厅吧台附近协助工作。这时餐厅电话响了,他看到吧台没有人员接听电话,就在电话铃声响了两声后迅速接了起来:"您好!餐厅!"电话里传来一位女性的声音:"我是606的客人,我刚才订的商务套餐做好了没有?"质量监督员回答说:"马上为您确认。"他先看了菜单开出的时间,已经9分钟了,又询问备餐间领班出品情况后,告知客人5分钟内一定将套餐送达房间。

与客人电话道别之后,质量监督员将电话打到前台,询问606房间客人相关情况:周女士,36岁,成都人,网络订房,××集团的商务客人,上午10点钟入住。得到相关信息后,他告知吧台人员安排相关送餐事宜,并迅速来到备餐间,查看了客人所要的商务套餐菜单,结合客人的实际情况,为客人增加了一份川味小菜和时令水果。质量监督员看着菜品出齐后,同送餐实习服务员一起来到吧台,拿了吧台准备好的账单、零钱、一次性筷子、餐巾纸等步入电梯间。在送餐的路上,他提醒服务员要注意以下事项:第一,到达房间后要微笑着称呼"周女士,中午好";第二,向客人致歉,解释一下由于婚宴原因,让客人再次电话催餐,延长了客人用餐时间;第三,告知客人,专门为其增加了一碟川味小菜;第四,时令水果是酒店领导表示歉意特意为客人送的。服务员按照质量督导员的定制服务要求为客人送餐到房间,客人不但没有抱怨送餐太慢,还夸奖了餐厅的服务。整个送餐过程在很愉快的气氛中完成。

第二天上午9点,606房间周女士退房时将一封表扬信放在前台,要求前台服务员转交餐饮部经理或酒店领导。信中写道:"酒店领导:工号为2266服务员的周到、贴心服务,令我非常满意。她能考虑到客人需求的每个细节,让我感动,更让我惊喜。建议对她进行表彰。以后有机会还住你们酒店。"

【案例点评】

这是一个典型的专门为客人定制服务的案例。在案例中,如果让实习服务员自己去完成送餐服务,可以预想一下最终的结果:也许这位商务客人因为等待时间长而投诉,也许服务能让客人有意见不发表,也许客人面对尽心服务基本满意等。这些都被案例中的质量督导员考虑到了,他不但在最短时间内掌握了商务客人周女士的基本情况,同时也了解了实习服务员的自身素质和能力,因此,针对商务客人的送餐服务要求,定制了一套临时的、个性化的服务程序。这个服务标准没有明文规定,但是最实际、最有效。

卓越服务有时需要素质、能力、经验较高的基层管理人员去为直接服务的服务人员定制,这样,经验不足的一线服务员也能把服务做得更好。总之,酒店管理人员只要发现客人的服务需求,就要及时进行特别的定制服务,让服务更加卓越。

4.1　服务企业的竞争战略

4.1.1　服务企业竞争环境

企业竞争环境是指企业运营中提供市场机会或构成威胁的各种社会、经济力量的集合,它们对企业战略管理产生重要影响。

1)宏观环境

任何企业的运营都会受宏观环境的影响。宏观环境内政治环境、经济环境、法律环境、科技环境、社会文化环境及自然环境构成,是企业开展经营活动赖以存在的基础。宏观环境对企业竞争的影响主要有:通过政治或经济手段调控企业的经营方向;通过法律手段规范企业的经营活动,促进企业间公平合理的竞争,保护企业和消费者的合法权益;制定科技政策,引导企业进行技术创新,开发新产品、新工艺,不断增强科技实力。社会结构、社会风俗习惯和社会文化传统决定了消费者的购买行为,进而形成不同的市场机会,企业必须与之相适应才能赢得市场竞争的主动权。企业所处地区的自然环境、气候条件、资源条件也对企业的市场活动产生重要影响。

2）认识服务竞争环境

服务企业所处的竞争环境从总体而言,远比制造业要复杂。以下是造成服务业竞争激烈态势的主要原因。

（1）进入障碍较低

服务本身技术含量较低,服务创新无法像专利那样得到保护,所以进入的技术屏蔽很弱,而劳动密集、行业起点低、规模小的特点,决定了竞争者可以以很低的成本进入大多数服务领域。

（2）难以实现规模效应

由于受到各种因素的影响,许多服务都分散在不同的地方,为某一特定的区域提供服务。尽管特许经营和连锁经营的兴起使规模经济在统一采购、广告共享条件下得以实现,但除此之外很难实现规模经济。

（3）供求规律不规则

由于服务需求的季节性、周期性矛盾长期存在,使服务需求在不同时间有不同的内容,几乎无规律可循。同行业竞争,供求规律不规则的存在给企业在成本和占领市场等方面带来了不小的压力。

（4）交易谈判处于被动地位

许多服务企业由于在规模上的劣势,在与强大的购买者或供应商的交易中缺乏筹码,在讨价还价中处于劣势。

（5）产品的可替代性

实物产品与服务产品替代效应的存在（如洗衣机与洗衣房）,不同服务行业之间替代效应的存在（如铁路运输对公路运输的替代）,使得服务业在同行业竞争的同时不得不受到行业间相关产业间竞争的夹击。此外,潜在服务创新对于企业现有服务的替代效应也同样不可忽视（如电话基本上已替代了电报）。

（6）顾客的忠诚度

提供优质服务的企业能够形成一批忠诚的顾客群体,对竞争企业来说要进入该领域是很困难的,除非对手犯下严重的错误或本企业的服务创新具有明显的竞争优势。

（7）利润挤压竞争失败

许多服务企业利润很低,但仍在继续运作,比如,文化酒吧常常是店主交朋友的媒介。对一些追求高利润的投资者而言,将这些企业排挤出市场是很困难的。

综上所述,对一个新的服务企业而言,要使自己的服务企业经营更具战略性,必须充分认识服务竞争环境,从服务产品入手,克服困难,制订竞争策略。

小资料

在美国费城西部,有两家敌对的商店:一家叫纽约贸易商店,另一家叫美洲贸易商店。两家商店虽然是邻居,但店老板却是势不两立的死对头,他们常常开展各样的商战。当纽约贸易商店贴出告示"本店出售爱尔兰亚麻被单,该被单质量上乘,价格低廉,每条价格6.5美元"时,美洲贸易商店的窗口马上便会出现针锋相对的告示"善良的人们请擦亮眼睛,本店床单一流,定价5.95美元"。两家老板除了使出浑身解数争取顾客外,还经常走出商店,相互指责,甚至大打出手,引得大量顾客驻步围观。最后,人们会跑到两家竞攀低价的商店争购满意的商品。这样,两家商店的商战一直持续不断,愈演愈烈。直到30年后,他们中间有一个老板去世了,竞争才停下来。过了几天,另一个老板开始停业清仓大展销,然后搬了家,从此便销声匿迹。当房子的新主人进行大清理时,无意中发现两位老板的住房有一条暗道相通,通过进一步查证,发现原来两位老板是同胞兄弟。

3)服务市场运行规则

全球服务贸易自由化是服务市场运行的目标。为了推动这一目标的实现,作为世界贸易组织前身的关贸总协定于第8次谈判,即乌拉圭回合中缔结了《服务贸易总协定》(GATS)。该协定全面规定了服务市场运行的条件、内容和原则。

(1)《服务贸易总协定》的主要内容

①《服务贸易总协定》包括以下3个方面的内容。

a.GATS的基本原则和条款规定;

b.GATS的附件规定的部门协议;

c.各缔约方在服务贸易市场准入承诺的减让表。

以上内容由序言和正文的6个部分29个条款及7个附录构成。

序言:阐明发展服务贸易的重要性、发展服务贸易的目的及实现的途径,以及对最不发达国家的特殊考虑。

②正文分6个部分。

a.第1部分(第1条):范围和定义;

b.第2部分(第2条—第15条):一般责任和纪律;

c.第3部分(第16条—第18条):承担特定义务;

d.第4部分(第19条—第21条):逐步自由化;

e.第5部分(第22条—第26条):制度;

f.第6部分(第27条—第29条):结尾。

③7个附录。

a.关于免除第2条的附录;

b.根据本协议自然人提供服务活动的附录;

c.空中运输服务;

d.多种服务;

e.海运服务谈判;

f.点心服务;

g.基础电信谈判的附录。

(2)《服务贸易总协定》的基本原则

①最惠国待遇原则。GATS第2条规定:"有关本协定涵盖的任何措施,每一成员方给予任何成员方的服务或服务提供者的待遇,应立即无条件地以不低于前述待遇给予其他任何

成员方相同的服务或服务提供者。"这'原则既是世贸组织多边贸易体制的基础,也是国际服务市场多边服务贸易的基础。这一原则的核心是体现公平竞争精神,保证各缔约方的服务和服务提供者在享受他国服务贸易市场开放的利益时,能够与其他成员的服务和服务提供者处于同等的竞争地位。

②透明原则。GATS 第 3 条规定:"除非紧急情况下,每一成员方应迅速将涉及或影响本协议实施的所有有关适用的措施,最迟在它们生效以前予以公布,如果它是涉及或影响服务贸易的国际协定签订合同,则该项协定也必须予以公布。"

③发展中国家更多参与原则。GATS 第 4 条第 1 款规定:"通过发展中国家国内服务业力量的加强以促进发展中国家国内服务业的效率和竞争力的提高,特别是在通过引进商业性技术方面,在促进销售渠道和信息网络的改善方面,对各部门市场准入的自由化及对发展中国家有利提供服务出口的方式方面",促使发展中国家更多地参与国际服务贸易。

④市场准入原则。GATS 第 16 条第 1 款规定:"在有关通过本协议第 1 条所认定的服务提供方式的市场准入方面,每一成员方给予其他成员方的服务和服务提供者的待遇,应不低于根据其承担义务计划中所同意和规定的期限、限制和条件。"同时还具体作出了若干规定措施。

⑤国民待遇原则。CATS 第 17 条第 1 款规定:"每一成员方应在其承担义务计划表所列的部门中,依照表内所述的各种条件和资格,给予其他成员方的服务和服务提供者的待遇,就影响服务提供的所有规定来说,不应低于给予其本国相同的服务和服务提供者。"

⑥逐步自由化原则。逐步自由化原则,一是要求各成员方应就使服务贸易自由化逐步达到较高水平问题进行连续多轮谈判,以提高进入市场的有效性并减少不利影响;二是要给发展中国家更多的灵活性,自由化进程要取决于各成员方相应的国家政策目标及各成员方包括它的整体和个别服务部门的发展水平。

中国作为 WTO 的成员国,其服务市场的运行不能不受到 GATS 的制约,中国服务市场不能不将上述原则引以为机制,并逐步融入同际服务市场系统。

4.1.2　服务竞争战略

一般而言,成本领先战略、差别化战略、集中化战略是被时间反复检验的三种较为成功的服务竞争战略。选择合适的竞争战略是服务企业战略管理者面对市场所作的战略性回应。

1)成本领先战略

(1)成本领先战略的含义

随着顾客对质量价格比的日益关注,低成本成为服务竞争的有力武器。成本领先战略也成为最直白、最具攻击性的竞争战略。成本领先战略是一种内涵积累式战略。其内容是:通过降低成本,使成本低于竞争对手,以便可以在行业中赢得成本领先的优势,并获得高于行业平均水平的收益。成本领先战略体现了市场经济优胜劣汰的机制,推动了所处行业的革命性进步。

(2)实现成本领先战略的条件

实现成本领先战略必须具备 3 个基本前提条件:服务产品的品质相同;企业资金实力雄

厚;服务功能相同。

（3）实施成本领先战略的措施

实施成本领先战略可以采取以下措施:调整企业资产结构和服务产品结构;压缩费用,减少支出;改善分销渠道和促销措施;在高成本、劳动密集型的工作中实现自动化。

（4）实现成本领先战略的方法

采用以下方法可以取得低成本领导者的地位。

①寻找低端目标顾客。有些客户的经营成本低,可以成为服务提供者的目标客户。一是市场上存在寻找简单的低价服务的潜在顾客;二是对于同一服务,施加于某类顾客要比施加于其他顾客花费更少。例如,美国联合服务汽车协会在汽车保险业务占据显著的位置,原因在于它只向军队的军官提供承保服务,这些客户的风险低于平均水平,因而保费支出较少,而且他们习惯通过电话或信函来交易,因此美国的这家公司可以通过电话或信函工作,因而削减了巨额的销售费用。在保险行业,这部分费用所占的比例通常是比较高的。

②寻找标准化客户。推广企业服务的"日常性""通用化""标准化"的概念将使服务需求走向标准化。可用简单重复的劳动产生经验曲线效应,从而大大降低了成本。如目前的电信业,通过程控交换机几乎做到了完全流水线生产,服务过程不仅没有专业人员,而且几乎无需服务人员参与。许多专业性法律服务、家庭健康保健服务都可以将常规服务标准化,以维持低成本。

③降低服务人力成本。人力资源成本是可变成本,只有固定成本才能随销售扩大实现摊薄。应该把资本用于购买先进设备以提高效率和稳定性,如购买自动服务机械延长服务时间提高便利性,从而获得更多市场份额,降低平均成本。例如,ATM 可以为客户提供便捷的服务,减少了服务过程中客户与服务人员之间的接触,从而降低了银行的交易成本。

④降低通路成本。服务企业在营运之初,欲建立一个连接服务提供者和顾客的通路,建立和维护这一通路需要高额的成本。沃尔玛采用一种独特的方法来降低通路成本。它的通路不是在任何两个城市之间建立联系,而是设立一个中心城市,采用先进的分拣技术在多个城市与中心城市之间建立联系。这样,如果新引入一个城市,只需要增加一条从该城市到中心城市的线路,而不是在每两个城市之间增加一条线路,从而大大降低了物流成本。

⑤使服务营运非现场化。许多服务具有现场化特点,如看病和乘客运输,只有客户在场的情况下才能完成这一服务。仅对于有些服务客户不必在场,服务交易就可以完成,实现服务营运非现场化。例如,电子商务可以在网上接受预订机票等服务,如此一来就可以加大经营规模,将会显著降低成本。

2）差异化战略

（1）差异化战略的含义

差异化战略的核心在于使客户感到接受的服务是独一无二的。创造一种与众不同的服务消费感受。差异化有很多载体,包括形象、商标、技术、特色、客户服务、交易通路、规模等。差异化战略不能忽视成本,是基于目标顾客可承受成本分析的战略选择,其目的在于明确细分市场,吸引目标顾客,建立客户忠诚度。

(2)差异化战略的实现

①使无形服务有形化。服务本质上是无形的,而且不能给客户留下一些有形的提示物。服务的无形化通常会使服务记忆随服务感受的消逝而淡忘,而有形产品却由于其空间上的有形性时常使人们回忆起使用这个产品带来的效用。例如,有些旅店为客户提供一些梳洗用具,上面标有旅店的标志;有的服务公司的人员在工作时身穿印有公司标志的工作服,既能体现其专业性,又能让顾客了解公司。

②个性化服务。企业尽力满足顾客特殊要求的个性化策略可以用低成本来赢得顾客满意。能记住顾客姓名的职业经理,会使客人觉得受到了尊重,这些突出人性化的策略能使企业在消费者心中确立与众不同的感受定位,而这正是良好口碑产生的源泉。例如,美国汉堡王速食店提供现场制作的汉堡,就是想通过个性化以区别于麦当劳标准化备货服务模式。

③降低风险策略。服务的感知风险远高于有形产品,这是因为服务产品的无形性、专业性和复杂性。如果顾客缺乏对消费服务的知识,就会担心或产生有风险的感觉,影响顾客对企业的忠诚度。这就是为什么愿意与病人探讨病因、病情和治疗方案的大夫,愿意花时间讲解电路和机械原理的汽车修理人员都会有更多的顾客的原因。顾客愿意为这种"安心感"而额外付费。

④关注员工培训。投资于员工培训,可以提高服务品质,而这一竞争优势很难复制和模仿。主要有以下3个方面。

a.员工形象差异化。通过内部标准化、外部差异化树立一种独特的视觉差异形象。

b.人员服务差异化。本企业服务人员在专业技术、知识水平、服务态度方面的优异会被顾客感知为企业整体服务水平高超。

c.员工培训的差异化。卓越的人事开发、人员培训计划是企业质量持续提高的保证,也是难以超越的竞争优势。

⑤高质量策略。高质量对服务企业而言可以体现在自动化程度、员工专业素质和文化层次、程序的清晰度、服务范围的专一性、同事合作的熟练程度等方面。高质量策略可以通过控制顾客感受,使顾客满意于获悉的感知质量来实现。比如在设施一般的场所提供专业周到的服务远比单纯提高质量要节省大量的投入。

小资料

一次成像的宝丽来相机刚进入中国市场时,曾与某营销策划公司探讨宝丽来的市场机会何在。相对普通相机而言,宝丽来有着很多的产品独特性:快捷、简便、私密性及不可伪造性。但是宝丽来真正能够战胜普通相机的特性到底是什么?就快捷或简便而言,现在普通相机已发展出高度智能的全傻瓜型,冲洗胶卷的时间最快已达到20分钟每件。就私密性而言,普通相机的胶卷往往要送到专业店冲洗,对于一些不便公开的照片确实是个障碍。而宝丽来一次成像的特征正好避免了此类尴尬,可以忠实地为主人保守秘密。然而,摄像机也具备这种功能。所以,宝丽来最终还是选择了不可伪造的特性,瞄准了证件照市场。事实证明,宝丽来的定位是正确的,因为只有不可伪造性,才是其他照相器材无法比拟的。

3）集中化战略

集中化战略认为满足客户的特定需求,可以更好地服务目标市场。目标市场可以是一个特定的购买群体,也可以是某一特定的市场区域,或者是某一特定区域的市场。集中化战略建立在以下的假设之上:服务于一个较窄目标市场的企业,比致力于服务较宽市场的企业更有效率。在较窄的目标市场上,企业可以更加满足客户需求和提供更低的价格,以达到差异化的目的。

集中化战略实际上是成本领先战略相差异化战略在某一个市场区域中的具体表现。

4）三种战略之间的关系

前面介绍了三种一般性竞争战略,并且假定一家企业只采用一种战略。但在实际运用中,许多企业同时采用三种战略。需要注意的是,无论是出于竞争的需要,还是为了迅速增长,多种战略同时并用容易导致市场不集中或失控。采用多种服务或多种市场区域的典型例子是旅店。旅店同时为许多客户提供服务,这些客户也包括:经常性客人、旅行团客人、会议型客人、大型酒会客人、只吃饭的客人和只在酒吧消费的客人。所有的客人都要用旅店的设施进行消费,他们可能地理区域相间,但往来的频度和寻求的利益不相同,需要服务的复杂程度和市场组合也不相同。对旅店而言,对不同客户的服务也变得复杂起来。价格也很复杂,要想对所有的客户有吸引力而同时又不损害旅店的整体形象是很困难的。同时,保证服务品质也很困难,每一类客户有不同的要求和期望,而旅店提供服务的可变性非常有限。尽管经常性客人与会议或团体客人的要求不一样,但他们得到的服务可能是一样的。

基于以上考虑,有的公司决定缩小服务范围,只提供特定服务,以适应不同的市场区域。麦当劳就采用了这种方法,它提供标准化的服务,简化了对客户的区分,事实上,在麦当劳也无法划分出不同的空间供不同的客户享用。

4.1.3 服务产品市场生命周期与战略

每种产品都有自己从无到有、自盛而衰的演进过程。营销学家形象地称其为产品生命周期。产品生命周期是指产品从进入市场到退出市场所经历的市场生命循环过程。产品只有经过研究开发、试销,然后进入市场,它的市场生命周期才算开始。产品退出市场,标志着其生命周期的结束。在现代市场经济条件下,企业不能只埋头生产和销售现有产品,而必须随着产品生命周期的发展变化,灵活调整市场产品战略,并且重视新产品开发,及时用新产品代替衰退的老产品。

由于新服务在诞生之后的各阶段会遇到不同的机遇和挑战,所以在各阶段服务的成长速度和生产规模也不相同。典型的服务生命周期曲线呈现 S 形,所以又称为 S 形周期曲线。典型的服务产品生命周期一般可分为 4 个阶段,即介绍期(或引入期)、成长期、成熟期和衰退期(图 4.1)。

从这一模式中得到的主要结论是:第一,管理者必须开发新产品以弥补"缺口"并维持营业额和利润的增长;第二,生命周期的每一阶段,对产品战略和利润潜量而言,都可说是提供了显著的机会和值得研究的问题。

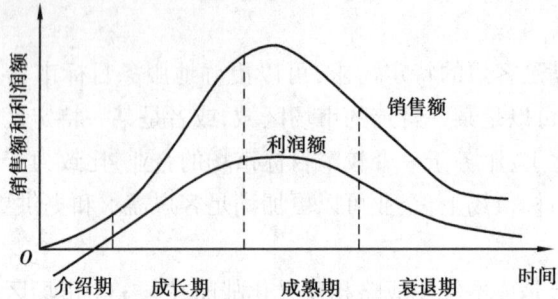

图 4.1 典型服务产品生命周期的 4 个阶段

1)介绍期

(1)服务产品介绍期

服务产品生命周期始于新服务的上市。介绍期的长短取决于使消费者认识新服务并消除主观上的购买风险的时间。与其他阶段相比,介绍期销售量小,上升也很慢,但为了市场推广,企业不得不承担高昂的推销成本,所以收益率极低,甚至处于盈亏平衡点以下。进入介绍期产品的市场特点是:顾客少,促销费用高,服务成本高,销售利润常常很低甚至为负值。在这一阶段,支付费用的目的是要建立完善的分销渠道。促销活动的主要目的是介绍产品,吸引消费者试用。

(2)服务产品介绍期战略

最经济的服务推广战略是筛选一些最可能对新服务产生兴趣的潜在顾客,直接与他们沟通,优先向他们推销(如通过以往的顾客资料等)。通过他们的积极反应和良好的口碑去引起市场关注。

最常见的介绍期产品战略是采用中低价结合大力度促销的快速渗透战略。面对不熟悉的服务,低价是降低感受上的购买风险的最好方法。这种战略在市场广阔、价格敏感、潜在竞争者众多的市场环境中尤为适用。

在产品的介绍期,一般可由价格、促销、地点等因素组合成各种不同的市场竞争战略。若仅考察促销和价格两个因素,则至少有以下 4 种战略。

第一,快速撇脂战略。这种战略采用高价格、高促销费用,以求迅速取得较高的市场占有率。采取这种战略必须有一定的市场环境,如大多数潜在消费者还不了解这种服务;已经了解这种新服务的人急于需要,并且愿意按价购买;企业面临潜在竞争者的威胁。在这些情况下,应该迅速使消费者建立对自己产品的偏好。

第二,缓慢撇脂战略。以高价格、低促销费用的形式进行经营,以求得到更多的利润。这种战略可以在市场比较小,市场上大多数的消费者已熟悉该新服务,购买者愿意出高价,竞争威胁不大的市场环境下使用。

第三,快速渗透战略。实行低价格、高促销费用的战略,迅速打入市场,取得尽可能高的市场占有率。在市场容量很大,消费者对这种产品不熟悉,但对价格非常敏感,潜在竞争激烈的情况下,企业随着规模的扩大,为降低单位成本,适合采用这种战略。

第四,缓慢渗透战略。以低价格、低促销费用来推出新服务。这种战略适用于市场容量很大,消费者熟悉这种产品但对价格反应敏感,并且存在潜在竞争者的市场环境。

小资料

20世纪80年代初,专治头屑的洗发水"海飞丝"第一次在市场上出现时,我国消费者对头屑的知识还微乎其微,认为头发之所以脏,是因为外来的尘埃落在头发上而绝非头皮自然和非自然的脱落。宝洁用高品质的产品和独到的宣传方式给人们上了一堂"头屑"课,给人带来了一种全新的感觉。

1989年,宝洁公司又向市场推出了"驭柔二合一"洗发水,它告诉人们不仅需要洗发,更需要护发,洗发仅仅是一个步骤,而护发才是目的。其后,宝洁公司又适时地推出加入了维生素 B_5 营养素的"潘婷",使头发向亮丽又迈进了一大步。

1991年,宝洁公司推出了给女士以更多体贴呵护的"护舒宝","更干、更爽、更安心",不仅仅成为一句朗朗上口的广告词,更成为一种为现代青年所追求的时尚。

目前,宝洁公司仅洗发水就有4个品牌、100多种。不管是"海飞丝""护舒宝""玉兰油",每推出一种,都会引起轰动,都取得了成功。

2)成长期

(1)服务产品成长期

如果最初的购买者保持忠诚,新的购买者在促销和口碑的带动下尝试购买,那么服务需求开始膨胀,生产和流通成本会随销售量激增而摊薄,收益率进入快速上升的通道,于是服务进入了成长期。进入成长期以后,老顾客重复购买,并且带来了新的顾客,销售量激增,企业利润迅速增长,在这一阶段利润达到高峰。随着销售量的增大,企业生产规模也逐步扩大,成本逐步降低,新的竞争者会投入竞争。随着竞争的加剧,新的产品特性开始出现,产品市场开始细分,分销渠道增加。企业为维持市场的继续成长,需要保持或稍微增加促销费用,但由于销量增加,平均促销费用有所下降。此时常用的竞争战略是尽可能扩大服务的网点数量,使顾客更容易进入服务;并可通过增加附加服务成分、改善服务质量或全新的促销宣传来创造竞争优势,吸引更多顾客。成长期的战略目标在于扩大市场份额。为此付出的成本会由不断提升的收益率和销售量加以平衡。在成长期末期,该服务商的市场地位会相对稳定下来。

(2)服务产品成长期战略

针对成长期的特点,企业为维持其市场增长率,延长过去最大利润的时间,可以采取以下几种战略。

①改善产品品质。如增加新的功能,改变服务方式等。对已有的服务进行改进,可以提高其竞争能力,满足顾客更广泛的需求,吸引更多的顾客。

②寻找新的子市场。通过市场细分,找到新的尚未满足的子市场,根据其需要组织生产,使其迅速进入这一新的市场。

③改变广告宣传的重点。把广告宣传的重心从介绍产品转到建立产品形象上来,树立产品名牌,维系老顾客,吸引新顾客,使产品形象深入顾客心中。

④在适当的时机,可以采取降价战略,以激发那些对价格比较敏感的消费者产生购买动机和采取购买行动。

3）成熟期

（1）服务产品成熟期

当服务被众多服务商所模仿，促销战、价格战此起彼伏之时，服务开始进入成熟期。此时稳定的市场份额会给企业带来巨大的销售利润，但收益率经历最高点之后开始走下坡路。为维持市场份额，企业不得不降价。至此，服务商中的强者开始把赢取的利润用于新一轮次的服务创新，而弱者开始不得不退出市场。

（2）服务产品成熟期战略

在成熟期，只能采取主动出击的战略，使成熟期延长，或使产品生命周期出现再循环。为此，可以采取以下3种战略。

①调整市场。这种战略不是要调整产品本身，而是要发现产品的新用途或改变推销方式等，以扩大产品销售量。

②调整服务。这种战略是通过产品自身的调整来满足顾客的不同需要，吸引有不同需求的顾客。整体产品概念的任何一层次的调整都可视为产品在调整。

③调整市场营销组合。即通过对产品、定价、渠道、促销4个市场营销组合因素加以综合调整，刺激销售量的回升。例如，在提高产品质量、改变服务方式、增加服务种类的同时，通过特价、早期购买折扣、补贴运费、延期付款等方法来降价让利；扩展分销渠道，广设分销网点，调整广告媒体阻隔，变换广告时间和频率，增加人员推销，搞好公共关系等，从而进行市场渗透，扩大企业及产品的影响，争取更多的顾客。

4）衰退期

（1）服务产品衰退期

在成熟期，产品的销售量从缓慢增加达到顶峰后，会发展为缓慢下降。在一般情况下，如果销售量的下降速度开始加剧，利润水平很低，就可以认为这种产品已进入生命周期的衰退期。进入衰退期，服务销售量开始下降，这来自消费者消费偏好的转移、服务技术的过时以及竞争对手的新服务的推出等。不过销售量的下降是缓慢的，因为：首先，服务商可以节约大量的促销费用以压缩成本，在保证销售处于盈亏平衡点之上的前提下全面降价，以继续获取最后的利润，为推出新服务蓄积能量；其次，处于没落阶段的老服务的成本与其成功推出的新服务的综合成本相比尚有优势，那些不愿意购买风险的保守型顾客仍是老服务的目标市场；同时收益率的下降几乎立竿见影，边际利润很快就会小得可怜，不改变经营思想只能走向消亡。

（2）服务产品衰退期战略

应当对处于衰退期的服务市场有一个全新的认识。一个需求进入衰退期的细分市场并不等于没有市场容量，但这部分市场容量只属于那些具备出奇制胜的产品战略和巧妙控制成本收益的经营战略的服务企业。因此，面对处于衰退期的产品，企业需要进行认真研究分析，决定采取什么战略，在什么时间退出市场。通常有以下几种战略可供选择。

①继续战略。继续沿用过去的战略，仍按照原来的子市场，使用相同的分销渠道、定价及促销方式，直到这种服务完全退出市场为止。

②集中战略。把企业能力和资源集中在最有利的子市场和分销渠道上，从中获得利润。

这样有利于缩短产品退出市场的时间,同时又能为企业创造更多的利润。

③收缩战略。大幅度降低促销水平,尽量降低促销费用,以增加目前的利润。这样可能导致产品在市场上的衰退加剧,但也能从忠于这种产品的顾客中得到利润。

④放弃战略。对于衰退比较迅速的产品,应该当机立断,放弃经营。可以采取完全放弃的形式,如把产品完全转移出去或立即停止生产;也可采取逐步放弃的方式,使其所占用的资源逐步转向其他的产品。

4.2 服务定价

由于服务与实体产品的不同,大多数的服务组织在定价时,无法像产品那样考虑需求的变化、现有替代品的价格或是价格与数量之间的关系,从而采用过于简单的定价方法。是什么造成了服务定价的困难,如何才能为服务制定更加合理的价格呢?

4.2.1 服务定价的特点与挑战

随着服务行业管制的放松或取消以及竞争的激烈化,价格策略在服务竞争中的作用日益突出。对所提供的服务进行定价,通常是件令服务组织感到复杂和困难的事情。

1)服务定价的特点

服务的无形性、同步性、异质性和易逝性,使得服务成本颇为复杂多变,服务组织往往难以精确估计一项服务的成本。服务的定价堪称一项棘手的工作,相对于有形产品的定价,服务的定价有以下特点。

(1)服务定价复杂化

服务成本的复杂多变迫使服务组织采取差异化的服务定价政策,同类服务的价格常常对应于不同时间表现出显著的波动。例如,电信公司会在一天中的不同时段或一周的不同天,制定不同的话费标准。乘坐同一航班并且座位挨在一起的两位乘客,其中一位乘客支付的票价可能高出另一位乘客几倍。在同一羽毛球馆打球,下午的场租要比晚上便宜很多。

电信公司会统计线路上的通话流量,并鉴别出不同的负载水平(发生于一天中的某一时段或一周中的某一天的电话拨打数量),为适应顾客的使用状况和刺激非高峰期的消费,大部分电话运营商都提供一定的白天、傍晚、深夜或周末价格折扣。保龄球馆晚上面临着需求的高峰,而下午有时间打保龄球的顾客通常较少,故制定低廉的票价以增加下午的消费人数。类似做法都反映出服务组织通过灵活利用价格工具,试图最大化其营业收益的努力。

服务的易逝性意味着服务无法提前生产,无法保存以留待稍候销售,更无法退换。这对服务需求的波动起到推波助澜的作用,加之服务产出水平受到时间、劳动力、场地和设施的限制,灵活利用价格调节需求的营销功能显得尤为重要,这使服务价格的波动常常高于有形产品的价格波动。

（2）价格标签的多样化

不同的服务行业采用不同的标签来标注其服务的价格，例如，顾客为大学教育支付学费，为出租车支付车费，为健身俱乐部支付会费，为证券经纪人支付佣金，为游乐场支付门票，为酒店支付房价，为律师支付按小时计算的劳务费，为高速公路支付过路费，为医院支付诊疗费，这些林林总总的价格标签，更增加了顾客的困惑。

（3）定价结构复杂化

服务的无形性使得服务的成本颇为复杂。服务包含了各种有形和无形成分，服务场景和人工都要付出成本，"一个单位服务"的成本难以确定。服务的无形性使得服务组织在所提供的服务形态上具有很大的灵活性，只要对构成服务产品的各种有形和无形成分稍做调整，就可以产生不同的服务组合，这导致复杂烦琐的定价结构。

例如，顾客在购买人寿保险时，寻找不同保险公司的可比报价非常困难，由于险种繁多，特色多样，顾客情况差异颇大（年龄、健康风险、是否抽烟等），几乎没有两家保险公司推出特色和价格完全相同的保险产品。只有非常内行的顾客，才可能具有足够的保险知识，透过五花八门的险种名称找到直接可比的价格。

服务质量的不稳定性也会影响服务的成本。服务价格和服务质量的关系非常复杂，低下的服务质量导致服务组织进行服务补救，服务补救将增加服务的成本。例如，当顾客对餐馆的饭菜和接待质量表示不满时，餐馆不得不打折以补偿顾客。

（4）服务组织不愿意评估价格

导致顾客缺乏对服务形成准确参考价格的另一个原因是：很多服务组织不愿或无法事先对价格进行评估。大多数医疗或法律服务都是在服务结束之后才结算，很少有类似服务组织能够事先做这样的估价：打赢这场官司需要多少钱，彻底治疗这个病的价格是多少。因为只有在服务过程展开和最终结束后，双方才知道究竟需要哪些服务和多长时间。因此，顾客经常在预先不知道服务的最后价格情况下进行交易。

患病住院的患者对将要发生的费用非常忧愁，他们不知道用多长时间才能痊愈出院，也不知道将要做多少检查和化验。对于将要接受哪些治疗？服用或滴注哪些药物？所有这些项目有没有必要？正常和灰色费用（是否要给医生送红包，送多少红包才管用）将是多少？患者一概不清楚。在医院的医风医德普遍受到怀疑的今天，如果医院能够在定价信息、服务预览和患者知情权方面制定更透明的政策，将会减少顾客的感知消费风险，增加顾客感觉中的控制，得到广大患者的认可和正面宣传。

（5）顾客需求的差异性

导致参考价格不准确的另一原因是顾客的不同需求。理发店根据顾客的头发长短、发型以及对头发造型和护理的不同要求，向顾客收取不同的价格。医院根据公费和自费医疗患者的支付能力和支付意愿，制订不同开销水平的医疗方案。即使是酒店住宿这类简单的服务，价格也可能根据顾客对附加服务的不同要求而产生很大区别，公费出差的商务住客能够承受更高的价格以获得各种附加服务和便利。

（6）价格信息难以寻求

与有形产品相比，同类服务的价格信息难以寻求，这也导致顾客缺乏对服务的准确参考价格。大多数商品在零售店按种类陈列,顾客可以很方便地比较不同品牌、不同包装规格的同类商品的价格。作为一种无形的活动,同类服务及其价格无法在一个货架上同时展示。例如,如果一个患者希望比较医院床位、服装干洗或汽车租赁的价格,他们必须光顾各个服务组织,或者一个一个地打电话。

对于一些新颖的、一次性购买的、顾客尚未形成购买习惯的服务,如婚礼顾问、租用艺术家表演、宠物营养师、市场调查等,顾客对价格容易产生过高的估计和恐惧心理,妨碍服务组织拓展业务。服务组织可以通过外部市场传播活动(如广告)标明价格。例如,某个咨询公司在广告中对一项单独的市场调研标价 8 000 元,这种明确的标价对那些不熟悉调研成本的企业客户很有意义,可以减少和克服顾客对这种服务形成过高的猜测和预期。

(7)价格是不可见的

在首次购买某些服务时,如信用卡、住院、电信服务、企业认证、终身保险等,顾客往往在对服务价格中隐藏或含蓄的部分缺乏了解的前提下就购买。

例如调查发现,涉及金融服务的购买选择行为极其有限,购买金融产品的顾客有 50% ~ 60% 是仅谈了一家就购买了的。在紧急情况下,如事故或疾病发生时,顾客必须在根本不知道费用的条件下作出购买决定,而且直到服务结束之后才知道价格。银行顾客要每月收到信用卡的对账单后,住院患者要等接到收费通知单后,才知道服务提供商究竟是如何收费的和他自己究竟需要支付多少钱。

当顾客得到消费经验,了解到服务价格中所有隐藏的项目后,在再次购买时,价格就很可能成为重要的衡量标准。

2)服务定价面临的挑战

顾客决定选择服务时,价格对他们的影响以及重要性如何? 以及我们如何理解顾客对价格及其变化的感受,决定了企业对服务定价的方法和策略。对服务来说,它的定价存在以下 3 个方面的挑战:

(1)参考价格不准确

顾客在选择服务时,心中的参考价格是如何形成的呢? 一般可能有以下几个方面:上一次接受服务时的价格,经常支付的价格,或顾客对所有类似服务支付的平均价格。然而由于上面所述服务定价的特点,即:服务的异质性限制了对服务的了解(服务无形与种类繁杂),服务组织不能或不愿预先评估价格(如医院),各个顾客的需求不同(如旅馆因房间、季节等的不同,价格各异),顾客难以获取有关服务价格的信息(商品可以陈列、展示,而服务不能),价格是不可见的(主要是获取服务付出的成本是不清楚的),使得顾客记忆中对服务的参考价格不如对实体产品的参考价格准确。

(2)非货币成本作用大

顾客在接受服务时与购买实体产品一样,货币价格只是他们所支付的价格的一部分,还包括时间成本、精神成本、搜寻成本等非货币成本。顾客在获取服务时,更加注重非货币成本因素,它们成为顾客是否决定购买以及再购买的评价因素。顾客宁可多花钱,也要减少担心、避免风险、节省时间等。

根据顾客让渡价值的概念,顾客购买和消费服务时,货币价格并不是他们付出的唯一成本,顾客还要考虑时间成本、搜寻成本等非货币成本。

①时间成本。时间成本是指大多数服务要求顾客亲自参与,因此顾客要花费时间。考虑一下参加健身锻炼、看医生、出去听音乐会、看足球比赛、去西餐厅吃饭等情况,顾客在往返路途、等待和接受服务过程中要花费很多时间,这些时间是有成本的。去医院看病、去超市购物结账、去电信局交电话费时,很多顾客需要花费很长的时间等候服务,长时间的等候对于中国消费者来说,是司空见惯的消费经历。

②搜寻成本。搜寻成本是指顾客为确定和选择所要接受的服务,以及估计服务的价格而付出的脑力劳动。服务搜寻成本比花在实物上的搜寻成本更高,主要由于以下两点原因:第一,服务的无形性。服务产品以体验性属性和信誉性同性为主,在消费前缺乏搜查性证据,服务不可感知,难以判断。第二,服务价格不可见。服务的价格极少在服务场所陈列出来供顾客考察,常常是顾客决定接受某项服务之后,才从服务人员那里了解到它的价格。

③便利成本。便利成本是指顾客为前往服务场所接受服务所付出的各种代价,包括时间、精力、体力和金钱上的消耗,这对服务场所的选址和可达性提出了要求。例如,为了在现场观看一场国家足球队的比赛,顾客必须赶到位于市中心的体育场,在往返途中可能堵车,花费很多时间和精力。

④精神成本。对顾客来说最主要的非货币成本是购买和消费一些服务时所付出的精神成本,如担心被瞒骗(保险合同)、担心被拒绝(银行贷款申请)、担心被敷衍(医院看病)等。精神成本还包括忍受噪声、难闻的气味、不良的通风条件、过热或过冷、视觉上不吸引人的环境等。

一些服务组织通过降低服务接触程度,可以减少顾客的时间成本,但同时可能会增加顾客的精神成本。例如,银行采用自动柜员机使顾客不必排队存钱取钱,但是不熟悉这项业务的顾客,尤其是一些上了年纪的顾客,对不经过人手就存取款感到怀疑和忧虑,他们担心自己的卡被吞掉,担心自己的存取款交易没有得到准确的记录,他们宁愿排队在柜台存钱也不愿意直接使用 ATM 机。

(3)价格作为服务质量的指标

一般情况下,价格成为顾客评价服务质量的最好的指标。一是因为服务质量难以预先评估,或说是缺乏评估的相关信息;二是因为服务的购买或消费含有大量的风险(如医疗)。

因为顾客依赖价格作为质量的线索,那么,服务价格制定就要特别小心,定价时应该做到:价格除了弥补成本及与竞争者抗衡外,还要传递适当的质量信息。若定价过低,会导致顾客对服务质量做较低的推断(有些顾客不加入);若定价过高,则会形成服务过程中难以达到的预期(顾客不满意,不再来)。

4.2.2 顾客对服务价值的感知

为服务定价的恰当方式之一是基于顾客对服务的感受价值,即在顾客感知服务价值的基础上对服务定价。对顾客来说,价值到底意味着什么? 应该弄明白这样几个问题:①顾客如何看待价值的含义? ②如何将价值以货币单位来定量,以便为服务确立恰当的价格? ③价值的含义在不同的顾客之间或不同服务之间是类似的吗? ④顾客的价值感受如何被影响?

1）顾客定义价值的方式

不同的顾客对价值的理解也不相同,一般来说,顾客以下列的方式来定义价值。

①价值就是低廉的价格——更注重货币价值。

②价值就是所需要的东西——更注重从中获得利益。

③价值就是根据付出所获得的质量——更注重付出的金钱与服务质量的对等。

④价值就是全部付出能得到的全部东西——更注重公平。

由此可知,顾客的感受价值是基于其得到的和付出的,而对服务作出评价。但是因顾客而异,有的对于付出,关心金钱、或时间、或努力,等等;有的对于获得,关心数量、或质量、或便利,等等。

2）服务定价中顾客感知价值的体现

将顾客对价值的感受转换成对某项特定服务的恰当的价格,必须回答如下问题。

①这项服务提供什么利益?

②每项利益对其他利益的重要性是什么?

③获得某种利益对顾客有何价值?

④顾客在什么情况下会购买服务?

顾客对服务总价值的感知,促使其愿意为某项服务做出支付。回答了上述问题,就可以将顾客对价值的感知转化为适当的价格。

4.2.3　服务定价策略

根据顾客定义服务价值的不同的方式,来选择不同的定价策略。

1）针对"价值就是低价格"的策略

当货币价格对顾客是最重要的价值决定因素时,服务组织重点应集中在价格上,但这并不意味着质量水平和突出的特质总是不相关的。此类顾客对价格敏感,货币价格是顾客最重要的选择服务的决定因素。可采用的定价策略有以下几种。

①折扣——给予顾客一定的价格优惠。

②尾数定价——带个零头。

③同步定价——根据需求波动,调整价格(根据时间、地点、数量等)。

④渗透定价——新的服务以较低价格导入(顾客对价格敏感,市场竞争潜力大)。

服务组织在以这种顾客的价值定义去制定服务价格时,必须清楚顾客在此范畴对目标服务价格了解的程度,他们如何解释不同的价格,以及价格为多少时顾客会感到有损失。

2）针对"价值就是所需要的东西"的定价策略

该类顾客更注重从服务中获得利益,不特别关心货币价格。特定的服务具有的更为吸引人的内在特质越多,服务就会被看作是具有更高的价值。

①声望定价——提供高质量或高档次的服务,索要高价格(如健身俱乐部)。

②撇脂定价——以高价和高促销推出新的服务。

3）针对"价值就是根据付出所获得的质量"的策略

此类顾客更注重付出的金钱与服务质量的对等,定价时应注重质量与价格水平相匹配。

①超值定价——顾客"付出少获得多",即给予顾客超额价值。

②细分定价——按顾客对价值的感知不同,分别定价(当然,不同的服务也有所差别)。

4)针对"价值就是全部付出能得到的全部东西"的策略

此类顾客注重公平,可采用的定价策略有以下几种。

①价格结构——将几种服务组合在一起定价(如套票)。

②价格束——一种基本的服务和与之有关的辅助服务或支持产品一起定价。

③俘获定价——提供的服务由基本服务与后续外围服务组成,可将基本的服务定价低些,外围服务定价高些。

④双部定价——将价格定为固定部分与可变部分(如电话)。

⑤结果导向定价——或有定价(如律师,在诉讼结果出来之前不收费,结果出来之后才获得报酬)、返款保证(无效退款)、佣金(按绩效获得报酬)等。

4.3 顾客的服务期望与感知

满足顾客的期望是服务传递的目的,期望是评估服务绩效的标准和参考点。因为当顾客评估服务质量时,要把他们对服务绩效的感知与这些参考相比较。在传递高质量服务时,知道顾客的期望是首要的也可能是最关键的一步。研究和理解顾客期望方面包括:顾客对于服务持有怎样的期望标准、哪些因素对这些期望的形成影响最大、这些因素在改变期望中起什么作用、如何达到或超过顾客的期望。

4.3.1 顾客期望的含义和类型

尽管大多数人都对服务期望的含义有一个直观的理解,但是作为服务组织必须对服务期望进行全面和清晰的定义,以便更好地理解、评估和管理好服务期望。

1)顾客期望的等级

顾客的期望是经常变动的,管理者清楚地认识顾客期望对提供满意服务是非常有意义的。米勒(Miller,1977)认为存在四种顾客的期望水平:理想期望、预知期望、应当期望、最低期望。多数衡量顾客对服务的期望和感知模型都只注重收集有关顾客最理想的期望的数据,忽视了那些较低水平仍是可以接受的期望。

Rust,Zahorik 和 Keiningkam(1994)宣称,客户的满意和欣喜受到客户期望值的强烈影响,而在使用术语"期望值"时行为研究学者并不像数学家那样精确,这就是"平均可能发生的事"。他们发现了一个令人困惑的"期望值"排列,它反映了什么情况下可能、能、会、应该或最好不要发生,如图 4.2 所示。

他们将"会的期望值"定义为最接近于数学家的定义,即"基于所有已知信息可预测的质量的平均水平"。它代表了客户经常想要的和研究者应用的大多数期望值水平。当某人说"服务超过了我的期望值",他们通常指那项服务比他们预期的还要好。

"应该的期望值"指客户感到他或她应该从交易中得到的东西。"理想的期望值"指在

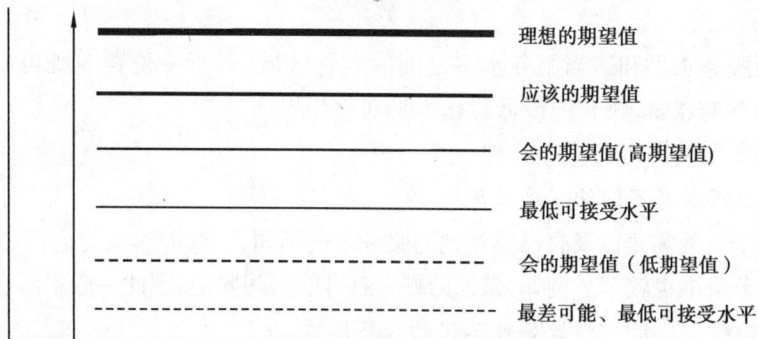

图 4.2　期望值的等级

最好的环境里应该发生的和就像一个极好的气压表一样是有用的。"最低可接受水平"(起码要达到的满意度的基线)就像"最差可能"(可以想象的最坏的结果),指的是等级的另一个限度。

为了使管理简化,尽管顾客期望的服务是多层次的、有一定柔性的,但它们基本介于两个标准之间的一个范围内,这一范围的上下限,分别是理想服务与适当服务。

(1)理想服务

顾客想得到的服务水平,代表了希望的绩效水平。理想服务是顾客认为"可能是"与"应该是"的混合物。

(2)适当服务

顾客可接受的服务水平,代表了最低的可接受的绩效水平。

图 4.3 描述了在这两个服务标准的基础上,顾客评价服务绩效的想法:他们的理想和他们认为可接受的服务。

服务期望水平的差异是相同行业的两个服务组织提供差别很大的服务,却还都能使顾客满意的原因。顾客在同种类服务中有相似的理想期望,但是,顾客对适当服务的期望水平有可能在同一类服务中因公司不同而不同。

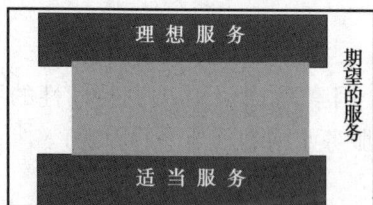

图 4.3　顾客的两个期望水平

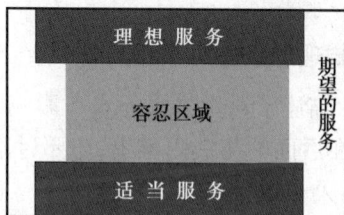

图 4.4　顾客的容忍区域

2)容忍区域

顾客对服务质量的期望又与顾客容忍区域紧密相关。由于服务具有异质性,不同的服务组织,或是同一服务组织的不同的服务人员,甚至是相同的服务人员在不同的时间段,服务绩效也会不同。顾客承认并愿意接受该差异的范围叫作容忍区域,如图 4.4 所示。顾客容忍区域是指一种对服务的接受跨度,介于理想服务和适当服务之间,在容忍区域内,顾客一般不会注意服务绩效。超过理想服务,顾客会非常高兴;低于适当服务,顾客会非常不满意或气愤。

代表理想服务水平和适当服务水平之间的容忍区域,对于一位顾客既可以扩大也可以缩小。由于服务的竞争,顾客的最低容忍水平在逐步提高。

影响容忍区域的因素有以下几种:

(1)不同的顾客有不同的容忍区域

由于顾客个人的需要以及自己感觉到的服务角色不同,一些顾客的容忍区域较窄,使得服务商提供的服务范围也较窄。例如,繁忙的顾客有可能时间紧迫,因此一般不愿意排队等待。

(2)不同的服务维度与特性导致不同的容忍区域

因素越重要,容忍区域就越窄。与不甚重要的因素相比,顾客有可能更不放松对重要因素的期望,使最重要的服务维度的容忍区域缩小,理想服务和适当服务的水平提高。

(3)初次服务与服务补救使容忍区域不同

初次接受服务的容忍区域宽,补救时容忍区域窄。

(4)明确的服务承诺导致容忍区域不同

明确的服务承诺可以降低顾客的风险,但同时使服务的容忍区域变窄。

单个顾客容忍区域的变化更多是因为适当服务水平的改变,这种变化出于环境的影响而上下波动。而理想服务水平受积累经验的影响逐渐向上移动。与适当服务相比,理想服务相对而言比较个人化和稳定,它上下移动并对竞争和其他因素作出回应。容忍区域的波动大部分来自于适当服务水平的变动,而不是理想服务水平的变动。

4.3.2 影响顾客服务期望的因素

由于顾客评价服务时,期望起着关键作用,因此服务组织需要理解形成期望的因素。许多影响顾客期望的因素是不可控的,包括顾客从其他公司及其广告中得到的经验,以及顾客在服务传递时的心理状态。严格来说,顾客的期望随其教育程度、价值观、经历的不同而不同。对于每个人宣称的"个性服务"的相同广告,等于告诉了大家:广告商的承诺高于它可能传递的服务水平。

1)影响理想服务期望的因素

图 4.5 描述了对理想服务水平影响最大的两个因素是:个人需要和持续性的服务强化因素(注:在后面的相关内容里,还要讨论影响理想服务水平的其他一些因素)。

(1)个人需要

那些对顾客的生理和心理健康十分重要的状态或条件,是形成理想服务水平的关键因素。个人需要可分为许多种,包括生理的、社会的、心理的和功能的。例如,一个又饿又渴的人,会希望贩卖食品和饮料者出现在面前;一个经常去饭店吃饭的人,不会对路边贩卖者有理想的服务水平要求;有社交需求的顾客,对饭店的辅助设施有相对较高的期望。

(2)持续性的服务强化因素

一些顾客对服务的要求比其他人更多、更高,这主要受两方面的影响:派生服务期望和个人服务理念,它们是持续性服务强化的来源。派生服务期望是最重要的因素之一,在顾客的期望受另一群人的驱动时,该因素就产生了;个人服务理念是顾客对于服务的意义和服务

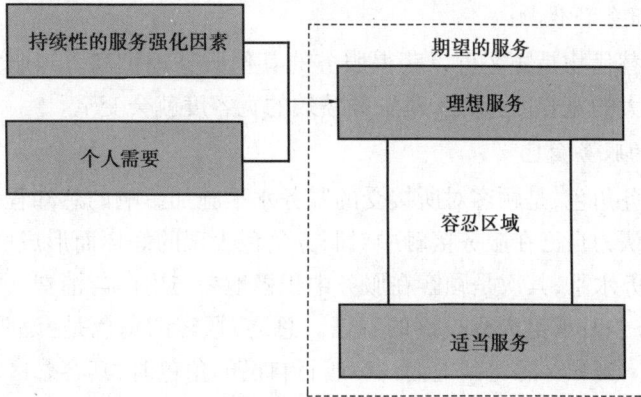

图 4.5　影响理想服务的因素

提供者正确行为的根本态度。持续性服务强化因素是独立的、相对稳定的因素,该因素提高了顾客对服务的敏感性。一般来说,在服务业工作或以前在服务业工作过的顾客,似乎有特别强烈的服务理念。如果顾客有一定程度的关于服务提供的个人理念,那么他们对服务组织的期望将被加强,个人服务理念和派生服务期望提高了理想服务的水平。

2）影响适当服务期望的因素

顾客可接受的服务水平,即适当服务水平,受一系列不同的决定性因素影响。一般来说,这些影响在本质上都是短期的,并且比那些影响理想服务的稳定因素波动大一些。图4.6列出了影响适当服务的因素:暂时服务强化因素;可感知的服务替代物;顾客自我感知的服务角色;环境因素;对服务的预测。

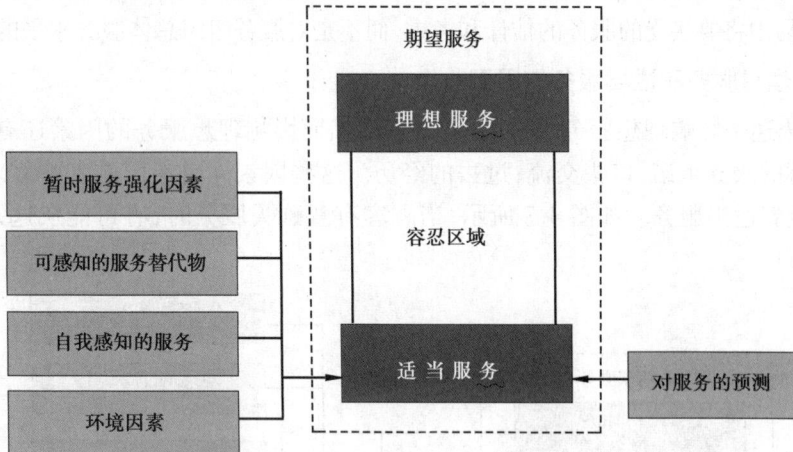

图 4.6　影响适当服务的因素

（1）暂时服务强化因素

暂时服务强化因素通常是短期的、个人的因素,这些因素使顾客更加意识到对服务的需要。迫切需要服务的个人紧急情况会提高适当服务期望的水平,尤其在认为所需要的是可以接受的反应水平时。例如,面对"SARS",有人认识到医疗保险的重要。此时,就降低了对保险服务的适当服务水平。

（2）可感知的服务替代物

可感知的服务替代物是顾客可以获得服务的其他服务提供商。当服务替代物较少时，对服务的绩效有较大的宽容度，反之，对服务绩效的宽容度就会变窄。

（3）自我感知的服务角色

自我感知的服务角色，是顾客对所接受的服务水平施加影响的感知程度，即顾客的期望是部分地通过他们认为自己在服务接触中对服务角色表现的好坏而形成的。顾客的任务首先是说明期望的服务水平，其次是顾客在服务中积极地参与生产与消费，顾客确定其角色的最后方式是，当服务差时承担进行投诉的责任。总之，顾客的角色是：说明需要——参与其中——对问题投诉。当顾客感觉到他们没有履行自己的角色时，其容忍区域会扩大。反之，当顾客认识到自己在服务传递过程中的作用时，会提高自己对适当服务的期望。

（4）环境因素

适当服务的水平也受环境因素的影响，环境因素即顾客认为在服务交付时不由服务组织所控制的条件。一般来说，环境因素暂时降低了适当服务的水平，扩大了容忍区域。因为，顾客会认为产生服务问题是由公司不可控的环境因素所致，会容易接受既定环境下较低的服务水平。

（5）对服务的预测

影响适当服务的最后一个因素是预测服务，即顾客相信他们有可能得到的服务水平。这种服务期望，可以看作是顾客对即将进行的交易或交换中可能发生事件的预测。预测服务绩效表明了对服务活动可能性的一些客观考虑或对预期的服务绩效水平的客观估计。如果顾客预测服务好，他们对适当服务水平的期望就有可能比其预测服务差时高。预测服务是顾客对一次单独交易中将要接受的服务的估计和考虑，而不是对服务组织总体服务水平的估计。

3）影响理想服务和适当服务的因素

图 4.7 描述了影响理想服务水平的两个因素，然而影响理想服务的因素还有：明确的服务承诺；含蓄的服务承诺；口头交流；过去的经历。这些因素同时还影响着顾客对服务的预测，进而影响着适当服务。如图 4.7 所示，当顾客有意购买服务时，有可能从这几个不同的来源搜集信息。

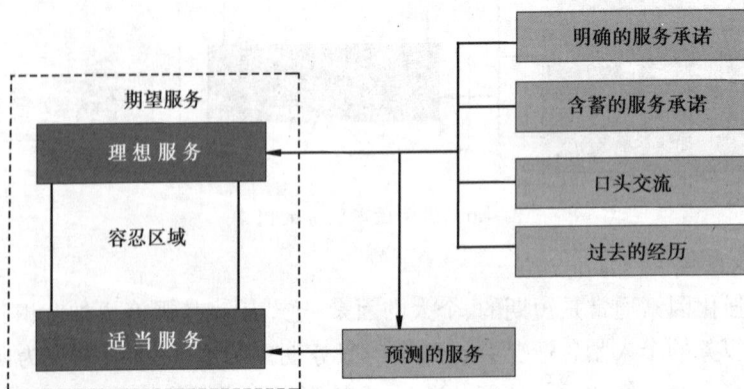

图 4.7　影响理想服务和适当服务的因素

（1）明确的服务承诺

明确的服务承诺是组织传递给顾客的关于服务的个人和非个人说明。比如，广告、宣传册等是非个人的，员工承诺是个人的。对顾客作出承诺时，应准确地描绘出最终能够实现的服务内容。过高的承诺会使顾客对理想服务水平及预测服务水平都较高。

（2）含蓄的服务承诺

含蓄的服务承诺即与服务有关的暗示，可以使顾客推断出服务会是什么和将是什么，比如高价格暗示着高服务水平，顾客的期望也会越高。

（3）口头交流

口头交流即专家、朋友等对服务的评价，由于这些不是由服务组织发表的，被认为是没有偏见的、透明的。它们会传递服务将会是什么的信息，并影响预测服务和理想服务。

（4）过去的经历

过去的经历即顾客以往的服务体验。如果原来体验好，对服务的预期就高。例如，顾客曾经住宿某旅馆并得到了良好的服务体验，那么，当他再次入住时，就会对其产生较高的期望，并且，当他入住其他旅馆时也会受到上述体验的影响。

4.3.3　顾客服务期望模型

综合以上所述内容，构成了顾客期望的完整模型和影响因素，如图4.8所示。

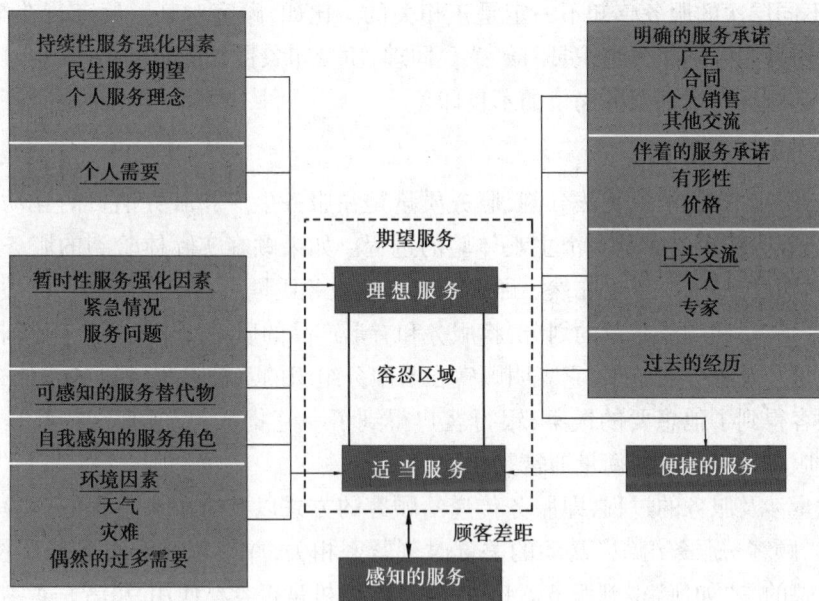

图 4.8　顾客服务期望的模型与决策因素

在模型中间是期望的详细描述，表示了两个水平——理想服务水平和适当服务水平，以及容忍区域。模型的两边是每一类型期望的影响因素。

通过这一模型，管理者需要知道一个顾客群、顾客细分群或者是一位特定顾客的有关期望来源及其相对重要性。

4.3.4 顾客的服务感知

顾客是如何感知服务的,如何评定自己是否经历了优质的服务以及是否满意。感知总是被认为与期望有关。因为期望是动态的,评价可能总是在变化之中。什么是优良的服务?什么事情让顾客感到满意? 答案可能会随着时间的变化而不同:

顾客对服务的感知包括:感知服务质量、顾客满意感和感知价值三个互相联系的内容。服务业竞争的焦点就是服务质量的竞争、顾客满意感的竞争和感知价值的竞争。

1)顾客感知的含义

顾客是如何感知服务的,即如何评定自己是否经历了优质的服务以及顾客是否根据服务质量及其体验到的总体满意程度来感知服务。顾客对服务的感知包括四个层次:

①对单次服务接触的感知;
②对多次服务经历的感知;
③对某一家服务组织的感知;
④对某业务行业的感知。

不同层次的服务感知之间是相互影响的。比如,顾客某次去肯德基餐厅用餐时,对该次服务接触质量的感知,会影响其对该店整体服务质量的感知;顾客对肯德基服务质量的感知,会引起他对整个西式快餐业的感知。

当然,不同层次的服务感知不一定是正相关的。比如,顾客对某一服务行业缺乏好感,并不妨碍他对其中个别服务组织具有好感。同理,质量印象良好的服务组织,也难免因为工作失误而引起顾客对个别服务岗位的不良印象。

2)顾客感知服务质量

出于服务的生产和消费无法分割,服务质量是在服务生产和服务消费的互动过程中形成的。因此,服务或多或少是一个主观体验的过程。如果顾客实际体验到的服务绩效高于服务期望,感知质量就好,反之亦然。顾客体验到的服务质量由技术质量和功能质量两个部分组成。技术质量和功能质量的划分,将服务和有形产品的质量从本质上区别开来。

技术质量涉及服务的结果,它表明顾客在与服务组织的互动过程中得到了什么。比如,饭店中的顾客得到了他想要的饭菜,银行客户得到了一笔贷款等,所有这些都是服务的结果。顾客对服务结果质量的衡量通常是比较客观的。

功能质量涉及服务的过程,即服务传递给顾客的方式以及对服务过程的体验。服务的功能质量与"顾客—服务组织"互动的关键时刻紧密相关,并影响顾客对服务质量的感知。功能质量反映的是"如何"得到服务。比如,自动取款机是否容易使用,患者是否需要排长队等待看病等,都属于服务的功能质量。功能质量一般难以用客观标准来衡量,顾客通常会采用主观的方式来感知功能质量。

另外,企业形象也影响顾客感知服务质量的形成。在服务业中,服务组织无法躲到品牌或分销商背后,由于顾客参与服务生产过程并与服务组织产生互动关系,在多数情况下,顾客都能看到服务组织、服务资源以及服务运营方式。

企业形象(并非品牌形象)非常重要,我们可以将企业形象视为顾客对服务质量感知的过滤器。如果在顾客心目中企业形象糟糕,服务的失误对顾客感知服务质量的影响就会很大。如果企业形象良好,那么即使服务当中出现了一些小的失误,顾客也会予以原谅,但若失误频频发生,那么服务组织的良好形象就会受到损害。

3)影响顾客感知的因素

顾客服务感知就是顾客将所接受的服务同优质服务的一种对比。这种感知不是在服务结束后的最后一瞬间产生的,它不仅发生在服务提供阶段,也发生在顾客接受完服务后的阶段。顾客对服务的感知是通过自己的全部经验获得的,其中包括企业无法影响的因素、企业可以影响的因素和企业必须管理的因素。认清这些方面有利于企业对顾客期望和感知的管理,是服务质量管理的前提。

(1)企业无法影响的因素

①经历前的事件。经历前的事件包括顾客对服务的期望、感知和理解。这些受顾客的个人经历和需要等因素的影响。一个有服务管理或相关经验的人,对服务的期望会更高。

②顾客情感。积极或消极的感情或心情,会直接影响顾客对服务过程的体验和感知,并对服务的满意感造成正面或负面的影响。如在旅游中,顾客由于心情不好,就会对美景视而不见,并容易对服务质量的任何小小问题都反应过度或感到失望。

③顾客对服务的看重程度。对服务重视程度高的顾客会对服务的预期相应较高,对服务的容忍区间相对较窄。一个重视服务的人,对服务人员的每个服务细节都会给予关注,有时会明确提出自己的意见。

④同伴的影响。对平等或公正的感知。顾客满意感还受到对平等或公正的感知的影响。例如,顾客会自问:与其他顾客相比,我是不是被平等对待了?我为此项服务花费的金钱合理吗?等等。公正感是顾客满意的核心成分,不公正的待遇是顾客投诉和顾客流失的重要原因。

⑤经历后的事件。顾客对服务的评价对服务企业的市场形象有很大的影响,而这种评价可能会受到其他顾客和其他相关组织服务的影响。比如,游客常常会把经历过的不同的旅行社服务进行比较。

⑥环境因素。环境因素指顾客认为在服务消费过程中不由服务提供商控制的外部条件。如果一位旅客在搭乘飞机时遇到了暴风雪天气,此时,旅客通常能够理解航班的延误和长时间的等待,对航空公司的不满意程度会大大减轻。

(2)企业可以影响的因素

①顾客的需要。顾客的需求水平,直接影响到顾客对服务的满意度评价。对服务需求低的顾客往往会获得较高的服务满意度。

②对服务属性的评价。顾客对服务属性的评价会直接影响其对服务的满意感。如一家度假旅馆的重要服务属性包括餐厅、房间的舒适度、服务人员的礼貌、价格等。顾客对上述服务属性的评价会影响到顾客对该度假旅馆的满意感。

③对原因的评价。加强与顾客的市场沟通,找出服务成功或失败的原因。当顾客被服务结果(服务比预期的要好太多或差太多)所震惊时,他们总是试图寻找原因,对原因的界定能够影响其满意感。例如,参加健美班的顾客在寻找健美效果不好的原因时,究竟是健美计

划不合理还是自己没有严格地执行计划？对原因的评定会影响顾客的满意程度。

④顾客感知到的风险。顾客对服务的预期风险对顾客满意度有很大影响，连锁经营的品牌往往有助于消除顾客的这种潜在风险。

（3）企业必须管理的因素

①市场份额。更大的市场份额意味着更低的顾客满意。因为市场份额的扩大，使得所提供的服务难以体现差别化与个性化。例如，在银行服务业中，招商银行只有很小的市场份额，但在信用卡客户群中地位稳固，在顾客满意度排行榜上位居前列。而四大国有商业银行在市场中的份额占据主导地位，但是顾客满意度较低。

②供给要素。服务的技术质量和功能质量、服务的环境、服务人员的技能和态度等，这些都会直接影响顾客的满意度。

③服务提供过程。服务过程越复杂，公司同顾客的接触越多，出错的可能性就会越大。酒店和航空公司是高接触频率的服务行业，发生服务失误和顾客不满意的概率也就更大。

④适当的唤起水平。企业对顾客所做的培训和引导，有助于顾客更好地认知企业服务，形成更好的服务接触，提高顾客的满意度。如，旅行社出团前对游客所做的关于目的地的风俗习惯和游客须知等方面的介绍，会帮助游客更好地完成行程。

⑤成本与价格。服务定价的高低，会通过顾客的期望对顾客满意感产生影响。服务定价的提高，会引起服务期望的提高，特别是服务容忍区域的变窄，从而对服务质量更加挑剔，使顾客满意的难度提高。

⑥形象价值。尽管不同行业的顾客满意存在诸多差异，但是也存在这样一个事实：某一行业的顾客期望值受到其他行业所设定的服务标准的影响，顾客会根据其他类似服务行业的标准来评估某一家服务组织所提供的服务质量。例如，同在表现卓著的联邦快递公司做业务的人，会把他们从联邦快递获得的服务体验作为参照标准，并用它来衡量快递业务或其他服务组织的服务表现。

4.3.5 顾客感知战略

服务组织可以针对服务的内容以及影响顾客感知的因素，设计增强顾客感知的战略。主要包括：市场研究、服务接触管理、服务证据管理、企业形象和定价策略等。

1）市场研究

服务组织应该通过市场研究，持续评估和监测顾客满意感和服务质量，寻找顾客感知的具体影响因素，并将其作为员工培训、薪酬制度、组织结构、财务管理等其他战略的依据。

2）服务接触管理

服务接触的每一个片段（接触点）对顾客感知都是关键的，尤其在旅游、医疗等接触点很多的服务业，只要有一个接触点产生负效应，就可能破坏顾客对服务的整体感知，甚至造成顾客流失。因此，服务组织必须管理好服务接触的每一个环节，追求"零失误"或100%顾客满意。

为了达到这个目的，首先，应清晰地确定和记录服务组织和顾客在服务过程中的所有接触点。其次，要了解顾客对每一个接触点的服务期望。再次，要根据顾客期望，设计相应的服务接触技巧。最后，要根据服务质量维度（可靠性、响应性、保证性、移情性和有形性），对每一个接触点的接触技巧进行管理。

对顾客满意或不满意影响极大的服务接触技巧有以下几种:

(1)补救技巧

补救技巧指员工对服务传递系统的失误(如航班延误、邮递公司发错货或会计报表错误),以何种方式反映。服务补救的要素包括:诚恳地道歉和迅速对顾客作出相应的补偿等。

(2)适应技巧

适应技巧指员工在与顾客接触中,对于顾客个性化、差别化的需要,是否重视和如何适应。

(3)自发性

自发性指服务人员积极地、创造性地、自发地提供某些"额外服务"——顾客存在对这类服务的潜在需要,却并未意识到或不好意思提出。这种自发行为让顾客感到服务者对自己的尊重和关怀,产生惊喜和愉悦的感觉。

(4)接触问题顾客

问题顾客指不愿与服务组织合作、不愿使其行为与其他顾客和公共规范保持一致的顾客;服务人员一要提高警惕,意识到顾客不是个个都愿意合作的;二要加强培训,事先掌握遇到问题顾客时的应对原则和方法;三要尽量冷静,不要被问题顾客的情绪所影响;四要通过赞许那些合作良好的顾客行为,来抑制潜在问题顾客的行为。

3)服务证据管理

服务组织可以利用服务的证据(参与者、有形展示和服务过程)来影响顾客感知。服务场所选址、店堂的空气、温度、灯光、音乐、指示牌、服务人员仪态、顾客举止言谈等,都是影响顾客服务感知的证据。对服务证据管理,要与服务接触点的管理整合起来。

4)企业形象和价格策略

服务组织的形象影响顾客的服务感知。形象指服务组织的理念和行为在顾客心目中留下的印象或记忆。服务组织为树立形象,可以进行广告、人员推销、公关活动和宣传报道,但是要追求真实,避免作出过度的承诺。

此外,服务组织的形象更多是通过顾客对服务消费过程中每个关键时刻的体验点点滴滴积累起来的。因此,服务组织要加强对服务环境、服务接触细节、服务人员技能和态度、服务流程这些服务体验要素的管理。

服务的价格也影响顾客感知,并且向顾客暗示着服务的质量。

4.4　服务价值

服务组织如果能够为利益共享者创造价值,那么它就能生存并蓬勃地发展下去。若该服务组织提供的价值能等同于或更胜于对手,它将成为一家有竞争力的服务组织。企业的成功不是偶然的,而是由企业的员工和管理者常年不懈地致力于顾客满意才得来的,企业生存与发展的保证就是能够持续提供价值。

4.4.1　价值的定义

经济价值的概念已经被哲学家和经济学家研究讨论了 2 000 多年,学者们给价值作了不同的定义,为了叙述方便,我们引用的定义如下:所谓价值是指商品或服务的一种用于满足消费者的需求或使消费者受益的能力。根据这一定义,商品和服务只有在满足消费者需求或使消费者(包括个人及机构)受益时才有价值。价值是主观的,它的存在取决于消费者的感知以及消费者的特殊需求,它要么存在,要么不存在。如果一样东西对某个消费者来说没有价值,那么,进行改进以后(如提高质量或降低价格)依然不会有价值。比如牛排对饥饿的人来说是有价值的,但对于素食者而言它是毫无价值的,无论它是多么可口,多么合算,甚至是免单。

4.4.2　服务价值模型

对于产品价值来说,常常可以用产品本身所具有的功能以及顾客得到的该产品所付出的价格来衡量。但是对于服务来说,由于服务的无形性,顾客花钱所购买的服务的很多功能难以用有形的物质形态来表述,因此要考虑衡量服务价值的其他方法。如图 4.9 所示,美国学者森吉兹·哈克塞弗(Cengiz Haksever)提出由感知质量、内部属性、外部属性、货币付出、非货币付出以及时间六个要素构成的服务价值模型。

图 4.9　服务价值模型

1)感知质量

消费者是质量的最后裁决者,只有消费者感觉到了,质量才可能存在。服务质量就是"内部和外部消费者的满意度"。

2)内部属性

服务的内部属性是向消费者提供的利益,可以分成两部分:核心服务和辅助性服务。核心服务是消费者期望从服务中受益的最基本要求。有些辅助性服务的作用是传递核心服务,没有他们,无法完成核心服务,另外的辅助性服务是为消费者提高服务价值。提供核心服务是为消费者创造价值的第一步,也是关键的一步。但是,只有核心服务不足以提升服务组织的竞争力。

3）外部属性

外部属性顾名思义存在于服务之外，但它与服务息息相关，与服务相关的所有心理上的收益均构成外部属性。例如某个大学凭借某个学科而闻名，那么该大学就能为这一学科的学位提供外部价值。

4）货币付出

消费者为获取服务所要支付的全部费用就是货币付出。它包括支付给服务组织的费用和为获得服务必须支付的其他费用。有时，货币付出是决定消费行为的重要因素。

5）非货币付出

除了货币付出之外，消费者为了获得服务还必须作出的其他付出都称为非货币付出。非货币付出包括寻找服务花费的时间、为获得服务而感到的不方便、往返途中花费的时间以及接受服务过程中的等待时间等。

6）时间

在创造服务价值时，时间起到非常大的作用。

①获得服务需要的时间越短，消费者所获得的价值越高。获取服务花费的时间长是以失去其他活动或收入为代价的。

②服务失败了，可以采取纠正的措施，但失去的时间却无法弥补。

③对一些消费者，节省时间是很有价值的，他们愿意为此支付额外的费用。

④节省时间的服务可以替代其他服务，为消费者节省宝贵的时间资源。

⑤服务为顾客带来的效益对他们有着不同时间长短的影响。根据影响时间长短可以分为现在和短期的价值、现在和长期的价值、未来的短期价值和未来的长期价值。如表4.1所示的四种可能性。例如，宾馆的服务为消费者提供一个立刻休息的机会，结账时一切都结束，价值持续时间很短。电话、电视和咨询等的服务能及时获得并持续很长时间。社区里的小学对于打算要孩子或有学龄前孩子的夫妇来说就有未来一段的收益。大学教育或年轻人牙齿整形这类服务需要很长时间，但却使接受者终身受益。

表 4.1　时间长度不同的服务价值

分　类	主要特征	事例及说明
现在和短期的价值	为顾客立刻提供益处，且这种服务益处持续时间很短	理发服务有几周的益处 宾馆服务其益处只延续到结账
现在和长期的价值	顾客可以立刻得到益处，且这些益处可以长期存续下去	有线电话、电视、保安、邮递服务
未来的短期价值	为顾客或潜在顾客在未来的某一段时间提供价值	社区新建的小学
未来的长期价值	服务的完成需要很长一段时间，但服务的益处可能伴随一生；在服务完成之前，主要的益处可能不会出现	大学教育 牙齿整形

服务价值模型为管理者提供了一个为消费者创造价值的战略框架。服务组织可以通过改进服务质量为消费者创造价值,即设计满足消费者需要的核心服务和对消费者有价值的辅助服务。组织还可以通过调查可感知的外部属性来间接地创造价值。这就需要组织长期地提供高质量的、可靠的服务,采用广告和建立高品质的服务形象来完成。降低服务的货币价格,消费者就会感觉到价值提高了。此外,如果缩短一项服务的等待、传递和获得时间,并很快地呈现收益并持续较长的时间,那么,就会为消费者提供额外的价值。例如某医院擅长疝气手术,他们能使患者比其他医院的病人缩短一半的时间恢复健康,并且复发率仅为0.8%,而美国的医院也要达到10%。这就意味着,在此医院接受治疗的病人受益的时间较长。

4.4.3 服务价值链理论的内在逻辑

服务价值链是一种表明利润、顾客、员工和组织四者关系的链,其内在逻辑表述如下:组织获利能力的强弱主要是由顾客忠诚度决定的;顾客忠诚是由顾客满意决定的;顾客满意是由顾客认为所获得的价值大小决定的;价值大小最终要由工作富有效率、对组织忠诚的员工来创造;而员工对组织的忠诚取决于其对组织是否满意;满意与否主要应视组织内部是否给予了高质量的内在服务。从另一个角度说:组织内部质量驱动员工满意;员工满意度导致员工保留率及生产率;员工保留率和生产率导致服务价值即顾客价值;顾客价值导致顾客满意;顾客的满意导致顾客的忠诚;顾客的忠诚带来组织的经济效益和社会效益,从而完成组织的使命。其逻辑内涵如图 4.10 所示。

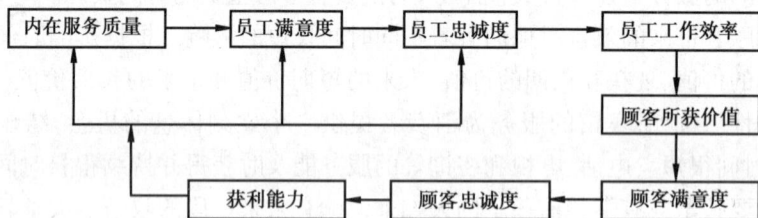

图 4.10 服务价值链理论的内在逻辑

4.4.4 服务价值链理论的实践意义

服务价值链理论的提出,对于提高组织的营销效率和效益势,能起到较大的推动作用。主要体现在三个方面:

1)顾客忠诚与组织赢利能力和持续增长间的关系

服务价值链明确指出了顾客忠诚与组织赢利能力和持续增长间的关系。这一认识将有助于从追求市场份额的规模转移到追求市场份额的质量上来,真正树立优质服务的经营理念。

2)实现顾客满意、培育顾客忠诚的思路和途径

顾客价值理论指出了实现顾客满意、培育顾客忠诚的思路和途径。组织提高顾客满意度可以从两个方面入手:一方面,可以通过改进服务,提升组织形象来提高服务的总价值;另一方面,可以通过降低生产与销售成本,减少顾客接受服务时的时间、精力与体力消耗,降低

顾客的货币与非货币成本。

3)"内部服务质量"的概念

服务价值链提出了"内部服务质量"的概念,它表明若要更好地为外部顾客服务,首先必须明确为"内部顾客"服务的重要性。为此,必须设计有效的报酬和激励制度,并为服务人员创造良好的工作环境,尽可能地满足内部顾客的内在、外在需求。

【案例分析】

进入 20 世纪 90 年代以来,美国航空市场的竞争日趋激烈。如何在白热化的竞争中处于不败之地已成为许多航空公司面临的严峻挑战。为此,美国航空公司各出奇招,千方百计降低运营成本和吸引顾客,使利润额保持在较高水平。

①降低劳动力成本。在美国经济中,劳动力成本一般占产品价格的 2/3。德尔塔是美国第三大航空公司,1997 年赢利 6.54 亿美元,比前一年度猛增了 1.56 亿美元,其中尽可能节省劳动力就是其利润大增的重要原因。

②紧缩机上服务开支。西北航空公司是美国第四大航空公司,票价也比较便宜,从华盛顿经底特律转机到南部的休斯敦的往返票最低价格有时只需 100 多美元,因而客源兴旺,但机上有的服务项目可以说是到了"抠门"的地步。据统计,西北航空公司平均每位国内乘客的食品费用成本为 4.76 美元。这还不是最低水平,有的公司此类开支仅 2.5 美元。

③降低机票的销售成本,即由旅行社代售机票,航空公司支付佣金。每年这一类开支高达 120 亿美元。经营情况不错的美国联合航空公司最近率先决定降低全国数万家旅行社代售机票的佣金,把传统的 10% 的佣金降至 8%。

④以优质服务吸引顾客。这是一些美国航空公司在廉价机票竞争热潮中不为所动的经营之道,以中西部捷运公司最为典型。该公司服务对象主要为商业旅行者。飞机座位宽敞舒适,设备先进,普通舱同其他公司的一等舱水平差不多,而且食品质优量足,酒水免费,平均每位乘客的食品费高达 9.59 美元,高居美国各航空公司之首,每年的运营质量调查得分均居第一名。优质服务使美国运输部多年来几乎收不到对该公司的投诉,也使该公司过去 10 年来利润以年均 24% 的幅度递增,且前景被看好。

[案例讨论题]

1.你对美国众多航空公司面对激烈竞争而采取的服务竞争战略有何感想?

2.你如何评价这些服务竞争战略的实施?你能设想出其他几种可行的竞争战略吗?

本章小结

本章介绍了服务竞争战略、服务定价、服务的期望与感知和服务价值链模型。其中,成本领先战略的实现方法:寻找低端目标顾客、寻找标准化客户、降低服务人力成本、降低通路成本和使服务营运非现场化。差异化战略的实现途径:使无形服务有形化、个性化服务、降低风险策略、关注员工培训和高质量策略。集中化战略认为满足客户的特定需求,可以更好地服务目标市场。服务定价的特点有：服务定价复杂化、价格标签多样化、定价结构复杂化、服务组织不愿意评估价格、顾客需求的差异性、价格是不可见的和价格信息难以寻求。针对不同的情况，有不同的定价策略。

顾客对服务质量的期望与顾客容忍区域紧密相关。影响容忍区域的因素有：①不同的顾客有不同的容忍区域；②不同的服务维度与特性导致不同的容忍区域；③初次服务与服务补救时容忍区域不同；④明确的服务承诺导致容忍区域不同。影响理想服务期望的因素有：个人需要和持续性服务强化因素；影响适当服务期望的因素有：暂时服务强化因素、可感知的服务替代物、自我感知的服务角色、环境因素和对服务的预测；影响理想服务和适当服务的共有因素有：明确的服务承诺、含蓄的服务承诺、口头交流和过去的经历。

服务价值链是一种表明利润、顾客、员工和组织四者关系的链，其内在逻辑表述如下：组织获利能力的强弱主要是由顾客忠诚度决定的；顾客忠诚是由顾客满意决定的；顾客满意是由顾客认为所获得的价值大小决定的；价值大小最终要由工作富有效率、对组织忠诚的员工来创造；而员工对组织的忠诚取决于其对组织是否满意；满意与否主要应视组织内部是否给予了高质量的内在服务。

【思考与练习】

1.对一种服务进行生命周期分析，分析各阶段的经济特征。

2.简述各种服务竞争战略的指导思想。

3.说明顾客感知的含义。

4.简单说明顾客期望的两个不同的方面及容忍区域。

5.影响顾客对服务期望和服务感知的因素各是什么？

6.描述服务价值模型，讨论旅游企业可以从哪些方面来设计服务，提高满意度。

7.请解释服务时间在服务价值创造中所起的作用。

8.服务价值链的内在逻辑关系是什么？如何以这一理论来指导旅游企业的战略体系？

第5章　服务创新的管理

创新应当是企业家的主要特征,企业家不是投机商,也不是只知道赚钱、存钱的守财奴,而应该是一个大胆创新敢于冒险,善于开拓的创造型人才。

——约瑟夫·熊彼特

【学习目标】

通过本章的学习,你应该能够:

1. 识别服务创新的各种类型。
2. 辨别服务创新的内外部驱动力。
3. 理解服务创新模式的内涵。
4. 掌握服务创新管理的要点。

【案例导入】

硬件不够软件补

一天深夜,"叮铃铃"的电话铃声惊醒了某酒店总机服务员小杜,她立刻接起电话用英语回应。"接线员,"话筒中一位中年女士用英文说,"叫醒服务!""好的,我能帮您做些什么?"小杜积极热情地问询。"您能在7点钟叫醒我吗? 这是407房间。""当然,女士,407房,7点!""我熬夜会很晚才睡,请多叫我几次。""好的,晚安。"

切断电话,小杜抬手看了一下手表,已是凌晨两点,客人既然要求多叫几遍,必定有急事需赶时间。在自己这家酒店,话务台叫早时间只能每隔五分钟设定一次,且叫早的铃声响过,电话被提起后是无声的,没有电脑语音,一般情况下,设两遍叫早。这位客人要求多设几遍,而话务系统只能连续设定三遍叫早,最要命的是,要在客人规定的时间后15分钟时才会响起。想到此,小杜在电话记录本上记下:Room 407,7:00叫早,电话系统设两遍,请于7:06人工进行一次叫早。

清晨,小杜看看时间已是7:00,过了7:05,她查查407房的状态,两遍铃都已响过。此时小杜想,客人起了没有呢? 如果起来了,再打电话,算不算打扰客人? 如果没有起来,不打电话,万一客人误事了怎么办?

可是,客人的确并没有让人工叫早,也没有强调必须 7:00 叫醒她,可是……

小杜的直觉总认为应该打电话,如果客人起床了,就问声早,如果客人没起床,就算人工叫早。7:06 分,小杜拨通了 407 房的电话,铃声响到第 6 次,客人才接,"Hello"声音有点发涩,估计客人没有完全清醒,小杜连忙微笑着说:"早上好,女士,我是接线员,您现在起床吗?现在 7:06。""我马上就起,谢谢。""不客气,再见。"小杜确认客人已经起床了,一颗悬着的心终于落了地。

【案例点评】

此案例是一个特色服务案例。具备高科技的酒店话务系统仍然难以避免存在某些特殊设置无法满足需求的情况,这就需要我们训练有素的服务员进行弥补创新,正所谓"硬件不足软件补"。

案例中的小杜是一名优秀的话务员,她对话务系统非常了解,在了解到客人的特殊需求时,通过自己的分析、判断,根据客人的特殊需求,相应地拿出了独具个性的服务方法,最终让客人满意。

本章对服务创新的一些基本理论问题进行探讨,包括服务创新的基本类型、创新的内外部驱动力以及具体的创新模式,服务创新的丰富内涵体现在创新类型的多样性上,同时服务企业在许多内、外部驱动力的共同作用下进行创新,而不同企业采取的创新模式又各不相同。

5.1 服务创新的基本类型

在服务创新的研究中,针对创新基本类型的分析是最多的,其研究也最为全面和深入。学者们发现和总结了服务业所包含各种创新类型,并与制造业的创新类型进行比较分析,目前已初步形成体系。但是各个学者在研究方法、具体分类和语言表述上存在一定差异,因此造成了一定的混淆和误差。本节总结了众多学者对服务创新基本类型的研究,力图将其全面、系统地呈现给读者。

5.1.1 制造业的创新类型

在对服务创新基本类型阐述之前,首先简单回顾制造业中的创新类型。按照广义创新,制造业中的基本创新类型包括技术创新、组织创新、市场创新、管理创新和制度创新,其中技术创新是制造业创新的主要形式。

技术创新还可以按照多种标准进行划分,按照创新程度可以分为两类:根本性创新和渐进性创新。

按技术变动方式不同,可以分为四类:局部性创新、模式性创新、结构性创新和全面性创新。

按照创新对象可以分为两类:产品创新和工艺创新(过程创新)。

这里忽略了对技术创新以外的非技术创新形式如组织创新、市场创新的细分,主要是由于技术创新是制造业最常采取并占据主导地位的创新类型,它是推动制造业发展和竞争力提升的最重要方法,学者和产业界对它的关注远远超出其他创新类型。这种"重技术"而"忽略非技术"的现象反映出制造业中存在着较为严重的"技术偏见"。

5.1.2 服务创新的分类

Wietze 和 Elfring(2002)把服务创新分为两大类:技术创新和组织创新。这至少反映了两方面的问题:首先,学者们长期受制造业中技术创新的影响而认为很多服务创新也是由技术维度引起的,并将技术创新作为服务创新的主要形式。但事实上,技术只是服务创新的一个维度,技术创新也只是服务创新的一种主要形式,服务创新更多是由非技术要素引起的。其次,学者们认为组织创新在服务业中相当重要。Normann(1984,1991)描述了四种创新形式:社会创新、技术创新、网络创新和复制创新,其中社会创新包括的"客户参与"和"关联或集束创新"为进行进一步的组织创新研究提供了来源。Sundbo 和 Gallouj(1998)从创新对象上将服务创新分为四类:产品创新、过程创新、组织创新和市场创新。Miles(Miles,1993,1995)依据服务特性,将服务创新分为三类:产品创新、过程创新和传递创新。

随着研究的深入,更多学者开始关注服务业本身特有的创新形式,并发现了许多用技术维度无法解释但相当重要的创新形式,如 Gallouj(Gallouj,1991)提出的"专门化"创新和其他学者提出的结构(重组)创新、形式化创新等。这些非技术性的创新在服务业中更为普遍和重要。

总结已出现的创新类别,本文给出了服务创新的基本类型框架,如图 5.1 所示。

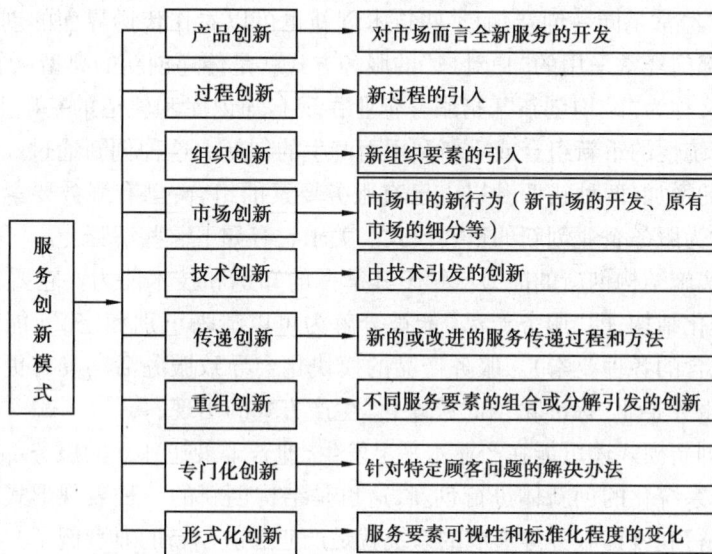

图 5.1　服务创新的基本类型框架图

由该框架可以发现,服务创新的某些形式与制造业创新形式类似,比如都包含了产品创新、组织创新和市场创新等。虽然名称非常相似,但在创新内涵上存在一定差异,其中不同创新类型的性质和驱动力各不相同,在不同服务业中的具体表现形式也有所不同。更重要的是服务业还包括一些自身独有的创新,如"专门化创新""形式化创新""传递创新"等。这些创新类型都是由服务本身的特性所决定的,并在服务业中发挥着重要作用。

产品创新:指对市场而言的全新服务产品的开发。这种创新包含的范围最为狭窄,对创新对象的描述也最为准确,它与制造业的产品创新很类似,只不过并不表现为一个有形物品,而是一种全新的服务概念、过程或方法。由保险公司设计和开发的一个全新险种就是产品创新的典型例子。

过程创新:从广义上讲,服务的过程创新就是产品创新。这是因为,服务在本质上是一种无形过程,服务产品在很大程度上就是服务过程,很难在产品创新和过程创新二者之间进行明确的区分。从狭义上讲,过程创新是指服务生产、传递的程序或规程的变化,它是针对某一服务的运作和传递过程而言的。过程创新可以分为两类:生产过程的创新,称为"后台创新";传递过程的创新,称为"前台创新"。一项新的洗涤程序的引入就是过程创新的一个例子。

组织创新:服务组织要素的增减,组织形式和结构的变化,管理方法和手段的更新。如某种激励系统或柔性组织、自我管理团队的出现等都是组织创新的典型例子。

市场创新:服务企业在市场中的新行为,包括开辟全新市场,在原有市场内开发新的分市场,进入另一个行业和市场,以及在市场上与其他行为主体间关系的变化等。

技术创新:已有技术或新技术在服务组织中的引入而产生的创新,如家庭银行的出现,ATM 等。

传递创新:服务企业的传递系统或整个服务产业传递媒介中的创新,包括企业与顾客交互作用界面的变化。传递创新充分反映服务创新的顾客参与和交互作用的特性。服务创新方式的优劣和效率的高低直接影响服务提供的结果和顾客感知的服务质量。传递创新与过程的"前台创新"经常是同一创新,而某些技术创新也可以看作传递界面的创新,如 ATM 的采用,交通运输部门经常采用的"户对户"的服务方式就是传递创新的典型例子。

重组创新:又称为"结构创新",指服务企业在现有知识库和轨道的基础上,通过将已有服务要素进行系统性的重新组合或重新利用而产生的创新。这种创新通过三种方式得到实现:新服务要素的增加;两种或两种以上已有服务要素的组合;已有服务要素的分解。结构创新模式已经成为服务企业创新的重要模式。关于它有如下一些解释:

第一,企业实施结构创新的能力依赖于其掌握的知识和技术能力。它要求"服务产品"具有一定的模块化结构,即"服务产品"能被分解为可以清晰识别和定义(能严格伪识别和区分服务产品包含的各种要素)。服务产品的模块化会导致服务活动具有更高的正式化程度,并由此引发服务企业"标准化"和"模块化"生产方式的出现。

第二,结构创新模式还可能在产业水平上发生,即若干最初独立的服务部门相互关联和集结并形成一个系统化的创新体进行创新,这也是结构创新的一种表现形式。如由超级市场、保险公司、银行和咨询服务等形成的系统就是产业层次创新的典型例子。

第三,创新的重组模式可以包含很多要素的组合,如知识、特性、产品、服务、人力资源和制度等,具体哪些要素被组合取决于服务企业对本地创新系统和创新网络的分析。

专门化创新(ad-hoc innovation)指"针对某一顾客的特定问题在交互作用的社会化过程中构建并提出解决方法的创新模式(Gallouj,1991)。这种创新模式在知识密集型服务业中广泛存在并相当重要,如咨询服务业最主要的创新模式就是"专门化创新"。"专门化创新"

在"顾客—服务提供者"界面上被生产出来,由顾客和服务提供者两者共同完成,因此创新的实际效果不仅依赖于服务企业本身的知识和能力,还取决于交互界面中客户组织的专业知识和能力。"专门化创新"是一种"非计划性"创新,它不像其他创新在开始之前就能进行某种计划和安排,而是一种"进行"中的创新,从服务提供者的角度看,"专门化创新"与积累性的学习过程密切相关,它会产生新的知识和能力并被解码,而解码后的知识和能力能够在不同环境中重复使用。换句话说,"专门化创新"引起的变化是通过经验积累的解码而形成的持久和正式的状态变化,并由此扩大了企业的组织记忆。此外,"专门化创新"中"服务提供各顾客"界面的存在有助于限制这种创新的可复制性,在一定程度上对创新起了保护作用。

形式化创新(formalization innovation):以上各种服务创新类型有一个共同特点,即服务要素都发生了某种定性或定量的变化。"形式化创新"不发生定量或定性的变化,而是各种服务要素的"可视性"和标准化程度发生变化。它经常通过以下一些方式获得实现:将服务要素变得更加"有序";对服务要素进行详细说明;减少服务要素的模糊性,使其更加具体有形,赋予服务要素以具体形式等。在很多服务业尤其是知识密集型服务业中都会发现这种创新形式的存在。需要指出的是,"形式化创新"过程会使服务要素的标准化程度提高,这为"重组创新"提供了条件,因此一般在"形式化创新"之后紧跟着"重组创新"的实施。

在服务活动中,服务特性和功能的"有序化"经常是"结构化创新"或"组合创新"实施的前提。因此,类似咨询业的服务实现产业化的可能较小。

一般而言,服务的无形性和"关系"特性越强,其创新类型越独特;而有形度越强,创新类型与制造业就越接近。

5.2 服务创新的基本驱动力

服务企业在现实中受什么力量的驱动进行各种创新?服务企业创新的动力何在?如何对服务企业的创新驱动力进行整体上的识别和把握?Sundbo 和 Gallouj(1998)两位学者在对多个欧洲国家服务企业调查研究分析的基础上,总结出服务企业创新的基本动力模型。通过对该模型的介绍和分析,读者可以全面了解服务创新驱动力的内容和性质,为研究服务创新的触发机制和发展规律奠定基础。

5.2.1 服务创新驱动力框架

服务创新的基本驱动力是形成创新模式的基础,还是创新过程的重要决定因素,而驱动力要素的组合则会构成服务企业的系统创新环境。对驱动力的正确识别和把握是制定服务创新战略的前提,也是服务业管理部门影响创新活动的重要手段。

服务企业进行创新的驱动力多种多样,既包括企业内部行为主体的驱动,也有外部因素的作用。Sundbo 和 Gallouj 将单个企业作为识别驱动力的界面,把驱动力划分为内部驱动力和外部驱动力。每类驱动力都包含着不同要素并对创新活动产生不同的影响,下面进行介绍和阐述。

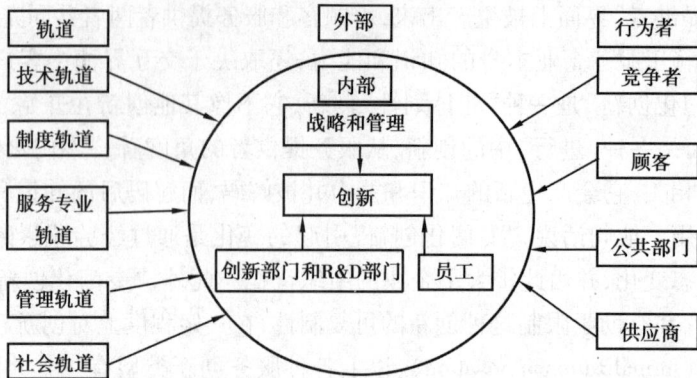

图 5.2　服务创新的驱动力模型示意图

5.2.2　内部驱动力

服务创新活动主要由企业内部动力推动(这同样适用于制造业企业)。内部驱动力包括三类:企业的战略和管理,员工,创新部门和 R&D 部门。分述如下:

(1)企业的战略和管理

对企业而言,战略是一种最为根本同时也最为有效的创新的内部驱动力。战略是服务企业有关自身发展的长期规划,是指导服务企业各项活动的根本准则。具有创新意识的服务企业会将创新作为战略规划的重要组成部分,并以此作为获取竞争优势、占领市场和形成良好顾客形象的根本手段,这就使创新成为企业谋求生存和发展的主动需要和内在动力。战略驱动的创新活动是一种系统性的创新活动,目前已成为服务企业创新的主导模式。除战略外,管理是另一种关键的内部驱动力,它主要指企业高层管理和营销部门的管理活动,其中营销部门的管理活动的出现更为频繁。因为服务创新经常是由市场驱动的,而营销部门是与顾客直接接触并拥有足够市场知识的职能部门,它会根据市场的变化和顾客的需求及时通过管理活动作出反应,并激发某种形式的创新出现;高层管理活动不仅可以针对市场需求作出反应,还可以通过对组织的变革、新市场的开发、运作和传递过程的改进而促使创新发生。

战略和管理是服务创新活动发生和发展的两种重要驱动力,服务企业应主动、充分地运用这两种驱动力,通过战略规划的制定和管理活动推动创新活动的出现。

(2)员工

服务创新过程是服务员工和顾客间一系列的交互作用过程,员工因此成为一种有价值的内部驱动力。员工在服务创新过程中具有独特关键的作用。首先,员工在与顾客的交互作用过程中,能最直接地发现顾客需求,产生较多的创新思想;同时员工还能根据自身的知识和创新经验提供有价值的创新思想。其次,员工不仅为企业提供创新思想,而且经常作为企业的内部创新企业家推动创新的出现并具体实施。这使员工成为服务企业创新活动的重要驱动力之一。

(3)创新部门和 R&D 部门

服务企业中的创新部门是一种形式上的、对创新出现担负一定责任的"交流"部门,它负责在企业内部诱发并搜集创新概念,因此也可能导致创新活动的出现,但它不是主要的驱动因素。此外,虽然在服务企业中很少存在制造业意义的正式的 R&D 部门,而且其活动经常以另一种方式(以社会科学为基础、存在于创新项目团队中、主要进行创新概念的测试等)出现,但它确实会成为创新思想的一个来源并对创新过程产生一定影响,只是发挥效力大小不同而已。

5.2.3　外部驱动力

服务创新的外部驱动力分为轨道和行为者两类,每类中又包含了不同内容。

1)轨道

(1)轨道概念

"轨道"是在社会系统(如一个国家、一个国际性产业网络、一个地区性的专业网络等)中传播的概念和逻辑,这些概念和逻辑常常通过很多难以准确识别的行为者进行传播和扩散,并与周围的动态环境相适应。在"轨道"概念中,关键是被传播的概念和逻辑,而不是通过哪些行为者进行传播。需要说明,创新活动与轨道之间是相互作用的,虽然单个服务企业的创新活动会对给定轨道产生影响,但作为重要的外部创新驱动力,轨道会对企业施加更大的约束作用,并会使企业在轨道约束的范围内进行创新。

(2)轨道类型

服务企业的创新活动主要受五种类型轨道的制约。在这五类轨道当中,最重要的是服务专业轨道,它指存在于不同服务专业(如律师、医疗、金融、交通等)中的一般性知识、基本方法和行为准则。这类轨道由特定服务部门自身的性质所决定,创新活动的发生和发展都必须以此为基础,在轨道约束和演进的范围内进行。其次是管理轨道,即针对新组织形式的一般性管理概念,如激励机制、服务管理系统等。这类轨道也会对创新活动产生一定影响。服务专业轨道和管理轨道在知识密集型商业服务中会高度重叠,两者经常是同一的。第三种轨道是传统创新经济学意义上的技术轨道,即服务生产和传递过程必须遵循的有关技术使用的逻辑,如信息和通讯技术、网络技术等。技术轨道经常会引发很多创新的出现,这些创新活动不仅要遵循本身的服务专业轨道,还要在技术轨道的范围内发展。值得注意的是,一些服务部门(如软件、金融服务、技术服务等)对信息和通讯技术(ICT)的发展比制造业有更大的贡献,它们对 ICT 产生了更大的影响。第四种轨道是制度化轨道,它描述了服务企业外部制度环境的一般演变规律和趋势,包括政治环境、管制规则等的变化。制度化轨道对服务企业创新活动的影响比对制造业的影响更大,制度环境的变化会促使大量创新的出现,同时也可能抑制创新活动的发生。最后一种轨道是社会轨道,它是一般性社会规则和惯例的演进,如生态和环境意识的加强就对服务企业的创新活动产生了重大影响。社会轨道可能与技术轨道相符,也可能不符,甚至相反。例如,原子能技术难以获得社会的接受,因此与社会轨道不符,但它却是形成微电子学范式的必要因素。

需要说明,上述几种轨道并不相互孤立,它们在很多情况下都可能相互交织并共同对服务企业的创新活动产生影响。

2)行为者

服务创新的另一个重要外部驱动力是"行为者",它是指人、企业或组织,其行为对服务企业的创新活动有重要影响,并经常被包含在创新过程中。

在行为者中,顾客是最重要的一种。他们经常是信息及创新思想的来源,而且还能参与到服务企业的创新过程中,对创新的顺利进行有重要影响。在某种意义上,服务提供者和客户间的界面可以看作一个"实验室",在这里创新被"合作生产"出来。因此,顾客是推动服务企业创新的重要外部驱动力。

除顾客以外,竞争者对创新活动也相当重要。服务企业可以通过模仿竞争者的创新行为而在自身内部产生创新,同时因为服务企业通常不采取进攻性的创新战略,因而一项创新出现和发展的条件经常是竞争者首先行动。供应商特别是知识供应商(如 KIBS)也是创新思想的重要来源和创新活动的推动者,它们可以为服务企业提供大量创新思想,并帮助企业进行具体实施。因此,sundbo 和 Gallouj 认为有可能定义"顾问帮助型"创新模型,并认为该模型是对熊·彼特两个著名创新模型的重要补充。目前,知识服务供应商已逐渐被学者们认为是创新分析的新焦点。此外技术供应商(包括软件供应商)在创新过程中也可能成为重要的合作者,如很多软件是在服务企业和技术供应商之间合作开发的,因此它也会成为创新活动的一种驱动力。

公共部门对服务企业的创新活动也会产生一定影响,但作用在所有行为者中较小。公共部门一方面本身需要服务,另一方面它还可以为服务企业提供创新所需的知识、开发和管理经验,为服务企业培训员工,并针对服务创新进行专门的研究。通过以上方式,公共部门间接推动了创新活动在服务部门中的出现。但公共部门在服务创新过程中很少是一个直接行为者。此外,公共部门还会对服务企业施加一定的管制,这可能会引发很多创新的出现,如很多金融服务都由税收法律的变化而产生。

5.2.4 驱动力的变化

上面介绍了服务企业创新活动的内外部驱动力,并对各种驱动力的相对重要性进行了分析。需要指出,这些驱动力的相对重要性不是固定不变的。目前服务创新的发展趋势使内外部驱动力的相对重要性随时间发生着明显改变。

在外部驱动力中,"服务专业轨道"和"技术轨道"正变得越来越重要,并成为服务企业创新的主要推动力。首先,由服务本身特性引发的创新越来越多,"服务专业轨道"所起的作用更加明显。其次,"技术轨道"包含了多种技术,其中 ICT(信息和通讯技术)为服务业的发展提供了巨大的机会,引发服务业中大量创新的出现。其他技术也相当重要,如交通运输业中的运输技术、饮食业的冷藏技术以及清洁业的化学技术和机器人技术等。服务业中存在大量可以引起创新非 ICT 技术轨道,但它们不如 ICT 轨道的作用明显。目前,服务企业的创新过程正变得更加系统化和有组织化,因而"管理轨道"也逐渐成为服务企业遵循的主要轨道之一。在外部驱动力的"行为者"当中,"顾客"仍是一个主要的驱动力,对创新活动的出现起着非常重要的作用,特别是以知识为基础的商业服务。"竞争者"的重要作用正在下降,因为服务企业正变得更加主动和具有进攻性,创新也越来越由企业自身独立决定,受竞争者的影响越来越小。"公共部门"在以下两个方面的转变使其成为更加重要的创新驱动力:第一,公共服务的外购使公共部门成为一个主要的服务需求者;第二,管制的放松使得很多服务产业中出现了新的市场。

在内部驱动力中,各种要素的重要性变化不大,因为服务企业的内部职能相对稳定,各行为主体的作用不会发生明显改变。"员工"以及"战略和管理"作为创新驱动力在很大程度上具有同等重要性,服务企业的创新活动仍然是员工创新精神和组织战略管理间的一种平衡活动。但目前服务企业更为强调战略引导下的系统性的创新活动,因此"战略和管理"的作用越加明显。"创新和 R&D 部门"在企业中是较弱的内部驱动力,这是服务企业与制造业企业明显的不同之处。与一般的看法相反,更加系统化和更有意识的创新过程并不一定导致服务企业中创新和 R&D 部门变得更加重要。因为创新不是在实验室中产生和发展的,而是在生产和营销部门或跨部门团队中发展起来的,它融入了日常的生产和运作。此外,"服务专业轨道"和"技术轨道"是通过整个组织传播到服务企业内部,而不只存在于专门的创新部门当中,也不止通过专门的创新部门进行传播。

随着服务企业创新活动变得更加有意识和系统化,内部驱动力相比外部驱动力变得相对更加重要。无论是内部还是外部驱动力,都会对创新活动产生一定程度的影响,服务企业要根据自身能力和环境的变化,恰当选择创新驱动力,确保创新的顺利实施。

5.3 服务创新的模式

服务创新的基本动力模型详细描述了对服务企业创新活动产生影响的各种内外部要素,正是在这些内外部驱动力的共同作用下,服务企业进行各种创新活动。那么创新在企业中是如何被具体实施的,如何描述服务创新的一般过程模式,针对不同性质服务企业的过程模式又包括哪些,服务企业如何根据自身资源、能力和外部环境变化以及新服务的类型而选择合适的开发模式,这些就是本节要研究的问题。

首先应该看到,服务企业受制造业企业创新过程的影响较大,因而其采取的某些模式与制造业创新模式相同。但更应该看到,服务企业包含更多自身独特的创新过程模式,这些创新模式被服务企业更加频繁和更为普遍的采用。此外,服务部门间的异质性使得不同类型的创新活动必须适应不同的创新模式。Sundbo 和 Gallouj 两位学者总结了以往文献中出现的各种创新的过程模型,同时结合上述驱动力模型,提出了服务企业的一般创新过程模式,并在此基础上针对不同性质和类型的服务企业提出了改进后的创新过程模式。这些模式较为全面地描述了服务企业包含的典型创新过程,分述如下。

5.3.1 服务创新的一般过程模式

Jon Sundbo(sundbo ,1998)提出了服务企业中创新过程的一般模式,它对服务企业创新过程实施和正式组织的一般过程进行了描述,是一个适用于绝大多数创新型服务企业的、典型的创新过程模式。需要指出,该模式特别适用于那些采用"模块化"或"顾客化"生产方式的服务企业,因为大部分创新型服务企业都是具有这类生产方式的服务企业。

在该模式中,创新过程被划分为三个阶段:

概念阶段:概念发展以及将概念转化为可实现的创新项目。

发展阶段:创新的具体开发、实施和使用阶段,如在市场上引入一项新服务;实施一项组织创新等。

保护阶段:创新性服务企业保护其创新成果不被竞争者所模仿,尤其是当创新是产品创新时。需要注意的是,服务的生产过程和传递过程与产品本身密不可分,因此当创新是过程创新、组织创新或市场创新时,服务企业同样要保护相应创新不被竞争者所模仿。

上述三个阶段详述如下。

(1)概念阶段

创新概念有众多来源。它既可以来源于市场(顾客)的需求和创新想法,也可以来源于知识型服务企业中员工的创新思想,还可以通过企业员工与市场中顾客的交互作用而产生,销售人员在其中扮演了主要角色。图 5.3 是概念阶段示意图。

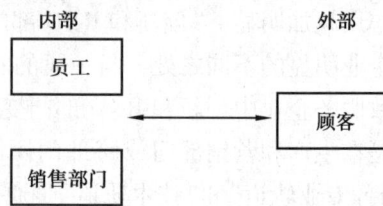

图 5.3　概念阶段示意图

(2)发展阶段

服务创新的发展阶段是指服务创新的具体开发、实施和使用阶段,如在市场上引入一项新服务、实施一项组织结构的变革等。该阶段包含若干行为者和组织部门,其中行为者包括顾客、ICT 供应商和咨询顾问等,组织部门包括营销部门、ICT 部门和其他部门(如生产部门)。这一阶段又可分为两个子阶段:"员工企业家精神"阶段和"项目团队"阶段。两个子阶段之间并不存在明显界限,阶段的划分只是用来表征创新活动从一种状态向另一种状态的转变和发展,即以员工个人的非正式创新精神活动向有组织的系统化项目团队创新活动的转变和发展。

在第一阶段,非正式化的创新活动和行为占据主导地位,员工个人的创新活动和努力非常重要;进入第二阶段后,项目团队变得更为重要。各种内部和外部行为者在两个子阶段中都对创新过程产生一定的影响。图 5.4 是发展阶段示意图。

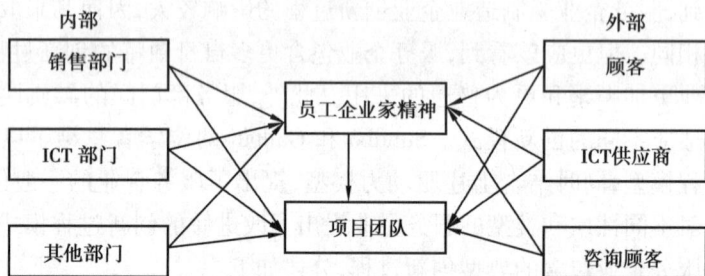

图 5.4　发展阶段示意图

(3)保护阶段

创新的保护包括两级:第一级是运用非正式化的手段进行保护,包括企业形象和市场位置以及商标品牌,还包括创新过程和技巧的隐藏等;第二级是运用一些正式化的手段进行保护,如竞争条款和知识产权等(见图 5.5)。

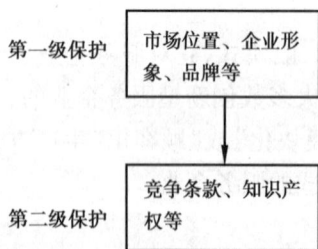

图 5.5　保护阶段示意图

5.3.2　典型创新模式

不同服务企业采用的具体创新模式各不相同,Sundbo

和 Gallouj(Sundbo,Gallouj,1998)对适用不同性质和类型服务企业的典型创新模式进行了较为详细的总结和描述,分述如下。

1)典型的 R&D 模式(工业创新模式)及其进化

该模式是"复制"传统制造业中的 R&D 模式,它在 R&D 和生产之间存在清晰的界限。这种模式在服务业中较少出现,但它可以在专门针对信息和物资处理的标准化运作的大型服务企业中得到运用。

这种创新模式虽然源于老的工业创新模式,但在服务业的背景下已发生了很大变化,出现了所谓"新工业模式"。老工业创新模式强调标准化,"新工业模式"则用灵活性代替了标准化,这与服务活动的性质(频繁发生的交互作用)更为接近。

(1)传统模式

该模式的框架见图 5.6。从图中可以看到创新的主要驱动力是技术轨道,企业主要进行技术创新和过程创新。在企业内部还存在一个或多个专门针对创新的 R&D 部门,但 R&D 部门和其他部门间是一种简单的线性关系,没有任何实际的反馈发生,因此也可以将该模式看作传统的线性创新模型。顾客虽然在模式中出现,但只作为一个信息源,并不参与到实际的创新过程中,因此是创新的被动接受者。总的说来,这种创新模式在服务业中出现得很少,即使在目前的制造业中也很少发现这种模式的存在(见图 5.6)。

图 5.6 工业模式:传统模式示意图

(2)新工业模式

"新工业模式"在传统工业模式的基础上进行了某种程度的改进和演化,它适用于那些传统上遵循大量生产模式(福特制生产模式),但正面临强大竞争压力的大规模信息服务业(银行业、保险业、邮政服务业等)。在这些服务企业中,创新通过互动源或行为者产生,创新过程很少遵循线性模型,而更多采用相互作用的复杂模型。该模式的创新驱动力是技术轨道、服务专业轨道以及顾客(外部驱动力),其中技术轨道相对更为重要;战略和管理(内部驱动力)也扮演着重要角色,R&D 部门扮演的角色相对较弱。顾客在模式中出现,但不再作为被动的信息源和创新接受者,而是积极的参与者,并与企业各部门发生交互作用。因此,新工业模式以顾客为导向,顾客扮演了主动信息源和创新"合作生产者"的角色,创新更多来自顾客的需求掀动效应。图 5.7 是新工业模式示意图。

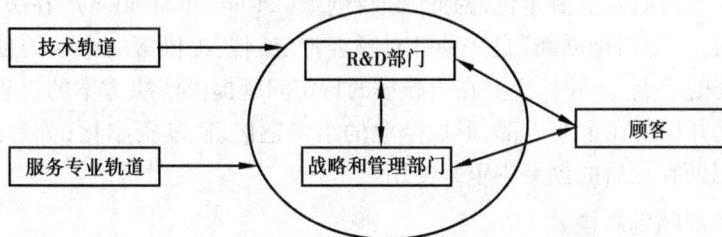

图 5.7 工业模式:新工业模式示意图

在新工业模式中,技术轨道和服务专业轨道间存在"不均衡"和"均衡"的两种相互作用,它对理解服务创新有一定意义。按照 Saviotti(1984)"特性方法"对产品的定义,一个产品(包括服务)可以被定义为一组服务特性(最终传递给顾客的产品特性)、技术特性(生产所需的技术)和过程特性(生产过程的特性)的混合体、不同特性之间可能处于均衡的相互作用,也可能处于不均衡的相互作用。服务创新过程中的服务专业轨道和技术轨道同样处于均衡或不均衡的作用当中,而不同的相互作用力又有一定的预示意义。服务创新过程处于不均衡作用时,可以认为服务特性比技术特性和过程特性变化得更快,即当技术和过程特性保持不变时,必定存在某种程度的由新服务特性(或功能)组合而形成的创新,此时的创新主要通过"特性"的增加而形成。当技术轨道和服务轨道处于均衡作用时,企业中的某些组织负责技术和过程特性方面的创新,而其他一些组织负责服务特性方面的创新,虽然组织间仍会有冲突发生,但已存在分工和权利的均衡。

该模式最初由 Barcet,Bonamy 和 Mayere(Barcet,Bonamy,Mayere,1987)进行描述,它表征了专业性知识服务企业的创新特点。这些专业性知识服务企业通常是中等规模的企业,致力于知识密集型商业服务的开发和提供。这些企业向顾客销售的是不同专业领域中的问题解决方案(如商业咨询和工程咨询等)。图 5.8 是服务专业模式的示意图。

图 5.8　服务专业模式

服务专业模式的一个显著特点是,不存在专门针对创新的正式组织,如专门的创新部门。这种模式的创新过程更多是一种集体性过程,所有的专业人员都参与进去。遵循这种模式进行创新的企业通常有很强的"纪律性",创新过程遵循某些共同的专业标准和方法。

虽然遵循某些共同的专业标准和方法,但创新的组织形式并不僵化。相反,服务专业模式表现出一些特别的优势,如模式很灵活,可以对市场信号迅速反应,单个成员的不同概念和想法频繁交流并产生某种交叉融合。但反过来,该模式过分依赖个人要素,因此存在不少劣势,如项目的组织缺乏计划,创新过程不能全部完成。

在服务专业模式中,主要的创新驱动力是服务专业轨道,与服务专业轨道相对应的单个专家的专业能力在创新中扮演着关键角色。创新的重点是发生交互作用的界面,顾客对创新的顺利实施和最终结果有重要影响。

正是由于顾客扮演着重要角色,因此"独特创新(ad-hoc innovation)"在服务专业模式中发挥着重要作用。"专门化创新"是一种针对顾客特定问题提供解决办法的创新形式,客户需求是创新过程的起点。同时,企业在为顾客的特定问题提供解决方案的过程中,会将其中的某些内容解码并保留在企业内部,形成企业的组织记忆,使其资本化(如形成文档、软件、视听材料等),以便在今后的创新中重复使用。

2)有组织的战略创新模式

"有组织的战略创新模式",又称"创新的组织管理模式",是服务部门中最典型的创新模式。大型服务企业和中小型服务企业都开始采用这种创新模式。该模式最明显的一个特点是,整个创新过程是在企业战略和管理的指引下进行的,因而形成了一种更有意识和更有组织性的战略开发过程。该模式的另一个特点是缺乏正式的 R&D 部门,企业内部没有持久的 R&D 部门、针对创新的研究和新概念开发是每个人的工作。也正因为如此,开发需要较长的时间。该模式设计和开发的创新产品具有相当大程度的"可复制性",但采用该模式并不一定导致服务产业化的出现。图 5.9 是有组织的战略创新模式示意图。

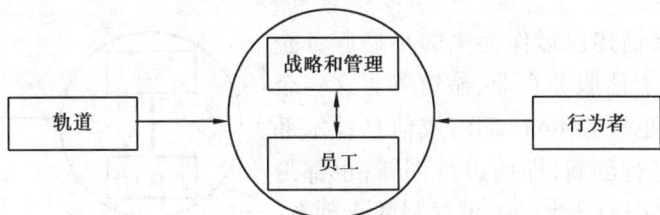

图 5.9 有组织的战略创新模式

在有组织的战略创新模式中,几乎所有的内部和外部创新驱动力(除 R&D 部门外)都会对创新产生影响,但战略和管理起着主导作用,创新是企业战略指引下的一种有意识的系统性活动。员工也发挥重要作用,他们经常成为创新思想的重要来源并具体实施,因而可以看作"内部创新企业家"。在某种程度上,遵循这种模式的创新过程会成为一种均衡的"企业家精神创新过程",即员工担当创新企业家,管理层控制和调节创新过程。战略是最常使用的控制和调节手段,它指出了创新需要达到的目标(如开发的新服务类型,进入的细分市场等)。除此之外,战略还经常作为创新概念的灵感来源。

有组织的战略创新模式包含几个截然不同的组织阶段。模式的起始阶段是自由的企业家创新阶段,该阶段以创新概念的产生和形成为主,各种内外部驱动力(除 R&D 部门)是创新概念的主要来源,其中员工还扮演了"创新企业家"的角色;模型的发展阶段更具有战略引导性,以创新团队有组织的系统性开发工作为主;模式的最后阶段是创新的测试和市场营销阶段,其中营销部门和生产部门扮演了主要角色。

在采用该模式进行创新时,需要注意两个关键问题:

①创新过程中的学习和知识积累相当重要,正是这种学习和知识积累过程促进了知识的解码和可复制性,并使原来属于某个部门的知识在所有部门中得以共享。

②在创新过程中,需要运用"质量控制"手段检测创新是否达到所设定的"标准",并根据顾客需求进一步改善创新服务的质量。

"有组织的战略创新模式"要求服务企业从战略角度更加关注企业周围环境的变化,更加关注顾客未来需求的变化,它已成为服务企业的主要创新模式。

3)配套创新模式

该模式在本质上是一种"跟随"或"配套"创新,它紧随在已出现的根本性创新后,是一种以根本性创新为基础并为其服务的创新。通过这种模式建立的服务企业通常规模较小,很少有 R&D 部门或创新部门,其主要活动是销售根本性创新的服务产品,并对服务产品进行某种渐进性改进。管理部门在该模式中发挥主导作用。IT 服务、汽车修理服务等都可以按这种模式进行解释。由于配套创新模式以根本创新为基础,因而包含了所有的轨道和行为者。图 5.10 是配套创新模式示意图。

图 5.10 创新模式

工匠模式用来描述以运作为主的小型服务企业的创新特点,如清洁服务企业、旅馆等。这些企业没有创新战略,也没有 R&D 部门或信息技术部门。它们通常不进行创新,即使进行创新,也都是通过改进和学习过程而产生的不可复制的小创新。这些企业较为保守,只在既定的方向内发展而很少发生变化,因而外部创新驱动力只包括行为者,而

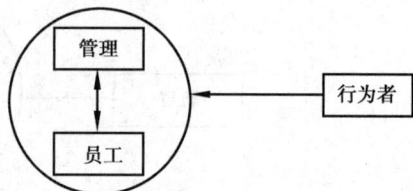

图 5.11 "工匠"模式

不包含轨道。当然,某些轨道(如技术轨道)确实会对运作过程产生影响,并产生某种程度的创新,但总体来说影响较小。这些特性与传统工匠的运作模式相近,故称为"工匠"模式。图 5.11 是"工匠"模式示意图。

4)网络模式

这是一种很多服务企业联合形成一个共同的网络企业进行创新的模式,其目的是代表网络中的成员企业进行创新或在这些企业中诱发创新。该模式经常存在于旅游业和某些金融集团的创新当中。"网络模式"是服务企业将创新活动及其与行为者和轨道的关系置于专业化创新组织中的模式,原则上设有自己的 R&D 部门,但 R&D 部门只与成员企业发生相互作用,与顾客或供应商没有直接联系,因为它并不以顾客或供应商为导向,其客户是成员企业。因此,在影响网络企业创新的外部驱动力中,除各种轨道外,行为者中只有竞争者和公共部门发挥作用。图 5.12 是网络模式示意图。

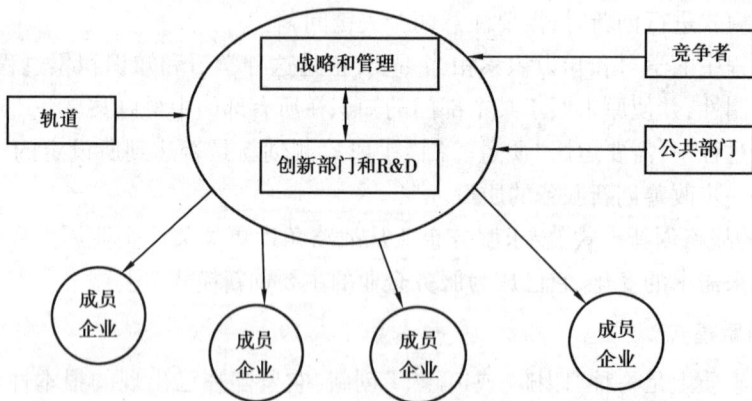

图 5.12 网络模式示意图

服务企业的创新驱动力较制造业技术创新更为丰富,服务本身的特性对创新活动产生重要的影响。因而,本节对服务企业的创新模式进行了介绍和探讨。从中可以发现,服务创新模式与技术创新模式虽然有一定的相似性,但仍存在较大差异。随着"有组织的战略创新

模式"成为服务企业采用的主导创新模式,服务创新活动也变得越来越系统化和正式化。

服务企业的管理者要对创新活动进行有效的管理,首先必须对推动本企业创新的驱动力有清楚的认识,认识各种创新驱动力的相对重要性;其次要根据创新性质及本企业特点选取合适的创新模式。此外,服务企业必须注意顾客和员工在创新过程中的独特作用,对员工和顾客的创新思想和行为给予相当的重视和支持,同时从战略和管理上进行调节和引导,推动创新活动顺利、高效地进行。

5.4　创新的整合模型：四维度模型

本节对服务创新的四维度整合模型进行介绍。该模型对服务创新的具体维度及维度间的关系作了较为全面的阐述。任何一项服务创新都可以看作模型中四个维度的某种特定组合。四维度模型为服务企业的创新提供了完整的概念性框架,服务企业可以对照该模型进行创新的战略规划,并根据实际情况选择适合自身的创新模式。

5.4.1　创新整合模型的由来

在具体分析服务创新的四维度模型前,需要对该模型形成的研究思想有一定了解。研究者和企业管理人员必须面对的一个基本问题是,生产一项服务的本质含义是什么。对该问题回答的好坏直接影响到对服务创新的研究。

Gadrey(Gadrey,1985)指出:"生产一项服务就是寻求一个问题的解决办法(一项措施、一个运作过程等),它并不提供一个文物产品,而是将很多不同能力(人力、技术、组织等)集中起来寻求针对顾客和组织问题的解决方案,而这种解决方案的准确度会在很大的范围内变化"。

该定义表达的一个重要思想是:除了技术能力外,人力资源和组织能力对服务的生产和提供同等重要。该定义还指出,可以在高度标准化的服务产品(如快餐连锁店)和顾客化程度较强的服务产品间进行明显区分。在顾客化程度较强的产品中,暗默性知识扮演了重要角色,顾客与生产者间的"合作"成为服务提供的一个关键因素(咨询服务是典型例子)。

服务创新研究在近20年取得相当明显的进展。虽然学者们对服务创新的关注从1980年代就开始了,但一直以来都被技术创新的研究所掩盖。1984年Pavitt(Pavitt,1984)引入了技术进步的部门分类,其中服务部门被认为是以供应商为主导的部门。同样,Barras(Barras,1986,1990)也将服务部门作为供应商主导部门,并认为服务部门是从制造业部门获得推动力并开始创新过程的主要阶段。

随着近年来研究的深入,服务创新研究的领域也在逐渐扩张,并产生了两个被学者们普遍认同并具有重要意义的观点。首先,服务部门很多小的创新并不由外界要素,如技术推动和产生,服务部门自身就会产生相当丰富多样的创新,非技术要素在服务创新中占有重要地位,认为服务部门是供应商主导部门的观点存在片面性。其次,除"技术方法"外形成以服务特性为基础的服务创新研究方法也非常重要,它可以减少服务创新学者对技术创新研究方法的依赖。以上两点使学者们开始对一些关键问题进行深入研究,并取得了一定成果,包括服务特性(Miles,1993)、服务管理(Normann,1991;Quinn,1992)、与顾客交互作用的意义及顾客能力的意义(Kline，Rosenberg，1986)、现有要素在新服务中的重组(Herderson，Clark，1990)和Gallouj(Gallouj，1997)对服务创新的分类研究等。

正是上述研究使人们总结出一个创新的整合概念模型，这个一般模型不仅运用于服务部门，还适用于更为广泛的其他部门。事实上，目前存在于服务业和制造业中各种功能的区分都是人为的，很多服务功能在整个经济系统中都得到了传播，而服务创新也在所有产业部门中有所体现，只是程度不同而已。目前存在的各种服务创新模型不能对在所有产业中都适用的关键维度进行识别和整合。Bilderbeek 等人在1998年提出了创新的"四维度模型"(Bullderbeek，Hertog，Marklund，Miles，1998)。该模型是对前人研究成果的一个折中，但正是这种折中使我们能从更广泛的意义上对服务业中的创新进行讨论。"四维度模型"虽然只是一个概念模型，但它却能全面描绘服务创新的内容维度并指导实际的新服务开发。实践证明，该模型对创新政策制定者和服务创新企业家来说都有一定的参考价值。

5.4.2 服务创新的四维度模型框架

服务创新很少局限在由技术引发创新的范畴内，更多的时候它与服务本身特性的变化、新的销售方式、新的"顾客—生产者"交互作用方式以及新的服务生产方法密切相关。但也正是这种多因素相关性使得对一个具体的创新进行分析存在较大的困难。如生产一个对市场而言全新的产品与运用新的销售渠道提供已有产品两者之间就有很大不同。同样，某些创新是创新者与顾客合作的结果，其他一些创新则明显是运用ICT(信息和通信技术)的结果。实际上大部分创新都不是由某一要素单独导致的，而是各种要素综合作用并包含不同程度变化的混合体，它们共同形成了最后的创新。"四维度模型"就是一个运用结构化方式对多个因素发挥作用的创新进行描述、分析的整合模型。图5.13是四维度模型示意图。

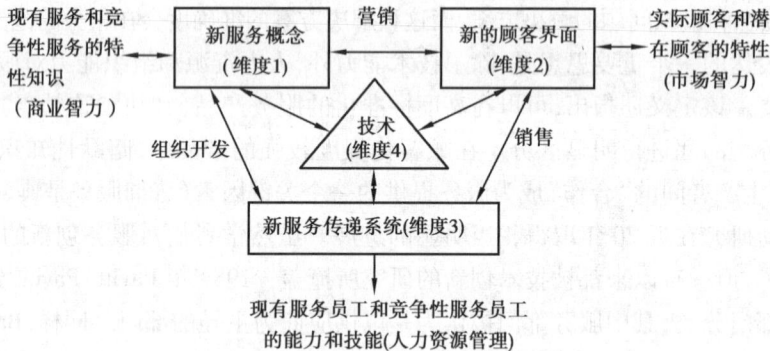

图 5.13　服务创新的四维度模型

下面分三个层次对该模型进行介绍。首先描述模型构成的四个维度，其次分析四个维度间的关系，最后讨论和阐释该模型对服务企业的重要意义。

5.4.3 四维度要素

维度 1：新服务概念

在制造业创新中，产品和过程是高度有形可见的。但在服务中，某些创新高度可见，特别是当包括产品的传递时(如ATM、运输方式变化等)，但更多创新具有高度无形性，它并不是一个有形实物产品,而是解决某一问题的新的概念或想法,因此服务创新在很大程度上是一种"概念化创新",虽然这个概念也许已被其他市场中的顾客所熟悉,但对某一特定市场仍是一种创新。概念化创新在服务业中占有相当大的比重。

服务企业在进行新服务概念开发时,需要明确回答这样一些基本问题:企业需要何种产品以保留现有客户并发展新的客户,竞争者提供的产品是什么,如何将新服务传递给实际顾客和潜在顾客,这些问题构成了"新服务概念"的内容。显然这种意义下的概念化创新是市场驱动型的,企业通过对市场需求的扫描和分析发现创新的来源。"新服务概念"要求企业对自身提供的已有服务和新服务,以及竞争者提供的已有服务和新服务都有准确的认识,尤其要对创新特性有准确的把握。通过对"新服务概念"的理解,服务企业可以不断根据市场变化、顾客要求以及竞争者的行为,开发新的服务并改进原有服务,形成企业的"商业智力"。

服务创新的"新服务概念"维度与其他三个维度密切相关。这种概念化的创新可能以新的技术机会为基础,可能来自新的服务生产过程,还可能来自顾客在服务提供中扮演的新角色(如自我服务创新)。

通过以下实例我们可以进一步理解"新服务概念"维度。最近越来越多的人开始关注自己的金融资产,他们需要专业人员的帮助以完成对其金融资产的管理和经营,并期望从中获利。于是企业就可以开发一种帮助顾客进行金融产品管理的服务并在竞争者之前迅速占领市场,这是一个典型的"新服务概念"开发的例子。再如,ICT 的提供者可以根据客户实施电子商务的需要而专门提供一项计划帮助客户企业进行具体运作。

维度2:顾客界面

服务创新的第二个维度是顾客界面的设计,包括服务提供给顾客的方式以及与顾客间交流、合作的方式。针对顾客界面的分析已成为服务创新研究的一个焦点,尤其在创新的顾客化生产方式研究中被特别强调。但在针对大规模生产制造业的创新研究中,学者们通常都忽略了将顾客和供应商与企业间的交互作用包含在创新过程中。

顾客在很大程度上已成为服务生产不可缺少的一部分,特别是在针对最终顾客的服务中。服务提供者与顾客间的交流和相互作用已成为创新的一个主要来源。在那些不具有明显有形特性或容易被竞争者产品所替代的服务中,服务提供者与顾客间的界面就更为重要,更需要服务提供者投资于与顾客关系的建设之中,并不断开发新的顾客交互作用方式。实现这种创新的首要条件是获得企业实际用户和潜在用户的大量信息。

服务提供者在设计顾客界面时必须考虑以下一些基本问题:如何与顾客有效地交流,企业的潜在顾客是谁,企业有能力让顾客在创新中扮演"合作生产者"的角色吗,对以上问题的正确认识和回答是服务企业建立良好顾客界面的基础和前提。

以下是有关顾客界面创新的一些例子。目前银行和保险公司都推出所谓"直接业务(directbusiness)",但这并不意味着提供了新的服务,而是银行和保险企业与顾客间的联系方式发生了显著变化。再如,家庭购物服务的出现,电子商务的实施都显著改变了服务提供者和顾客间相互作用的界面形式和关联方式。

需要指出,客户界面的创新可能会导致整个创新过程的变化和重组。例如,界面中某些部分如果有 IT 作为支持,那么服务员工就可以将更多精力转向传递过程的其他方面。一个典型例子是 ATM 在银行中的引入。ATM 的引入不仅使前台银行员工的位置发生转移,而且使他们能将更多的时间投入到与顾客面对面的、更加专业化的交流和相互作用中去,并向顾客销售某些复杂的金融产品,或向顾客提出专业化建议等。人们经常将 ATM 看作是一个技术创新,但在很大程度上它是银行与顾客间关联与交互作用方式上的创新。

目前的产品和服务提供越来越以顾客为导向,顾客越来越多地参与进服务的生产和传递中,顾客界面也因此变得越来越重要,这是整个服务业都普遍存在的现象。但它同时也产生了另外一个问题:过多的顾客化使得对创新绩效的测度变得更加困难。

维度 3:服务传递系统

"服务传递系统"维度主要指生产和传递新服务产品的组织。该维度侧重于服务企业的内部组织安排,力求通过合适的组织安排和管理,促使企业员工开发和提供新服务产品;与该维度密切相关的问题是:如何对企业员工授权?如何促使员工传递新的服务产品?因此,该维度的中心内容是强调现有的组织结构和员工能力必须适应新服务开发的需要,如不适应,就要通过新组织结构的设计和员工能力的培训促使创新的顺利进行,很明显,"服务传递系统"维度和"客户界面"维度间密切关联,产品的内部组织和传递方式("服务传递系统"维度)与员工和顾客间相互作用的方式("顾客界面"维度)不能分离,两者相互交织并相互支持。最明显的一个例子是,在商业过程中引入电子商务要求有较大的商业过程重组。它不仅改变实际商业交易发生的方式,而且改变了交易前后的过程,企业的内部组织和员工的能力、技能也都要发生改变。再如,家庭购物服务的大量引入使服务提供者和客户的关联方式发生巨大变化,还使组织结构和员工技能发生较大改变。服务中的"福特制生产"要求以标准质量的产品在不同地方以同样方式迅速为顾客提供服务,为达到这一目标,企业必须对员工能力和激励机制进行大量投资。这也是服务传递系统创新的一个例子。

"服务传递系统"维度中很重要的一点是组织对员工的授权,尤其是在专业性服务中(如广告服务、计算机服务、设计服务等)。通过适当授权可以为员工提供较大的灵活性,这对提高创新效率、确保创新顺利进行十分有益。

维度 4:技术选择

"技术选择"维度已成为众多学者分析和争论的焦点,学者们更为关注服务对技术发展的影响。由于服务创新在没有技术参与的情况下仍可以发生,因此技术并不是服务创新的一个必要维度,它在模型中是一个可选维度。虽然不是必要维度,但技术仍在服务创新中扮演了重要角色。大多数服务都可以依靠使用某些技术而变得更为高效(如 ICT 的使用、超市中购物车的使用、仓储系统的使用等)。

在服务创新中有很多针对特定部门的技术,如健康服务中的医疗技术,环境服务中的清洁和监测系统技术,公共饮食服务和旅馆服务中的食品和烹饪技术,零售服务和其他形式物品运输中的冷藏和温度控制技术等。这些技术也会对特定的服务部门产生重要影响。当然某些技术可以在众多服务部门被广泛采用,ICT 就是一个明显例子,它可以在大多数服务部门中进行大量的信息处理工作,因此成为一种几乎所有经济活动都内在需要的技术。学者们经常将 ICT 看作服务创新的巨大推动力,这是典型的"供应商主导型"创新观点,其中最有影响的是 Barras 提出的"逆向产品周期"理论。该理论认为服务业中的创新是由对信息技术的吸收和使用而形成的。事实上,服务并不总是"供应商主导型"的。很多服务企业在技术

(设备)引入钩过程中和过程后都在进行其他创新活动;更进一步,由顾客和市场引发的创新在服务企业中更为频繁和重要。

从 IT 服务本身也可以发现服务企业并不总是以供应商为主导,比如软件企业。虽然在某种程度上软件新产品的开发要受制于硬件发展(如芯片的发展),但开发某一具有新应用、新功能和新界面的创新更多在软件企业内部产生,而不受供应商的直接影响。再如,金融部门是 ICT 的一个主要用户,其中很多企业除了在市场上购买 ICT 设备外,还拥有大量自己的软件编程和网络人员。这些专业人员完全可以根据企业需要开发针对企业应用的软件,并将其作为开发新服务产品(如电子商务、网络银行)的有效工具和手段。以上实例表明,服务部门不再是以供应商为主导,其本身就能产生相当多的创新。

5.4.4　不同维度间的关联及四维度模型意义

从某种意义上讲,任何一项服务创新都是上述四个维度的某种特定组合。一项服务的出现通常意味着新服务概念的形成,同时需要开发一个新的服务传递系统,员工也要改变其工作方式以及与顾客接触和关联的方式,并使用 ICT 等技术。但在实际开发创新过程中,只有这几个维度是不够的,还需要用不同的功能活动把它们连接起来。不同维度间的这种"关联"更能引起人们的兴趣,因为它是服务创新四个维度发挥作用的根本途径,是创新得以实现的重要保证。

存在于四维度模型中最主要的关联是市场营销、组织开发和销售。企业向已有顾客和新顾客推出某一新服务概念需要多方面的知识。具体来说,服务企业与顾客间的相互作用以及对服务传递系统的改进和适应需要服务销售方面的知识,包括服务在何处被生产、如何在市场中被传递和销售的知识。同样,新服务的生产和传递还需要组织方面的知识,即现有组织能否传递新服务、需要组织发生何种变化以适应新服务等。因此,只有通过单个维度的发展以及维度间的关联和相互作用,创新才能被有效实施并最终实现。

服务创新四维度模型对服务企业具有重要意义。

首先,四维度模型说明,服务创新并不是孤立地发生,而是在一定的"社会—经济"背景下发生。服务企业首先应该能够识别和持续监测现有竞争服务和潜在竞争服务:竞争者会提供什么样的服务,是否有新企业正在进入市场,它们提供的产品是什么,这些问题构成了服务企业的"商业智力"。

其次,服务企业需要识别并与潜在的和实际的顾客保持联系,通过交互作用熟悉这些顾客的特性:谁是我们的潜在顾客,他们需要什么,顾客们喜欢现有产品吗,谁是潜在顾客,提供的服务在实际中如何被使用,服务提供是否丢失了某些服务要素,这些问题构成了所谓的"市场智力"。

再次,服务企业需要明确员工的能力、技巧和态度能否用来"生产"新服务。如果还有欠缺,就应通过对员工进行正式或非正式的培训,以及招募新的员工来满足创新的能力要求。同时,服务企业还要对本企业和竞争企业的员工质量(掌握的一般知识、暗默知识、工作灵活性、工作态度等)进行比较,以发现不足并采取有效措施加以克服。很明显,这些问题与企业的人力资源管理和内部组织安排有关。

最后,服务企业与运作外部环境的基本联系是技术知识或"技术智力",即企业对技术的选择和运用,它是与企业的市场智力同等重要的因素。服务企业不需要自己掌握所有的相关技术,但至少要对有前途的技术领域有所了解,并能判断技术需求和利用技术机会。

需要指出,四维度模型在定义上是人为的,模型中单个维度以及维度间的不同关联对每个服务企业的重要性都不相同。此外,不同类型服务所需的资源输入各不相同,对输入资源的搜索和选择过程也存在差异,服务创新过程受政策制定者影响的程度也有所不同。因此,服务企业在进行创新时,要根据自身条件和能力以及周围环境的特点选取适当的创新维度,准确把握不同维度间的关联,确保创新顺利、高效的进行。

5.4.5　服务创新管理框架

本部分首先对 Normann 提出的服务管理系统进行简单介绍,随后提出一个关于服务创新管理的概念模型,并进行初步阐述。

1) Normann 的服务哲理模式

服务创新管理是服务企业有效实施创新的根本途径和保证。Normann(Normann,1991)提出了一个服务管理的框架模型,如图 5.14 所示。

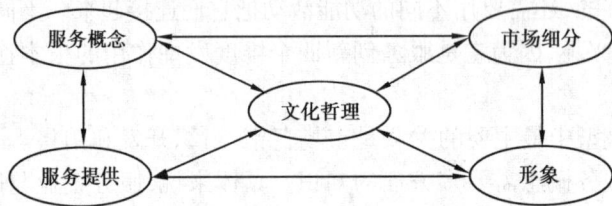

图 5.14　Normann 的服务管理系统

在 Normann 的管理系统中,包含了五个基本要素,分别是服务概念、服务提供、市场细分、形象和文化哲理。事实上,这些要素是一个服务系统有效运转所必需的要素。Normann 认为对一个服务系统的管理分为两步,首先应了解服务系统的基本要素,其次应设计有效的方法控制和再造这些要素。该模型虽然指出了服务管理所必需的基本要素,但对五个要素间的关系与管理实施没有进行具体论述。更重要的是,该模型并不是专门针对服务创新管理的模型,它忽略了对服务创新活动很重要的一些要素,因此不能用作服务创新的系统分析框架。

2) 服务创新管理框架

在 Normann 及前人工作的基础上,结合作者的研究,笔者提出了一个初步的服务创新管理框架。

对服务创新的管理要考虑几个维度的影响。首先从影响创新过程内外部要素的管理来划分;其次从服务创新过程的阶段进程来划分;最后从能力的培育和管理角度划分。这三个维度是服务创新管理的三个不同侧面,它们相互之间并不孤立,而是相互包含、相互作用并相互增强,共同构成了服务创新管理的全景。在这三个维度中,对要素和进程的管理是基础,对能力的管理是关键。图 5.15 是对服务创新过程管理三维度的关系描述。

在上述模型中,服务创新过程可划分为三个阶段,分别是"创新概念产生阶段""开发和测试阶段"和"产品投放市场和评价阶段"。这三个不同阶段都包含了对创新内部和外部要素的管理,同时还要求企业管理层通过各种手段提升本企业的创新能力,具体包括创新资源

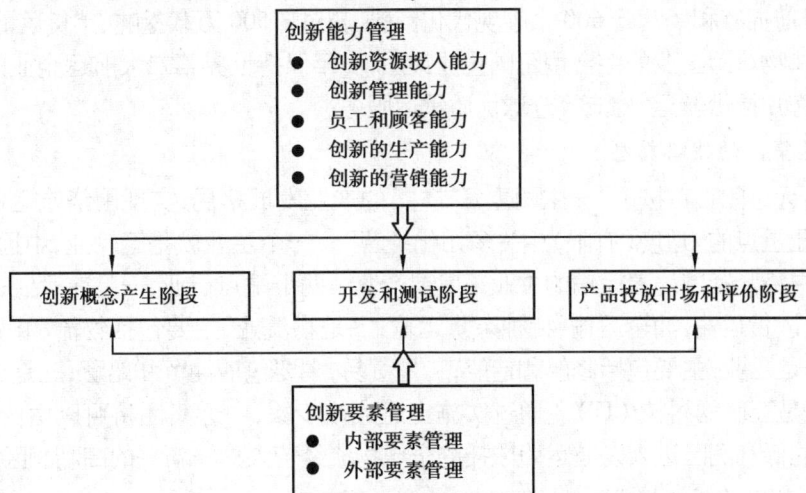

图 5.15　服务创新管理的三维度模型

投入能力、创新管理能力、员工和顾客能力、创新生产能力以及创新营销能力。在三个维度中,服务创新管理的内外部要素已在本章第二节进行了介绍,在后续章节中将以新服务开发为例对服务创新过程的管理进行阐述,并重点剖析创新过程中服务企业对创新能力的培育和管理。

　　需要说明,上述三个维度不是截然分开,而是相互包含并相互影响的。在创新的不同阶段,企业要采取不同管理方法和手段对不同的内外部要素进行有效管理,而在对不同要素的管理中企业又要着力培育不同的创新能力,形成竞争企业无法模仿的竞争优势。该模型将服务创新的管理内容按不同标准和侧重划分为三类,这对服务企业管理者有一定的借鉴意义。首先,服务创新的管理是一个复杂的、系统性的过程,因此,服务企业必须从战略的角度进行全面、细致和可行的规划;其次,服务创新管理的范畴较广,内容较多,不仅包含对不同内外部要素的管理,还要针对不同阶段进行管理,最关键的是对不同能力的培育和发展;再次,管理方式多种多样,因此需要采用多样化的管理方式和手段以保证管理的合理性和效率;最后,该模型为服务企业提供了进行管理的基本框架,企业可以对照该框架发现自身的问题和不足,并采取相应措施加以克服,提高创新的效率,改善创新效果。

　　在服务企业的创新过程管理中,全面和系统的战略管理至关重要,它直接关系到创新的成功与否。

【案例分析】

中远集团的服务创新模式

(1)中远集团简介

　　中国远洋运输(集团)(简称中远集团)总公司的前身,是成立于 1961 年 4 月 27 日的中国远洋运输公司。1993 年 2 月 16 日组建了以中国远洋运输(集团)总公司为核心企业的中国远洋运输集团。目前,中远集团已由成立之初的 4 艘船舶、2.26 万载重吨的单一型航运企业,成长为目前拥有和经营着600余艘现代化商船、超过3500万载重吨、年货运量超过3亿吨的以航运和物流为主业的综合型跨国企业集团,多年保持世界第二大航运企业的地位,致力于为全球客户提供航运、物流等全球优质承运服务。

（2）中远集团的战略转型

目前,中远集团正在按照"一主两重五支柱"的产业发展格局,实现围绕航运、物流和修造船三个产业重点的"适度（有限）相关多元化经营"。一个主业就是运输业,中远集团未来的几十年当中将紧紧围绕着运输的主业来发展产业。两个重点行业,一是航运业,主要包括集装箱运输、散货运输、油轮运输、特种杂货运输;二是物流业,主要包括物流和码头。五个支柱产业,一是工业,主要包括修船和造船;二是贸易,主要包括油贸和船贸;三是金融;四是上市公司;五是互联网科技（IT）。通过实施上述战略步骤,中远集团将可以由传统的全球航运承运人的低利润区进入以航运为依托的全球物流经营人这一新兴的高利润区。

（3）中远集团的创新模式

为实现集团的战略转型目标,中远集团实施了一系列创新举措,形成了多种创新模式。

①海上绿色通道模式。

在中远集团的服务创新活动中,由广远公司（中远集团子公司）开辟的海南、广东西部至北方港口的"海上绿色通道",是连接中国南方瓜果蔬菜基地和北方地区的"南果北运"通道,为解决南方果蔬销售流通瓶颈问题铺设了一条海上通道。

瓜果蔬菜的运输一直是对物流行业的挑战,海南的农民有着将自己种植的蔬菜水果运输到北方市场的迫切需求,广远公司的员工敏锐地捕捉到了这一需求信号,开展了深入的调研、分析、论证,结合自身专业服务的条件,迅速推出一项全新的服务品种——海上绿色通道。广远公司从过去只提供船舶运输服务转变为参与到所有的物流环节中去,与各方面开展合作,将包装企业—冷鲜技术资源—港口业务—海上运输—陆路运输整合成利益共同体,整合仓储、路运、海运、销售等资源。在运作上,海上绿色通道采取专人负责制,指定工作人员,从签订合同开始就"贴身"跟进,从集货到上船整个过程都有专人管理,专人负责,确保了整个通道的安全畅通。通过海上绿色通道的创新,中远集团培育出一个新型市场,很快赢得了市场,取得了良好的经济效益。

②绿色快航模式。

经营中日航线的中远集团员工发现,中日两国冷鲜食品贸易中存在巨大的航运商机,因此积极开展调研、分析、论证,根据日本客户要求快捷的特定需求,推出了"绿色快航"。

随着绿色快航的高质量运营,中日航线中的客户逐步接受了这种全新的服务方式,各航运公司也纷纷效仿。以绿色快航为基础,公司制定了打造中远第二品牌的战略目标,有组织、有计划地开发服务于客户各种需求的高质量的服务产品,于是有了"霓裳快航""电器快航"等快航系列,HDS SYSTEM服务,以及正在开发的RORO快速船服务等。

为推广快航服务并从中获利,中远采取加大中高端市场投入、兼并或收购低端市场的策略,以合适的单船舱位和合适的班期密度迎合中日间的高端市场需求,追求差异性带来的高回报,避免低运价竞争;同时加强船东合作,从中低端市场攫取总体市场份额和薄利多销带来的利润。

绿色快航项目需要进行航线设置、港口选择、途径规划（物流、咨询方案、资金、实施步骤)、辅助性设施建设,同时还要实施客户关系管理(CRM)、安全保证措施以及服务质量控制,这涉及企业的战略、研发、营销等多个部门,需要研究开发、试验、营销等职能进行全面改进。这些开发活动是由业务部门和研发部门共同实施的。

在绿色快航的创新中,中远员工采用寓意环保的绿色快航的全新概念,并将绿色快航中的船舶冠以"松""竹""梅""樱花""兰花""菊花"等具有中日民族文化特色的名称,这在一定程度上达到了与客户沟通的目的。

③半潜轮运输服务。

根据特种客户的需要,应用高新技术,推出全新的特种服务,是中远公司"经营特种船"战略定位的需要。中远航运股份公司开发的两艘半潜船——"泰安口"轮和"康盛口"轮充分体现了这样的定位,它们是结合客户需求、运用特种航运技术的载体,半潜船所提供的运输服务是在应用特种航运技术的情况下推出的新的服务形式。

在被称为"亚洲第一轮"的"泰安口"轮的设计和建造中,中远打破了传统观念的束缚,率先在航海领域运用高新技术,装置了轻巧的集推进和方向控制为一体的 SSP 电力推进系统和 6 600 V 中压电力系统。这是国际上首次将两个系统装船使用,其装配的 DP 动态定位控制系统,解决了海上工程设备定位定向安装作业的根本问题,给海上开采业提供了方便。同时,为了解决数据处理问题,"泰安口"轮还装置了 LMAC55 集中自动控制系统,

应用了很多前沿信息技术和自动控制技术,并采用了光纤通信技术。

基于特种技术的服务创新模式带有较强的垄断性,起决定作用的是创新者的经济实力和管理水平,竞争对手难以效仿,这为保持长久竞争优势提供了可能。

④为客户企业开发的"门对门"物流服务。

应上海通用汽车有限公司的要求,中远集团为其提供了"门到门"的物流服务,这是由构成网络成员企业的中远集运和上海中货分别提供海上和陆上的运输服务集合而成的。由于两家企业在服务空间领域上的互补性,各自服务的结合构成了整条供应链,但是由于 CKD货物运输中存在时间要求高、成本高、需求面广、需求种类多、需求变化多的特点,要实现海陆运输的平滑衔接,必须加强管理,改变业务流程。上海通用汽车有限公司经常会减少某些车型的生产量,从而减少相应的提货量,这样很容易造成集装箱积压,箱量流转周期加长。中远集运和上海中货派出专职技术人员及时开发了木箱配送服务项目,解决了集装箱积压的问题,开辟了中远系统仓储管理和运输能力的新领域。

[案例讨论题]

1.试阐述中远集团不同创新模式中,内外部动力要素发挥的作用。

2.总结中远集团的创新要素,按照四维度模式重点对海上绿色航道服务进行分析。

3.为什么中远集团的员工能在实践中发现客户需求并产生创新概念? 中远集团的企业文化有什么特色?

4.试运用服务创新的三阶段过程模型,对绿色快航的创新过程进行分析。

5.中远集团的创新是否会被其他竞争对手模仿? 中远集团保护其创新不受模仿的方法是什么?

6.R&D 部门在中远集团的创新中发挥了什么作用?

7.试从中远集团的案例中,初步概括远洋运输业的服务创新轨道。

本章小结

本章介绍了服务创新的基本类型、服务创新的基本驱动力、服务创新的模式和创新的整合模型。Wietze 和 Elfring(Wietze,Elfring,2002)把服务创新分为两大类:技术创新和组织创新。Norman(Norman,1984,1991)描述了四种创新形式:社会创新、技术创新、网络创新和复制创新,其中社会创新包括的"客户参与"和"关联或集束创新"为进行进一步的组织创新研究提供了来源。Sundbo 和 Gallouj(1998)从创新对象上将服务创新分为四类:产品创新、过程创新、组织创新和市场创新。Miles(Miles,1993,1995)依据服务特性,将服务创新分为三类:产品创新、过程创新和传递创新。

服务创新的基本驱动力不仅是形成创新模式的基础,还是创新过程的重要决定因素,而驱动力要素的组合则会构成服务企业的系统创新环境。服务创新活动主要由企业内部动力推动,包括三类:企业的战略和管理;员工;创新部门和 R&D 部门。服务企业中创新过程的一般模式包括三个阶段:概念阶段、发展阶段和保护阶段。服务创新的思维度要素依次是:新服务概念、顾客界面、服务传递系统和技术选择。

【思考与练习】

1.服务创新包括哪些类型? 每种类型的特点是什么? 除了按照"创新对象"和"创新性质"外,还能按照什么标准对服务创新进行分类?

2.试运用服务创新的 4 维度模式,分析网络银行和 ATM 这 2 项新服务,重点分析它们对企业组织结构和员工技能的影响。

3.试收集 3 家开展服务创新的企业的资料,运用书中介绍的 3 类服务创新驱动模式,考察每家企业创新的动力,绘制创新推动模式示意图。

第6章 服务流程

缺乏具体方案支持的蓝图不过是美梦一场；没有蓝图指引的行动方案也终将是徒劳无功。但将蓝图与行动相结合，则将成为这世界的希望。

——英国索塞克斯郡(Sussex)教堂 1730 年的铭文

【学习目标】

学完本章,你应该理解：

1.服务流程设计的一般内容和步骤。

2.指定行业以差异性和复杂性进行服务定位和分类的思路。

3.服务流程设计的一般方法。

4.解决服务流程瓶颈的方法。

5.服务蓝图的概念以及绘制和解读原理。

【案例导入】

细节赢得顾客

"杂交水稻之父"袁隆平先生曾以 VIP 身份下榻深圳某宾馆,并在餐厅用餐。袁先生喜辣,钟爱湘菜,一进餐厅就提出要吃川湘风味的菜肴。针对客人的要求,餐厅在总厨师长的带领下,营业部经理与中餐厅经理相互配合,认真配制菜谱,精心烹制菜肴。当天中午,一桌地道的湘菜端上了餐桌。客人吃完后表示非常满意,但由于湘菜味太浓太辣,另一餐桌陪餐的本地客人并没有吃好。

餐厅服务员发现后,及时将陪餐客人出现的情况反馈给营业部,营业部在征得接待单位同意后,通知厨房在菜肴的烹饪制作时分开加工,在保证主台原有风味不变的情况下,对另一台的同样菜肴微辣制作,这一改变,受到了全体用餐人员的好评。

【案例点评】

在酒店服务过程中,服务人员不仅要有良好的行为举止、服务技能,还要有善于观察、注重服务细节的能力。著名管理大师汪中求先生在《细节决定成败》一书中强调,是否注重工作细节将决定工作的成败。

这是一起典型的细节服务赢得客人满意的案例,反映了服务流程中两个细节。一是酒店以广东菜为主,制作湘菜并非厨师的长处,但他们以客为尊,按照客人的需要,尽力烹饪出令客人满意的湘菜。二是在服务过程中,服务员发现陪餐的本地客人怕辣,及时反馈,酒店及时调整菜肴的加工方法,减少另一桌陪餐客人菜谱的辣味,改为微辣,分开制作,烹饪出让所有用餐客人都能满意的菜肴。

酒店管理者强调规范化服务,在此基础上实施标准化服务、程序化服务;在规范化、标准化、程序化的基础上,提供个性化服务。个性化服务的实质就是细节服务。做好了细节服务就是做到了个性化服务。有了细节服务、个性化服务,那就是成功的、令客人惊喜的满意服务。而这一切的安排,源于服务流程的设计。

6.1 服务流程的分类

6.1.1 服务流程概念

所谓的流程是指一个或一系列连续有规律的行动,这些行动以确定方式发生和执行,导致特定的结果的实现;它是一个或一系列连续的操作。最简单的流程是由一系列单个的任务组成,有一个输入和一个输出,输入经过流程变成输出。

从组织的角度看:流程是组织执行某项任务,开展某项业务活动的程序或步骤。

服务流程的界定服务提供系统设计其实就是运营流程设计,运营流程的一般定义是指企业把一定投入变换为一定产出的一系列任务,这些任务由物流、人流、信息流有机地连接在一起。对于一个制造业企业来说,产出的主要是有形产品,投入的是原材料、设备、技术、熟练劳动力等资源,其中的一系列任务包括原材料加工、零件制作、产品组装等,不同的任务之间需要通过库存、搬运等物流活动有机地连接到一起;而对于服务业企业来说,产出的主要是服务,其中的一系列任务包括接待顾客、与顾客沟通、按照顾客的不同要求为顾客本身或顾客的物品提供服务,其服务流程主要由提供服务所经历的步骤、顺序、活动构成。因此,服务流程就是服务组织向顾客提供服务的整个过程和完成这个过程所需要素的组合方式,如服务行为、工作方式、服务程序和路线、设施布局、材料配送等。

从运作管理的角度出发,服务流程可视为服务组织对服务对象——顾客和必需的信息与材料进行"处理"的过程的组成方式,如图 6.1 所示。

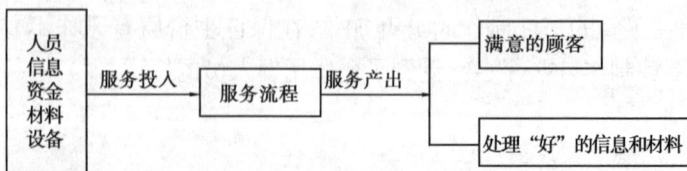

图 6.1 服务流程示意图

6.1.2 服务流程定位

1）服务流程定位

服务对象、服务要求的不同和竞争态势的差异,要求服务组织在服务流程的选择上作出战略性的决策。准确定位的决策是在服务所需求的复杂性(难度)和多样性(选择性)基础上所制定的。如图 6.2 所示,利用流程结构复杂性和多样性的程度,我们可以为金融服务行业绘制一张市场定位图。

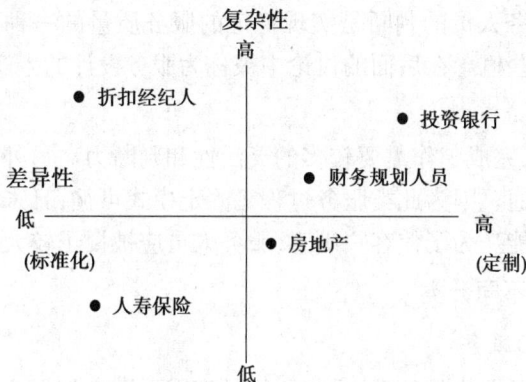

图 6.2　金融服务的结构性定位

服务业的各类服务组织都可以在这个图上找到自己的定位。例如:休闲设施、酒店、医院等。市场定位因是一种相互的比较模型,可以得出服务组织的市场定位并用于寻找市场空白与竞争对手。在所有的服务行业中,我们可以看到企业在与他们的竞争对手相比较定位时,流程结构图可向各个方向移动。

2）服务流程设计的一般过程

服务流程是富有创造性的作业,它能够提供一种与竞争对手有所不同的服务概念和战略。服务流程的设计过程是复杂的,对于一个好的服务流程,应当详细指明顾客何时何地会提出何样要求、何时将会离开、在服务过程中顾客与服务流程之间有什么样的接触、顾客是否有可能改变流程等。当系统开始运转后,在条件允许的情况下,要不断地对服务流程进行修正,以提高流程运作的效率。服务流程设计的一般过程包括如下内容与步骤:

①确定提供服务产品的服务流程的类型;

②根据服务流程的类型选择服务流程设计的基本方法,以明确服务提供的基本方式和服务生产的特征;

③解决服务流程中的瓶颈问题;

④对服务提供(生产)系统进行总体描述和规划设计;

⑤选择基本的流程技术。

6.1.3 服务流程分类

根据定位,我们可将服务流程进行分类。服务流程可基本分为两类,服务差异高的和服务差异低的(差异化和标准化)流程。然后再按流程服务的对象划分为三类:对顾客、对信息、对有形物品的服务过程。再按顾客与服务者的接触分为无接触、间接接触、直接接触三种流程,直接接触又分为自助式服务和全面服务接触。服务流程的分类提供了在不同类型的组织中不同的服务过程,这有助于我们理解服务设计及其管理。

1)根据产品差异化的程度分类

(1)标准化服务(低差异性)

标准化服务通过范围狭窄的集中的服务获得高销售量。这是一项日常工作,不要求工作人员有较高的技能,由于服务性质的简单重复性,自动化更多地来代替人力(如使用售货机、自动洗车)。减少服务人员的判断是实现稳定的服务质量的一种方法,但这也可能会产生一些负面的后果。这些概念在后面的讨论中被称为服务设计的生产线方法。

(2)专业化服务(高差异性)

对专业化服务来说,完成工作需要较多的灵活性和判断力。另外,在顾客和服务人员之间要适时地进行信息沟通。因为此类服务过程无固定模式可循,且未被严格界定,因此需要高水平的技巧和分析技能。为了使客户满意,服务人员应被授予较大的自主决策权。

2)根据服务对象的不同分类

(1)处理实体产品的服务

处理实体产品的服务即物品处理,是作用于顾客有形资产的行为,这些服务要求顾客提供其物品,但不一定要求顾客在场。例如,包裹递送、服装洗涤、家电修理等。在很多情况下,顾客将其物品留给服务组织,或服务组织上门服务,顾客只需要给出足够的进行服务的信息和指示即可。汽车修理和草坪修剪是两个最典型的例子。在这两种情况下,服务接触的时间都很短,除非顾客选择在服务期间停留在那里。当涉及实体产品时,一定要分清楚它是属于顾客的还是由公司本身提供的(辅助产品)。例如干洗或汽车修理,服务作用的客体是属于顾客的,因此工作人员一定要注意不要让它有任何损坏。另外一些服务中服务企业提供辅助产品,并将其作为服务的重要组成部分,管理中必须考虑这些辅助产品适当的库存和质量。如麦当劳餐厅对食品购买的关注。

(2)信息服务

信息服务即信息处理,作用于顾客无形资产的行为,以处理顾客的钱财、文件、数据等。在顾客和服务组织接触并提出要求后,顾客就没有必要在场或参与其中。这些服务的本质和现有的技术水平使得顾客几乎不需要与服务人员面对面的接触。例如,许多银行服务可以通过电话、互联网和 ATM 完成。但是,仍然有许多服务,顾客宁愿通过面对面服务来得到,如开设新账号或申请住房贷款等。所有服务系统都会处理信息(接收、处理和操纵数据)。有时,这是一种后台行为,例如在银行处理支票;在有的服务中,信息的沟通是以间接的电子方式进行的,例如电话查账,工作人员可能会在电子屏幕前花上若干小时;有的服务如咨询顾问,顾客与工作人员直接接触以进行信息交流。对于那些高技能的员工,妥善处理非常规问题有利于提高顾客的满意度。

(3)对人员的服务

对人员的服务包括作用于人体的行为,服务的结果使人体(身体状况、外形、地理位置等)发生一定的改变。例如,心脏病手术、航空服务、美容美发、餐馆等。这些服务要求顾客在服务过程中必须在场,即身处服务设施内。在这些情况下,顾客与服务组织及其员工和设施在一段较长的时间内有紧密接触。另外,对人员的服务还包括作用于人的精神的行为,服务的结果主要对顾客的精神发生作用,使顾客感到愉悦、增加知识、得到信息、改变想法等。提供这些服务有时并不要求顾客身处服务设施内。例如对于电视或广播节目、移动通信等服务,消息是顾客与服务组织的唯一接触。但在另外一些情况下,如传统的教育机构、音乐厅和咨询机构,顾客也必须在场。因此在后者的情况下,与顾客面对面的服务提供者的行为决定了顾客对所接受的服务的感受。此外,如果顾客身处服务组织的设施内,其物理环境、服务组织的政策以及其他顾客都有可能在顾客形成服务感受的过程中发挥重要作用。

人员处理过程涉及实体形态的变化(如理发或手术)或地理位置的变化(如乘车及租用小汽车)。由于这类服务的"高接触"性,服务人员不但要掌握技术方面的技巧,还要掌握人际沟通技巧。对于服务设施和地址选择也应引起注意,因为顾客要亲自出现在服务系统中。

3)根据服务接触的程度分类

顾客与服务传递系统可以有两种基本的参与方式。

(1)服务过程中顾客直接参与

在这种情况下,顾客会对服务环境有彻底的了解。直接顾客参与又可分为两类:与服务人员无交互作用的自助服务和与服务人员有交互作用的自助服务。自助服务很有吸引力,为客户在必要的时候提供必要的劳动。服务中技术的高效应用取决于那部分愿意使用这种设备的顾客,如自动售货机。当顾客愿意与服务人员直接参与时,上面所讨论的所有人员处理过程的问题对于保证服务的成功十分重要。顾客亲自出现在服务过程中会导致许多新的问题。

(2)顾客通过电子媒介间接参与或没有参与

顾客间接参与或没有参与的服务过程可能不会受到由于顾客出现在服务过程中而产生的问题的限制。由于顾客与服务传递系统隔离开来,所以可以采取更类似于制造业的方法。关于场所选址、人员配置、工作安排、员工培训等的决策可以从效率的角度考虑。事实上,非顾客参与产品处理的组合通常可以看成是制造活动。例如,干洗是批量生产,汽车修理是单件生产。银行是这三种方式都存在的例子。例如,提出一项汽车贷款申请需要与负责人直接会晤,贷款的支付可以通过电子转账完成,而贷款的财务记账由银行后台人员完成。

6.2 服务流程的设计方法

服务流程的设计是从服务提供系统的总体出发,确定服务提供的基本方式和生产特征,服务的关键在于设计服务系统自身。总的来说,流程设计可以有三种方法。一种是在极端情况下,我们按生产线方式提供服务。此时,为保证稳定的质量和高效的运转,例行工作是在一种受控的环境中完成的。另一种方法是鼓励顾客积极参与——自助服务法,允许顾客在服务过程中扮演积极的角色。这对公司和顾客都会有很多好处。还有一种折中的方法是将服务分为高顾客参与和低顾客参与。这样,在低顾客参与的条件下,服务过程的设计可以与顾客分开来考虑。实践中更多的是同时使用这几种方法的结合。例如,银行将支票处理过程与顾客隔离,使用自动取款机,同时还提供个性化的贷款服务。

6.2.1　生产线方法

所谓的生产线方法是指将制造企业的生产线流程和管理的方法运用于服务企业的服务流程设计与管理。由于制造业的操作工人各自在生产流水线上完成一定程序的操作,因而效率很高,并且不容易出现差错。鉴于这种方法的优越性,许多服务企业引进了这种方法,用来指导服务流程的设计和管理。

麦当劳公司是将生产线方式应用到服务业的典范。见表6.1。

表 6.1　麦当劳的四个服务要素的标准化

服务要素	服务要素的标准化
"环境"要素	统一的店堂布置、烹制设备和操作规范
"物品"要素	统一的食品(如巨无霸、麦香鸡、炸薯条等)和包装
"显性"服务	统一规定并严格控制服务人员操作规范;待客的一致性
"隐性"服务	同样整洁卫生的环境,保证及时性、愉悦性的统一措施等

服务系统设计的生产线方式有以下四个方面的特征:

一是员工的权限有限。产品的标准化和稳定的质量是生产线方式的优势所在。对于标准化的常规服务而言,顾客更关注服务行为和过程的一致性。例如,除虫公司的每一个特许经营店都将提供质量和水平相同的除虫服务,达到一个相近的除虫率。这同制造业生产无差异产品的情况是一样的。

二是劳动分工。生产线方式要求将全部工作分为若干项简单的工作。这种劳动分工使得员工可以发展专门化的劳动技能,提高生产率。此外,在劳动分工的同时实行按劳取酬。

三是用技术替代人力,不断地开发新技术并用新设备来替代人力,促进了制造业的发展。现在这种方法也已经应用于服务业。例如,银行利用 ATM 机替代办理存储业务的人员,减少了人工和劳动成本。

四是服务标准化,限制服务项目的数量有利于控制服务过程。服务变成了事先已规划好的常规工作、这便于顾客有序流动。标准化有利于稳定服务质量,而特许服务方式正是充分利用了标准化的好处,建立了全国性的组织,克服了服务半径有限带来的需求受限的问题。

运用生产线方法设计和管理服务流程,其目的是达到服务的高效率和规范化。具体方法如下:

(1)明确合理的劳动分工,对工作任务进行简化

生产线方法的基本思路是把工作划分为各类较为具体的任务,使每个人的工作简化,并

且只需要员工具备相应的一类或几类技能。这样可以提高服务效率,减少服务差错降低运营成本。

(2)采用各种设施替代服务人员的工作

这种方法要求在服务生产和提供活动的过程中尽量采用各种设施和技术替代传统服务的人工劳动。具体包括采用机械和自动化设备、信息系统等硬技术和现代管理系统等软技术。

(3)促使服务的标准化

对服务产品本身重新分析和定位,尽量减少其中的可变因素,使之标准化,为顾客提供稳定、规范化服务。只有这样,相应的服务系统才能进行标准化,也才能明确定义各类服务分工,从而制定相应的流程和操作规范,最终实现提高服务效率和规范化的目的。

(4)实现服务人员的行为规范化

通过行为规范化,可以提高服务质量的稳定性,提高服务效率,使所有的顾客都能得到一致的服务,减少人为因素的影响,提高服务质量和经营效率。

(5)控制服务人员的自主权

标准化和质量的稳定性是生产线的优势所在。对于标准化的常规服务,服务行为的一致性受到顾客关注和认同。因此,服务人员行为的标准化要求把个人的自主权控制在有限的范围内。

6.2.2　顾客合作生产法

这种服务提供系统的设计方法鼓励顾客积极参与,允许顾客在服务过程中扮演积极的角色。一些本来由服务组织承担的工作转交给顾客来完成。这样一方面由于顾客变成了合作生产者而使服务企业的生产力得到提高;另一方面,顾客的参与也提高了服务定制的程度,进而提高了顾客的满意度。由此,顾客合作生产给服务企业和顾客都带来了利益。

例如,比萨饼屋公司的午间自助餐允许顾客自己选择沙拉和按角(而不是整张)选购比萨饼,而不需要按照每位顾客的要求烤制。如果这家公司把目标集中在那些愿意进行自我服务的人群上,那么,让顾客参与到服务过程中来便可以以某种程度的定制来降低服务成本。这种设计方法具有以下的主要特征。

一是降低劳动力成本。员工的工资在上升、劳动力成本在增加,促使服务组织用顾客参与来代替个性化的服务。银行使用的自动取款机和长途直拨电话就是一例。现代的顾客已成为合作生产者,并从低成本服务中得到好处。更可喜的是,一部分顾客实际上很欣赏这种自助服务。例如,大多数沙拉吧台允许顾客根据个人爱好选择沙拉的数量和种类。最后,因为在需要的时候顾客提供了额外的服务,从而合作生产也减轻了供求不平衡的矛盾。

二是合作生产形成了一定程度的定制。一家比萨饼店允许顾客自己选择沙拉和按尺寸选样比萨饼。厨师们则接连不断地烹制卖得好的比萨饼,而不需要按照每位顾客的要求烤制。可见,一家服务企业如果把目标集中在那些愿意进行自我服务的顾客群,那么,让顾客参与到服务过程中来可以以某种程度的定制来支持成本领先竞争战略。

三是缓解暂时性的员工短缺。当服务组织面对需求高峰而出现人手相对短缺的现象时,可以由那些愿意积极参与服务过程的顾客提供额外的服务,从而使暂时性的供求矛盾得以缓解。

四是理顺服务需求。通常服务需求随着时间而变化,存在高峰期和低谷期,这会使服务组织在某些时候因服务能力不足而失去获利的机会,在其他时间里又会因服务能力的相对过剩而浪费资源。要想理顺服务需求,则必须有顾客的参与,使组织能够调整他们的需求时间,并使其与可获得的服务相匹配。此时,顾客进行合作生产的典型方式是提前预约。服务组织则通过价格优惠等措施鼓励顾客进行预约,或提供打折等优惠服务来把顾客引导到需求低谷期进行消费。例如,下午5点以后降低电话费或在滑雪胜地每周中期对缆车费打折。当这些理顺需求的策略失效时,也仍然需要顾客的合作,使他们愿意等待,从而达到较高的服务能力利用率。因为顾客等待有利于更大限度地利用资源,或许可在等候厅写下如下标语:"你们的等待会是我们低价的保证。"有的时候,顾客等待时间作为服务过程的投入,可能会招来一些非议,因为每个顾客的时间价值观是不同的。

要作为服务过程积极的参与者来承担新的、更具独立性的角色,顾客需要"培训"。服务提供者就扮演"教育"角色,这在服务业还是一个全新的观念。从传统来看,服务企业往往只依赖服务人员,而忽略了顾客。

随着服务变得日益专门化,顾客也要承担诊断角色。此外,执行的顾客也许会提供质量控制单,这在专业服务中是特别缺乏的。因此,服务效率的提高要依靠有知识和自信的客户。

6.2.3　高低接触分离法

高低接触分离法是将一个服务提供系统分为高顾客接触的作业和低顾客接触的作业两部分,然后在每一个领域内单独设计服务过程。

高低接触分离法也叫技术核分离方法,这种方法的基础理论是基于 Bucgard Chase 提出的一个极具说服力的观点,他认为服务传递系统可以分为高顾客接触和低顾客接触的作业。设计思路是将服务形态分为与顾客高接触部分和低接触部分,即前台和后台。后台如同工厂一样运行,在这里,所有的生产经营观念和自动化的设施均可使用。在前台,采用以顾客为中心的设计方法,将作业活动进行这样的分类可以让顾客感受到个性化服务同时又可以实现规模经营,以实现服务水平和服务效率的综合提高。

顾客接触是指顾客亲自出现在服务系统中,顾客接触程度可以用顾客出现在服务活动中的时间与服务总时间的百分比表示。按照顾客接触程度的不同,可以把服务系统分为三类:

①接触程度较高的纯服务类型,例如个体诊所、咨询、个人服务等,这类服务一般只有单纯的前台服务。

②接触程度较低的制造型服务类型,例如仓储、批发等,这些服务类型以后台运营为主。

③二者兼而有之的混合服务类型,例如银行、零售、邮政等,在这些服务类型中,前台与后台运营都占据较大的比重。

在高度接触的服务中,顾客通过直接接触服务过程从而决定了需求的时机和服务的性质。服务感知质量在很大程度上由顾客的感受决定。而在低接触系统中,我们有可能将一些像工厂一样运作的部门封闭起来,客户不予接触。例如,公共运输系统的维修和医院的洗衣房都是一个服务系统中类似工厂的部分。

将服务提供系统按顾客接触程度分为两个部分,既可以让顾客感受到个性化的服务,同时又可以通过批量生产实现规模经济。这种方法的成功与否,取决于服务生产过程中顾客接触的程度以及在低接触作业中分离核心技术的能力。

高低接触分离法能否成功的关键在于服务生产过程中需要的顾客接触的程度大小以及在低顾客接触服务中分离核心技术的能力高低。高顾客接触服务同低顾客接触服务在设计思想上的主要区别见表6.2和表6.3。高顾客接触的活动对服务人员的人际技能要求较高,因为在这些活动中,顾客决定服务的需求并在一定的程度上决定服务本身,所以,服务的水平和任务是不确定的;而低顾客接触部分则可以与高顾客接触部分在实体上完全分离,按工厂运营的方式操作后台服务,充分利用企业的生产能力,这也充分体现了前台服务与后台服务分离带来的益处。航空公司在其运行中已有效地使用了这种方法。飞机的订票人员和机组人员穿着在特别设计的制服,参加培训班学习接待顾客的礼仪。但在机场很少能见到行李工,飞机维修也像工厂运作一样在远处的机库进行。

表 6.2　高度与低度接触作业的设计思想

设计思想	高度接触作业	低度接触作业(生产线法)
设施地址	接近顾客	不能接近
设施布局	考虑顾客的生理和心理需求及期望	提高生产能力
组织目标	最佳服务效果	最高运营效率
组织结构	人与人交流	人与机交流
产品设计	服务环境和实体产品决定了服务的性质	顾客在服务环境之外
过程设计	生产环节对顾客有直接影响	顾客不参与大多数处理环节
进度表	顾客包括在生产进度表中且必须满足其需要	顾客主要关心完成时间
生产计划	订单不能被搁置,否则会丧失许多生意的机会	出现障碍或顺利生产都是可能的
工人技能	直接人工构成了服务产品的大部分,因此必须能够很好地与公众接触	工人只需生产技能
决策过程	根据现场的具体情况,灵活性强	受预订决策影响大
质量控制	质量标准取决于评价者,是可变的	质量标准是可测量的、固定的
时间标准	由顾客需求决定,时间标准不严格	时间标准严格
工资支付	易变的产出要求计时报酬	固定的产出要求计件报酬
能力规划	为避免销售损失,生产能力按满足最大需求标准设计	储存一定的产品以使生产能力保持在平均需求水平上
预测	短期的、时间导向的	长期的、产出导向的

表 6.3　高顾客接触与低顾客接触服务的不同控制特点

控制系统的特征	高顾客接触服务	低顾客接触服务
工作表现的衡量标准	主观、变化	客观、固定
缺点的衡量标准	不精确	较精确
反馈信息的明确程度	难	易
缺点的改善	必须立即进行	可以缓解

运用高低接触分离法应特别注意与顾客接触程度的确定,因为这是划分高顾客接触与低顾客接触部分的主要依据。此外,由于技术分离设计方法还把服务系统分为前台和后台,并分别应用了不同的设计思想,因此,两个部分的衔接就成为影响服务系统整体运作效率的关键问题。

6.3　服务流程中的瓶颈现象

对于服务流程的设计来说,有效的运作是必不可少的,那么必须辨别运作过程中的瓶颈现象,并寻找解决瓶颈的办法,才能提高整体服务能力。

6.3.1　服务瓶颈含义

瓶颈是在产品格局中占据最长时间从而限定了全过程的最大流速的活动。为每个顾客花费时间最多的工作成为瓶颈作业。服务流程的瓶颈是由于工作的制度、程序不合理,管理机制不适应等原因限制了工作流。这种瓶颈的解决一般要求用全局的观点来分析工作流,借用先进的思想和技术来解决瓶颈。

找出服务运作过程中的瓶颈并加以消除,其重要性体现在服务业的收益大多数是来源于运作高峰时期的服务。这一点与制造业有很大的不同。制造业的收益一般比较稳定,波动较少。但服务业却不同,因此,对于服务业而言,研究瓶颈和寻找解决瓶颈的办法更为重要。

6.3.2　服务瓶颈的类型

瓶颈可以分为两种类型:循环多次发生的慢性瓶颈和无规则的突发性瓶颈。当然,有些突发性瓶颈很容易变成慢性瓶颈。突发性瓶颈需要工人和管理者有一种"救火"的能力,而慢性瓶颈则更多地需要周密计划和应变能力。

1)突发性瓶颈

突发性瓶颈可以分为三类:

(1)机器故障

服务运作中最危险的"大火"可能就是机器发生故障(机器指的是为提供服务所必需的设备,如计算机或其他仪器设备)。当"大火"发生时,人人紧张地围在机器旁献计献策或亲自动手修理,并且不得不改变服务流程。

有些机器故障是不可避免的,但很多机器故障是可以通过有计划的预防维护来避免的。然而,即使是一些最基本的维护措施也经常被忽视。这就像人们经常说的那样,一旦忙起来就顾不上对机器设备的维护,这种看法是不对的。因为机器设备的维护时间比发生故障导致停机的时间要短得多。而且有计划的停机维护不会太大影响服务运作,可以预先考虑如何处理停机期间的服务业务。因此,招聘擅长机器维护和修理的员工负责机器的预防维护,已经被越来越多的服务业企业所赞同和认可,并将其作为最能有效降低成本的措施之一。

（2）物料短缺

如果说不可预料的机器故障是最大的"火灾",那么物料短缺则是最常见的事故情形了。常见的物料短缺是在流程的某处缺少原料或工具。有时候,其原因可能在于物料供应商,或者是企业内其他部门的责任。

（3）劳动力短缺

任何一个企业都可能遇到一些暂时的劳动力短缺——不可预料的缺勤、退休或辞职。由于劳动力短缺而引起的暂时性瓶颈问题在服务业中很常见,特别是那些拥有大量临时工的企业。

与此相应的还有一个问题,那就是由于企业中某些员工正常的升迁而造成他们原来的工作岗位短时期内没有合适的人去填补,从而造成瓶颈。特别是当某些处于关键性岗位的员工在企业已经工作了很长时间,取得了优良的业绩。对于这样的员工,不给予他们升迁的机会是不合情理的,而他们离开原来的工作岗位所带来的问题却又无法在短时期内得到消除,这是一个矛盾。还有另外一个问题,他们到了新的工作岗位之后,最初一段时间由于对新的岗位不适应而引起服务效率低下、质量水平下降,甚至有些人离开原来熟悉的岗位后对新的岗位在很长一段时间内都不能适应。所有这些都会引起瓶颈的产生。可以认为,员工升迁所带来的问题与劳动力短缺的问题从本质上说是一致的。

2）慢性瓶颈

与突发性瓶颈一样,慢性瓶颈也可分类。可以根据物料方面的问题和流程方面的问题分别对慢性瓶颈进行分类。

按物料方面的问题可分两类:

（1）订购错误的物料或物料供应不足

这种情况常常是由于计划不周或采购不足而造成的,但也并非所有的物料不足都是由于供应商造成的。还有可能是不正确的或太晚的物料采购订单,也可能是不正确的需求预测、不正确的物料采购要求以及不恰当的存货政策、缺乏远见的计划、资金不足等原因造成的。

（2）物料搭配需求经常变化

即使计划和采购正确无误,但由于在实际运作过程中各部分物料搭配需求经常发生变化,也会造成某处物料短时期内短缺而产生瓶颈。也就是说,尽管库存的总量足够大,但这些库存的种类和数量不一定能保证在运作中所需的物料搭配。

按流程方面的问题可分四类:

（1）能力不足

当服务需求大大增加而超过服务能力时，如果想消除瓶颈问题就必须增加新的设备、人员以及新的建筑设施来扩大服务能力。

（2）质量问题

质量问题可能导致突发性瓶颈，如劳动短缺、设备故障等。但如果最基本的质量问题长期得不到有效的解决，将会变成慢性瓶颈问题。

（3）不恰当的设施布置

影响服务流程的关键因素之一是设施布置。如果设施布置很差，例如各种服务设施挤在一起、需要互相交流的员工之间却相距很远、文件资料的传递以及物料搬运困难且耗费很大等，都会对服务运作效率产生致命的影响。

（4）缺乏柔性的流程（服务人员缺乏柔性的待客方法）

有些慢性瓶颈是由于流程设计而产生的，这种瓶颈通常在某种需求特性之下就会暴露出来。产生这种设计的原因经常是由于希望得到通用的服务设备或计算机系统，以完成一系列不同的任务。但实际情况往往事与愿违。因为服务需求是千变万化的，这种大型的、所谓"通用"的设备和流程往往难以对应，从而导致瓶颈的产生。

6.3.3　消除瓶颈

比较容易消除的瓶颈是静态瓶颈。在这种瓶颈旁边，工作任务或人员会大量堆集，而通过能力很小。这种瓶颈产生的原因通常也很清楚，如机器坏了、关键的服务人员缺勤、某处服务需求量突然上升以至于超过流程的正常能力等。这样的瓶颈经常发生在服务运作中，它们导致顾客的等待。当然，这种瓶颈的消除方法也很清楚。

难以消除的瓶颈是动态瓶颈。它们在流程之间移动，且没有清楚的原因，从而导致在不同时间、不同地点会产生人员等待或物料的库存。这些瓶颈对服务管理提出了更高的要求，要求进行详细的调查。有时这种瓶颈是由于服务质量出问题引起的，而服务质量问题有可能是由于服务人员为了跟上服务需求的速度而去干本不应自己干的事情，或遗漏了某些步骤而产生的。可采取的措施并不是很明显，必须做进一步的分析。

在瓶颈分析中，利用业务流程图来描述流程以及对各个流程步骤指定必要的服务能力是非常重要和有效的。只要尽可能详细、精确地采用这种方法，就可以发现所谓的"一次"和"二次"瓶颈。对于一个已被清楚地描述、各步骤所需能力也比较明确的业务流程，是很容易分析的。在这种情况下，业务流程图能够成为制订计划的有力工具。业务流程图对于设计流程也是有用的，因为它能够清楚地显示流程中各个步骤所需的能力，以及能力如何平衡。

1）通过细分流程可以使流程流动更加通畅有序

企业在服务需求高峰时的应变能力常常体现在能将复杂的事情用简单的方式来完成。对于一项需要在关键时刻解决的特殊任务，以细分的简单方式去完成通常要比在一个更为复杂的大环境中综合考虑完成要有效得多。在服务管理中，需要着重解决的是实物（含顾客）和信息的顺畅流动，而不是在更大更复杂的环境中考虑问题而使问题本身更为复杂。将这些实物或信息细分时，它们就容易在流程中如流水般畅通。而在后者的情况下，往往会由于实物或信息在流动中所牵扯的方面太多而出现瓶颈。

细分在服务业中的应用比在制造业中要广泛得多。如果服务人员能通过细分了解顾客的特殊需求,并将此需求反馈到服务提供流程中,而后再设计一个适合于该顾客的流程路线,那么其服务结果将是顾客的满意度增加、服务时间节省以及效率提高。医院的急症室就经常采用这种细分的服务方式。细分也适合于打电话询问了解银行户头或有关共同基金的情况,也可用于自动化服务系统等。

我们通过举例说明如何消除瓶颈现象。这是一个最常见的生产装配线的例子,在这里,产品通过一系列固定的步骤组装而成。最明显的例子是自助餐厅,就餐者在那里边推动他们的盘子边搭配食品。安排这样的服务需要在服务者之间分配任务,以使生成的工作需要近似相等的时间。为每个顾客花费时间最多的工作成为瓶颈作业。有几种选择是可行的:为这项工作增加工人,以减少作业时间或者重组任务以形成新的不同作业分配平衡的生产线。一条良好平衡的生产线应该使所有工作的持续时间接近相等,以避免在工作转移过程中出现不必要的空闲和不公平。

2)服务运作真正的效率取决于高峰期的服务运作

很多服务业的利润来源于其运作高峰时期,而不是低谷时期的服务。这就使得高峰期间的运作效率变得非常关键。通常,在低谷时期,效率低一些对利润的损失影响并不大。然而,在高峰时期,如果效率不高,随着大量的销售机会从放弃排队等待的人群中迅速消失,机会成本的发生就会迅速积累起来。

因此,相应地可以认为,如果想评价一个服务业企业运作效率的高低,最应该了解的是该公司高峰时期的运作效率。也就是说,评价服务业企业的运作效率绝不应该选取各个时期运作效率的平均值作为评价指标,而应看其在高峰时期获取利润的能力。

3)富余能力的处置

高峰时期的营业额对服务企业是至关重要的,且服务业无法预选积累库存以应付高峰时的需求。这就给服务管理提出了一个重要问题:是否应该持有一些平均需求的富余能力及应该富余多少?应该意识到,在一定情况下,特别是高峰时期,富余能力是必要而且是值得的。但是,完全没有瓶颈,即流程运作的绝对平衡对于服务业企业的运作而言,并非是最好状态。在服务运作过程中,在某些地方持有富余能力是有必要的,原因如下:

(1)在流程早期持有富余能力

早期的服务质量有所下降会影响其后的服务,因此在流程早期持有适当富余能力会很有益。如果早期服务流程的变化容易引起后期流程的延误,最好在早期持有富余能力。

(2)在流程后期持有富余能力

如果早期服务流程的变化不容易引起后期流程的延误,在后期持有富余能力则比较理想。

(3)在服务流程的其他任何地方持有富余能力

服务能力的增加往往是需要固定投资的。这迫使你一旦得到了这些能力就不得不持有它们;有时不用花多少钱也可以扩大能力。如果预计需求会增长,企业往往会持有不花多少钱就可得到的富余能力。这些能力对于消除流程中的瓶颈是很有好处的。

6.4 服务系统的总体描述

前面讨论了服务流程的基本设计方法,接下来我们对服务系统进行总体的描述。描述服务系统全貌的方法就是绘制和解读服务蓝图。

6.4.1 服务蓝图的概念

服务蓝图又称服务流程图,它是一种以简洁明确的方式将服务理念和设计思路转化为服务传递系统的图示方法。蓝图设计原本是建筑设计的基本方法,人们把建筑图纸称为蓝图,这是因为这种图纸是用蓝线绘制的。制造业中用这些蓝图展示了产品的图样和制造过程中的一些具体规范。林恩·肖斯塔克(G.Lynn Shostack)建议服务传递系统也可以用一个可视图来描述(服务蓝图),并用类似的方法进行服务设计。服务蓝图按照内容的详细程度又可分为概念性蓝图和细节性蓝图。前者是对服务系统的总体描述,后者是对服务系统某一部分的详细描述。设计原理和方法是相同的。

从图6.3可以看出一个快递公司的服务蓝图,服务蓝图的多种用途一目了然。我们用直线将传递系统的前台工作和后台工作分开,前台与客户直接接触,工作效率和环境都是尤为重要的;后台是客户无法看到的,它更像一个高效率的工厂。

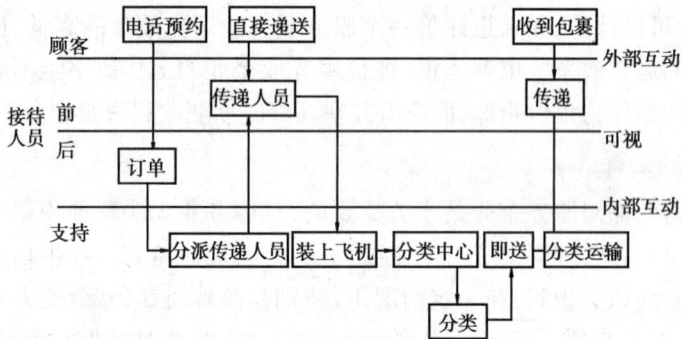

图6.3 快递的服务蓝图

6.4.2 服务蓝图的构成

服务蓝图直观上同时从几个方面展示服务流程:描绘服务传递的过程,接待或接触顾客的地点,服务人员服务的顾客的角色,服务过程的可见要素和不可见要素。服务蓝图内顾客行为、前台服务员工行为、后台员工行为、支持过程构成、互助分界线、可视分界线和内部互动线构成。

①顾客行为。它包括顾客在购买、消费和评价服务过程中的步骤选择、行动和互动。

②前台服务人员行为。它指的是那些与顾客接触并能让顾客看得见的服务人员表现出的行为和步骤。

③后台服务人员行为。它是指发生在幕后,支持在前台服务人员行为的员工行为。

④支持过程。它包括内部服务和支持服务人员履行服务的步骤和互动行为。

⑤互动分界线。互动分界线表示顾客与组织间直接的互动,是顾客活动区域和前台活动区域之间的分界线。服务蓝图中只要有垂直线穿过互动分界线,就表示顾客与服务机构直接发生接触或一个服务接触的产生。

⑥可视分界线。可视分界线把顾客能看到的服务行为与看不到的行为分开,是前台活动和后台活动的分界线。在服务蓝图中,在可视外界线下方的区域都是顾客不能看见的区域。有些服务活动是前台与后台兼顾的,即部分活动是可见的,部分活动是顾客不可见的。

⑦内部互动线。内部活动分界线是用来区分服务人员的工作和其他支持服务的工作和工作人员,是后台活动区域与支持性活动区域之间的分界线,也是服务企业外部服务和内部服务的分界线。如有垂直线穿过内部互动线,表示发生了内部服务接触。

服务蓝图最上面是服务的有形展示,典型的做法是在每一个接触点上方都列出服务的有形展示。

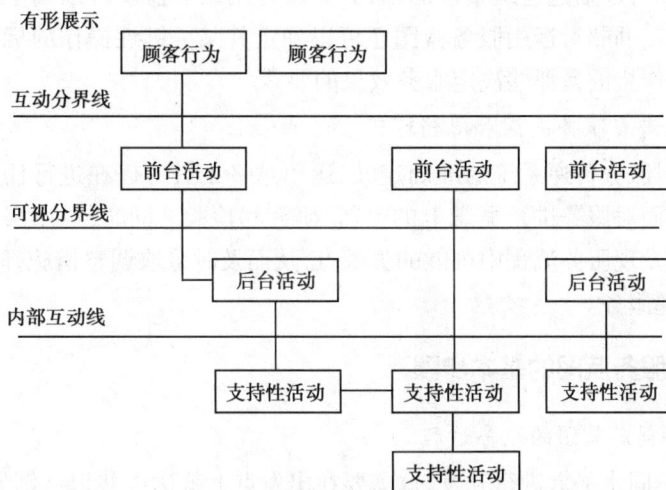

图 6.4 服务蓝图结构

从图 6.4 可以发现,四个步骤行为部分由三条线分开,第一条是互动分界线,表示顾客与服务组织间的直接的互动。其中有条垂直线穿过互动分界线,即表明顾客与服务组织间直接发生接触或一个服务接触产生。第二条是可视分界线,这条线把顾客能够看到的服务行为与看不到的服务行为分开。在观察蓝图时,从分析哪些服务在可视线以上发生,哪些服务行为在可视线以下发生入手,可以较容易地得出顾客获得多少可视服务。同时,可视线还把服务员工在前台和后台所做的工作分开。第三条线是服务组织内部互动线,用以区分服务人员的工作和企业内其他支持服务工作人员的工作。垂直线穿过内部互动线表示发生内部的服务接触。

服务蓝图是服务的有形展示。比较典型的方法是在每个接触点上方都列出服务的有形展示。以医疗服务为例,在与医生接触或诊断环节图示上方应列出诊断室的布置,治疗辅助设备、治愈患者赠予的锦旗和医疗的服装等。

服务蓝图与其他流程图(具体业务流程图)最显著的区别是体现和贯彻了顾客导向的理念。因此,在设计有效的服务蓝图时,最关键的是从顾客看待服务过程的角度出发,逆向工作导入流程的实施系统。每个行为部分中的方框图表示出相应水平上提供服务的人员执行或经历服务的步骤。

6.4.3　服务蓝图的作用

（1）清楚地将前台与后台分开

服务蓝图是国际上流行的一种用于服务过程设计的标准工具，它比服务流程的口头及文字的表达更加精确，因此减少了口头及书面表述过程中可能产生的概念不清和误解，且简单直观。如图6.4所示，一条可视线将顾客能看到的服务行为与不能看到的服务行为分开，前台员工的服务行为属于高顾客接触作业，是顾客一目了然且可以亲身体验的；而后台员工的服务行为则属于低顾客接触作业，是顾客看不到的。

（2）明晰服务细节

就像建筑蓝图可以描述建筑整体的结构一样，运用服务蓝图可以确定原料以及服务过程中每一步的细节。同时，运用服务蓝图还可以确定其某关键性操作的标准或最大执行时间，所谓关键性操作指的是那些决定服务效果的要素。

（3）事先识别潜在服务失误和薄弱环节

服务蓝图是对服务传递系统的准确定义，运用这一工具可以在进行任何实际的承诺和行动之前，通过书面对服务进行概念上的创新、研究和检验。同时，运用服务蓝图还可以鉴别潜在失误，及时发现服务流程中可能的失败点，从而及时采取调整措施，防止失误，以此来保证高质量的传递服务。

6.4.4　绘制服务蓝图的基本步骤

（1）识别需要制定蓝图的服务过程

蓝图可以在不同水平上进行开发，这需要在出发点上就达成共识。例如快递蓝图，是在基本的概念水平上建立的，几乎没有什么细节，基于细分市场的变量或特殊服务也没有列出。也可以开发这样一些蓝图，描述两天的快递业务、庞大的账目系统、互联网辅助的服务，或储运中心业务。这些蓝图都与概念蓝图具有某些共同的特性，但也各有特色。或者，如果发现"货物分拣"和"装货"部分出现了问题和瓶颈现象，并耽误了顾客收件的时间，针对这两个步骤可以开发更为详细的子过程蓝图。总之，识别需要绘制蓝图的过程，首先要对建立服务蓝图的意图作出分析。

（2）识别顾客（细分顾客）对服务的经历

市场细分的一个基本前提是，每个细分部分的需求是不同的，因而对服务或产品的需求也相应变化。假设服务过程因细分市场不同而变化，这时为某位特定的顾客或某类细分顾客开发蓝图将非常有用。在抽象或概念的水平上，各种细分顾客纳入在一幅蓝图中是可能的。但是，如果需要达到不同水平，开发单独的蓝图就一定要避免含混不清，并使蓝图效能最大化。

（3）从顾客角度描绘服务过程

该步骤包括描绘顾客在购物、消费和评价服务中执行或经历的选择和行为。如果描绘的过程是内部服务,那么顾客就是参与服务的雇员。从顾客的角度识别服务可以避免把注意力集中在对顾客没有影响的过程和步骤上。该步骤要求必须对顾客是谁(有时不是一个小任务)达成共识,有时为确定顾客如何感受服务过程还要进行细致的研究。如果细分市场以不同方式感受服务,就要为每个不同的细分部分绘制单独的蓝图。

有时,从顾客角度看到的服务起始点并不容易被意识到。如对理发服务的研究显示,顾客认为服务的起点是给沙龙打电话预约,但是发型师却基本不把预约当成服务的一个步骤。同样在体检服务中,病人把开车去诊所、停车、寻找体检部门也视为服务经历。在为现有服务绘制蓝图时,这一步骤可以从顾客的视角把服务录制或拍摄下来,这会大有益处。通常情况往往是,经理和不在一线工作的人并不确切了解顾客在经历什么,以及顾客看到的是什么。

(4)描绘前台与后台服务雇员的行为

首先画上互动线和可视线,然后从顾客和服务人员的观点出发绘制过程、辨别出前台服务和后台服务。对于现有服务的描绘,可以向一线服务人员询问其行为,以及哪些行为顾客可以看到,哪些行为在幕后发生。

(5)把顾客行为、服务人员行为与支持功能相连

下面可以画出内部互动线,随后即可识别出服务人员行为与内部支持职能部门的联系。在这一过程中,内部行为对顾客的直接或间接影响方才显现出来。从内部服务过程与顾客关联的角度出发,它会呈现出更大的重要性。

(6)在每个顾客行为步骤加上有形展示

最后在蓝图上添加有形展示,说明顾客看到的东西以及顾客经历中每个步骤所得到的有形物质。包括服务过程的照片、幻灯片或录像在内的形象蓝图在该阶段也非常有用,它能够帮助分析有形物质的影响及其整体战略及服务定位的一致性。

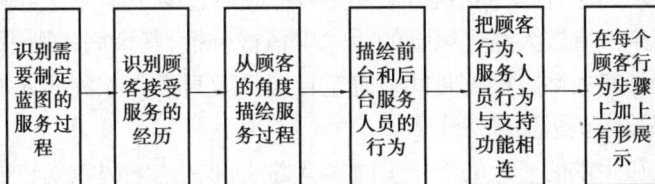

图6.5　构建服务蓝图步骤图

【案例分析】

歇尔代斯医院的疝气手术——产品线型流程设计

歇尔代斯医院是加拿大一家非常著名的医院,但只有90个床位,每年也只能做7 000个手术。规模如此小的医院何以著名呢?原因在于这家医院专做一种手术:疝气手术,其他任何类型的手术,哪怕是极简单的小手术也不接收。在这里接受疝气手术的病人均反映该医院手术周期短,康复极快,手术质量良好。每年预约者不断,小医院名气愈传愈响。

这家医院能如此有效地提供快速、良好的疝气手术服务,与其设计科学的产品线型的服

务系统不无关系。

决定采用这种服务系统之前,医院分析了顾客需求特点。疝气手术属较简单手术,但一般医院的手术期较长,给顾客带来很大不便(如请假)。因此,提供一种快速康复的手术服务必然赢得市场钟爱,而且这个市场规模不小(相对一家小医院而言)。

顾客也经过了医院的事先筛选,也就是说,并不是所有的疝气患者都可在该医院接受治疗,医院只接收那些病情不是很复杂、常规性治疗就可痊愈的疝气病人。

医院采用了效率最高的手术方法,并将其标准化、规范化,该方法是"二战"时期歇尔代斯医师首创的。

与一般医院不同,歇尔代斯医院鼓励病人在手术后多做一些恢复性运动,以助康复。如让病人手术后自己走出手术室,并在短短的3天住院期间参加一些轻微体育锻炼。

医院还造就一种"乡村俱乐部"式的康复治疗气氛。这里有幽雅的自然环境和细心热情的护士,医院还提供下午茶点让病人自由交往,力争使本身很严肃的住院过程变得轻松愉快。

医院设计了一个有效的服务提供系统。医疗设施包括5个手术室,一个病人康复室,一个实验室和6个医疗检查室。医院每周做150个手术,每个病人一般在医院逗留3天,虽然每周只有5天做手术,但医疗服务系统的其余部分要为病人提供连续性的康复性服务。

做手术的全职医师有12名,手术助手有7名(全都是兼职)。一位医师加一位助手就可完成手术。手术的准备时间和操作时间加起来不超过一小时,一名医师加一名助手每天可完成4个手术。每天手术的结束时间是下午4时,所有医师和助手每两周要值一次班,即24小时处于"待命状态"。

所有病人在确定手术日期之前要做一次扫描检查。医院鼓励当地病人自己来医院接受检查。周一至周五检查时间为上午9时到下午3时半,周六为上午10时至下午2时,周日休息。外地病人可填写医疗信息情况表(医院邮寄或通过电子邮件发至病人处)来接受检查。少部分病情复杂或有较大医疗风险的手术申请被婉拒,其余病人则可收到一张手术确认书和手术时间表。病人则应根据时间表确定自己抵院日期。收到病人的确认之后,所有有关病人的资料都被转至医院接待处。

医院要求病人在手术前一天的下午1时至3时之间到达。病人到达后,经短暂等候就需接受一个手术前的简单检查。然后病人到接待秘书处填写所有有关的文件,再到医院护士站接受血液和尿样测试,最后病人被领至相应病房安顿下来。

手术介绍会于当天下午5时开始,很简洁,也很轻松。傍晚时病人可在公共餐厅用餐。晚上9时,病人们还可在小茶吧内品茶、用茶点。在这里,已做完手术的病人可与新来病人亲切交谈。晚9:30至10时为就寝时间。

手术当天,第一批做手术的病人在早晨5:30被叫醒,并接受一些简单的镇静服务。第一批手术于早上7:30开始。手术开始时,病人要接受一点轻微麻醉,但能保持清醒,并知道手术进程。手术结束阶段,在场医护人员鼓励病人自己起床并做一些轻微的锻炼活动。当天晚上9时,病人就可自己出现在医院茶吧,在品茶的同时与新来的病人聊天了。

手术后的次日,病人伤口就可部分拆线。第三天早晨,手术伤口就可完全拆线了。

歇尔代斯医院刚开始实施这种手术时,病人的住院周期约为3周。经反复研究和改进,目前只需 3 天就可做到痊愈。

病人返家后重新投入工作的恢复时间也大大减少至两三天,而其他一般则需平均 8 天左右的时间。歇尔代斯医院目前正考虑如何扩大服务容量,接待更多的病人。这个案例说明了产品型流程设计的基本特点。首先,提供的服务产品是简单的、接近标准化的。医院只提供一种手术,而且病情复杂的手术还不予接收。这大大降低了产品的复杂程度和个性化。其次,生产过程是标准化的。顾客到达时间、手术时间和行为等都进行了事先安排,确保了服务流程的稳定性,减少了流程中可变因素。手术持续时间也相对稳定,利于进行计划安排。

另外本案例还说明引入顾客参与生产对提供优质服务的好处。鼓励病人自己从事一些活动,既有助于病人康复,也利于减少服务人手,降低人力成本。

最后,本案例还涉及一个服务战略问题。歇尔代斯医院采用的是一种“集中化”的竞争战略,即瞄准一个小块市场,提供专业化服务去满足它。该医院缩小自己的服务范围,专注于一种手术,并成功地实现了标准化和专业化,取得了有利的竞争地位。

[案例讨论题]

1.讨论服务流程设计的重要性。

2.如何在服务流程设计中考虑服务的特征。

3.流程设计对服务管理的哪些方面产生影响。

本章小结

本章介绍了服务流程的分类、设计方法、瓶颈现象和服务系统的总体描述。服务流程可基本分为两类,高的服务差异和低的服务差异(差异化和标准化)。流程服务的对象分为顾客、信息和有形物品。顾客与服务者的接触分为无接触、间接接触、直接接触三种。服务流程的设计方法分为:生产线方法(又称工业化方法)、顾客化方法(又称自助服务法)和技术核分离方法。

描述服务系统全貌的方法就是绘制和解读服务蓝图。要了解服务蓝图的具体细节,需从“外部相互影响线”开始。首先了解顾客的行为,发现顾客的需求特点和行为方式。然后了解服务者的行为和“可视线”之下的支持性服务。接下来检查“内部相互影响线”之下的职能部门的活动,了解他们的作用。最后检查管理职能活动,注意管理职能活动是否与上面所有活动有关。从水平方向解读服务蓝图,能从顾客角度理解服务。从垂直方向解读服务蓝图,能了解服务系统的构成和前后台的相互关系。

【思考与练习】

1.如何对服务流程进行定位和分类?

2.服务设计的生产线法有何局限性?

3.前台和后台设计的目标各是什么?

4.举出一种将核心技术隔离是不恰当的服务。

5.选择一种熟悉服务流程,分析找出这一流程可能出现的瓶颈,并说明原因。

6.选择一种熟悉服务流程,说明该服务流程中对顾客十分重要的几个步骤,你如何衡量这个流程的优劣?

7.在服务过程中顾客过多参与有何缺点?

8.选择一种服务(咖啡店)绘制服务蓝图,标出失误点、决策点、顾客等待点、可视线。哪些防差错系统可以消除这些失误。

9.提出一种新服务理念,设计服务蓝图。

10.瓶颈现象产生的可能原因是什么? 服务管理者究竟应该如何看待和处理服务过程中的瓶颈?

11.学校本身就是一个服务机构,在你生活中,细心观察一下,学校是否存在着服务瓶颈? 在哪些方面?

12.试着观察一家麦当劳的服务流程,并指出存在的问题和解决方法。

第7章 服务设施设计

> 天时不如地利,地利不如人和。
>
> ——孟子

【学习目标】

学完本章,你应该能够:

1.掌握影响服务设施选址的因素有哪些。

2.了解服务选址的一般步骤和方法。

3.掌握服务设施的布局方法。

4.掌握服务运营设施的有形展示有哪些。

【案例导入】

巴黎迪斯尼乐园的选址——宏观选址决策

娱乐界巨头,主题公园的始祖——美国沃尔特·迪斯尼公司在本土两个迪斯尼乐园和亚洲东京迪斯尼成功推出后开始了一项新的公司市场扩张的战略讨论。讨论的主题有两个。其一,公司是否应在欧洲建立一个迪斯尼乐园,以延续这一著名的主题公园的成功? 其二,如果选择欧洲,那么又应具体选址在哪个国家、哪个城市?

公司高层管理者和顾问们就此展开热烈的讨论。

在考虑向欧洲发展之前,公司已在加利福尼亚和佛罗里达(全在美国)分别建立了迪斯尼乐园,吸引了大量美国本土游客和外国游客。1983 年,公司又在亚洲的东京建立了另一家迪斯尼乐园。这是一个巨大的成功。它刚好迎合了日本休闲消费增长的趋势和日本国内青年人对美国文化的喜好。同时,东京迪斯尼的建立,使喜爱迪斯尼乐园的日本游客不必花费大量时间、金钱,亦不必千里迢迢赶往美国本土,在本国就可体验迪斯尼的乐趣。在亚洲的成功经验能否推广至欧洲呢? 迪斯尼乐园属人造旅游休闲景观,是主题公园的杰出代表,表现了美国文化的诙谐、幽默的侧面。沃尔特·迪斯尼公司著名的两个卡通人物——米老鼠和唐老鸭,成为这个乐园的主角。但迪斯尼乐园占地面积大,设施设备众多,要求有巨量的一次性投资,具有较大的商业风险。公司在美国本土和亚洲的成功能否在欧洲重现呢? 公司分析家认为在欧洲已有不少旅游公司在组织赴佛罗里达参观迪斯尼乐园和其他主题公园的旅游线路,而且已形成一定规模,但旅行距离较长,费用偏高。建立欧洲迪斯尼,可以减轻欧洲游客的费用负担。日本眼中的迪斯尼与欧洲人的看法也不一致。对日本人来说,迪斯尼乐园是一种异域文化,而对欧洲人来说,迪斯尼与他们的文化差距并不会太大,因为许多迪斯尼的传说和故事都与欧洲有关。因此,有些反对者认为,在欧洲建立迪斯尼乐园,就是"在遍布真的城堡的土地上建立一座假城堡","在一个已经是主题公园的大陆上再建立一个主题公园"。

经反复讨论、研究,公司克服了重重阻力,决定在欧洲发展。接下来就是第二项决策了,在欧洲的哪个国家的哪个城市建造这座主题公园呢? 经过初步筛选两个备选地点放在了决策者面前,一个是在西班牙,另一个是在法国。

法国的优势是它的位置处于欧洲的中心。如果把乐园建立巴黎以东 30 千米处的一个候选地点,那么对于潜在顾客来说,无论是旅行距离还是交通的便捷度都是合适的,而西班牙坐落在欧洲的边缘地区。另外,法国政府十分支持迪斯尼公司的这个项目。他们许诺以低廉的地价和诱人的免税政策,同时还正致力于改善交通和其他相关基础设施。

西班牙相对来说,地理位置较偏,也不能提供与法国政府提出的相当的优惠政策。但它有一个优势——西班牙的天气比法国好得多,十分适合这种露天的主题公园。

经综合比较,沃尔特·迪斯尼公司选择了法国巴黎。

但巴黎迪斯尼建成营业之后,公司发现他们在选址时忽略了两个重要因素:一个是当地的文化。法国媒体渲染了一种对美国文化的敌意,认为巴黎迪斯尼是一个"由色彩刺眼的硬纸板塑料做成的恐怖场所"和一个"用变硬口香糖和荒唐美国民间故事编织的建筑物"。反美情绪在一定程度上影响了巴黎迪斯尼的正常营业。另一个因素就是员工问题。由于文化差异,巴黎迪斯尼在招聘和培训欧洲员工时遇到了问题,因为欧洲员工很不习惯于像美国本土迪斯尼的员工那样严格地遵守衣着规定和其他行为规范。

【案例点评】

本案例说明了服务选址在宏观决策上应考虑的要素。巴黎迪斯尼的建立,迪斯尼公司主要考虑了三个因素。第一是地理位置与目标客源地的距离;第二是基础设施的配套,如交通;第三为当地政府的支持,如税收政策、地价。但迪斯尼在巴黎开业后遇到的问题又表明,选址时还应顾及当地文化的适应性以及当地劳动力素质状况(或文化差异)。

7.1 服务运营设施的选址

所谓设施,是指生产经营得以进行的硬件手段,通常是由工厂、办公楼、车间、设备、仓库等物质实体所构成。所谓设施选址,是指如何运用科学的方法决定设施的地理位置,使之与企业的整体经营运作系统有机结合,以便有效、经济地达到企业的经营目的。它不仅关系到设施建设的投资和建设的速度,而且还在很大程度上决定了所提供的产品和服务的成本,从而影响到企业的生产管理活动和经济效益。特别是服务企业的设施选址,直接关系到营业额的多少。

设施选址包括两个层次的问题:第一,选位,即选择什么地区(区域)设置设施。第二,定址。地区选定之后,具体选择在该地区的什么位置设置设施,也就是说,在已选定的地区内选定一片土地作为设施的具体位置。

选址是生产经营活动的第一步,具有很大风险。一旦地址选定,企业的外部环境就基本确定,企业的不动资产也固定下来了,同时它的经营费用也大致限定。由于不动资产难以转移,外部环境无法控制,如果选址有误,就会给以后的经营活动埋下隐患,损失很难挽回,企业会陷入进退两难的境地。所以,选址工作对企业经营具有重要意义,要作系统、全面的考虑,要采取科学的决策方法。

7.1.1　选址的重要性

1)投资

建设新工厂或新的服务设施需要一大笔投资。特别对于服务行业来说,在不同的地点建设服务设施对投资多少有很大的影响。在城市的中心地段建设服务设施,地价很高,以至"寸土寸金";在城郊建服务设施,投资较少。

2)成本

不同的选址会影响到提供产品和服务的成本,从而影响到价格和竞争力。生产服务设施若建在远离原料供应地或远离市场的地方,原料或产品的运输成本会很高;建在城市或经济发达的地区,容易找到协作厂家,但职工工资较高。这些都影响到成本。

3)员工

不同的选址还会影响到员工的生活和工作积极性。不同地方的风俗习惯、气候条件、生活标准、教育水平、精神风貌不相同,对员工的生活、其子女的上学、平常的娱乐活动都会有不同的影响,随之造成的不便则会影响员工的工作积极性。

4)更改困难,影响深远

选址建设服务设施是一件巨大的永久性投资,一旦设施已经建成,如发现地址选择错误,则为时已晚,难以补救。因为新建的服务设施既然不利于经营,那么,出售亦必无人问津;将设施移动是不可能的,其设备的搬迁而易地重建耗资巨大;如果继续维持下去,投资大、成本高、员工队伍不稳,企业将永远处于不利地位,一旦发生市场冲击,很可能就要倒闭。因此,可以说,选址不当,将"铸成大错",也就决定了企业失败的命运。

7.1.2　影响选址的因素

从实际情况考虑,企业的选址决策要受到很多约束。因为一个新企业在考虑选址时,很多企业已经存在。对服务性企业而言需要直接面对顾客,这就要求服务设施接近顾客。因此,应该从系统的观点来考虑选址问题,因为整个生产活动是一个整体,每个企业不可能孤立存在。任何企业选址都既要考虑供应厂家,又要考虑顾客,还要考虑产品分配。

企业在进行位置和地点选择之前,要对自身情况有一个清晰的了解,通过对企业总体情况的分析,可以了解企业的性质,以及企业对位置和地点选择有何需要,然后再对选址中起决定性作用的因素进行分析。

对服务企业有影响的主要是顾客规模和顾客的消费水平,它决定服务企业的销售量和收入水平。服务设施的选址和定位是一个综合问题,涉及服务设施的地理因素、服务对象的数量因素、已有同类服务设施的因素、外部环境因素等。

(1)是否接近于市场与原材料供应地

这里市场的概念是广义的,也许是一般消费者,也许是配送中心,也许是作为用户的其他厂家。设施位置接近产品目标市场的最大好处是有利于产品的迅速投放和运输成本的降低。对原材料依赖性较强的企业应考虑尽可能接近原材料供应地,特别是与产品相比,在原材料的质量和体积更大的情况下,应尽量靠近供应地设置设施。

(2)运输问题

企业一切生产经营活动都离不开交通运输。原材料、工具的进入,产品和废物的输出,零件的协作加工,都有大量的物料需要运输;员工上下班,也需要交通方便,交通便利能使物料和人员准时到达需要的地点,使生产活动能正常进行,还可以使原材料产地与市场紧密联系。

在运输工具中,水运运载量大,运费较低;铁路运输次之;公路运输运载量较小,运费较高,但最具有灵活性,能实现门到门运输;空运运载量小,运费最高,但速度最快。因此,选择水、陆交通都很方便的地方是最理想的。在考虑运输条件时,还要注意产品的性质。

(3)区域内消费者的购买力水平

一个区域内的消费者购买力水平是影响服务业、服务设施选址的重要因素。一般而言,一个区域内的消费者收入水平高、人口数量多、消费欲望强烈,则这个区域内的购买力就强,相应的对服务消费的需求就大,服务企业在这样的地区选址会有更多的商业机会。反之,若购买力水平低,对服务需求就小,相应的商业机会也较少。

(4)劳动力资源

今天的企业生产全球化的主要原因之一,就是企业试图在全球范围内寻找劳动力成本最低的地区。而服务行业又是劳动力需求最大的。过去使用粗工的企业,工人易于训练,可以随时招用。劳动力的可获性不成为选址的条件。但是,随着现代科学技术的发展,只有受过良好教育的职工才能胜任越来越复杂的工作任务,单凭体力干活的劳动力越来越不受欢迎。对于大量需要具有专门技术员工的企业,人工成本所占的比例很大,而且员工的技术水平和业务能力,又直接影响产品的质量和产量,劳动力资源的可获性和成本就成为选址的重要条件。

(5)基础设施条件

基础设施主要指企业生产运作所需的水、电、气等的保证。此外,还应考虑到"三废"的处理。

(6)政策、法规条件

在某些国家或地区设置设施,可能会得到一些政策、法规上的优惠待遇,如我国的经济特区、经济开发区、某些低税率国家等。这也是当今跨国企业在全球范围内选址时要考虑的重要因素。此外,与这方面因素相关的还有政治和文化因素。在某些情况下,选址时必须考虑到政治、民族、文化等方面的因素,否则也有可能带来严重后果。

（7）其他因素

其他因素包括政治因素、社会因素和自然因素。

①政治因素。政治因素包括政治局面是否稳定,法制是否健全,税赋是否公平等。政治局面稳定是发展经济的前提条件。在一个动荡不安甚至打内战的国家投资,是要冒极大风险的。有些国家或地区的自然环境很适合投资,但其法律变更无常,资本权益得不到保障,也不宜进行。要了解当地有关法规,包括环境保护方面的法规,不能将污染环境的设施建在所在地法律法规不允许的地方。若税赋不合理或过重,使企业财务负担过重,也不宜进行投资。相反,一些国家为了吸引外资,制定地价从优,采取减免税收等政策,保障了外商合法权益,创造了一个有利的投资环境。

②社会因素。投资还要考虑的社会因素包括居民的生活习惯、文化教育水平、宗教信仰和生活水平等。

不同国家和地区、不同民族的生活习惯不同。企业的产品一定要适合当地的需要。本国流行的产品或流行的款式,拿到外国就不一定流行了。同样,外国流行的产品或流行的款式,拿到中国就不一定流行。在文化教育水平高的地区投资建设,不仅有利于招收到具有良好教育和训练有素的员工,而且文化教育水平高的地区的氛围也有利于吸引更多的优秀人才,这对企业的发展至关重要。到经济不发达地区投资建设,还要注意当地居民的开化程度和宗教信仰。如果企业的性质与当地宗教信仰相矛盾,则不仅原料来源和产品销路有问题,招收职工有困难,而且会遭到无端的干涉和破坏。

③自然因素。比如说气候条件,有时根据产品的特点要考虑温度、湿度、气压等因素。

7.1.3　选址的一般步骤

选址没有固定不变的程序。一般步骤为:选择某一个地区;商圈分析;客源、客流量分析;选择适当的地点;比较不同方案,得出最佳结果。

1）选择某一个地区

按照企业发展战略,选择若干地区新建设施或扩建设施要综合考虑经济因素、政治因素、社会因素和自然因素等,最后确定某一个地区。可以选择在城市、农村或城郊设厂。

（1）城市设址

城市人口稠密,人才集中,交通便利,通信发达,各种企业聚集,协作方便,动力供应便利,资金容易筹集,基础设施齐备。但是,城市高楼林立,地价昂贵,生活水平高,对环境保护要求高。综合比较,以下情况较适宜于在城市设址:

①企业规模不大,需大量受过良好教育和培训的员工;

②设施占用空间少,最好能设置于多层建筑内;

③对环境污染小。

（2）农村设址

在农村设址与在城市设址的优缺点相反,以下情况较适宜于在农村设址:

①企业规模大,需占用大量土地;

②生产对环境污染较大,如噪声、有害气体或液体;

③需大量非技术性粗工;

④有高度制造机密,需与周围隔离。

（3）城郊设址

城郊具有城市和农村的优点,且由于现代交通和通信发达,将是越来越多的企业的投资设厂的热点。

2）商圈分析

商圈是指以服务现场所在位置为中心,将向四周辐射所能吸引到的最远顾客距离联结,形成的一个封闭曲线形态。简单地说,也就是来店顾客所覆盖的地理范围。

商圈的形态可能根据附近地形、交通条件、建筑布局等因素,表现为各种不同形态的封闭曲线。

为便于分析,我们把商圈视为以服务组织所在位置为中心的同心圆形,并把商圈分为三个层次:核心商圈、次级商圈、边缘商圈。

由于服务场所位置、服务类型、规模的差异,商圈的范围、形态及商圈内顾客分布密度都存在差异,但是还是有一般规律可循的。

例如,位于居民区商业街的超市或美发店,其商圈面积较小,从结构看,核心商圈顾客密度最大,其主要客源来自于周边的居民;次级商圈相对密度较小。而位于城市商业中心区的超市或美发店,其商圈辐射范围较大,从结构看,核心商圈的顾客密度较小并且不是主要客源,次级商圈和边缘商圈的人数多,辐射距离远,特别是同时处于主要地铁口或交通要道的超市,其边缘商圈可能辐射到全城。对于一些著名的和独一无二的旅游景点如迪斯尼乐园、深圳的世界之窗,借助于品牌的广泛传播,其边缘商圈可能跨越了地理的界限,扩展到全世界。

3）客源和客流分析

商圈内客源的构成可以分为以下三部分。

（1）居住人口

居住人口指那些居住在服务传递地点附近的常住人口,这部分人口是核心商圈基本顾客的主要来源。如超级市场、学校、医院、餐馆等的基本顾客都是附近的常住人口。

（2）工作人口

工作人口指那些并不居住在服务地点附近但是在附近工作的人口。这部分人口中不少利用休息时间或在上下班前后前来接受服务。如一位白领上班女士利用午休时来到附近的美容店接受服务,或在下班后在附近的咖啡厅约朋友一起喝咖啡。星巴克咖啡厅开设在办公写字楼密集处的分店,就是以这部分工作人口为主要目标顾客。

（3）流动人口

流动人口指在交通要道、繁华商业中心、公共活动场所来往的人口,他们构成了在此处经营的服务组织(如零售、餐饮、娱乐)的主要客源。某处的流动人口越多,在此处经营的服务组织可以捕获的潜在顾客越多,同时竞争者云集,寸土寸金,竞争激烈,这要求营销者高度讲求竞争策略,寻求经营特色。

客流量大小是很多服务组织经营成功的关键因素,客流包括现有客流和潜在客流。对于零售店和咖啡馆,总是力图选择潜在客流最多、最集中的位置,以便使顾客能就近购买服务。但是,对于一些专业性服务组织,客流规模的大小也许没有意义。

首先,我们分析客流的结构,可以将客流分为三种主要类型。

①自身客流。自身客流指那些专门前来消费本项服务的顾客所形成的客流,这是服务组织客流的基础,是主要的收入来源,在选址对应重点评估自身客流的大小和发展潜力。

②分享客流。这种客流往往产生于经营项目相类似或相互补充的服务组织之间,或存在于一条商业街沿线的各种店铺之间,以及大店和小店之间。如前往电脑城购买电脑主机的顾客,顺便会去附近的专业配件店或软件店购买打印机及一些光盘。不少餐饮店依傍大的购物中心而设,也是为了利用这种分享客流,如哈根达斯冰淇淋、星巴克、麦当劳餐厅常选择一些大型购物中心和大型超市,开设店中店或店中货架。

③派生客流。派生客流指那些顺路进店消费的顾客所形成的客流,在一些交通枢纽、旅游景点、公共场所附近设立的服务营业点,主要利用的就是派生客流。

其次,我们分析客流的目的、速度和滞留时间。不同地点的客流量虽然可能相同,但客流目的、流向、滞留时间可能差异很大,在进行选址时要考虑以下几条基本规律:

①城市交通主要干道两侧车流量大,但是停留困难、客流速度快、滞留时间短。

②理想的商业街应该便于步行购物者穿越,车流量小,流速快,街道中间没有隔离护栏,街道宽度介于两车道和四车道之间。

③同一条街道两侧的客流量由于受到交通条件、人行道宽度、采光、公共场所设施、日照方向等因素影响而有所差异。

④交叉路口由于视野开阔,并汇集了两条街道的客流,对多种类型的服务都是最佳开业地点,称为黄金角位。

⑤有些街道由于交通的单行限制等原因,客流主要来自街道一端,表现为一端客流集中,纵深处逐渐减少的特征,这时候选址应优先考虑客流集中的一端。

⑥有的街道中间地段的客流规模大于两端,此时应优先考虑选择中间地段以捕获更多的潜在顾客。

⑦受到生理结构的影响,在环形商业布局中,顾客到达后习惯于向右转并以逆时针方向前进。

4)选择适当的地点

地区选定之后,在经过了商圈分析与客源和客流分析后要确定在哪片土地建立设施。这时要针对企业的特点,更深入地分析研究各种有关因素。具体要求有:

(1)尽可能全面地考虑选址地点的情况,尽量做到最优的选择

为了尽可能接近最多的目标顾客,适应潜在顾客的分布和流向,方便顾客接受服务,扩大潜在客源,大部分服务组织都将地点选择在城市繁华商业中心、人流必经的城市要道和交通枢纽、城市住宅区附近和市郊的交通要道、村镇等地区。从而形成了以下几类主要的选择。

①城市中央商业区。指整个城市最重要、最繁华、人流量大的商业中心区,如北京的王

府井,上海的城隍庙和南京路等处。这里云集着各种著名的百货公司、商业中心、酒楼食肆、休闲娱乐场所,是接待性服务组织的首选位置。对于一些专业性服务组织如律师事务所、管理咨询公司等,这些地方则不适合。

②城市交通要道和交通枢纽的商业区。是大城市的次要商业街。这里所指的交通要道和交通枢纽包括城市的直通街道、地下铁道的大型中转站。这些地点是人流必经之处,逢节假日、上下班时间人流如潮,店址选在附近是为了便利来往人流。医院、餐馆、银行等服务组织可以考虑。

③城区居民区的中心商业街。主要客源是附近的常住居民,一些与居民日常生活息息相关的服务如零售、餐饮、美发、健身等,可以考虑在此处选址。

④郊区购物中心。在城市中心交通日益拥挤、停车困难、环境污染严重的情况下,一部分居民迁往城郊形成郊区住宅区。很多服务提供商随之迁往附近,形成郊区购物和服务中心。

⑤办公写字楼附近的高档商业区。这里虽然人流量不是非常大,并且以上班人口为主要客源,但是消费力强,是一部分高档服务场所的理想位置,也是广告、咨询、律师、财务顾问、票务等专业性服务和商业支持服务的理想选择。

(2)整理选址地点环境的费用

不能只考虑基础设施的建设费用,还要考虑周围环境、道路、供水、下水道及废料堆放处理的场地等费用。尤其在远离城市的地方设址,公共设施缺乏,一切都需自理,所需费用往往很大。

(3)员工生活方便

在远离城市的地区设址,还要考虑员工的住房问题;在城市或城郊设址,要考虑员工上下班的交通问题。

5)比较不同方案选出最佳结果

在进行了以上众多的分析比较后,企业要根据目前自身的发展状况,结合中长期目标从众多的选址方案中选出最优的一份,以进行后续工作。

7.1.4 选址的方法

在设计服务设施选址的目标时,既要考虑服务提供者的经济效益,又要兼顾消费者的实际需要,在保证服务提供者获得合理回报的条件下,使消费者以尽可能低的消费成本得到方便快捷的服务,实现整个服务系统功能的总体最优。

对于选址有多种不同的方法,在这一节中我们仅讲解单一设施的选址方法与多设施的选址方法。

1)单一设施选址的不同情况

单一设施选址是指独立地选择一个新的设施地点,其运营不受企业现有设施网络的影响。在有些情况下,所要选择位置的新设施是现有设施网络中的一部分,如某餐饮公司要新开一个餐馆,但该餐馆是脱离现有的其他餐馆独立运营的,这种情况也可看作单一设施选址。在以下几种情况下,会遇到单一设施选址问题。

（1）新成立企业或新增加独立经营单位

在这种情况下，设施选址基本不受企业现有经营因素的影响，在进行选址时要考虑的主要因素如本章第一节所述。

（2）企业扩大原有设施

这种情况下可首先考虑两种选择：原地扩建及另选新址。原地扩建的益处是便于集中管理，避免生产运作的分离，充分利用规模效益，但也可能带来一些不利之处，如失去原有的生产运作方式的特色，物流变得复杂，生产控制也变得复杂。在某些情况下，还有可能失去原来的最佳经济规模。另选新址的主要益处是，企业可以不依赖于唯一的设施厂地，便于引进、实施新技术，可使生产组织方式特色鲜明，还可在更大范围内选择高质量的劳动力等等。只有在后一种选择下，才会有真正选址的问题。

（3）企业迁址

这种情况不多，通常只有小企业才有可能考虑这种方式。一个白手起家的小企业，随着事业的发展，可能会感到原有的空间太小，而考虑重新选择一处更大的设施空间，这种情况下的新选位置不会离原有位置太远，以便仍能利用现有的人力资源。但在某些特殊情况下，也会遇到一些大企业迁址的问题，例如，由于环境问题而被迫迁址。

2）单一设施选址的一般步骤与方法

单一设施选址通常包括以下几个主要步骤：

（1）明确目标

明确目标即首先要明确，在一个新地点设置一个新设施是符合企业发展目标和生产运作战略的，能为企业带来收益。只有在此前提下，才能开始进行选址工作。目标一旦明确，就应该指定相应的负责人或工作团队，并开始进行工作。

（2）收集数据，确定候选方案

收集有关数据，分析各种影响因素，对各种因素进行主次排列，权衡取舍，拟订出初步的候选方案。这一步要收集的资料数据应包括多个方面，如政府部门有关规定，地区规划信息，工商管理部门有关规定，土地、电力、水资源等有关情况，以及与企业经营相关的该地区物料资源、劳动力资源、交通运输条件等信息。在有些情况下，还需征询一些专家的意见。在收集数据的基础上，列出很多要考虑的因素，但对所有列出的影响因素，必须逐一加以分析，分清主次，并进行必要的权衡取舍。在必要的情况下，对多种因素的权衡取舍也需要征询多方面的意见，如运用德尔菲法等。经过这样的分析后，将目标相对集中，拟出初步的候选方案。候选方案的个数根据问题的难易程度或可选择范围的不同而不同，例如3~5个，或者更多。

（3）对初步拟订的候选方案进行详细分析

所采用的分析方法取决于各种要考虑的因素是定性的还是定量的。例如运输成本、建筑成本、劳动力成本、税金等因素，可以明确用数字度量，因此，可通过计算进行分析比较。也可以把这些因素都用金额来表示，综合成一个财务因素，用现金流等方法来分析。另外一类因素，如生活环境、当地的文化氛围、扩展余地等，难以用明确的数值来表示，则需要进行定性分析，或采用分级加权法，人为地加以量化，进行分析与比较。

（4）选定最终方案

在对每一个候选方案都进行上述的详细分析之后，将会得出各个方案的优劣程度的结论，或找到一个明显优于其他方案的方案。这样就可选定最终方案，并准备详细的论证材料，以提交企业最高决策层批准。

3）单一设施选址定位

对于单一设施的定位，有两种方法：直角距离法和向量法。

（1）直角距离法

在平面上利用直角距离法进行单一设施的定位以求得所用距离最小化，可直接用中值法。

各需求点到达设施 s 的距离为：

$$Z = \sum_{i=1}^{n} w_i (|x_i - x_s| + |y_i - y_s|)$$

式中　w_i——第 i 点的近似权重（例如人口）；

　　　x_i, y_i——第 i 个需求点的坐标；

　　　x_s, y_s——服务设施的坐标；

　　　n——需求点的数目。

因此，目标函数可以被重新表达为新的表达式：

$$\text{Minimize } Z = \sum_{i=1}^{n} w_i |x_i - x_s| + \sum_{i=1}^{n} w_i |y_i - y_s|$$

之所以选择离散系列数值的中间是因为它的绝对偏差是最小的。因此，最佳位置须符合以下两个条件：

①在 x 方向，x 位于 w 数值的中间。

②在 y 方向，y 位于 w 数值的中间。因为 x 或者两者可能是唯一的，也可能在一个范围内变动，最佳位置可能在一点上、一条线上或者一个区域内。

（2）向量法（几何法）

在直角坐标系上，点与点之间的直线距离可通过勾股定理进行运算。

需求点 i 到设施 s 的距离为：

$$d_{is} = \sqrt{(x_i - x_s)^2 + (y_i - y_s)^2}$$

则，各需求点 i 到达设施 s 的距离之和为：

$$Z_{is} = \sum_{i=1}^{n} w_i \sqrt{(x_i - x_s)^2 + (y_i - y_s)^2}$$

上式对 x_s, y_s 分别求偏导，并令其为零，得

$$\frac{\partial z}{\partial x_s} = \sum_{i=1}^{n} w_i \frac{2(x_i - x_s)}{2\sqrt{(x_i - x_s)^2 + (y_i - y_s)^2}} = \sum_{i=1}^{n} \frac{w_i}{d_{is}}(x_i - x_s) = \sum_{i=1}^{n} \frac{w_i}{d_{is}}x_s - \sum_{i=1}^{n} \frac{w_i}{d_{is}}x_i$$

$$\frac{\partial z}{\partial y_s} = \sum_{i=1}^{n} w_i \frac{2(y_i - y_s)}{2\sqrt{(x_i - x_s)^2 + (y_i - y_s)^2}} = \sum_{i=1}^{n} \frac{w_i}{d_{is}}(y_i - y_s) = \sum_{i=1}^{n} \frac{w_i}{d_{is}}y_s - \sum_{i=1}^{n} \frac{w_i}{d_{is}}y_i$$

$$x_s = \frac{\sum\limits_{i=1}^{n} w_i x_i / d_{is}}{\sum\limits_{i=1}^{n} w_i / d_{is}}$$ （公式7.1）

$$y_s = \frac{\sum\limits_{i=1}^{n} w_i y_i / d_{is}}{\sum\limits_{i=1}^{n} w_i / d_{is}}$$ （公式7.2）

因为 x_s,y_s 在方程的两边同时存在,所以上述方程没有直接的解。只能用 x_s,y_s 的试解法,直到 x_s,y_s 之间的区别可以忽略不计为止。试解法就是先根据中值法确定一个 (x_s,y_s) 值,并将其代入公式(公式7.1)、(公式7.2)的右边,得到新一组的 (x_s,y_s) 值,然后再将其代入公式(公式7.1)、(公式7.2)的右边,……直到得到一组 (x_s,y_s) 值与上一组 (x_s,y_s) 值几乎相同为止,最后一组 (x_s,y_s) 值就是定位点的坐标。

对于城市设施定位,一股不采用向量法,而像航空公司采用向量法则较为适宜。

4) 多设施选址定位

对于多设施的定位问题要复杂一些,对公共设施的定位可考虑在某一特定的服务距离内能满足所有需求点的设施的最小需要量的定位问题(用最小的设施服务特定范围)。对商业设施,可考虑就某特定设施能够服务的范围的最大化的定位问题(某特定设施服务最大范围)。

（1）完全覆盖问题

完全覆盖一般多为公共设施采用。对公共设施定位效果的评估测量比较困难,一种测度就是对顾客到达设施所必需的最远距离的测量,即服务设施的最大服务范围。对于公共设施的定位就是要研究以发现在特定的最大服务距离内,能满足所有需求点的设施的最小数量以及设施的定位。

【例】 某一地区有9个社区,现要开设便民服务中心来满足居民的需要。要求:任一社区方圆3 km范围内至少有一个便民服务中心,除社区6(不允许该区设立),任一社区都可以作为潜在便民服务中心的所在地。图7.1表明了各个社区的位置及社区间的距离。

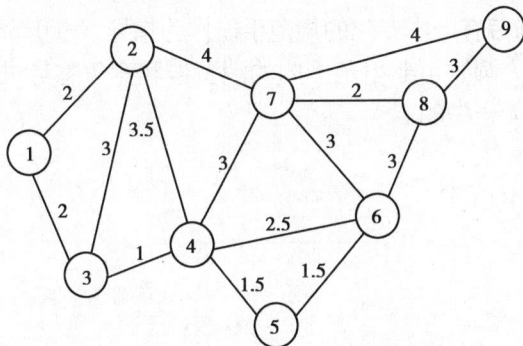

图 7.1 行进网

对每一社区,首先确定距其在3 km之内的其他社区,这些社区就是该社区能够为之服务的社区的集合,详见图7.1。

表7.1 潜在位置的服务范围

社区	从定位点到能够服务的社区集合	社区	从定位点到能够服务的社区集合
1	1,2,3,4	6	4,5,6,7,8
2	1,2,3	7	4,6,7,8
3	1,2,3,4,5	8	6,7,8,9
4	1,3,4,5,6,7	9	8,9
5	3,4,5,6		

定位的目标是覆盖所有社区而又使便民服务中心的数目最少,任何一个等同于其他两个或更多子集的位置都是一个可供选择的位置。本例中,位置3、4、8是候选位置,通过观察发现,如果选择位置3、8,所有子集(即所有社区)都可兼顾到。因此,在这两个地方设立便民服务中心,所有的社区都可以覆盖到。其中,位于社区3的便民服务中心可以服务社区1～5,而位于社区8的便民服务中心可以服务社区6～9。

(2)最大覆盖定位问题

商业设施多采用此定位方式。这个问题基于这样一个目标:对某一设施在特定服务距离内,实现最大可能的覆盖,即实现服务最大化。

结合上例,假定每个社区的人口相同,若将便民服务中心定位于社区4,覆盖的社区最多,有1、3、4、5、6、7共六个,都超出了位置3或8所能覆盖的数量。若要再设立便民服务中心,可选择位置8(或9),覆盖社区8和9。而位置2仅覆盖尚未被覆盖的社区2。

上述这种先从最大覆盖点开始定位,然后逐渐覆盖需求点的方法称为"疯狂添加法"。

通过上述分析,我们可以看出,商业设施的最大覆盖定位与公共设施的完全覆盖定位所存在的不同。

下面我们以麦当劳的选址策略为例来看连锁餐厅的选址。

麦当劳的选址

在选址问题上,麦当劳有一本专门的规范手册作为指导,一切都已经非常程序化。麦当劳借助店址决策系统对方圆五至七里范围内的消费群和竞争态势进行透彻分析。可以说,麦当劳商铺的选址是万无一失的。

麦当劳的选址原则如下。

①以目标消费群为中心。

②兼顾现实和未来。

③讲究醒目。

④不急于求成。

⑤优势互补。

麦当劳的选址步骤。

①市场调查,资料信息收集:人口、经济水平、消费能力、发展规模和潜力、商圈等级等;

②评估不同商圈中的物业：人流测试、顾客能力对比、可见度考量等；

③结合长短期目标作出决策：考虑投资回报的水平、注重中长期的稳定收入、达到投资收益的目的等。

地区评估。

地区评估是麦当劳选址前要做的重要工作。麦当劳的地区评估主要分如下步骤：

（1）确定商圈范围

在考虑餐厅的设址前需先估计当地的市场潜能。麦当劳把在制定经营策略时就确定商圈的方法称作绘制商圈地图。

商圈地图的画法首先是确定商圈范围。一般情况下，麦当劳的商圈范围是以这个餐厅为中心，1~2千米为半径所画的圆形区域。如果这个餐厅设有汽车走廊，则可以把半径延伸到4千米，把整个商圈分割为主商圈和副商圈。商圈的范围一般不要越过公路、铁路、立交桥、地下道、大水沟，因为顾客大多不愿绕过这些不方便的阻隔去消费。

商圈确定以后，麦当劳的市场分析专家便通过分析商圈的特征来制定公司的地区分布战略，即详细统计并分析商圈内的人口特征、住宅特点、集会场所、交通及人流状况、消费倾向、同类商店的分布等，进而评估商圈的优缺点，预计设店后的收入和支出，对可能获得的净利润进行分析。

在商圈地图上，一般要标注下列数据：

①餐厅所在社区的总人口、家庭数；

②餐厅所在社区的学校数、事业单位数；

③构成交通流量的场所（包括百货商店、大型集会场所、娱乐场所、公共汽车站和其他交通工具的集中点等）；

④餐厅前的人流量（应区分平日和假日），人潮走向；

⑤有无大型公寓或新村；

⑥商圈内竞争店和互补店的店面数、座位数及营业时间等；

⑦商圈内各街道的名称。

（2）抽样统计

麦当劳在分析商圈特征时，还会在商圈内设置几个抽样点，进行抽样统计，目的是取得基准数据，以确定顾客的准确数字。

一般来说，麦当劳的抽样统计将一周分为三段：周一至周五为一段；周六为一段；周日则和节日归为一段，从每天早晨7时至午夜12点，以每两个小时为单位，计算通过的人流数以及汽车和自行车数。人流数还应进一步分为男、女、青少年、上下班的人群等，并换算为每15分钟一组的数据。

（3）实地调查

实地调查分为两种：一种以车站为中心；另一种以商业区为中心。

以车站为中心的调查方法是指麦当劳的工作人员到车站前记录车牌号码、乘公共汽车来了解交通路线，或者从车站购票处取得购买月票者的地址作为参考。

以商业区为中心的调查是指麦当劳的工作人员需调查当地商会的活动计划和活动状况，调查抛弃在路边的购物纸袋和商业印刷品以及观察人们常去哪些商店或超级市场，从中准确地掌握当地的购物行动圈。

工作人员通过访问购物者,向他们发放问卷来做调查了解。然后把调查得来的所有资料载入最初画了圈的地图。这些调查得来的数据以不同颜色标明,这样就可以根据这些数据在地图上确定选址的商圈。

应该说,正因为麦当劳的选址坚持通过对市场全面资讯的掌握和对位置评估标准的执行,才能够保证开设的餐厅健康稳定地成长和发展。

不打急进牌

麦当劳的选址一向十分谨慎和挑剔,它的原则就是"不打急进牌"。无论是商业繁华地段还是郊区,麦当劳的选址都经过了精确计算和测量。

(1)选择成熟的商圈

麦当劳选址从不片面追求网点数量的扩张,其选址的基本原则是尽可能方便顾客的光临。在选址之前,麦当劳会对店址进行长期严密的市场调查与评估。

在美国,麦当劳公司除了在传统的区域和郊区建立餐厅之外,还在食品商场、医院、大学、大型购物中心附近建立分店;在其他国家,麦当劳首先选择在中心城市建立麦当劳餐厅,再在中心城市之外辐射出网点。选择一个成熟的商圈进行成熟的商铺营销,是麦当劳成功的基本法则。

(2)确保长期经营

麦当劳餐厅的策略是长期经营,其布点的一大原则就是"20年不变"。所以麦当劳公司会对每个准备建店的地点进行3个月到6个月的考察后,再作决策评估。考察的重点是城市发展规划,包括看布点处是否会出现市政拆迁和周围人口搬迁,是否会进入城市规划中的红线范围等。考察后,麦当劳将有发展前途的商街和商圈、新辟的学院区、住宅区列入其布点重点考虑的范围,而对于进入红线的或老化的商圈,坚决不设点,纯住宅区也基本不设点,因为纯住宅区居民消费的次数有限。

正因为麦当劳具有敏锐的选址眼光,所以他们很少失败,这种选址策略不仅保证了生意兴隆,而又使别的商家对麦当劳也产生了信心。

从麦当劳的选址策略中我们可以得出以下结论:

(1)餐厅商圈的特性

餐厅商圈调查与研究的目的是分析商圈范围内顾客的情况及其他餐饮店的情况,预测可能影响自己经营的其他情况,得到正确的定位选择。

总体来说,餐厅商圈有区域差异大;餐饮消费需求的变化快;餐饮消费的忠诚度低;品质要求高的特性。所以,商圈研究与分析是餐厅扩张前必需的准备工作,同时经营者还要了解影响餐厅商圈半径距离的主要因素,以确保餐厅选址的准确。

影响餐厅商圈半径距离的主要因素包括:①当地人口密度;②附近竞争餐厅;③单店供应菜品的吸引力;④顾客交通方式;⑤单店声誉;⑥地区经济发展水平;⑦消费者饮食消费习惯;⑧消费娱乐的群聚效应;⑨单店的地理位置;⑩单店服务与产品的创新力度等。

(2)餐厅选址的原则

选址是餐厅筹备工作中最重要的环节之一,也是制定经营方针、选择经营方式及确定投资力度等重要决策的前提条件。餐厅的选址应注意以下原则：

①交通便利。这是顾客决定消费行为的两个重要因素。因此要尽量把地址选择在旅客上、下车较多的车站，或者在几个主要车站的附近，也可以在目标顾客步行不超过10分钟的街道上。

②不扎堆。餐厅不应设在饭店成群的地方，更不要门对门地经营，因为这样必然会对营业收入造成不好的影响。

③寻找商业活动高频区。把餐厅设在商业活动极为频繁的闹市区，营业额必然高。而这样的店址就是所谓的"黄金口岸"。相反，如果在一些非闹市区的冷僻的街道上开餐厅，营业额就很难提高。对于那些以独特的气氛、特色或特殊环境见长的主题餐厅来说，位置稍偏问题不大，因为顾客总能找到它们。

7.2　服务运营设施的布局

一旦位置和地点选定之后就应该进行服务设施的配置工作了。设施布置是指在一个给定的设施范围内，对多个经济活动单元进行位置安排。

所谓经济活动单元，是指需要占据空间的任何实体，也包括人。例如：机器、工作台、通道、桌子、储藏室、工具架等。所谓给定的设施范围，可以是一个工厂、一个车间、一座百货大楼、一个写字楼或一个餐馆等。

设施布置的目的是要将企业内的各种物质设施进行合理安排，使它们组合成一定的空间形式，从而有效地为企业的生产运作服务，以获得更好的经济效益。设施布置在设施位置选定之后进行，它要确定组成企业的各个部分的平面或立体位置，并相应地确定物料流程、运输方式和运输路线等。

7.2.1　服务设施设计

服务设施配置方面的工作所涉及的问题是，在时间、成本、技术允许的前提下，安排好服务系统的有形设备。组织的服务运营可以直接受到设施设计的影响。设计和布局代表服务包的支持设施要素，有时它们共同影响着服务设施如何使用。良好的设计和布局可以从吸引顾客到使他们感到舒适，感到安全。一般影响服务设施设计的因素包括以下几个方面。

(1)服务组织的性质和目标

核心服务的性质应该决定其设计的参数。例如，消防站必须有足够的空间安置消防车辆、值班人员和维护用的设备；内科门诊虽然大小各异，但都应该能在某种程度上保护病人的隐私；学校应该有运动场所。除了这些基本的需要，设施设计还能对定义服务作进一步的贡献，以便在顾客的心目中形成直接的认同。外部设计也可以为服务的内在性质提供暗示。设计的适当性同样是重要的。

(2)外部环境限制

用于服务设施的土地资源通常受到很多的限制，比如成本、规划要求以及实际面积。良好的设计必须考虑到所有这些限制。在繁华市区,土地是非常昂贵的,建筑物只能向上发展以有效利用相对较小的空间,服务组织必须在它们的设计中表现出巨大的创造性和灵活性(例如,建设可升降式的停车场)。郊区和农村通常能提供更大、更廉价的土地,具有比市区更少的空间限制。

另外,服务设施对社会和环境的影响也是设施设计所面临的重要问题,比如,服务过程中可能出现的噪声、废水、废气等,是否能够限定在一定的范围内保证当地居民的安全。诸如此类的问题表明,设施设计对一项服务在取得社会接受时是非常重要的。

(3)柔性,即灵活性

设施的设计在任何情况下都应为将来的扩展留出余地。成功的服务机构是一个可以适应需求数量和性质变化的动态组织。服务对需求的适应如何,在很大程度上取决于当初设计时所赋予它的柔性。柔性也可以称之为"为未来而设计"。

另一方面,面对未来的设计最初可能需要一些额外的花费,但它会在长期运作中节省财务资源。事实上,它是在为未来增长作准备。

(4)美学因素

与制造业的生产车间相比,服务设施的设计对美学有更多的要求。设计的美学因素对顾客的感觉和行为有着显著的影响,同时,它们也影响着雇员及其所提供的服务。在设计阶段对美学因素的忽视,带来的是员工态度冷漠的服务以及顾客对服务价值的较低认知。

服务设施配置方面的工作所涉及的问题是,在时间、成本、技术允许的前提下,安排好服务系统的有形设备。要完成服务设施配置的工作必须做到以下几点要求:

①人员、材料和文件的移动距离应该最短。对于许多批发行业而言,成本的最主要部分就是对货物的管理和搬移。

②空间的充分利用,同时要平衡满足日后扩张发展的需要。因此,有部分空间可能考虑到今后发展之需,而暂时利用率较低。而且在建筑物的建设中也要留有今后可能增加楼层、扩大面积的余地。

③要考虑到重新调整以及服务和发展的应变性。产品和服务的变化,需求规模的变化,服务设施的改进都希望整个设施配置能随时按要求作出调整。

④为员工提供满意的物质条件。包括良好的照明设备、温控装置、低噪音、自助餐厅、卫生间和安全通道等。有些固定设备(比如锅炉等)应该安装在工作区之外。

⑤在服务中尽可能为顾客提供方便。

⑥为管理人员及顾客提供舒适的室内环境。比如,在银行的营业厅或办公室里用花草树木作为工作区域隔离等。

7.2.2　服务设施布局

对于服务设施来说,其布局或布置在为顾客和服务者提供方便方面非常重要。一个合理正确的布局,会提高服务效率,而一个蹩脚的布局可能会因服务人员从事与服务无关的行为而浪费大量的时间。同样,顾客也会浪费大量时间并忍受布局蹩脚的设施带来的烦恼。进一步说,设计和布局对服务提供者和顾客会造成非常大的影响。严重情况下,可能使得服务无法顺利实现。服务提供者的态度和反应也会受到其工作场所布局造成的环境和工作模式的深刻影响。

对布局进行改进的原则和目的是:第一,减少员工在各部门之间往返的时间以提高其服务效率;第二,减少顾客的等待时间及在各部门之间往返的路程和时间。

服务支持设施的布局有两种基本形式:一是产品布局,二是过程布局。产品布局适合标准化服务,要求各组成部分之间的平衡。过程布局主要针对个性化服务,各组成部分之间相对位置非常重要,以确保顾客在各部分之间的移动距离最小为前提。

1)产品布局

所谓产品布局是指用来向大批消费者逐一提供专门性服务的场所设施配置方式。产品布局类似于制造业的生产装配线问题,产品通过一系列固定的步骤组装而成。对于一些标准的服务,也可以被分解为一系列相对独立的步骤或操作,这些步骤或操作是顾客所必须经历的。比如自助餐厅,就餐者在那里按顺序自己搭配食品。安排这样的服务需要在服务者之间分配任务以使生成的工作步骤需要近似相等的时间。为每个顾客花费时间最多的工作成为瓶颈并且限定了服务线的能力。对服务线能力的任何改变都需要注意瓶颈作业,要注意服务过程各步骤之间的平衡。

如果出现了瓶颈,即服务线失去了平衡,就必须进行调整。或者为这项工作增加工人以减少作业时间,或者重组任务以形成新的作业分配平衡服务线。一条良好、平衡的服务线应该使所有工作的持续时间接近相等以避免在工作转移过程中出现不必要的空闲或等待。

【例】 假设你来到餐厅,递上餐盘,然后点上你所要吃的东西。有时,这个过程并不一定能很流畅地进行,因为有些服务有特定分工,不能由其他人来担任(例如要经过专门训练才能上岗的收银员)。所谓理想的即平衡的工作流程是指其中每道服务的工作所花费的时间都应该是均等的。表 7.2 所示是餐厅所设的 6 个供餐点。图 7.2(a)向我们展示了目前安排在各点上的 5 位员工的工作表现情况。图中第 4 工作台 4 服务员提供甜食(15 秒)和饮料(10 秒)。问题在于整条供餐线的流程相当不平衡。在第 5 工作台,收银员给 1 位顾客结账时间平均需要花费 60 秒。这意味着,在 1 个小时内这名收银员只能服务 60 名顾客。这样,其他的员工在 1 分钟的工作时间(也可以看成是一个顾客的服务周期)中竟然有 30~40 秒钟的闲暇时间。

表 7.2 餐厅服务的时间测算表

步骤	服务类型	平均的服务时间(秒)
1	供应蔬菜	20
2	供应主菜	30
3	供应汤	20
4	供应甜食	15
5	供应饮料	10
6	结账	60

图 7.2(b)中,管理层为了降低成本,减少了 2 个工作台(2 名员工),将供应蔬菜和供应主菜服务合并成一个步骤(50 秒),汤、甜食、饮料服务作为第二个步骤(45 秒),最后一步是结账(依然是 60 秒)。虽然经过这次调整之后成本降低了,但是服务速度还是太慢,平均 1 个小时只能服务 60 名顾客,即 1 分钟 1 名。

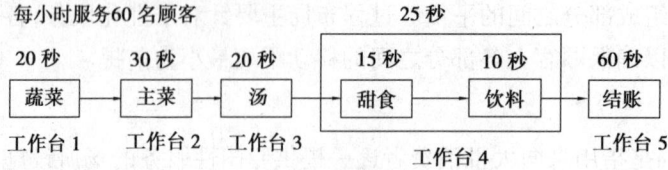

(a) 本方案需要5名工作人员

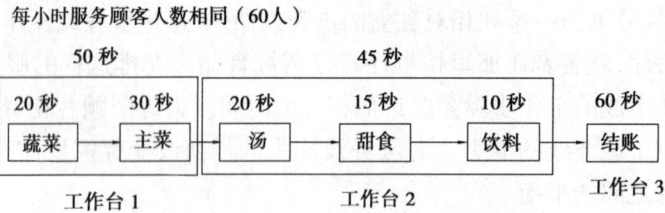

(b) 本方案需要3名工作人员

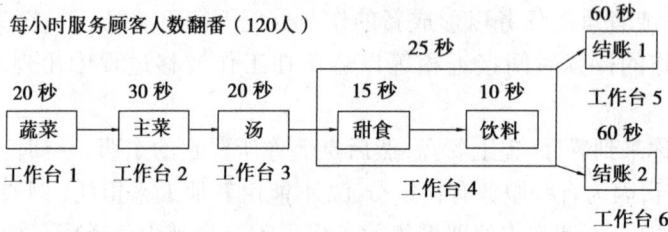

(c) 本方案需要6名工作人员

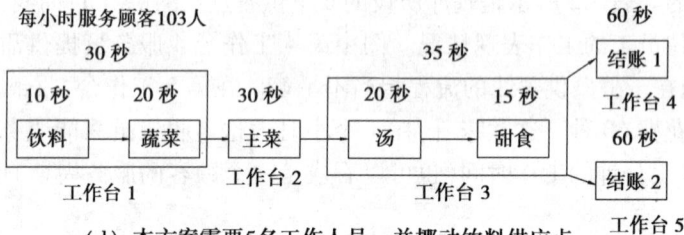

(d) 本方案需要5名工作人员,并挪动饮料供应点

图 7.2

如果想从真正意义上去提高吞吐量,那么就得使用第 2 和第 3 套方案[如图 7.2(c)和 (d)所示]。图 7.2(c)中,前面的服务配置不变,只是在最后一步中安排了 2 名收银员。这样他的结果是消除了瓶颈,使得 1 小时之内有 120 名顾客可以得到服务。不过由于新增了一名员工,自然劳动力成本就要提高一点了。

最后一种调整方案是将饮料服务部分放在了整个服务的开始,由原本负责供应蔬菜的员工负责,汤和甜食的服务并入第三步,剩余的那名员工经过培训之后作为第二名收银员。虽说由于服务结构的调整会有部分成本的支出,但是,劳动力成本不会增加。采用这套服务流程,每小时可以为 103 名顾客提供服务。但是,与此同时新问题也出现了。在第三个工作台,由于每位顾客在这里要花费 35 秒的时间,所以导致整个服务时间在此产生了"瓶颈"

现象。

有许多的服务业,虽然它们不像上述例子中那样拥有完备的流水线操作程序,但是也可以被认为是与生产配置有关。还需指出的是,服务设施的布局是受到行动最慢的工作的制约的。

2)过程布局

过程布局研究的是相似过程之间的妥善安排。根据设施的类型布局,联系密切的设施相距较近,即同类的或联系密切的尽量放在一起。这样,员工执行相似任务或承担相同责任的员工应该相距较近,顾客在各部分之间的移动距离最短,可以减少员工或顾客的行进距离,节省时间。

大多数服务企业采用的都是这种方法,这样做可以在同一时间内对各种服务内容进行处理,所以,对于那些诸如法律事务所、保险公司和旅行社等服务部门特别有效,因为它们面对的顾客是需求各异的。除此之外,医院或是诊所也是应用这个方法的很好场所。对于源源不断的病人,每个人的需求都不一样,但是他们却又都要经过一套固定的程式,比如挂号、登记、化验、就诊、重病护理取药和打针,等等。

过程布局方法的最大优点是设备使用的灵活性以及安排员工工作的灵活性。比如,在一家医院可能会安排几位产科医生值班,以备处理早产儿。然而,如果在紧急情况下暂时无法找到专门的医生,只要有这方面技术的医生就应该担当起这份责任。在整个服务过程中,如果个性化程度越高,对服务的要求也就越高。

在过程布局方案中,最常用的一种方法就是将服务部门或服务中心放在最便于提供服务的地方。这就要求将涉及跨部门操作的人员或是文案工作的各部门依次排列。按这种方式操作,可能发生的成本主要有:①一段时间内各个部门间人员或文件的流量;②各个部门之间的距离。通过下面这个例子来介绍这种方法。

[例] 公园景点布局

表7.3 景点之间的游客日流量 （单位:百人）

流动矩阵

	A	B	C	D	E	F
A	X	7	20	0	5	6
B	8	X	6	10	0	2
C	10	6	X	15	7	8
D	0	30	5	X	10	3
E	10	10	1	20	X	6
F	0	6	0	3	4	X

净流量 →

三角化的矩阵

	A	B	C	D	E	F
A	X	15	30	0	15	6
B	X	X	12	40	10	8
C	X	X	X	20	8	8
D	X	X	X	X	30	6
E	X	X	X	X	X	10
F	X	X	X	X	X	X

表7.3的数据显示了一天中在公园的 A、B、C、D、E、F 六个景点里游客的流动情况,这些数据将用在布局规划上。我们将用操作序列分析的探试方法为这个相对位置问题确定一个好的布局。这种方法用各部门间流量的矩阵作为输入,而网格代表部门转换的地理中心位置。

在表7.3中,由初始流量矩阵生成了一个三角形的表格用以合并其他方向上的流量。

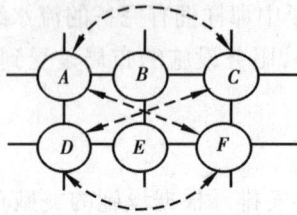

(a) 初始布局

景点搭配	移动距离
AC	30×2=60
AF	6×2=12
DC	20×2=40
DF	6×2=12
总距离	124

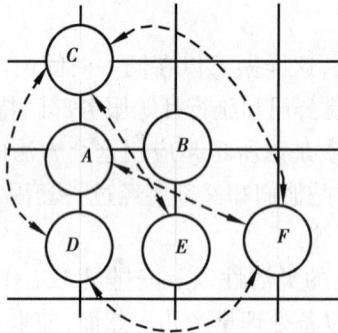

(b) 将C移近A

景点搭配	移动距离
CD	20×2=40
CF	8×2=16
DF	6×2=12
AF	6×2=12
CE	8×2=16
总距离	96

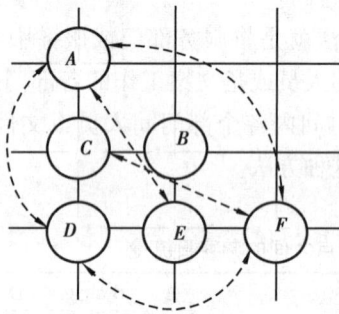

(c) A和C互换

景点搭配	移动距离
AE	15×2=30
CF	8×2=16
AF	6×2=12
AD	0×2=0
DF	6×2=12
总距离	70

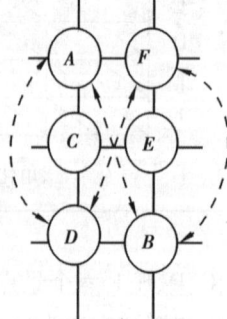

(d) B和E互换，移动F

景点搭配	移动距离
AB	15×2=30
AD	0×2=0
FB	8×2=16
FD	6×2=12
总距离	58

图 7.3 运用操作序列分析制订的公园现场规划

　　探试法由图 7.3(a) 网格上显示的初始布局开始。这个初始布局是任意的，但是可以以判断和过去的经验作为基础。表 7.3 建议那些日游客流量高的景点应彼此相邻。

对于不相毗邻的景点，它们之间的流量要乘以隔开景点的网格的数量（注意：假定斜线的长度大致等于一个网格边的长度）。对于这个初始布局来说，这些乘积的和达到了 124 的总流动距离。考虑到景点 A 和 C 之间的距离对总和作出了较大的贡献，我们决定将 C 移动至毗邻 A 的位置，形成如图 7.3(b) 所示的修正布局，其总流动距离为 96。图 7.3(c) 所示的修正布局是对换景点 A 和 C 的位置的结果。这个交换使景点 A 的位置毗邻景点 D、E 和 F，所以总的流动距离减小到 70。图 7.3(d) 所示的最终布局是通过交换景点 B 和 E 以及移动景点 F 形成的矩形；交换景点 B 和 E 使我们能够在移动 B 以形成一个更紧密布局的过程中保持了景点 E 和 F 相毗邻。

如图 7.4 所示，通过使高流速的景点相毗邻，我们已经使最终的场地计划不相邻流动距离的总和降低到了 48。

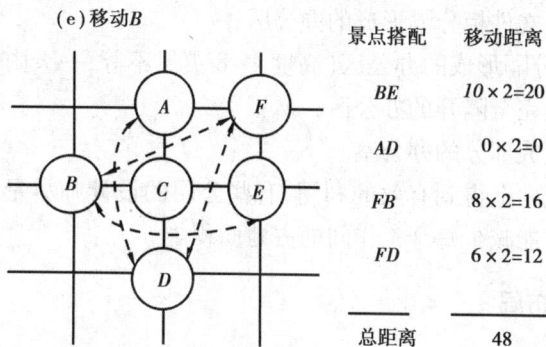

图 7.4　最终计划

景点搭配	移动距离
BE	$10 \times 2 = 20$
AD	$0 \times 2 = 0$
FB	$8 \times 2 = 16$
FD	$6 \times 2 = 12$
总距离	48

7.2.3　办公室设施布局

当今办公人员在一个国家的就业人口中所占比重越来越大，因此，如何通过合理、有效的办公室设施布局提高工作效率、提高员工的劳动生产率就显得尤为重要。

办公场所具有的特点：

①办公室工作的处理对象主要是信息以及组织内外的来访者，因此，信息的传递和交流方便与否，来访者办事是否方便、快捷，就是设施布局的主要的考虑因素；

②在办公室中工作效率的高低往往取决于人的工作速度，而办公室布局又会对人的工作速度产生极大的影响；

③在办公室布局中，同一类工作任务可选用的办公室布置方式有多种，包括房间的分隔方式、每人工作空间的分隔方式、办公家具的选择与布置形式等；

④在办公室中，组织结构、各个部门的配置方式、部门之间的相互联系和相对位置的要求对办公室的布局有着更重要的影响作用。

其实，办公场所设备的配置问题实质就是人的交流和文件的交流。公共场所设备的配置过程中要考虑的问题可以归纳如下：

①要便于团队内部员工交流或团队与其他团队间的交往；

②常有顾客出入的办公场所要布置得美观；

③为需要的企业设置会议室；

④单个办公室的设计要做到能反映出所属人的工作地位；

⑤办公室的走廊要进行专门设计，以方便员工出入，同时要避免从他人办公室穿越；

⑥办公室要配备一个电脑信息交流中心以便能及时准确掌握信息；

⑦公用设备要摆放在方便使用的地方，同时为文具和易耗品的存放留出场地。

办公室的布局取决于整个办公室的面积、形状以及工作的流程和员工之间的关系。每个员工都有自己的工作区间，它的设计最好能使整个工作的效率得到最大化，同时又能使该员工完成工作的效率最大化。不同的工作需要配置不同的工作环境、工作设施、空间以及不同的秘密化程度。

一般会有如下各种不同的工作区间配置：

①全开放式的环境中办公桌并排相连；

②利用书架、花草、文件柜分隔形成的办公区；

③利用金属、玻璃分隔形成的办公区（高度 4~8 英尺不等，一天内能安装完毕）；

④从地板到天花板完全隔开的办公区；

⑤作为大楼建设组成部分的办公室。

为了使办公区垂直面上得到有效的利用，有些公司的设计师尽量向上扩展办公室而不是向外。这样做能尽可能减少每个工作间的占地面积。

7.2.4 零售商店布局

零售现场布局是指对经营设施作出符合逻辑的安排，改善店堂环境进而为顾客提供良好的购物环境。零售现场布局应当有利于吸引顾客并方便顾客选择购买商品。一般而言，在商场布局中，营业面积应占到总面积的 60%~70%。布局的总体原则是，既要保证商品陈列销售的需要、提高营业面积的利用率，又要为顾客浏览购物提供便利。对零售企业而言，它们的经营目标就是使每平方英尺内营业点的净利润达到最大化。零售业的人们都相信这样一种假设：销售量与顾客接触到的商品量有直接的关系。所以，为了能提高收益，零售商店总是想尽一切办法为顾客提供多种商品的选择。

大型商场楼层高、面积大、客流多，更应该综合考虑购物环境的总体布局优化，为顾客构造一个优美舒畅的购物环境。比如为了缓解顾客购物过程中的疲劳，可以适当开辟供顾客休息的场所，在大厅内布置奇山异石、引种花草树木、构建人造的喷泉流水，满足人们回归自然的心理需求。此外，适当开设儿童游戏场所，配备必要的游戏设施并派专人管理，方便带小孩的顾客购物，这样，虽然占用了一些营业面积，但是，有利于吸引顾客、增加客流量、扩大企业的销售额。

研究结果确实表明，商品的覆盖面越广，销售业绩就越好，投资回报率也就随之升高。服务业的管理人员可以操纵两个明显的变量：其一，商店的整体布局，或者说是商店的流动模式。其二，在这一模式下各类商品的空间分配。

商店的总体布局设计模式，注意以下几点：

①沿商店的四周放置热销商品；

②交易次数频繁、挑选性不强、色彩造型艳丽美观的商品适宜布置在商店的出入口处，便于顾客购买；

③关联性的商品要布置在临近区域,便于选购和促进连带销售;

④在显眼的位置摆放诱人的商品或高利润商品,便于使顾客冲动性购买,或在收款台附近摆放小商品,便于顾客在等待交款时随机购买;

⑤贵重商品、技术构造复杂的商品,以及交易次数少、选择性强的商品,宜布置在商店不太显眼的位置;

⑥信用卡付账区和其他非卖区需要顾客排队等候服务的布置在"死角"不影响销售的地方。

在空间布置及其功能性中有两个方面是非常重要的:设计出顾客的行走路径以及将商品进行分组。行走路径的设计目的,就是要给顾客提供一条路径,使他们能够尽可能多地看到商品,并沿着这条路径按需要程度安排各项服务。通道的特征也非常重要,除了要决定通道的数量,还要决定通道的宽度,因为这会影响期望或潜在的交通问题。通道宽度同时也会影响服务流的方向。

因此,合理的零售现场布局,对于吸引顾客前来购物、诱导顾客增加购买数量具有重要的作用。

7.3　服务运营系统的有形展示/场景

由于服务概念的无形性,顾客需要寻找有形的线索加强确定性。服务营销人员必须创造一种适当的联系以促进服务交易。这一章我们要讨论营销组合的 3 个扩展要素:有形展示、人、服务过程。首先是有形展示(如图 7.5)。

顾客对服务组织的感知会受到其直觉的强烈影响。视觉、感观与体验共同形成"有形展示"的营销组合。

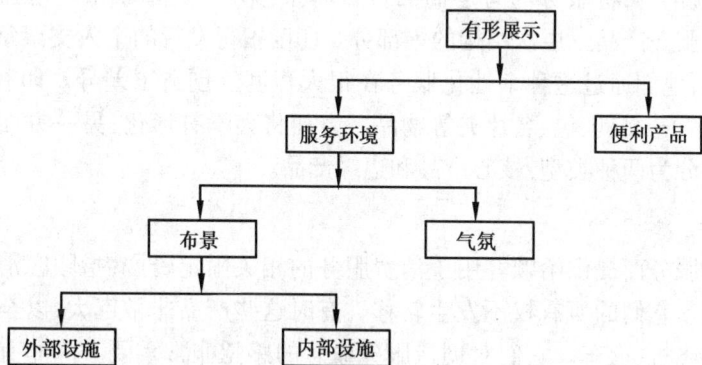

图 7.5　有形展示的要素

有形展示给顾客提供了确定服务内容的方法,在顾客接触服务人员或参与服务过程前,他面对的是没有生命的服务设备及其所宣称的传递价值的能力。顾客经常根据服务遭遇来评估服务:经过策划的有形展示能增强顾客的兴趣和信心,而木讷的有形展示则会将消费者吓跑——医院看起来必须具有专业水准,大学必须是一个有助于学习的地方,银行则是安全与友好的。服务的有形展示类似产品的包装,有效地使用能促进销售,沟通服务质量特征并创造服务体验。它对形成客户第一印象、建立顾客期望非常重要,而对建立新客户的服务期望、新服务组织创立服务形象显得特别重要。

针对服务目标顾客、有计划、协调的有形展示有助于服务的传递与创造。它能增强营销战略,给营销战略带来生命力。没有管理、不协调的有形线索会带给服务有别于目标定位的形象。

有形展示包括服务环境和便利产品。服务环境有两个维度:布景与气氛。布景包括外部与内部的服务环境(表7.4)。

表 7.4　有形展示举例:餐馆

服务环境				便利产品	
布景		气氛		核心产品	边缘产品
外部设施	内部设施				
电梯	内部设计	温度		家具	食品
标志	陈设	空气质量		空调	饮料
停车场	标志	湿度		冰箱	餐巾
风景	灯光	噪音		厨房设备	账单
周边环境	制服	气味		瓶瓶罐罐	促销品
		音乐			

7.3.1　便利产品

便利是顾客在服务过程中使用或消费的有形要素。服务供应商经常通过便利使服务差异化。其原因是,第一,将服务与有形商品进行联系;第二,这种联系能增强服务的价值主张。他们构成了服务产品三层次结构的一部分。印度银行发行的个人支票每一页都印有账户所有人的姓名,他们通过这种个性化服务在很大程度上创造了差异。印有大学徽章的 T恤、便笺、茶杯、帽子、文具、包、名片夹等物品一方面将大学有形化;另一方面加强了品牌形象。便利产品可分为两种类型:核心产品和边缘产品。

1)核心产品

核心产品是服务商提供给顾客用于消费服务的相关固定资产,指顾客消费服务时必须用到的硬件设施。它们的所有权不发生转移。有时这些产品非常巨大,以至于几乎变成服务环境,如轮船、飞机、火车。它们对创造服务概念的感觉非常重要。除非有许多公交车停在那里,不然汽车站看起来就不像汽车站。核心产品的设计与制造能使顾客产生对服务的期望。一辆公交车的运行状况能使顾客对旅行产生许多期望。

2)边缘产品

边缘产品指顾客在消费过程中能直接拥有的小价值产品。价值小并不意味着可以忽视其重要性。那只是服务过程所产生的必然结果。餐馆并不销售食物而是销售服务,只不过食物是其服务的必然结果。边缘产品有可能被消费掉(如在餐厅用牙签)或者是所需促进服务(银行的借记卡)或者只为增加顾客信心(火车票)。如果不是账户资金的支持,没有身份上的象征,借记卡的价值微乎其微。同理,火车票也只不过是一张小纸片。边缘产品是服务的保证,它被顾客认为是服务的象征。服务经常使用一大堆边缘产品来增进服务体验,它们是核心服务的补充,其设计必须与顾客期望和服务公司定位保持一致。在服务营销中,边缘产品起着重要的作用。

(1)服务的有形化

我们以银行借记卡为例。一张精巧的卡片是一种有形的展示:它本身并不重要,重要的是它背后的银行与国际信用卡公司如维萨(VISA)、万事达或美国运通公司间的联系。但拥有一张有效的信用卡就意味着拥有服务和利益。通过简单的分析就能展示:

信用卡具有极强的可分离性。从供应商那里得到服务与利益的分离。它提供时间和地点的方便,同时使信用程序简单化。

市场的一项巨大促进在于现在的服务供应商可以使用中介。银行可以选择代理商或其他中间人销售信用卡。银行可以压缩分支机构巩固业务。另一个例子是移动电话运营商:如中国联通、中国移动,它们通过销售网络销售现金卡与SIM卡创造了一个非凡的渗透市场。

一家银行的服务产品可以通过颜色、徽章、图形和包装的差别使用而与其他银行区别。不同的航空公司同样通过将不同的颜色、图形印刷在机票、登机牌、行李舱等地方以示区别。麦当劳则将促销印刷品用于垫盘子。

信用卡同样能实现服务的差异化。与维萨电子系统联网的中国银行给不同的客户群提供一系列的服务。服务的差异通过不同的信用卡如银卡、金卡、白金卡来区别。通过信用卡与顾客的身份相联系。例如:拥有美国运通卡意味着拥有声望。

(2)服务概念化

便利产品帮助顾客将服务概念化,即让顾客知道服务所提供的内容。服务营销人员使用便利产品与顾客沟通,同时告诉顾客服务是什么。

便利产品经常代表服务。停靠的公交车意味着交通服务,并给人公交车站的感觉。手机广告展示了手机的构成并让人联想到移动通信服务。服务营销人员必须保证:通过有形物所隐含的承诺必须在服务中兑现。国有道路运输公司通过战士车队中的沃尔沃巴士来表明旅程的舒适。顾客通过这些有形的线索来建立期望。任何与期望的差距都将产生不满意。

便利产品增加顾客的价值主张。使用顾客不欣赏的对象会产生反作用。甚至不恰当的使用也可能带来损害。由拉贾斯坦邦旅游开发公司(RTDC)经营的位于贝洛的中达汽车旅馆,试图将服务有形化,他们决定在前台的每个碟子中各摆放一片桑珀尔巴达和伊德利(两种印度食品)。照理应该是热的新鲜的东西,却变得干巴巴的,失去了水分,给人不卫生的感觉。结果是反而吓走了顾客,他们认为这里的食物不新鲜,环境不卫生。

理发是一种便利服务。最近在阿杰梅尔,一位发型师在市场边开设了一家带空调的发廊。他的标价很低,但来的顾客不多。分析人士认为抢眼的空调在暗示较高的价格,会将中层顾客拒之门外。

7.3.2　服务环境

服务环境是由比特纳(Bitner)提出的一个术语,现在广泛应用于服务文献中,指在服务履行地的服务设置与环境,包括具体的与抽象的。这一定义包括服务履行地实际的物质设施。芒果马沙拉,一家位于阿杰梅尔城市中心的饭店,使用荧光色、锻造的金属家具,墙上挂着抽象的拼贴画,仿制飞机悬挂于天花板,这些能够使顾客兴奋,让他们认为这里是城市中的"发生地"。依据期望的本质与设计的环境,服务环境可分为3种类型。

1) 自助服务

这里服务被设计成顾客需要自己动手。服务公司员工只起有限的作用。顾客承担了绝大部分的活动。例如,ATM机、电影院、体育馆、自助餐厅等。服务供应商必须根据顾客的需要进行专用设备的安装。设备的设计应定位在能适合目标细分市场的顾客。体育馆的规划和设计传达了目标人群的需求:包括减肥族、健美族、运动族、工商管理人员、家庭主妇或年轻人。

2) 人际服务

当服务需要顾客和服务供应商有紧密接触时,服务环境必须促进这种相互关系。这时,人际服务比较适合。酒店、医院、学校、银行是这种服务的典型场所。它们的设计必须能同时对顾客和员工产生吸引力,使他满意并促进双方的活动。同时,环境必须有助于双方的沟通。

3) 远程服务

有些服务的设置在其服务环境中没有或几乎没有顾客的参与。像通信、保险、呼叫中心等都是远程服务,并且都属于后台服务。这些地方都必须能够激励员工保持高度的士气。服务环境必须预先考虑到促进团队工作、监督和高效运作的环境改造。

所以,每一类服务环境可以是精心设计或随意的。随意的服务环境应该过程简单、布局简单、器材较少、地理范围(或人员活动)较窄、相互影响较少。ATM机、干洗店、加油站等都同于随意服务环境,它们的设计都很简单、不复杂。所以,它们可以是只需客户或供应商一方在场的自助服务或远程服务。五星级的旅游胜地或主题公园或机场等都属于精心设计的服务环境,在那里,顾客与员工、顾客与顾客、顾客与设备、员工与设备、员工与员工交互接触,形成复杂的动态关系。复杂的服务过程包括顾客、设备和员工的混合。顾客需要舒适与方便,供应商需要寻求提高生产力、方便的操作和令人愉快的事物。因此,必须有设备的设计、选择和使用。

表 7.5　服务环境的类型

服务环境种类	服务环境的复杂性	
	精心设计的环境	随意的环境
自助服务 (只有顾客)	运动场馆 电影院	自动存取款机 互联网销售
人际服务 (顾客和服务人员)	机场、医院、 银行、酒店	咖啡馆、美发厅 录像库
远程服务 (只有服务人员)	保险公司、 通信公司	呼叫中心

7.3.3 服务环境的作用

服务环境不是被动的设置,它在服务的传递过程中起着重要的作用。对其作用的评估能显示设计恰当的服务环境的重要性。服务环境有以下 4 个方面的作用:

1)包装

服务环境"包装"服务可以对顾客进行服务形象沟通。服务环境是让相关团体形成一个共同服务理念的物质表现,它能让人感觉无形的服务。他们预想给服务概念创造一个形象并通过设立能增强服务的有效亲密体验场所,引起一种特别的感官与情感反应。合适的服务环境能创造服务供应商所寻求的可靠形象,它也能帮助舒缓顾客期望、增强顾客体验与回忆。顾客消费了服务后,可通过引用服务环境要素来回想。这样一来,服务供应商必须有意识地在服务环境中包含一切他想要顾客去考虑的内容。

2)促进

服务环境的另外一项重要工作是帮助顾客和员工抓住机会。应该让顾客方便、舒适地消费服务,让员工愉快地进行工作。餐馆适当的座位安排能帮助顾客更好地享受食物,独立的吸烟区能避免对不吸烟人士的打搅。免下车的 ATM 机可以使顾客下车受打搅的几率变小,避免早上上班高峰期的拥挤。对员工而言,过道的合理空间能防止瓶颈的发生。不好的设计会同时挫伤顾客与员工的愉快心情。

3)社会化

服务环境的设计帮助顾客与员工理性传达期望的角色、行为和关系。

比较一下公有银行与私有银行的服务环境。公有银行有较大的隔离区域为安全提供必要的保护,沿着外墙的狭窄走廊形成的顾客空间较小。很明显,顾客一定不能陷进隔离区域,而且最重要的工作是银行的内部操作。对整个大厅而言,顾客成了障碍。顾客知道他能去哪里,不能去哪里。那道用粗链条锁着的同时只允许一人通过的门似乎不欢迎任何人。顾客在缺少空间的柜台前排队经常会觉得沮丧。私有银行热情地接近顾客。空调室有舒适的沙发和饮水机,你通过干净的玻璃门时就会想到真诚的欢迎。允许顾客进来,被安排坐到经理办公桌前,意味着顾客是整个活动的真正中心。顾客得到明确的暗示,他可以找该机构的任何人员,而且他们都乐意帮助他。服务环境同时暗示顾客与公有银行间是一种正式的公务关系,而私有银行却鼓励一种亲切、随和的相互关系。

4)差异化

从前面提到的不同布局可以看出,顾客能判断银行属于哪种类型。绿色的 IDBI 银行不同于红色的 HDFC 银行。桌布上摆放着餐具、桌上点着蜡烛、有古典音乐环绕的餐厅不同于墙上都是花样图案、充斥着爆破音乐、门口停满摩托车、挤满了年轻男女的餐厅。很明显,服务环境的设计使一个供应商区别于他的竞争对手,并暗示目标服务的细分。公司可以通过调整服务环境去重新定位服务或识别新的顾客群体。麦当劳为适应当地顾客需求在世界各地作不同侧面的调整:从瑞士的火车厢和公交车麦当劳,到在沙特阿拉伯为家庭消费安排独立座位的麦当劳。同时,麦当劳在悉尼北部被设计成历史建筑的一部分,在土耳其的希姆芬迪(地名),麦当劳用相当现代的建筑外观区别于其他餐厅。它反映了新世纪的内部布景与外部建筑设计。

7.3.4　服务环境的设计

服务环境应该被设计成人们心目中期望的状态(自助的、人际的还是远程的)并引起他们的反应。这样一来,就需要考虑以下方面:

1)气氛

营造气氛为的是保证服务区域内环境条件的舒适。舒适指简单而愉快的状态。服务环境向顾客和员工传递舒适性。营销人员在设计服务环境时必须保证舒适性,包括照明、颜色、温度和湿度、噪音、气味。

照明:自然光是最舒服的光源。照明常用于创造效果。暗淡的灯光经常与浪漫相联系,滤光灯常常是夜总会用于鼓动和引起兴奋的工具。顾客认为明亮的过道灯光比暗淡的过道灯光安全。有色光或光线闪烁会使人(包括顾客和员工)心烦。差的照明会引起顾客的不满。在功能区域,照明需要随工作需要而改变。不换坏灯泡会让人产生"低效、差劲"的印象。

颜色:颜色与灯光经常组合使用。灯光下不同的颜色会给人不同的感觉。色彩的效果随所用色彩组合而变化。有些颜色能产生鼓动的效果,而有些却起反作用。有些能抚慰人,让人镇静。比如淡色调的绿色与蓝色让人轻松,因此经常被用于休闲场所。而红色、橙色和黄色则都是暖色调的。

噪音:背景噪音经常干扰人们的注意力,让人心烦。在不同环境,每个人对噪音的理解各不相同,其对噪音的反应也不同。间歇、不熟悉的噪音会比连续、熟悉的噪音更容易打搅人。服务环境管理人员必须努力辨别潜在的噪音源,控制它们,使它们符合服务的节奏或消除噪音。声音的类型与状态必须与服务主题一致。

气味:服务供应商必须监控服务环境的气味。有些气味很恶心,需要预防。同时,服务供应商必须明白顾客能从不同途径感受气味,所以,分类是最好的选择:将吸烟人士与不吸烟人士分离,将素食人士与非素食人士分离;将香水味与天然香味分离等,这样一来,通风设施与空气循环的安排就有了方向性。

温度和湿度:温度与湿度会影响人的舒适度和工作效率。极端情况下,温度与湿度的波动将严重影响舒适度。一些服务环境依赖于天然气氛(山坡位置、历史或生态的旅游产品、天然的矿泉疗养等),而另一些服务环境需要对温度和湿度加以控制。如果人员进进出出流动非常频繁,温度与湿度将很难控制。

2)标记、符号和徽章

标记、符号与徽章在服务环境中起重要作用:

首先,可以帮助顾客在服务环境中引导方向,包括东西摆放的位置指示、服务各部分地点指示和负责人指示;

其次,它们提供了服务的线索。标记与符号经常是顾客了解服务时最先见到的。

让我们逐个讨论它们的作用。说到方向性,标记帮助顾客朝哪个方向走。医院使用标记告诉病人与陪同人员哪里是门诊部,哪里是放射科,到哪里找医生,哪里是出口等。同样,在有不同国籍的乘客转机的国际机场,会使用国际通用符号指导人们如何到不同机组、如何利用设备和如何问询等。顾客对符号、标记的理解,需依赖于所使用标记和符号的能见度、易辨认性、可理解性。能见度指标记的位置能否引起广大客户的注意;易辨认性指其可读性,如大小、颜色、印刷质量等;可理解性指符号信息产生的沟通能力。

沿着高速公路前行,一副刀叉意味着附近有家餐馆;一个红色十字表示医疗服务;金色的拱门表示麦当劳的分店。

标记和徽章也能作为线索增强服务供应商的可信性。墙上挂着荣誉或等级证书能增强顾客对汽车修理人员的信心。医生的门匾显示了他的资质(FRCS 英国皇家外科医师学会会员等),支持了顾客对他的信任。书架上装订精美的书籍使人们对律师的能力充满信心。徽章的不合理运用会产生错误的印象。

3)空间布局

空间布局总的指导原则是要让顾客安心使用。安心地进入、良好的可见度、亲切的服务联系,能让顾客尽快地熟悉服务环境。这样,顾客能感知到自己对服务的控制而不存在压力。例如在零售业,顾客购买、选择、付款、携带商品,他在服务过程中是一个积极的参与者。因为顾客参与了这些操作,设计必须按照顾客需求进行。例如,这些特征通常包括:

- 通向高速公路和繁忙街区的入口。
- 有组织、有照明的大停车场。
- 宽阔的、经过设计的连向停车场通道;方便的入口适应高峰时间大量顾客进入。
- 自动扶梯和动力门方便带有东西的顾客走楼梯、开门。
- 大厅或缓冲区域方便顾客等待。
- 休息室、饮用水、归还商品处、问询台,
- 服务台、现金兑换处和员工工作位置:
- 商品展示区、过道、吸引人的灯光与布景。

这些特征的程度必须随参与顾客数量的变化而改变。例如,银行前台必须围绕以下内容设计:顾客停车、出入方便、舒适的等待区间、排队、出纳与出纳窗口、顾客存贷款服务的私人区间。麦当劳和其他零售公司如 Planet-M、Shoppers Stop 或 I-switch(零售公司名称)的前台均是例证。

甚至在以顾客为目标的服务中,服务过程也围绕着顾客进行设计,如酒店、发廊。服务过程比较复杂的例子是医院。当医院接收病人、设立账户、病人出院,在设计、计划、控制、分析和管理中,考虑的主要方面是医疗技术与技能的应用。因为病人的情况各异,医院必须具有一定的灵活性去适应不同类型的病人和不同的治疗顺序。由于这个原因,医院过程规划需要设置外科、放射科、测试实验室、理疗、监护、急诊室、医生办公室、病房、护士站、自助餐厅、药房、行政科和其他部门。设备、工作区域、医疗部门大都按照技术过程和所需承担的工作进行设置。设备的设计需要适应各种病人的流动方式,同时,技术专家与设备按照逻辑上的技术程序操作。

与空间布局相联系的是个人空间的概念。每个人都需要一定的空间才觉得舒适。任何对该空间的冒犯都会使人不安。私密空间距离(intimate distance)只允许亲密友人的进入;普通朋友只能进入正常人际沟通的私人空间距离(personal distance);正常的业务接触被限

定在社交距离（social distance）；公众距离（public distance）则是显而易见的，陌生人可以在公众距离区域自由走动。

个人空间距离的大小由于各民族文化的不同有着明显的不同。服务供应商应对各民族文化进行评定从而调节服务环境的私人空间。在交易中分享顾客私人空间会引起顾客不自在，也可能对服务体验造成消极评估。除非服务目标是要创造引起惊慌的体验，否则必须回避拥挤。

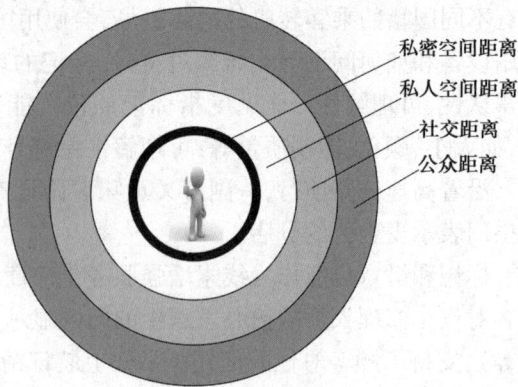

图 7.6　个人空间

有形展示必须结合总体营销计划，加强目标定位，才能保持有效。计划人员必须对有形展示的效果有充分清晰的了解。从服务概念的定义出发，他们必须对有形展示要素进行 4 个维度的联系：辅助设施、便利产品、外在服务和内在服务。他们必须理解目标细分市场的需求、期望和价值主张，必须明白有形展示要素对外界的承诺具有深远的影响。有形展示要素必须与其他营销组合要素相吻合。

服务供应商必须设计服务过程总体规划，识别顾客个人与服务环境的内部与外部接触点。他们也必须意识到服务员工与环境接触的必然性。所需有形线索必须能识别其每一点。同时，必须确定服务环境在每一接触点的作用。在特定情形下服务环境的作用在于决定服务设计中以谁为考虑对象，以便于抓住具体机会。在这一阶段，服务环境在不同点的作用得到大家理解的同时，还需要使服务环境尽可能接近顾客与员工的期望。

有形实体不是一成不变的，而是需要随着顾客的需求而更新的。组织必须做好准备至少定期地更新。甚至是同一个定位，知识技术上的改变需要重新设计过程，这时候也需要更新。同样，时尚与趋势在变，与实体相联系的意义（颜色、设计、符号、风格）也随之改变。

7.3.5　有形展示的指导方针

有形展示的主要目的是通过加强目标定位来支持公司的营销。顾客会有意识（或潜意识）地对服务的有形展示做出反应。事前设计结合总体营销计划的有形展示，符合服务供应商的利益。

1）识别有形展示的战略影响

为保持有效性，有形展示实体必须符合服务供应商的目标定位。这样一来，高层管理人员必须明确公司的目标和打算怎么达到这个目标。有形实体的计划人员必须理解并参与公司的战略。因此，服务概念必须与所识别的目标市场相一致，必须同时清楚内、外部顾客的需求与期望，然后落实展示实体政策。明确的展示实体与服务环境有利于服务承诺。有形实体及如何支持总体计划必须有一条清楚的联系纽带。

2）标志有形展示

了解了战略定位与有形展示的作用后，服务供应商必须对有形展示的轮廓有所描绘。每一个相关人员都能看清楚服务过程以及过程中存在的有形展示要素。计划人员也许可以有意开发服务标志或蓝图。从服务标志中我们可以看到服务递送中的参与活动、过程的复杂性、提供展示机会的人际接触点,以及每一步所需的有形要素。现在,模特、视频、照相材料等正得到越来越广泛的应用。

3)阐明有形展示的作用

有形展示在每一阶段过程中的作用必须清楚地列出。有形展示可能恰好支持服务的传递,或支持与目标顾客的交流(销售或简单的介绍)。阐明特定服务过程中有形展示所发挥的作用能帮助计划人员决定谁负责展示实体(包括便利产品和服务环境)的设计。

4)评估有形展示机会

一旦描绘出服务环境的作用和有形展示实体,就可以识别可能的变化并改进。增加深层次价值的机会可能需要有形展示与总体战略(或顾客反馈)相一致的改变。例如,顾客在Chokhi Dhani(多民族旅游胜地)经常要求提供刀、叉、调羹。但是管理人员还是决定继续其可信的多种族体验的定位。

5)必要时修改展示实体

有形展示的一些方面,特定的服务环境需要经常或至少定期更新。甚至在公司愿景、目标、方向不变的情况下,时间也会迫使有形展示进行改变。一个很明显的趋势是用得太久的颜色、设计和款式会传达出不同的信息。例如,零售店经常改变其陈列设计以加强新鲜感。芒果马沙拉(一家餐馆)经常改变布景庆祝节日。RSRTC(印度的一家运输公司)不断改变他们车上的色彩配置表示增加了新服务。

6)整体形象

有形展示并不是孤立的运作,它需要不同功能群体的概念化与设计。一家服务公司还需要其他连续的线索(人与过程)和信息来传达形象,这些必须保持一致,有形展示必须与其他信息保持一致。有形展示战略需要一支多功能的团队,决定服务环境更是如此。营销人员、销售人员、操作人员必须与建筑师、室内设计师、行为与环境心理学家紧密配合,最终决定服务环境。

【案例分析】

Windy 的店堂布局

Windy 是美国三大快餐集团之一(另两家为麦当劳和汉堡王 Burger King),在全世界范围内拥有数千家连锁店,提供以汉堡包、三明治、炸薯条为主的快餐食品与服务。我们以Windy 在美国威斯康星州的分店为例来考察其地段和店堂布局。

这家分店位于交通十分繁忙的美国一条主干公路边。20 世纪 90 年代初,该店所在位置还是一个小型农场,后被 Windy 收购,并在此建起了这家分店。

该店总体形状为长方形,占地面积约 8 000 平方米。主要使用的建筑材料是砖、木板与玻璃。该店面向公路,两侧十分开阔,后面有近 70 个停车车位。该店侧面还设有一个驶入式外卖窗口,为汽车驾驶者提供方便(他们不用下车就可通过该窗口买到食品和饮料)。

店内总共设有 98 个座位。其中包括 15 张四座位桌、2 张三座位桌、9 张双人座位桌和 14 张单人座位桌。就餐大厅的家具以橡木制成,饰有十分漂亮的图案。天花板为扇形,上面悬吊着许多绿色植物。就餐大厅中设有服务柜台,提供餐巾、吸管等小物品,还设有装垃圾的不锈钢罐。大厅边上设有自动饮料服务器,顾客可根据需要自行得到饮料,无须排队购买。就餐大厅约占整个快餐厅一半不到的面积。顾客必须在等候服务区(由几列栏杆组成的通道)排成单行,依次到服务台前购买食品。服务台后便是厨房区,所有食品加工设备及设施均摆放在此。厨房区再靠后便是仓库储藏区(包括冷冻室、冷藏室与干藏区)和管理员办公室、员工休息室及员工培训室。仓库区有一个后门,专供接收食品原料用。

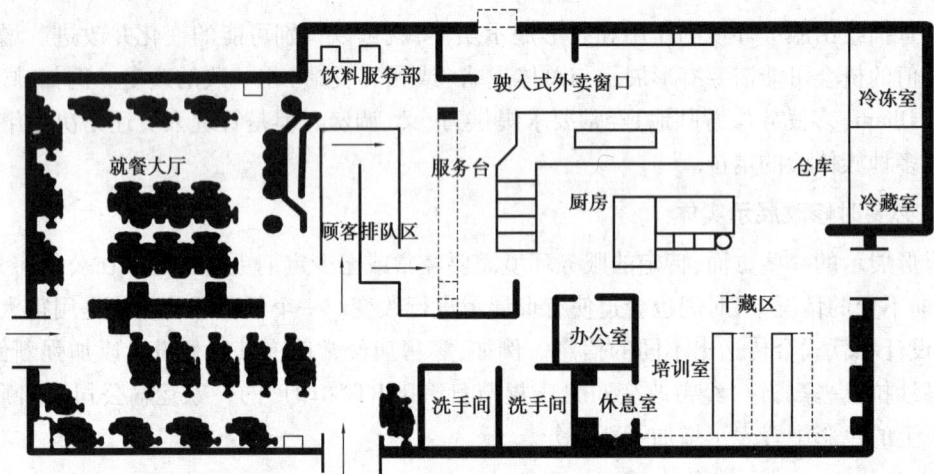

Windy 的店堂布局

[案例讨论题]

1.Windy 的店堂布局体现了美式快餐经营管理的哪些基本特点?

2.Windy 的店堂布局对其服务运营有什么作用?

本章小结

本章介绍了服务运营设施的选址、服务运营设施的布局和服务运营系统的有形展示。服务设施选址包括两个层次的问题:第一,选位,即选择什么地区(区域)设置设施。第二,定址。地区选定之后,具体选择在该地区的什么位置设置设施,也就是说,在已选定的地区内选定一片土地作为设施的具体位置。服务设施布置的目的是要将企业内的各种物质设施进行合理安排,使它们组合成一定的空间形式,从而有效地为企业的生产运作服务,以获得更好的经济效益。由于服务的无形性,顾客为服务概念增强信心而寻找线索用于为服务营销人员创造促进服务交易的适当联系。有形展示给顾客提供了确定服务内容的方法,在顾客接触服务人员或参与服务过程前,他面对的是没有生命的服务设备及其所宣称的传递价值的能力。

【思考与练习】

1.有形展示的两个要素是什么？请举例说明。

2.在什么情形下气氛对发展服务营销组合有利？

3.颜色、照明、温度怎么影响顾客和供应商的服务体验？

4.标记、符号与徽章怎么让大众熟悉服务环境？请举例说明。

5.请详细叙述有效的有形展示的指导方针。

6.分小组调查两家当地服务供应商。可以与管理人员探讨服务的定位,并通过与顾客、管理人员交流,观察服务环境要素如何与总体营销战略整合、服务定位沟通的程度来解决问题。你可以在你的研究中使用以下3个维度:外部设施、内部设施和其他有形物。

7.调查下列服务环境设计的动机与原因,评价便利产品和服务环境。

加油站、税收顾问、旅行代理、餐馆、港口、公共图书馆。

第8章　服务需求与生产能力管理

所有的科学探索的主要对象,都必须是对人及其命运的关切,在你的图表与方程中,永远别忘了它的存在。

——爱因斯坦

【学习目标】

学完本章后,你应该能够:

1.阐释供求失衡的原因。

2.掌握了解需求的原因和方法。

3.理解并运用需求管理的策略。

4.阐述服务规模的内涵及其构成。

5.理解并运用供给管理的策略。

6.了解收益管理技术的适用性。

7.运用收益管理技术解决现实问题。

【案例导入】

亚利桑那州凤凰城的利兹—卡尔顿饭店是一家高档酒店,位于城市中心,该区域大约有200万人口。酒店里有281间豪华客房、2个餐厅,还有美丽的游泳池和宽敞的会议设施。这些餐厅和会议设施全年365天都向顾客提供服务,然而需求的变化却非常显著。从11月到来年4月中旬的旅游旺季,客房的需求极高,经常超过可利用的空间。但是,在5月中旬到9月的夏季里,对于客房的需求大大降低。由于酒店向商务旅行者和商务会议提供服务,所以除了季节性需求变化以外,还存在每周的需求变化。商务旅行者不在酒店度周末,因此,酒店最重要的细分市场对客户的需求在周五、周六的晚上明显降低。

为平衡需求的变化,饭店已经采取了一系列战略措施。饭店常年开展团体业务(主要是商务会议)以补充周四到周日较低的需求。这种时间安排给许多团体带来好处,他们在酒店度过周末,还可以享受低价机票的好处。在炎热的夏季,酒店鼓励凤凰城的当地居民和附近图森市的居民在周末享受酒店奢华的服务。一个创新的娱乐方案是在周五和周六晚上以极具吸引力的价格吸引顾客在酒店享受服务,餐厅会议提供一次"顺序进行的晚餐"。顺序进行的晚餐开始于酒店的接待,接下来,顾客步行到一家餐厅增进食欲,然后在第二家餐厅就餐,晚餐以客房中的香槟酒和甜点作为结束。通过鼓励居民入住酒店,酒店可以提高周末的利用率,而居民可以有机会享受其不可能在旅游旺季享受的酒店服务。

大多数市区的酒店面临着与凤凰城的利兹——卡尔顿饭店相同的每周需求变化,许多酒店已经通过在周末为家庭和儿童提供食宿而找到部分解决方法。对许多双职工家庭来说,周末外出是一种很好的放松和休假方式,周六晚上的停留还伴有打折机票,许多家庭可以支付得起周末旅游。市区的酒店为这些家庭提供折扣、儿童导向活动和宜人的事物,以及令家庭感觉舒适的环境。例如,在加利福尼亚奥兰治县的 Costa Mesa Marriott Suites,雇员们在周末穿着随意,烤面包机就放在早餐台上,为儿童提供方便。弗吉尼亚日斯顿的凯悦饭店,周末会把 21 套高级客房出租给孩子们开晚会。芝加哥希尔顿饭店创造了"假期工作站"活动,包括为儿童提供礼物和游戏,以及许多库存的婴儿床,并在小酒吧里提供啤酒。芝加哥希尔顿饭店所取得的成果是周六晚上经常客满,周五晚上的平均利用率经常高于其他工作日的平均水平。

【案例点评】

对于凤凰城的利兹——卡尔顿饭店和以上提到的其他酒店,需求管理和利用酒店固定的客房、餐厅、会议室设施的能力可能会遇到季节性的、周期性的,甚至每天变化的挑战。酒店产业是面临需求与能力管理挑战的典型,许多其他服务提供者也面临相同的问题。比如,税务会计师和空调维护服务业会面临季节性的需求波动,而某些服务,诸如通勤火车和餐厅面临的顾客需求,每周甚至每小时都在变化。有时需求超过现存的能力,有时能力闲置。

8.1　需求管理

通常情况下,企业的供应能力是一定的,而市场需求却是波动的。对于服务企业来说,不可能像生产制造业企业那样运用库存管理来调节供需矛盾,所以消费需求与服务供给能力的平衡是服务经营面临的一个重大挑战。

8.1.1　服务需求对供给的挑战

由于服务产品的无形性、服务生产与消费的同步性以及不可储存性等特征,供求失衡是服务企业经常要面对的问题。

1)服务生产与消费同步

服务生产与消费是同时进行的,很多服务只有消费者到场后才能开始生产,在生产的同时又被消费掉了。服务的这种特性使得企业很难做好服务的准备,不能像有形产品那样,先把产品生产出来,过一段时间再卖给消费者。服务具有不可储存性,容易消逝,难以用库存调节供求失衡。例如,一次航班的空座位不能出售给下一次的顾客。

2)服务需求难以预测

相对于有形产品而言,服务需求是难以预测的。人们对某些服务的需求可能是根据当时的环境临时决定的,如每天看电影、进餐馆的人数通常是难以确定的,医院里看急诊的人数通常也是事先不知道的。这类需求一般没有长远的规划,变化比较频繁。另外,企业为每个消费者提供服务的时间也是很难确定的,如银行柜台为客户办理业务的时间取决于客户办理业务的类型和数量,这会影响到企业对自己的服务能力的估计。

3)服务不可转移地点

有些服务只能在一定的时间发生在一定的地点,无法转移。如旅游服务,旅游吸引物和服务设施不能从旅游目的地转移到客源地,旅游者只有到达目的地才能享受到旅游服务。旅游者想游览泰山风景必须亲自登临泰山,泰山景区的旅游服务不能移动到客源地。

4)服务供给的最大能力缺乏弹性

一般情况下,服务机构(如游乐场)的最大供应量不具有弹性,当服务设施超负荷时,没有其他的设施可以取代。如每家饭店的客房数、一辆客车或一次航班的座位数都是固定的,不可能像服务企业那样通过加班加点来提高供给能力。

这些挑战使得服务企业面临着决策的困境:一方面,投资者都会避免服务规模过大造成的资金占用多、收益率低的问题;另一方面,如果企业的服务能力不足,无法满足顾客的需求,则影响服务质量,甚至造成顾客流失。

8.1.2 服务供需关系的四种情况

如图 8.1 所示,服务供求平衡有以下四种情况:

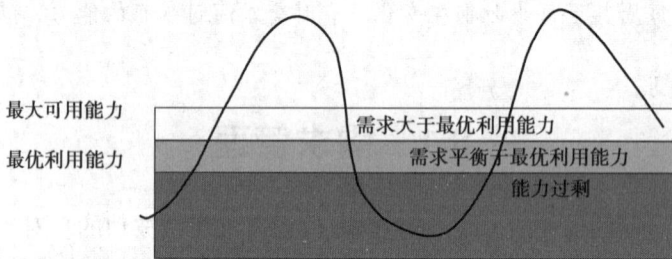

图 8.1 服务供求平衡的四种情况

1)需求过剩

需求超过最大可利用的服务能力,这时部分消费者会离开转向竞争对手。如酒店客满,或在某个时段景区游客达到最大容量。没有得到服务的消费者会对企业产生不满,消费者的离开可能是暂时的,也可能是永久的。可见,需求过剩致使部分消费者得不到服务,从而影响企业的形象和信誉。

2)需求大于最优利用能力

当消费需求大于最优的利用能力时,企业可以为消费者提供服务,消费者可能没有离开,但由于消费者过多,服务环境非常拥挤,服务质量开始下降,消费不满开始增加。例如,理发店等待的客人过多时,理发师会加快理发的速度,客人可能会因此得不到最优质的服务。这种状态下,消费者感受到了企业的服务缺陷,企业需要提高顾客的感知质量,以留住消费者。

3)需求平衡于最优利用能力

服务的生产能力与服务需求达到最理想的匹配状态,员工和设备没有超负荷运营,消费者得到准时而良好的服务,服务能力得到最佳利用,这种状态下,从企业角度来说,服务设施没有闲置,服务人员的配置也刚好满足顾客的需求,员工可以得到适当的休息,服务的积极性高。从消费者的角度来说,服务质量有所保障,消费者可以得到优质的服务,消费满意度比较高。这是一种最理想的状态。

4)能力过剩

由于需求不足造成企业资源没有得到充分利用,服务设施闲置,服务人员过多,生产率低下,影响了企业的利润。这种状况下,企业会尽可能提供高质量的服务以使消费者满意,但如果服务质量需要依赖其他消费者时,会因为人数太少影响消费者的感知质量。

综上所述,当需求能力大于最大可用能力时,一些潜在顾客可能离开,而且可能永远离开;当需求能力在最优利用能力和最大可用能力之间时,顾客可能得到有缺陷的服务。在这种情况下,服务管理者必须采取一些措施以控制服务水准的降低,并防止消费者的不满,可从供给和需求两个角度考虑解决方案。

8.1.3 服务需求预测

在有效的需求管理中,最简单也是最重要的就是要知道消费者是谁,消费者的需求是什么。

1)服务需求预测的必要性

有效的需求管理,应该明确企业的目标市场及其消费需求:有很多因素都会影响服务需求的形成,如天气、社会、政治或者社区内的体育赛事等。企业可以通过各种方式来收集消费者的信息,如年龄、性别、兴趣、收入状况等,不同的消费者可能受不同因素的影响而改变购买动机。掌握消费者的需求偏好有助于企业了解需求的高岭期和低谷期,并能区分不同的需求类型,以便提前调整服务人员、供应设施等。否则,如果服务需求不足,就会导致服务人员和设施的闲置;如果服务人员和设施不足,就会导致消费者等待,降低服务质量,甚至导致客户流失。

了解消费需求,探寻消费需求变化的这些规律,可以从以下几个方面分析:

第一,明确服务需求的波动是否有规律可循。大多数服务需求呈现一定周期性,应当先确定周期的长度,是年、月、日,还是其他特定时间长度。

第二,分析造成需求周期性变化的主要因素,如人们多年形成的行为习惯、公共节假日、学校寒暑假、不同季节的气候变化或雇员计划等。

第三,如果需求水平呈无规则变化,应分析其中的原因。如因为天气的突然变化或大规模的人群食物中毒引起对医疗服务的大量需求。

第四,假如服务需求有不同的细分市场,分析引起每个细分市场需求变化的因素,并找出每个细分市场需求变化的规律。以酒店客房为例,商务客人和家庭客人对价格的敏感程度是不同的,降价对商务客人可能是无效的,而对家庭客人则起到很大作用,酒店可以深入探究两个市场的需求规律。

2)需求预测方法

尽管服务业需求变动较大,但从长期来看,有些需求波动具有一定的规律性。企业可以运用一些需求预测方法来预测消费者的需求。

(1)德尔菲法

德尔菲法又称专家意见法,在 20 世纪 40 年代由 Olaf Helmer 和 Rand 首创。1946 年,美国的兰德公司首次用这种方法进行预测,后来被广泛采用。德尔菲的做法是先组成专家调查组,专家人数可根据课题的大小和涉及面来确定。然后把调查预测的项目和要求拟成预测提纲,将预测提纲、征询表格交给专家,并提供背景资料。专家们在"背靠背"的情况下,根据通知的要求,对所预测的问题提出个人的判断与分析。主持预测者收到专家的预测和分析后,再将专家的意见加以集中,根据专家们的预测结果及其依据,列出经过加工的新的调查提纲,分送给专家,进行第二轮征询,要求专家们补充、修改各自的预测并加以说明或评论。这个过程反复进行几次,直到专家意见趋于一致,最后得到较切合实际的集中答案。

德尔菲法具有匿名性、反馈性、统计性的特点,能充分发挥各位专家的作用,集思广益,准确性高;能把各位专家意见的分歧点表达出来,取各家之长,避各家之短。但这一方法的操作过程比较复杂,花费时间较长。在实践中,一般用于长期预测。

采用这一方法时,应注意以下几点:预测问题要十分清楚明确,其含义只能有一种解释,否则,专家的答案可能会特别分散;问题的数量不能太多,一般要使回答者能在两个小时内答完,并要求专家们独自回答;要忠于专家们的答案,调查者在任何情况下不得表露自己的倾向;对于不熟悉这一方法的专家,应事先讲清楚这一预测方法的过程和特点。

(2)部门主管集体讨论法

部门主管集体讨论法又称为高层主管集体讨论法,是指把高层主管召集在一起进行讨论,将主管的看法与统计模型相结合,形成对需求的集体预测。当缺乏足够的历史资料时,这一方法特别适用。

部门主管集体讨论法的优点是:简单易行;不需要准备和统计历史资料;由于汇集了各位主管的经验与判断,避免了个人的主观臆断可能对企业造成的损失。这种方法的缺点是:占用了各位主管的宝贵时间;与会人员之间相互影响,有些主管碍于情面,不愿发表与众不同的意见;由于是各主管的主观意见,预测结果缺乏严密的科学性;由于是集体讨论的结果,无人对其正确性负责,影响预测的实施;预测结果较难用于实际目的。

(3)员工意见征集法

员工意见征集法是指由各部门的一线服务人员根据其个人判断作出预测,企业再对员工的预测进行综合整理后得出企业范围内预测结果的方法。员工意见征集法的优点是:由于员工的意见受到了重视,增强了员工在服务过程中的信心;由于取样比较多,预测结果较具稳定性。这种方法的缺点是:预测结果常常带有员工的主观偏见;预测值会因为时间的不同而受到影响。

(4)时间序列法

时间序列法是定量分析中应用最普遍的方法。在实际数据的时间序列中,展示了所研究的经济对象在一定时期内的发展变化过程,时间序列分析就是在这些序列数据中寻找经济事务的变化特征、趋势和发展规律的预测信息。

时间序列是一系列均匀分布(每周、每月、每季等)的数据特点。分析时间序列时,首先将过去的数据根据影响因素的区别分为几部分,然后将这种影响进行外推。一般的,将时间序列的变化归结为趋势变化、季节波动、周期性变化和随机波动四个方面。对这四个因素进行合成,形成了两种描述方法:一种是乘法模型,即假定需求是四个成分的乘积:需求变动=趋势变动×季节变动×周期变动×随机波动。另一种是加法模型,即假定需求是这四个成分加总的结果:需求变动=趋势变动+季节变动+周期变动+随机波动。

在大多数的实际模型中,由于随机波动的数学期望值为零,所以预测者都假定随机被动经过平均后可不考虑其影响:他们主要注意趋势、季节和周期波动相结合的成分。时间序列方法有下列几种。

①简单预测法。简单预测法是最简单的一种时间序列分析方法。它假定下一期需求与最近一期需求相同,用本期的需求预测下一期的需求。例如,某餐馆3月份的销售额是10万元,我们可以预测4月份的销售额仍然是10万元。

虽然这种方法很简单,但是实践证明,对某些服务企业而言,简单预测法是效益费用比(一种衡量预测方法效用的比率,它是预测带来的效益与预测过程所花费的费用之比)最高的预测模型。由于简单,它成为其他时间序列分析方法的出发点。

②N时期移动平均法。该方法用一组最近的实际数据值通过求算术平均值来进行预测,以一组观察序列的平均值作为下一期的预测值。如果市场需求在不同时期能够保持相平稳的趋势,简单移动平均法是非常有效的。

N时期移动平均的计算公式是:

$$移动平均数(MA_t) = (A_t + A_{t-1} + A_{t-2} + \cdots + A_{t-N+1})/N$$

式中　　MA_t——t周期末的简单移动值,可作为$t+1$周期的预测值;

　　　　A_i——第i周期的实际需求;

　　　　N——移动平均值的期数。

[例8.1]　某旅店有100个房间,平时入住的主要是工作人员,但周六主要是探亲访友的客人。经营者想预测周六客房的出租率,为即将到来的周末做好准备。取移动平均的期数为3($N=3$),分别计算预测值(见表8.1)。

表8.1　移动平均法

周　六	时　期	出租间数	三个时期的移动平均数	预测值
8月1日	1	79		
8日	2	84		
15日	3	83	82	
22日	4	81	83	82
29日	5	98	87	83
9月5日	6	100	93	87
12日	7			93

解:已知 $N=3$,则8月22日的预测值是8月1日、8日、15日的平均数:

$$(79 + 84 + 83)/3 = 82(间)$$

同理可得,8月29日、9月5日、9月12日的预测值为83间、87间和93间。

N 时期移动平均数的预测结果与 N 有密切的关系,N 越大,对其他因素干扰的敏感性会越低,预测的稳定性越好。

③简单指数平滑法。简单指数平滑法是时间序列模型中用于需求预测的最常用方法。它是在加权平均法的基础上形成的,可以理解为一种以时间定权的加权平均方法。用数学法表示即:

$$新的预测 = 上期预测 + (上期实际需求 - 上期预测值)$$

它的计算公式是:

$$F_t = F_{t-1} + \alpha(A_t - F_{t-1})$$
$$F_t = \alpha A_t + (1 - \alpha)F_{t-1}$$

式中 α——平滑指数(实际中平滑系数的范围一般是 0.05~0.5);

  F_t——下期预测值;

  F_{t-1}——当期预测值;

  A_t——当期实际值。

平滑指数越小,预测的平稳性越好;平滑指数越大,预测的实际值的变化越敏感。

表8.2 指数平滑方法预测($a=0.5$)

周 六	时 期	实际出租率	平滑值	预测值	预测误差
8月1日	1	79	79.00		
8日	2	84	81.50	79	5
15日	3	83	82.25	82	1
22日	4	81	81.63	82	1
29日	5	98	89.81	82	16
9月5日	6	100	94.91	90	10

计算时,可以把一系列数据中的第一个实测值 A_t 作为第一个平滑值 F_t。如表8.2所示,8月1日的平滑值 $F_1 = A_1 = 79.00$。8月8日的平滑值(F_2)可以用公式来计算,即8月8日的实测值和8月1日的平滑值得出。设定 $\alpha=0.5$,如下所示,该结果与使用子时期移动平均法得到的结果基本一致:

$$F_t = F_{t-1} + \alpha(A_t - F_{t-1})$$
$$= 79.00 + 0.5 \times (84 - 79.00)$$
$$= 81.50$$

采用类似的方法可以得出以下各期的平滑值。

确定平滑系数时应该注意以下几点:

第一,如果预测误差由于某些随机因素造成,预测目标的时间序列虽然有不规则的起伏波动,但是基本发展趋势比较稳定,这时的平滑系数应当取小一些,以减少修正的幅度,使预测模型包含较长时间序列的信息。

第二,如果预测目标的基本趋势已经发生了系统性的变化,预测误差是由于系统变化造成的,则平滑系数的值应当取大一些,这样可以根据当前的预测误差对预测模型进行大规模的修正,使得模型和预测目标的变化相吻合。

[例8.2] 某景区2013—2015年接待人数的情况如表8.3所示:

表8.3 指数平滑法

季度	2013年	2014年	2015年	平均接待人数	季节指数
1	20 000	24 000	28 000	24 000	0.92
2	24 500	28 000	32 000	28 167	1.08
3	23 000	27 000	30 500	26 833	1.03
4	21 500	25 500	29 500	25 500	0.98

平均季度接待人数是:

$$(20\ 000 + 24\ 500 + 23\ 000 + 21\ 500 + 24\ 000 + 28\ 000 + 27\ 000 +$$
$$25\ 500 + 28\ 000 + 32\ 000 + 30\ 500 + 29\ 500)/12 = 26\ 125(人)$$

季节指数 = 当季的平均接待人数 / 平均季度接待人数

如果该景区2016年的接待人数为140 000人,那么根据季节指数,2016年每个季度的预计接待人数应该是:

第一季度:0.92 ×140 000/4 = 32 200(人)

第二季度:1.08 ×140 000/4 = 37 800(人)

第三季度:1.03 ×140 000/4 = 35 700(人)

第三,如果原始资料不足,初始值选取比较随便,平滑系数的值也应当取大一些,这样使模型加重对以后逐步得到的近期资料的依赖,提高模型的适应能力。

第四,如果描述时间序列的预测模型只是在某一段时间内能够比较好地表达这个时间序列,应当选取比较大的平滑系数,减少对早期资料的依赖。

实际应用中,大多采用计算机计算,多数计算机预测软件都能自动找出具有最小预测误差的平滑系数。有些软件在预测误差超出可接受范围时能够自动进行调整。

④考虑季节性调整的指数平滑法。有些服务产品的生产和销售随着季节的变动会产生比较大的波动,例如对机票、客房的需求在黄金周期间会达到高峰,此时就不应当采用指数平滑法,这样不利于反映数据的真实变动情况,而应该通过选取季节指数的方法进行预测。季节指数是通过该季节的实际数据同平均数据进行比较而得出。

(5)因果关系预测法

因果关系预测法通常要考虑与预测值有关的几个变量,而非仅仅将预测值归结为时间的函数,在找到相关变量后,建立相应的统计模型进行预测。例如,预测消费者需求可以考虑居民的个人可支配收入、居民的消费倾向、宏观经济走势等因素,这些都作为方程中的自变量出现。因果关系预测模型主要包括线性回归分析模型、经济计量模型和投入产出模型,其中,线性回归分析模型最为常见。

①回归分析模型。回归分析模型通过对一组经济数据进行分析,建立相应的回归模型,进行参数估计,利用模型对研究的经济对象进行预测分析,为经济决策提供依据。回归分析包括线性回归与非线性回归,其中线性回归又可分为一元线性回归、单变量多元线性回归和多变量多元线性回归;非线性回归又可分为一元、多元和分阶段的非线性回归。这里只讨论一元线性回归分析,这也是实践中应用最为普遍的一种回归分析方法,图8.2为回归分析过程的示意图。

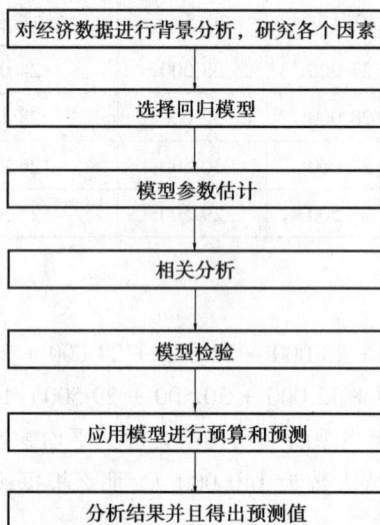

```
┌─────────────────────────────────────┐
│  对经济数据进行背景分析,研究各个因素  │
└─────────────────────────────────────┘
              ↓
┌─────────────────────────────────────┐
│              选择回归模型             │
└─────────────────────────────────────┘
              ↓
┌─────────────────────────────────────┐
│              模型参数估计             │
└─────────────────────────────────────┘
              ↓
┌─────────────────────────────────────┐
│                相关分析               │
└─────────────────────────────────────┘
              ↓
┌─────────────────────────────────────┐
│                模型检验               │
└─────────────────────────────────────┘
              ↓
┌─────────────────────────────────────┐
│          应用模型进行预算和预测        │
└─────────────────────────────────────┘
              ↓
┌─────────────────────────────────────┐
│          分析结果并且得出预测值        │
└─────────────────────────────────────┘
```

图 8.2　回归分析过程示意图

一元线性回归模型可用下式表达:

$$Y = a + bX \tag{8.1}$$

$$b = \frac{n \sum XY - \sum X \sum Y}{n \sum X^2 - (\sum X)^2} \tag{8.2}$$

$$a = \frac{\sum Y - b \sum X}{n} \tag{8.3}$$

式中　Y——一元线性回归预测值;

　　　a——截距,是自变量 $X = 0$ 时的预测值;

　　　b——斜率;

　　　X——自变量的取值;

　　　Y——因变量的取值。

②相关系数。回归方程描述了两变量之间的关系,表明一个变量值如何取决于另一变量值,并且如何随着后者变化而变化。

相关系数表明两变量间线性关系的程度或强度,通常记为 r,数学上用相关系数来检验回归方程的可靠性。相关系数可以是介于 $-1 \sim +1$ 的任何值。线性相关系数 r 的计算公式是:

$$r = \frac{n \sum XY - \sum X \sum Y}{\sqrt{\left[n \sum X^2 - (\sum X)^2 \right] \left[n \sum Y^2 - (\sum Y)^2 \right]}} \tag{8.4}$$

当 r 为正,说明 y 与 x 正相关,即 x 增加,y 也增加;当 r 为负,说明 y 与 x 负相关,即 x 增加,y 减少。r 越接近于 1,说明实际值与所做出的直线(预测值)越接近。

8.1.4 需求管理策略

服务需求受很多因素的制约,如价格、潜在顾客的收入水平以及服务的便捷度等,服务组织并不能直接控制对服务的需求。面对起伏波动的需求,在服务设施相对固定的情况下,服务企业可以采取调节需求的策略,调节服务高峰和服务低谷来平滑需求。服务企业管理需求的途径有多种,企业可以根据自身的特点、顾客的特征以及竞争的状况有选择地使用。

1)细分需求市场

细分需求市场即寻找同质需求的差异性,如航空公司的乘客包括工作日的商务出行者和周末的旅游出行者。消费需求经常被划分为随机需求和计划需求两大类,一般认为计划需求是已定的,按照预期这些需求一定会发生,服务企业应该预先准备满足这些需求;而随机需求则是不可预测的,通常情况下不知道这些需求会在什么时候产生。如银行可以预期它的商务客户每天在基本固定的时间光顾,而个人客户则是随机光顾的。分析消费需求的这些差异,有利于合理安排服务的时间、数量以提高服务企业的绩效。

2)运用价格杠杆

通常情况下,提高价格可以降低需求,降低价格可以增加需求,利用价格杠杆可以调节供求矛盾。一些服务组织为了把高峰期的部分需求转移到非高峰期,常采用差别定价策略。如电影院周一至周五的上午场实行半价,不仅创造了一部分消费需求,而且将一部分晚上或周末的娱乐需求移到了平时的白天。这样一来,价格杠杆促使一些消费者在低需求的阶段接受服务,因此会降低需求波动的激烈程度。

价格是需求管理的有效工具,但在使用过程中管理者必须清楚需求曲线的形状和斜率。即需求量是如何随价格的变化而变化的,并且要清楚在某一个特定的时间点,单位需求相对于价格变化而变化的数量。需求曲线实质上反映顾客对价格的敏感程度,如商务旅行者比大学生旅行者对价格的敏感程度更低,企业可以根据不同消费者群对价格敏感程度的不同而采取不同的价格策略。在需求低峰时,采用打折的方法吸引消费者,同时必须要考虑吸引的是哪一部分目标群体;在需求高峰期能力有限时,其目标应为最有利润可赚的那一部分群体。

3)预先告知

通过广告等方式与消费者进行沟通可以调节消费需求。企业可以通过特定的方式,如媒体广告、公司网站等,告知消费者什么时间是高峰期,什么时间是低峰期,错峰消费将会避免拥挤。另外,价格、分销渠道和产品提供模式改变时,必须把这些信息及时准确地传达给消费者。有时,一个简短的消息就可以调节需求的高峰,告示、广告和减价的消息都可以告知消费者在不同的时间段进行消费将会得到不同的利益,从而促使消费者在非高峰期接受服务。

4）预订/预约

在需求管理中,预约和预订是常用的一种调节需求的策略。如航空、宾馆、医疗、高雅的餐厅等一些紧缺的服务项目,都可以通过预约来提供服务,这可看作是服务的库存或延迟发货。通过预订系统,企业可以提前规划服务的能力,根据自身的服务能力适当调整服务时间和分配产能。预约和预订能保证消费者在预定的时间内获得服务,既可以使顾客减少等待的时间,又不必担心能否得到服务、何时才能接受服务,并消除其各种担心和顾虑。例如,病人和医生预约时间,可以减少病人在医院等待的时间,医院也可以控制看病的时间,调节每天的需求量。

但是,这种方法也有一定的缺陷。如果消费者爽约(No-show),即预约的消费者在规定的时间不到达,通常消费者不会因其爽约而承担经济责任,却使其他未预订的消费者失去了享受服务的机会。这些将导致供给能力的闲置,浪费企业的资源。一般来说,短时间内不会出现新的消费者,这将造成企业的损失。因此,很多服务企业都运用超额预订(overbooking)的策略避免这种损失的出现。例如,航空公司和酒店通常预约出大于实际能力的服务以减少空座率或空床率,但当出现的消费者的数量超过可提供的座位或房间时,有些已经预订服务的消费者将无法接受服务,通常的解决办法是向预约了但没有得到服务的消费者给予补偿。如美国联邦航空管理局作出规定,要求航空公司赔偿由于超额预订而无法坐上飞机的乘客并且要为他们提供下一班飞机的座位。同样,许多宾馆也为那些因为超额预订而未能入住的客人免费提供附近宾馆的相同档次的房间。一个好的超额预订策略应该既能最大限度地降低由于服务设施空闲产生的机会成本,又能最大限度地降低由于未能提供预订服务而带来的成本。因此,采用超额预订策略需要对一线员工进行培训,以应付那些未能获得预订服务的消费者。

5）提供具有反向循环需求模式的服务

有些服务具有明显的季节性,价格刺激、预订或预先告知往往不能有效地改变需求模式或者缓解需求高峰,如冬季的滑雪。改变产品的提供模式主要是根据消费者对产品的不同偏好,通过调整产品组合的广度和深度来引导消费。如滑雪胜地在夏季可以开发滑草或变成飞机跳伞表演的场所,这样可以在一年的不同季节吸引不同细分市场的消费者,企业的服务设施不至于闲置。在其他季节性行业中,也可以采取这种策略,拓展产品的广度,增加非高峰期的需求。

6）提供补充服务

对于一些难以调节的需求,只能让消费者排队等待。但如果排队时间过长,就会引起消费者的不满,影响服务质量。如果队伍很长,超过消费者能忍受的时间,消费者很可能中途离开,转移到竞争对手那里。企业不仅失去了潜在的利润,而且影响企业在消费者心目中的形象。

为了减少因排队等候而造成的客户流失,服务企业可以为等待服务的消费者提供良好的环境,如舒适优雅的氛围、消遣的书籍杂志、食物及饮料等;或利用给消费者提供额外利益等推销的方法刺激需求,如附送赠品的午夜场电影,把消费者的注意力转移到补偿性服务上去,使其愉快地度过排队时间,增加消费者留下来的可能性。本质上,补充服务意味着一项服务的两个阶段。适当延长第一阶段的服务时间,可以避免消费者在接受服务之前就离开。

8.2 供给管理

8.2.1 服务规模

1)服务规模的内涵

服务供给管理实际上就是对服务规模的管理。服务规模是指一个服务机构按设计标准所能提供服务的能力,通常被定义为系统的最大产出率,如一架航班可承载的最大人数是400人。通常情况下,服务规模是具有弹性的,因为服务企业很少只提供单一的服务,且服务产品的形式变化多端。例如,对学校规模的衡量,可以是学校的教室数量,也可以是学生人数,还可以是教师数量或课时数量,但这些似乎都不能准确地反映一个学校所能提供的服务。

对同一个服务组织,即使整体的服务能力不变,相同的生产设施和设备、相同的员工在不同时期的生产能力也会有所不同。这是因为,不同类型的消费者的需求不同,或是消费者参与的程度不同,从而使得服务规模有所变化。例如,酒店中标准间已经住满,而套间还有大量剩余,酒店同样满足不了消费者对标准间的需求;同样,轮船上三等舱的空位不能满足旅客对头等舱的需求。

2)服务规模的构成要素

服务规模取决于企业可利用资源的多少,构成企业服务规模的资源通常包括人力资源、设施、设备和工具、时间和顾客参与、替代资源六个基本要素。对于不同类型的服务企业,每种要素发挥着不同的作用。

(1)人力资源

人力资源是一定时间内组织中的人所拥有的能够被企业所用的且对价值创造起贡献作用的知识、能力、技能、经验、体力等的总和。这是一种具有主观能动性的高度灵活的生产要素,与总产出有直接的关系,也是影响产出多变的不确定因素。

一个企业服务能力的大小取决于其雇员的人数、技能以及相互之间的整合。如果企业的管理有效,能激发员工工作的积极性,将技术水平高的人组合成一个自觉协作的团队,再配以好的设施,将会极大地增加产出。相对而言,专业技术水平较高的服务组织,如医院、会计师或律师事务所等,其员工的生产率在一定程度上决定了企业的服务规模。而专业技术水平不高的服务组织,能够比较容易地在服务高峰期找到合适的服务人员,因而可以利用多种方式调整其服务规模,比如招聘全职的或兼职的员工,或者要求员工加班加点,还可以通过培训使员工胜任多种不同的工作。

(2)设施

设施是指方便员工工作、安置设备的场所。服务企业的设施主要包括了三个方面:第一,用于员工提供服务能力的物质设施,如电影院、游泳池、酒店的床位等,这些设施的投资一般比较大,很难在短期扩大服务规模;第二,用于存储或处理货物的物质设施,这些货物可能是企业的也可能是顾客的,如餐馆的厨房操作间、超市的仓库、方便顾客的停车位等;第三,基础设施,有些服务是通过电话、计算机网络、广播这些传媒设施来传递和实现的,基础设施的规模决定了企业服务规模。此外,也有一些服务机构通过顾客自身的设施提供服务,如汽车修理。

（3）设备和工具

设备和工具是企业服务过程必不可少的,它们是用于处理人、物和信息的物质设备,如电话、电脑、吹风机、健身器材等。有些企业的设备代表着企业的服务能力,如运输公司的货车数量代表了它的运货能力。尽管服务供给系统的设计和宏观预算阶段已经决定了大部分的设备购置计划,但有时一些简单的、花费不多的设备的添置和调整有可能提高生产力,进而增大企业的服务规模。

（4）时间

时间是决定服务企业规模的重要因素。如医生、会计师、工程师等,他们的技术基本上是稳定的,出售的主要是时间。如果他们的时间不能有效利用,则企业的服务规模就会大大缩小。企业可以通过调整时间配置或延长服务时间来扩大服务规模,进而提高利润。即根据消费者的需求改变服务的时间,把产出从一个时间段转向另一个时间段,在需求的高峰期尤其如此;或延长服务时间,在一个特定的时间段增加总的供给量。

（5）顾客参与

在许多服务中,顾客的参与程度会成为影响企业服务规模的重要因素。一些服务的完成要依赖顾客在服务过程中提供劳动,如顾客在自动售货机上购买饮料的过程,所有的工作都由自己完成;还有一些服务,需要顾客参与部分劳动,如有些餐厅由顾客自己选取食物,这样可以减少企业的劳动投入,加快服务的速度,从而提高服务产出水平。

（6）替代资源

一些内在或外在的替代资源也会成为影响企业服务规模的重要因素。其中,内在的资源既可以是备用的机器设备,也可以是工作时间的延长,或者是增加工作班次;外在的资源可以是分包合同,也可以并购一家公司,或者租用服务资源,这些都可以扩大服务规模。

8.2.2　供给管理策略

相对于服务需求管理,企业更能掌控服务供给。服务供给管理的策略主要有以下几种:

1）做好人力资源管理工作

（1）根据需求调整员工人数

当预测的需求增加时,可以通过招聘增加员工的数目;当预测的需求减少时,可以解聘减少员工的数目。这一策略的确能调整服务供给,但招聘、培训过程都要付出成本,而且很难培养雇员对企业的忠诚。雇佣临时或兼职的职工不仅可以扩大服务规模、提高服务能力,而且可以减少全职工作的固定人员的数量,避免人员过多造成的企业成本增加。那些一天内需求变化大或是季节性波动大的服务部门,都可雇佣临时或兼职工作人员,如旅行社和餐馆在旅游旺季时会雇佣临时或兼职服务人员以满足旅游者的需求。但是,利用临时或兼职员工可能会因为技术不熟练而降低服务质量。

（2）合理安排工作班次

在一定的时间范围内,企业的设备和设施的产出能力是相对固定的,而员工的能力则是有弹性的,并在很大程度上决定了服务质量和顾客满意度。很多服务会集中在每周的某几天或每天的某个时段,由于人们在不同时段对服务的需求不同,服务企业可通过对每周和每天的负荷进行预测,在不同的班次或时间段安排数量不同的服务人员,这样既能保证服务水平,又减少了员工数量。

（3）员工的跨岗位培训

许多服务机构提供多种服务项目,大多数服务项目由几种作业构成。而对每一项服务的需求量又不是恒定不变的,很多服务需求在不同时间会有所不同,所以,当一种作业繁忙时,另一种作业可能闲置。交叉培训员工从事几种作业中的工作能创造出灵活的能力,在需求的高峰期会增加服务的供给量。这样做的另一个好处就是帮助雇员掌握多门技术,提高他们的能力与收入,同时减少了其每天重复一项工作的枯燥感。

2）调整服务时间

调节服务供给最直接的办法是调整服务时间的长短,因为延长或缩短服务时间都是利用服务弹性的有效方式。例如,在营业的高峰期,餐馆可以延长营业时间;交通运输繁忙季节,可以增加客车的班次。在服务需求较少时,企业可以缩短服务时间,员工可以得到充分的休息。在服务高峰期,可以在保证服务质量的情况下缩短每位顾客的服务时间,如超市收银处鼓励顾客自己将物品放入购物袋。

此外,还可以通过有效地使用空闲时间来扩大高峰期的服务能力。如在空闲时完成一些辅助性的工作,以便在高峰期专注于必要的工作。这种策略要求对员工进行一些交叉培训,以便他们在非高峰期完成一些不接触顾客的工作。

3）增加顾客参与

如果能做到顾客自我服务,那么需求一旦出现,服务能力也就有了,不会出现供给与需求的不平衡。顾客自己加油和洗车、超市购物、自助餐等自我服务的例子都能够很好地解释顾客自我服务策略的优越性。顾客根据自己的需求进行选择,服务过程更加流畅,同时顾客作为合作生产者在恰当的时候为企业提供了人力资源,使得企业的服务能力直接随需求而变化。但是,这样一来,企业难以完全控制劳动力的质量,可能会存在一些自助服务的弊端。

4）租用设备

设备多少是影响服务规模的一个重要因素,然而增加设备的投资是比较高的。为了减少设施和设备的投资,可以借用其他单位的设施和设备,或者将一些非主营业务外包给其他单位,例如机场可将运输货物的任务交给运输公司去完成。另外,由于需求呈现波动性,有时设备过多造成闲置对企业来说也是一种浪费。在需求高峰期,租赁设备可以缓解企业的供应压力。例如,在黄金周期间,旅游人数达到高峰,旅行社便租赁汽车公司的车辆来扩大自己的服务规模。在许多服务中,设备是服务供给的重要因素。因此仅仅改变员工的数量有时候是不足以改变产出水平的。另外,一般服务机构不会减少自己的设备数量,当服务机构为了增加服务数量而增加雇佣人员的时候,设备也随之增加。如果增加员工只是暂时的现象,从经济的角度考虑,就不应该添置设备,此时服务机构可以考虑租用必要的设备。

5)提高自动化水平

提高服务企业的自动化水平,可以免去顾客与服务人员的直接接触,降低劳动力成本,大大提高企业的生产能力。例如,银行的自动取款机、商店的自动售货机、售后服务电话语音提示等,这些设施都可以减少顾客排队等待的时间,使顾客获得方便快捷的服务。但是,过多使用自动化的机器,顾客会认为缺少人情味,从而降低顾客的满意度。毕竟机器不像人一样反应灵活,因此在提高自动化水平的同时,也要适当安排一些服务人员直接对客服务。

8.3　收益管理

20世纪70年代末,美国取消了对航空客运市场的管制,航空公司终于能够自由地增减飞行线路、自由地浮动票价,同时这也导致了各航空公司之间前所未有的激烈竞争。为了在激烈的市场竞争中生存发展下去,美洲航空公司(Ameican Air1nes)首先开发使用了收益管理系统。这一系统主要是对未出售的机票的价格和分配进行决策,根据本公司航班历史数据以及同一航线上竞争对手的航班状况,提前预测每个航班在各个价格水平的潜在需求,计算出各个价格水平的可售座位数,从而争取实现每一航班的收入最大化。通过收益管理系统,美洲航空公司对当时紊乱的航空客运市场有了较为清晰的认识,制定并运用合理的竞争策略,不仅很快赢回了其原有的市场占有率,而且还扭亏为盈。据统计,1997年美洲航空公司由于使用收益管理系统所增加的额外收益就达10亿美元。如今,国际上关于收益管理理论的研究日趋成熟,在欧美发达国家,收益管理已经被广泛地应用于航空业、酒店业、汽车出租业、航运业、影剧院业、广播电视业和公用事业等行业。

8.3.1　收益管理的适用性

收益管理(Revenue Management/yield Management)是一种谋求收入最大化的经营管理技术,其目的是在特定的时间,以合适的价格将产品卖给合适的顾客,以获得最大的资金回报;或者说是从产生收益的单位中,谋求收益或产出的最大化。收益产出单位在特定的一段时间内的数量是个常数,如航班的座位及宾馆的客房数。

收益管理的很多理论来源于运筹学、管理科学、微观经济学等学科,是多学科结合的产物,尤其是管理学和运筹学奠定了收益管理的理论基础。收益管理涉及三个相互关联的问题:市场细分、价格等级和库存分配。首先,要识别不同的消费群体,不同的消费群体对价格的敏感程度是不同的。然后,根据不同消费者群体对价格等级进行划分,根据客户不同的需求特征及价格弹性向客户执行不同的价格标准,如一些大航空公司将一部分座位以低价出售,但同时将剩余的座位仍然以高价出售,通过这种方式既吸引了那些价格敏感型的顾客,同时又没有失去高价顾客。收益管理不需要考虑成本,而是设定各种条件下消费群体能接受的价格,即价格是各个细分市场能接受的最高价格,与成本无关。运用收益管理理论进行库存分配时,保留一部分产品给支付价格更高的顾客,这部分顾客能给企业带来更大的价值。在收益管理的过程中,必须综合考虑这三个相关的问题,使企业实现收入最大化。

收益管理的应用平台是计算机和网络技术。计算机技术的发展不仅促进了收益管理的基础学科——运筹学的发展,也提高了收益管理本身的发展水平。具备完善成熟的系统技术基础和配套的硬件设施是应用收益管理系统的前提条件,借助完善信息系统进行数据收集、产品预订监控等工作。同时,使用决策支持系统建立消费者需求预测模型,确定数据收集方法,建立收益管理优化模型。航空运输中复杂的订座系统,如 SABBE 系统和 APOLLO 系统为实施正确的收益决策提供了重要依据。收益管理随着计算机和网络技术的发展而不断地提高。

收益管理适用于具有以下特征的服务企业:

1)企业生产能力相对固定

企业的生产能力一般来说是相对固定的,特别是在设施上大量投资的服务企业,其产出能力是受限制的,短时期难以增加生产能力,即使能够增加能力但成本十分昂贵。因此,企业不能根据顾客的需求及时调整供给,以致出现了供应能力不足或过剩的情况。这与企业可利用的设施有关,设施一旦固定就难以再调整。在设施上投资较大的企业,其供应能力是受设施限制的,设施限制了服务企业最大的接待能力。如一家宾馆的客房数量也是一定的,同样,一架飞机的座位也是固定的,无法减少和增多,如果航班的座位都已售出,那么航空公司不能接待的顾客只能通过其他航班来满足。

2)需求可以清晰细分

企业必须能够将市场细分为不同类型的消费群体,根据对产品特性的需要或价格敏感程度区分不同的顾客,并能防止不同消费群体之间重新买卖这种产品。例如在周末旅行中,通过限制持打折往返机票的旅客周六晚必须在外地居住,航空公司可以辨别出对时间敏感的商务旅客和对票价敏感的闲暇旅客。

3)存货具有易逝性

如果产品不能在给定的时间内售出,那么产品的价值便消失了,同时通过销售产品获得收益的机会也就随之永远消失了。如航空公司,可以将每个座位看成是待售的单位存货,未售出的座位的收入就永远失去了。所以航空公司试图通过鼓励欲乘飞机的顾客来将这种易逝的存货减到最少。对于酒店客房来说,一天未售出的客房的收入就永远消失了。因此,酒店会通过鼓励顾客消费来减少这种易消失的存货,如在旅游淡季时期,酒店客房提供更大折扣以吸引欲消费的顾客。

4)产品预售情况良好

目前,机票预订、客房预订、门票预售等已经非常普遍。互联网的发展为企业完善预订系统提供了更好的条件,很多供应能力有限的企业都实施了预订的策略。然而这就面临一个选择,就是接受提前的打折预订还是等待愿意出高价的顾客的到来。由于需求的某些变化是可以预见的,因此可以围绕预订积累量曲线确定一个可以接受的范围。如果需求高于预期,则停止提供折扣而只接受标准价预订;如果预订量降到可接受范围以下,那么也可接受折扣价预订。

5）需求波动较大

产品或服务的需求曲线随着时间、日期、季节、地域的变化而发生巨大波动，而这些波动是有规律可以预测的。若需求波动无规律，则分时定价策略无法实现。

8.3.2 收益管理的应用

收益管理的应用主要体现在超额预订和分配产能。

1）超额预订

预订等于预先提供了潜在服务，可将其视为服务的"库存"或"延迟发货"。企业为了减少能力的浪费，获得更大的收益，采取超额预订的策略。超额预订，即企业预先接受的服务要求超过了企业提供服务的能力，是针对预订服务的顾客爽约的现象而制定的一种策略。这是企业调节供求平衡的有效工具，是一种艺术，也是一项冒险。航空公司通过接受超过飞机可利用座位总数的预订，可以防范出现大量未履行预订的风险。例如，一次航班有200个座位，如果200个座位全都预订出去，200个乘客都来了，这次航班的座位刚好全部售出，但是往往这些人不能确定自己的行程安排，预订座位以后不能按时登机，因此航班的座位就有了闲置，航空公司要蒙受一定的损失。为了减少资源浪费，航空公司可能会接受210个乘客的预订。但是超额预订也可能会给企业带来麻烦，如果预订的人数过多，前来消费的顾客超过企业的供应能力，那么顾客则无法得到预约服务，企业不仅要进行补偿，还会影响到企业的声誉。因此，企业需要考虑的问题是如何控制预订的人数，使企业最大限度地降低服务设施的闲置成本，同时最大限度地减少由于预订人数过多带来的服务补偿成本。下面通过一道例题介绍三种不同的超额预订处理方法。

［例8.3］ 某汽车公司正在评估其超额预订政策在某地实施的效果。预订车票后就不再出现的乘客的数量分布在0~10人（失约人数出现的概率见表8.4）。每张票价是25元，如果特殊的公车旅行已经满了，一个已经预订的顾客要转给竞争对手的公车路线，票价60元。那么该汽车公司每天接受多少顾客预订最合理（使收益最大化）？解决这个问题，可以分别采用三种不同的处理方法。

表8.4 某汽车公司顾客失约统计值

失约人数	概　率	超额预订人数	累积概率
0	0.05	0	0.05
1	0.10	1	0.15
2	0.20	2	0.35
3	0.15	3	0.50
4	0.15	4	0.65
5	0.10	5	0.75
6	0.05	6	0.80
7	0.05	7	0.85

续表

失约人数	概 率	超额预订人数	累积概率
8	0.05	8	0.90
9	0.05	9	0.95
10	0.05	10	1.00

（1）均值法

这种方法的基本思路是：利用加权平均法求出失约人数的平均值，然后按照并实施预订。

这道题目中，失约人数的平均值为：

$0×0.05+1×0.10+2×0.20+3×0.15+4×0.15+5×0.10+6×0.05+7×0.05+8×0.05+9×0.05+10×0.05=4.05$（人）

这就是说，平均每天有 4 位乘客失约，汽车公司每天可以超额预定 4 位乘客。

该方法的优点是很直观并且容易计算；缺点是无法知道已经预订而得不到服务的客人将采取什么行动，无法计算超额预订可能带来的成本。即使能计算出超额预订 4 个人是最佳值，但也无法证明这就是使企业收益最大化的超额预订的数值。

（2）电子表格计算法

用电子表格计算法预计该汽车公司超额预订的成本，如表 8.5 所示。

表 8.5　某汽车公司超额预订的成本计算

失约人数	概率	超额预订人数										
		0	1	2	3	4	5	6	7	8	9	10
0	0.05	0	60	120	180	240	300	360	420	480	540	600
1	0.10	25	0	60	120	180	240	300	360	420	480	540
2	0.02	50	25	0	60	120	180	240	300	360	420	480
3	0.15	75	50	25	0	60	120	180	240	300	360	420
4	0.15	100	75	50	25	0	60	120	180	240	300	360
5	0.10	125	100	75	50	25	0	60	120	180	240	300
6	0.05	150	125	100	75	50	25	0	60	120	180	240
7	0.05	175	150	125	100	75	50	25	0	60	120	180
8	0.05	200	175	150	125	100	75	50	25	0	60	120
9	0.05	225	200	175	150	125	100	75	50	25	0	60
10	0.05	250	225	200	175	150	125	100	75	50	25	0
总成本(元)		101.3	80.5	68.3	73	90.5	121	160	203	250	301	357

这个表格可以计算各种可能的预期花费。对角线上的数值都为0,这时超额预订人数与当天的失约人数相等,汽车的座位正好坐满,企业没有任何损失,这是最理想的状态。对角线右上方的数字表示补偿成本,是由于超额预订的人数超出了失约的人数造成的。沿着每一列向右移动,超额预订人数比失约人数每多一人,企业就要多付出60元的补偿成本。例如,超额预订了3个人,其中失约了1个人,汽车公司就要多付$(3-1)\times60=120$元补偿成本。对角线左下方的数字表示空闲成本,是由于超额预订的人数少于失约的人数造成的。沿着每行向下移动,失约人数比超额预订人数每多一人,企业就要为此多付出25元的空闲成本。表格最下方的总成本表示每种超额预订方案下补偿成本和空闲成本之和。超额预订人数为1人时,表格下方数值的计算方法为:$60\times0.05+0\times0.10+\cdots+225\times0.05=80.5$元。其他方案的计算方法与此类似。

这种方法的优点是可以用电子表格表示,操作方便;而且可以计算超额预订可能带来的成本,根据成本最小的原则确定超额预订的人数。缺点是需要精确的数据,补偿成本的计算要切合实际;另外,这种方法偏重于计算,不利于管理者发现问题。

(3)边际分析法

边际分析法利用了微观经济学的原理,它的基本思路是:逐渐增加超额预订的数量,直到预期收入小于或等于上次预订后的预期损失时,就不再接受预订。用数学式表达如下:

$$E(下次预订的预期收入)\leqslant E(下次预订的预期损失)$$

这等同于下式:

单位收入 $\times$ 下次预订的预期收入的概率 $\leqslant$ 单位损失 $\times$ 下次预订的预期损失的概率

$$C_s\times P(x\leqslant d)\leqslant C_0\times P(x\geqslant d)$$
$$C_s\times[1-P(x\geqslant d)]\leqslant C_0\times P(x\geqslant d)$$
$$P(x\geqslant d)\geqslant C_s/(C_s+C_0)$$

其中 C_s——预期售出每个座位增加的单位收入,相当于一位乘客失约形成的空闲成本,本例中为25元;

C_0——未能为超额预订的客人提供座位的单位损失,即单位补偿成本,例中为60元;

d——失约人数;

x——超额预订的人数。

这种方法用累积概率 $P(x\geqslant d)$ 来确定最佳的超额预订数量,即当失约人数小于或等于超额预订人数的概率刚好大于或恰好等于比值 $C_s/(C_s+C_0)$ 时,超额预订的人数达到最佳。本例中,$C_s/(C_s+C_0)=25/(25+60)=0.29$,代 $P(x\geqslant d)$ 后的最小超额预订数为2,在此之上的累计失约率为0.35。

这种方法使用起来比较方便,与电子表格法相比免去了大量的表格计算。缺点是无法显示其他超额预订人数情况下的总成本,无法对比最佳预订方案和其他方案成本的差距。

2)分配产能

在客户群中分配产能,即为了给一个更有利可图的客人留出房间,要对另一个人说:"对不起,已经客满。"

在超额预订的方法中,没有细分市场,对所有顾客都同等对待。但是,企业的收益可以通过在不同的顾客群体之间合理地分配产能来提高。以酒店业为例,商务客人和家庭旅游客人是两个不同的市场,对酒店来说前者更有利可图。如何在两者之间分配客房的比例,使得酒店有更多的收入,这个决策将影响酒店的收益水平。

顾客的预订行为将直接影响企业的预订决策和预订实施过程。通常低收入顾客会比高收入顾客提前预订。图 8.3 中反映了顾客预订行为的趋势。如果酒店不区分预订的人群,那会造成无多少利润可图的低收入者的预订占据很大比例,而真正有利可图的顾客却因为预订较晚没有客房;如果酒店为了等待高收入顾客而对提前低收入顾客说客房已全部售出,那么酒店就要承担客房闲置的风险,而且会得罪很多无多少利益可图的顾客。解决问题的方法一般有两种:静态法和边际收益法。

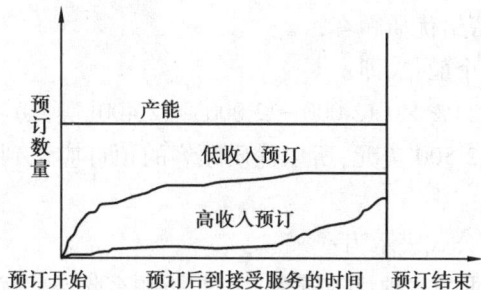

图 8.3 预订行为趋势

假如某旅游公司组织一次去南极的旅游,游轮可以提供 100 个舱位。这次旅行由两类顾客组成:一类是优质客户,他们每人要为这次旅行支付 12 000 美元,旅游公司为这些顾客提供的服务费用每人是 2 000 美元。另一类顾客是"打折顾客",他们对价格的敏感程度更高,而对服务几乎没什么要求,这类顾客需交 2 500 美元的旅费,但是公司为其提供服务的费用几乎是零。预计优质顾客至少能达到 50 人,即第 50 个优质顾客到达的概率为 100%,预订到 51 个优质顾客的概率为 98%,预订到 52 个优质顾客的概率为 96%,依此类推,全船能预订到 99 个优质顾客的概率为 2%,预订到 100 个优质顾客的概率为 0%。现在的问题是这次旅行需要把多少船舱预订给优质顾客?

(1)静态法

这种方法通过一次决策确定基本的固定的时间制度和固定的数量制度。固定的时间制度是指公司在一个特定的日子才开始接受打折预订,并且对打折的数量没有限制。固定的数量制度是指为每类顾客都分配固定数量的位置,比如在本例中,为优质顾客提供 75 个舱位,为打折顾客提供 25 个舱位。这种方法简单易行,对顾客也比较透明。但是机械、不灵活,如果已经预订了 75 个优质顾客和 20 个打折顾客,那么当第 76 个顾客出现的时候,这种制度就会拒绝该顾客,继续等待第 21 个顾客的出现,企业的收益水平受到影响。

(2)边际收益法

边际收益法的指导思想是,逐渐增加优质顾客数量,当优质顾客数量增加到单位期望收益刚好大于打折顾客的单位收益时,那么此时的优质顾客数量就是最佳的。使用这种方法,75 个位置肯定是留给优质顾客,剩下的 25 个不一定卖给打折顾客,可以卖给先来到的优质顾客。

在这道题目中,我们假定只要没有优质顾客预订,就一定会有打折顾客来买走空缺的位置。因此,无论优质顾客预订到多少,每个打折顾客的收益都是固定的。

打折顾客的收入:100%×2 500＝2 500(美元)

第51个优质顾客出现的概率是98%,那么第51个顾客带来的收益是:

$$98\% \times (12\,000 - 2\,000) = 9\,800(美元)$$

因为第51个顾客带来的收益大于打折顾客带来的收益,所以第51个舱位应该留给优质顾客。

第52个优质顾客出现的概率是96%,那么第52个顾客带来的收益是:

$$96\% \times (12\,000 - 2\,000) = 9\,600(美元)$$

所以第52个舱位也留给优质顾客;

依此类推,直到第88个舱位,即:

$$24\% \times (12\,000 - 2\,000) = 2\,400(美元)$$

因为2 400美元小于2 500美元,所以优质顾客的预订应该到第87个舱位,剩余的13个舱位留给打折顾客。

计算过程可以用数学公式表示为:

$$P(第\,n\,个优质顾客预订的概率) \leqslant 打折顾客收益 / 优质顾客收益$$

在本案例中,打折顾客收益/优质顾客收益＝2 500/(12 000−2 000)＝0.25小于概率25%的对应的优质顾客的预订数是87。

这种方法简化了计算的过程,也不受仅有两个客户类别的限制。当有多个顾客群时,此方法仍然适用。

(3)动态法

以上介绍的两种方法都是静态的,是一次性作出的决策。但是产能分配是一个非常复杂、动态的过程,产能分配需要随着客户预订的进展情况随时调整每类顾客分配的比例。计算机模型在分配过程中可以起到一定的辅助作用,但是计算机无法预料到突然发生的事情,最终还是需要决策者结合以前的经验作出分配的决策。

3)价格决策

价格策略是收益管理的核心,其出发点是借助价格策略增加服务机构的收益。其管理的目标是,在保证额外收益大于额外成本的条件下,采用灵活的价格策略实现能力与服务需求的平衡。价格策略是在需求预测的基础上,以适当的价格向特定的顾客群体销售服务产品,它又称为价格歧视。

(1)预订时间不同情况下的价格决策

鼓励顾客提前购买各种服务是许多服务行业普遍采用的方式之一,比如,预售火车票、预售机票等。一般情况下,提前购买的时间越长则价格越低,如美国美洲航空公司相同档次的座位,购买的时间不同,价格可能相差数倍以上。预订策略的基本出发点是通过降低市场需求的不确定性,尽量做到未来服务能力与服务需求达到平衡,最大限度降低因服务设施闲置而带来的经济损失。预订策略的经济界限是在不亏损的条件下尽可能销售出所有服务能力。下面以民航班机机票预订为例,介绍预订时间不同情况下价格决策的方法。

假定航班预订时间最长达4周时间,票价与预订时间的关系见图8.4。

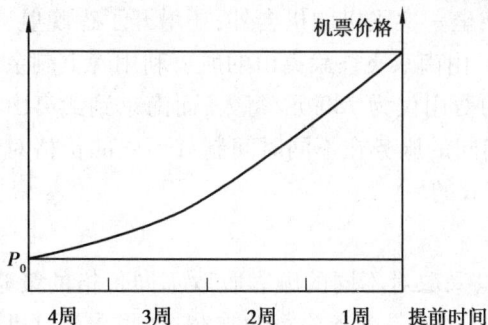

图 8.4　机票价格与预订时间的关系

由图 8.4 可以看出,如果提前 4 周时间订票,则顾客可以最优惠的价格 P_0 购买机票;当提前 3 周时,票价比提前 4 周的略高;当提前 1 周订票时,票价格更高;当在飞机起飞前才购票时,票价最高。如美洲航空公司在其经营的芝加哥到凤凰城的 2015 航班上,采用提前订票策略,按照预订提前期的长短将经济舱往返航班机票价格划分为 7 个等级,最低票价为 238 美元,最高可到 1 400 美元。采取此种策略之后,在飞机起飞之前三周,所有低于 300 美元的机票就可以全部售出,并停止受理机票预订。

事实上,这种价格策略可以推广到其他类似领域中,如职业足球或篮球比赛门票的销售,对提前购买球票的观众给以较高的价格折扣,随着比赛日期的临近,票价可以逐步提高。直到比赛当天可以最高的价格向愿意支付高价观看比赛的观众销售球票。当然,这里也可以采取一些灵活的措施,比如,将较好的座位保留到较晚的时候售出,以获取较高的收益。最理想的情况是,比赛当天,能够将 90% 以上的球票销售给不同需求的观众,实现服务能力与需求的最佳匹配。

（2）服务时间不同情况下的价格决策

所谓服务时间不同情况下的价格决策,是指根据市场需求波动的特点,相同的服务产品在不同的时间阶段收取不同的价格。基本思路是在需求高峰期采取高价格策略,在需求的非高峰期采取低价策略,这样做有利于调节需求和增加服务系统的收益。

如人们一般习惯于在晚上打保龄球,因此到保龄球馆的顾客数晚上比白天多,这样可以把晚上的价格定得高些,而白天的价格定得低些。这样既可以满足不同消费层次顾客的需求,又可以增加收益。表 8.6 是北京某俱乐部保龄球馆的价格表。从表 8.6 可以看出,打一局保龄球的价格可以相差 3 倍,事实证明这种价格策略是可行的,为保龄球馆带来不少收益。

表 8.6　保龄球价格表

时　间	周一至周五	周六、周日
	元/局	元/局
7:00—10:00	4	5
10:00—13:00	6	8
13:00—20:00	8	10
20:00—24:00	15	15
0:00—2:00	10	10

东航江苏公司增开夜间航班,以较优惠的价格提供服务,同样受到较好的效果。为了吸引更多的乘客,增加收益,东航江苏公司除了对乘坐该公司飞机累计里程达到 6 000 千米的

"苏燕俱乐部"的成员,提供一次在两年内免费乘坐一次飞机的机会外,还增开了夜晚航班,对愿意乘坐夜晚航班出游的顾客提供低价机票。由南京飞往武夷山的航班利用晚上剩余运力接送旅游团队,由南京到武夷山双飞四日游的费用仅为780元/每人,而南京到武夷山的正常单程机票每张就需要690元。由此可见,相同的服务在不同时间制订不同的价格对于提高服务能力的利用率、扩大市场份额是十分有效的。

(3)市场细分情况下的价格决策

若顾客可以划分为不同层次或类型,则可以采取对不同的顾客收取不同价格的策略。例如,乘坐飞机外出旅行的常客可以划分为两类:一类是商务旅行的乘客,这些乘客对机票的价格变化不敏感,而对时间很在意;另一类是一般休闲旅游的乘客,他们对于价格的变化比较敏感,而对时间的要求具有一定的灵活性。航空公司可以针对这两类旅客制订不同的价格策略,比如,对周六在外过夜的旅客购买往返机票时给予折扣,对不在外过夜的商务旅客收取较高的票价。比如,国内航班有时对教师和学生提供打折机票,春运期间部分火车票价格上浮,但是对学生票仍执行原有价格不变的价格策略等,都是市场细分的方法。

根据服务设施的特点对顾客进行市场细分,将民航班机划分为公务舱和经济舱,将旅馆、饭店的客房划分为豪华客房和一般客房,并制订不同的价格,能够有效地增加收益。

【案例分析】

2001年夏,苏州乐园门票从60元降到10元。一时间,趋之者众,10天该园日均接待游客量创下历史之最,累计实现营业收入400万元以上。10元门票引来25万人,盛夏的苏州乐园,十分过瘾地"火"了一把。

"火",是自7月20日傍晚5时点起来的。这是该园举办"2001年仲夏狂欢夜"的首日,门票从60元降至10元。这一夜,到此娱乐的游客达7万人之多,大大出乎主办者"顶多3万人"的预测,这个数字,更是平时该园日均游客数的15至20倍,创下开园4年以来的历史之最。到7月29日,为期10天的"狂欢夜"活动落下了帷幕。园方坐下来一算,喜不自禁:这10天累计接待游客25万余人,实现营业收入400万元以上,净利润250万余元……这些指标,均明显超过白天正常营业时间所得。

正常情况下,苏州乐园的门票每人每张60元,每天的游客总数在3 000~4 000人,营业时间从上午9时到下午5时。而"狂欢夜"是在"业余"时间进行,即从每天下午5时到晚上10时,门票却降到10元。就是说,"狂欢夜"这10天,这家乐园在不影响白天正常营业的情况下,每天延长了5小时的营业时间,营业额和利润就翻了一番以上。

"狂欢夜"与该园举办的"第四届啤酒节"是同时进行的。42个相关厂家到乐园助兴——其实,厂家是乘机宣传和推销自己的产品。据园方介绍,以往搞啤酒节,乐园是要收取厂家一定的"机会"费用的,但是,这次却基本不收或只收些许,而厂家须向游客免费提供一些"小恩小惠"——企业的广告宣传品等。减免了货币的支付,厂家岂有不乐?园方也承认,众多厂家的参与,带来大笔场地费,降低了乐园搞"狂欢夜"活动的风险。不过,这并非这次活动最后成功的决定性因素。

"火"一把的关键,是原先60元一张的门票陡降到10元。非但如此,每位到乐园过"狂欢夜"的,凭门票,还可以领到与10元门票同等价值的啤酒、饮料和广告衫等。

需要说明的是,白天购60元门票入园后,园内的多数活动项目就不再收费;而购10元门票入园后,高科技项目和水上娱乐项目等仍要适当收取一些费用。这样算下来,园方至少可以保证自己不赔钱,何况还有那么多厂家的支撑。对消费者来说,这也比60元一张门票值,因为,有些游客只是参与部分娱乐项目的消费,甚至只是晚间出来纳个凉、吹吹风,尤其是三口之家,更是觉得这样划算,总共花30元就能享受凉爽的空气、新鲜的啤酒、精彩的演出、美丽的焰火、免费赠送的礼品,太实惠了!厂家更精明——既做了广告,又推销了产品,还培育了潜在的消费群体。总之,大家都赚了。

苏州乐园这次大大降低门票价格以后,社会效益和经济效益不降反升,特别是前者,上升的幅度极大。可惜,10天一晃就过去了,闻讯而来的许多游客感到很遗憾:园方为什么见好就收呢?园方市场促销部的人员表示,这样的好事,他们也希望能够持续下去,进而成为一种常态,但还是缺乏信心。如果长期实行低票价入园,可能会带来一时繁华,但企业的可持续发展会受到影响,因为,潜在的消费被提前实现。另外,这次活动成功了,不等于说以后类似的活动就一定也会成功。还有,乐园的娱乐项目,几乎都是参与性的,游客太多,势必影响游乐的质量,进而影响到乐园的声誉。

但是,没有人气就没有市场。眼下一些主题公园经营不景气,一个很重要的原因就是动辄好几十元甚至过百元的门票把普通消费者吓走了。从这个角度讲,如何不断地吸引更多的消费者到主题公园来,是个值得研究的课题。降低门槛以后,来的人肯定多了,这应该不成问题。会不会把门挤破?未必。低价位门票成为常态后,游人也会根据自己的需要和乐园方面的有关信息,来调整游乐的时间。至于潜在消费提前实现的问题,也未必。据园方介绍,到这里来的,有40%的回头客。那么,如果实行10元门票制,怎么就肯定说没有更多的回头客呢?乐园活动的形式可以经常变化,游乐的项目可以经常出新,促销的地域范围也可以扩大……能不能换着花样持续制造新卖点,有效地吸引新老游客,体现着一个娱乐企业经营能力的高低。此前,苏州乐园曾对三口之家推出390元/张的家庭年卡,结果一下销了1万多张,50元/张的学生双月卡也很抢手,说明合理的让利会得到市场回报。

专家指出,苏州乐园是一个以高科技为主、以参与性为特征的现代化乐园,投资5亿多元,运行成本也比较高。这样的景点尚且有降低门槛的成功实践,那些众多以简单的观赏为主、投资和运行成本都十分有限而门票价格又高居不下的主题公园,恐怕有更大的降价空间。别忘了,降下入园门槛的高度,受益的不只是消费者,也是娱乐企业自身。

无独有偶,在北京,北京故宫等世界遗产景点将调高票价也遭专家质疑。北京现有世界文化遗产6处,分别是故宫、长城、天坛、周口店北京人遗址、颐和园和十三陵。据介绍,这些大都是闻名世界的旅游景点,但与外地的一些文化遗产地和北京其他热门旅游景点比,票价总体偏低。如八达岭长城目前的淡季票价为40元,旺季票价也仅是45元。门票价格不高,既不利于提高景点旅游接待水平,也不能有效利用价格杠杆控制超负荷的客流量,对文物保护十分不利。以故宫为例,黄金周期间日接待客流量曾达到12.5万人次,远远超过了接待的极限。

天坛公园文化科科长蒋世斌介绍说,近几年来天坛公园的门票有小幅上调,现在定价15元,这在一定程度上控制了游人量,有利于文物的保护和公园的管理,但是目前仍未能达到预期中的水平。他表示,适当上调门票价格很有必要。对于票价上调,八达岭特区新闻中心的张先生也持赞成态度。

资料来源：http://www.docdiy.cn/jjx/2007/0826/article_960.html。

[案例讨论题]

1.为什么苏州公园通过降价就获取了巨大的经济效益？

2.提高票价就能提高旅游接待水平吗？价格是如何影响客流量的？

本章小结

本章介绍了服务企业的需求管理、供给管理和收益管理。服务供需平衡的四种情况是：需求过剩、需求大于最优的利用能力、需求和服务恰好平衡于最优利用能力、能力过剩。企业可以根据自身的特点、顾客的特征以及竞争的状况，选择使用合适的需求管理策略：细分需求市场；运用价格杠杆；预先告知；预订/预约；提供具有反向循环需求模式的服务；提供补充服务。服务供给管理实际上就是对服务规模的管理。供给管理的策略主要有：做好人力资源管理工作，包括根据需求调整员工人数、合理安排工作班次、员工的跨岗位培训；调整服务时间；增加顾客的参与；租用设备；提高自动化水平。收益管理是一种谋求收入最大化的经营管理技术，其目的是在特定的时间，以合适的价格将产品卖给合适的顾客，以获得最大的资金回报。

【思考与练习】

1.为什么要了解顾客需求？

2.如何进行需求管理？

3.简述服务规模及其构成要素。

4.举例说明服务企业是如何进行供给管理的。

5.简述收益管理技术的适用范围。

6.如何运用收益管理技术解决现实问题？

7.一家酒店在考虑使用超额预订的策略，如下表所示。预订了而失约的情况使得很多房间闲置，每间空房的机会成本平均是100元，然而安排一个超额预订的顾客的花费是150元。那么酒店每天从超额预订中获得的收益是多少？

表8.7　失约统计

未出现人数	0	1	2	3
频率	4	3	2	1

第9章 服务供应管理

21世纪的竞争不是企业和企业之间的竞争,而是供应链与供应链之间的竞争。

——马丁·克里斯托弗

> **【学习目标】**
>
> 通过本章学习,你应该能够:
>
> 1.理解服务供应的"消费者—供应商"双向特性。
>
> 2.掌握服务外包管理的要素和过程。
>
> 3.能运用库存管理理论与工具进行企业库存决策分析。

【案例导入】

预订客房留下"后遗症"

X公司打电话给Y酒店,要求预订一个套间,因为该公司与酒店有着长期的客户协议关系,所以酒店非常重视,并为其安排了较好的套间,客户在电话里特别交代客人是一位张先生。当天下午18点左右,按照预定时间客人仍然没有抵达酒店,因为是协议客户,酒店将其预订的客房一直保留到第二天早上8点钟才取消。

但是第二天下午,酒店接到该公司办事人员电话,说是该公司的客户上午在酒店结账退房时,酒店没有按照双方拟订的协议价为客人结账,请酒店按照协议价退还给客人多收的账款。销售人员立即向总台人员核实。经查明,该公司曾向酒店声明是为公司客户张先生预订的套间,提供的名单也是张先生。但在当天晚上,到总台去登记的是与张先生同行的司机李先生。李先生到总台登记时,总台人员按照惯例询问有没有预订,李先生说没有,总台服务人员又问其是否是酒店的协议客户,得到否定的回答后,总台按照前台散客价给李先生办理了入住手续。销售部人员将查清的事实向该公司办事人员说明,但该公司坚持认为,该公司与酒店是有价格协议的,必须按照协议价格执行。酒店销售部予以解释,该公司人员仍然坚持自己的要求。

事隔两天之后,该公司人员又将此事投诉到酒店大堂副理处,要求将该公司的客户发票更换、退还部分账款。大堂副理将此事提交经理会议讨论,一部分人认为该公司是酒店的重要客户,应该按照客户的要求办,退还多收的款项,况且退还的也不算多;另外一部分人坚持认为酒店规定不能松动,不能给客人造成客大可以欺店的印象,况且,酒店为客户保留一天一夜的房间,酒店还没有向客户索赔,总台人员在办理入住手续时已经按规定向客人询问。这件事情没有最终定论。

又过了 5 天,当时办理入住登记的李先生拿着账单和发票找到大堂副理,坚持要求退还协议价格之外多收的款项,大堂副理向客人进行了解释,客人仍然不予理睬。最终让客人留下了账单票据,并告诉客人等待酒店的电话通知。

经过汇报,大堂副理遵从主管领导的意见起草了一份说明书,将事情前后经过进行了说明,并要求该公司赔付酒店为该公司预留一天一夜房间的损失。此说明书发出两周后,酒店没有接到那家公司的任何回音,也没有接到该公司再次要求退还预订房间消费的差额的请求。

【案例点评】

任何消费者到商家消费,消费者与商家都存在一种契约的关系,不论是协议还是要约,双方都应该遵守这个契约。在这个案例中,存在两个契约,一是酒店与该公司签订的消费协议书(包括公司与酒店之间的电话预订);二是公司的客户在酒店登记入住时填写并签字的入住登记单或房卡。第一个契约姑且称之为协议书,目前每一家酒店都有与客户签订的消费者协议书,上面规定了酒店与客户共同遵守的条款,其中包括产品、价格、期限、相互沟通内容及方式、违约追究等。按照这个协议书的规定,客户到酒店后,必须报上自己的单位甚至是协议专码和签单人,及当时预订的房间及代订人;从上面的案例来看,X 公司违反了协议书上的条款;而酒店在客人到店时,追问了客人有没有预订或有没有与酒店签订消费协议,由于酒店遵守了与该公司的约定,又将该公司的预订房间保留到第二天并因此给酒店造成了损失,从这一点来讲,酒店是按照协议书执行的。第二个契约是酒店在该客人入住登记时,需要客人签名确认的住房卡、入住登记单,上面规定了客人消费酒店的产品及价格、消费期限、预付金确认等,客人一旦签字,必须遵守此条款。案例中,客人签了字,消费了产品,因此,必须遵守此约定付款,没有任何理由可以让酒店将此款退还给客人。

从这两个方面讲,酒店没有违反契约;相反,酒店还没有去要求客户赔偿因客户违反约定而造成的客房损失。因此,后来的结果只能是由客户来承担。

9.1 服务供应的双向关系

9.1.1 供应链接概述

1)供应链管理框架

供应链管理是指企业对从采购提供产品(服务)所需原材料到生产产品(服务)并将其递送到最终用户的全过程进行系统管理的方法,其中的环节包括供应、需求、原材料采购、市场、生产、库存、订单、分销发货等。供应链管理的目标是在控制生产和库存成本的条件下，满足顾客的固定需求和即时需求，以合理的成本实现顾客满意度的最大化。供应链管理包括 5 个部分：计划、采购、生产、配送（物流）和退货。

实物供应链可以看作一个由原料流和信息流组成的增值网络，包括供应输入、原料转换和需求输出等阶段，见图 9.1。

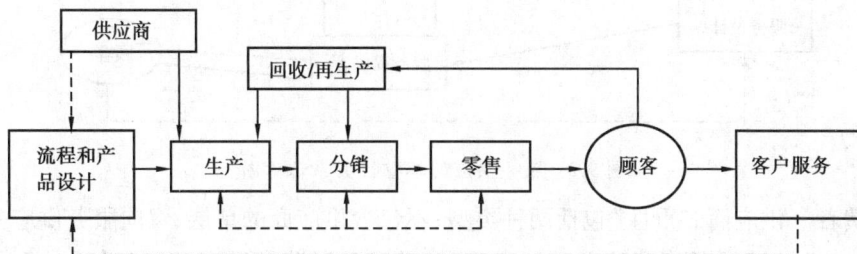

图 9.1　实物供应链

图中实线代表不同阶段的实物流，包括供应商、生产、分销、零售和再循环；虚线代表信息流，包括供应商、流程和产品设计、客户服务等活动。

2）供应链管理的不确定性

供应链管理的一大难点是对不确定性的管理，包括供应商不确定、生产不确定以及客户需求不确定。库存是弥补上述不确定性的重要手段，通过保留安全库存可以在上游工序发生问题时，保证流程的正常运行，实现客户服务水平目标（如脱销时间低于 5%）。

供应链管理存在明显的"长鞭效应"，即下游消费者订单的一个微小变化，在传递回上游的分销商和制造商时会被放大，由此产生库存震荡。因此成功的供应链管理需要供应链上所有参与者有效合作，缺乏供应链的协调将导致自我强化的体系震荡，并产生过度库存或脱销。

3）供应链策略

采用恰当的策略可以减少不确定性对供应链管理带来的影响，如运用可以提高生产可靠性的全面质量控制工具——统计流程控制，在产品设计中允许有顾客定制的部分以提高对客户订货的响应性等方法。

"产品延迟"是一种有效策略，它是指在收到顾客订单以前，使库存产品处于未完全完工状态，根据客户具体需求对最终产品进行定制。例如，某些产品先制成半成品（基本产品），之后在客户所在地根据顾客需求增加相应的部件并实现最终产品的配送。延迟战略很好地体现了企业的生产、营销、技术和工程设计等不同职能部门利用供应链整体系统进行的协调运作。

9.1.2　服务供应链管理

1）消费者——供应商的二重性

服务的作用对象包括人的意识（如娱乐、教育）、身体（如保健、医疗）、财产（如汽车修理、干洗）和信息（如咨询、法律），这些服务"客体"由顾客提供，是企业提供服务的必要基础。在这个意义上,在服务提供过程中消费者也是供应商,这就存在"消费者—供应商"的二重性,它是由顾客作为服务合作生产者的特性所决定的。在产品生产中,顾客无须提供产品作用的对象,而是直接购买最终产品。图 9.2 是服务供应的二重性关系示意图。

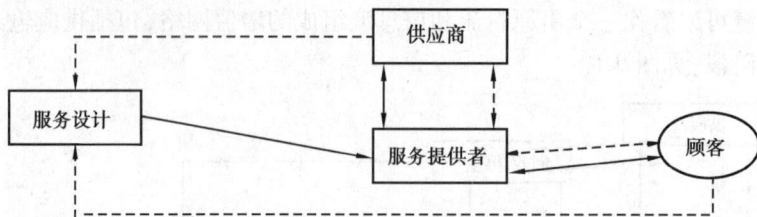

图 9.2 服务供应的二重性关系示意图

"消费者—供应商二重性"包括两种类型:不包含供应商的单层、双向服务供应关系和包含供应商的双层、双向服务供应关系。表 9.1 和表 9.2 列举了两种二重性关系的例子。在单层双向关系中,服务提供者直接向消费者提供服务,不需要任何辅助供应商。例如,病人因牙疼而看牙医,医生为其修补坏牙。在双层双向关系中,服务提供者必须在第三方供应商的帮助下才能完成任务。例如,很多病情的诊断需要血液检查结果,内科医生会让病人去抽血,血液被送到实验室进行分析,医生根据实验室的血液分析报告对病人进行最终诊断。

表 9.1 单层、双向服务供应关系举例

服务种类	消费者—供应者	投入和产出	服务提供者
意识	学生	意识和知识	教授
身体	病人	牙和补牙	牙医
财产	投资者	金钱和利益	银行
信息	客户	文件/报告	咨询顾问

表 9.2 双层、双向服务供应关系举例

服务种类	消费者—供应者	投入和产出	服务提供者	投入和产出	辅助服务者
意识	病人	病情和治疗	临床医生	处方和药	药房
身体	病人	血液和诊断	内科医生	血样和化验结果	实验室
财产	司机	轿车和修理	修理工	发动机和更换部件	零配件仓库
信息	购买者	财产和贷款	银行	位置和所有权清晰	房管局确认购房合同

2)双向关系的管理启示

服务供应链中"消费者—供应商二重性"对服务企业管理者有以下启示。

①服务供应链关系是一个网络而不是链条。产品供应链是一个链条,而对大多数服务供应关系来说,服务的生产和消费是同时进行的(如病人和医生、餐厅服务员和顾客之间的服务)。当人们去牙医处看牙时,供应关系就是牙和牙医之间的一个简单的传递过程。虽然

在这个供应链中可以增加一个供应商。但超过两层的供应关系很少见。当服务需要由外部供应者完成时,服务提供者会成为消费者的代理商,因此服务供应关系更类似一个网络。

②服务企业应学习制造企业的库存管理,保存服务能力。在产品供应链中,库存用于调节消费者终端需求和生产能力的差额。在服务供应链中,消费者期望有及时的服务,但由于服务不能被储存,为了满足消费者期望,企业必须保存一部分的剩余服务能力。

③消费者的投入能够改变服务质量。服务生产过程中,消费者的投入经常是不稳定和无准备的(如去商场随意购物、去餐厅随意点菜,或客户为咨询顾问提供的资料有限),这会使企业的服务供应和服务承诺面临挑战,并产生交流成本。若服务提供商能在提供服务前与消费者就其期望的服务价值进行交流,将有助于避免误解产生,提升服务质量。

9.2　服务外包管理

服务外包是指企业将原来由内部提供的服务职能交由外部供应商来供应的经营模式。服务外包企业是指根据其与顾客(服务外包发包商)签订的服务合同,向顾客提供服务外包业务的外包提供商。服务外包业务是指服务外包企业向客户提供的信息技术外包服务(information technology outsourcing,ITO)和业务流程外包服务(business process outsourcing,BPO),具体包括业务改造外包、应用管理和应用服务等商业应用程序外包、基础技术外包(IT、软件开发设计、技术研发、基础技术平台整合和管理整理)等。国际(离岸)服务外包的管理包括过程管理、决策管理和绩效评价管理等。

对顾客而言,服务外包的管理包括过程管理、决策管理和绩效评价管理等。

9.2.1　服务外包的过程管理

1)服务外包的过程

服务外包决策过程包括需求识别、信息收集、供应商选择和绩效评价,见图9.3。

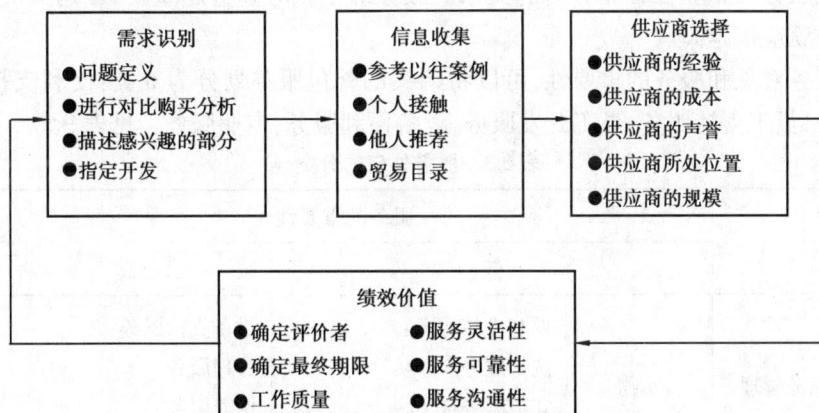

图9.3　服务外包决策过程

2）服务外包的收益与风险

服务外包在给企业带来收益的同时，也带来了一定的风险，见图9.4。

服务外包的收益	服务外包的风险
企业资源集中于核心竞争力 外购服务成本低 无须投资而使用最先进技术 无服务供应商规模经济中获益	不能直接控制服务质量 暴露企业的数据和顾客信息 受制于单个供应商 导致协作成本和服务延迟 降低内部服务能力 员工担心失业而影响其忠诚

图9.4　服务外包的收益与风险

3）服务外包的难点

服务无形性给服务外包带来两个困难。首先，难以准确描述想得到的外包服务；其次，难以判断外包服务是否符合预期。因此，首先要得到满意的外包较为复杂，诸如旅游预订、物业服务、食品服务等，就难以让所有相关人员都满意。

不同的外包服务有不同的要求，外包的决策过程也会因购买的服务种类不同而各异。商业服务经常需要定制化满足某个组织的特定需求。例如，计算机软件开发服务的外包必须包含较高程度的终端顾客参与，废物处理服务的外包却能够依据成本和专门化的法律规定进行处理。

9.2.2　服务外包的管理要素

1）外包服务的分类

服务的"确定性程度"和"重要性程度"是外包服务的重要影响因素。确定性程度代表了购买者在决策时所面临的潜在困难水平，它又可以根据服务对象（实物、人、过程）进行划分。当服务对象由实物变为人，再变为过程时，服务的确定性程度不断降低，服务重要性的高低取决于服务和企业核心业务间的关系。服务对于核心业务越重要，在购买决策中管理参与的水平就应该越高。

按照服务对象和服务的重要性，可以将购买的外包服务划分为6类：便利支持服务，设备支持服务，员工支持服务，员工开发服务，设备便利服务，专业服务。见表9.3。

表9.3　服务外包的分类

		服务的重要性	
		低	高
服务管理	实物	便利支持服务： 洗衣服务 守卫服务 废品处理服务	设备支持服务： 修理服务 保养服务 产品服务

续表

服务的重要性			
		低	高
服务对象	人	员工支持服务： 食品服务 工厂保安 临时工	员工开发服务： 培训服务 教育服务 医疗服务
	过程	设备便利服务： 簿记服务 旅游预订服务 呼叫服务	专业服务： 广告服务 公共关系服务 法律服务

2）不同类型的外包服务的管理重点

不同类型外包服务有不同的管理要求和重点。表 9.4 按照服务对象，列出了购买外包服务时企业需要重点考虑的管理要素，其中的卖主指外包服务供应商。

表 9.4 服务外包的管理重点

	以实物为对象	以人为对象	以过程为对象
服务 重要 性低	便利支持服务： 低成本（报价） 需要准确的文字说明 需要通过实物的可靠 部分来评价绩效	员工支持服务： 联系卖主以往的客户 作为购买依据 注意最终用户的需求 进行周期性的绩效	设备便利服务： 卖主的专业知识非常重要 将最终用户纳入卖主识别 第三方评价很有用 需要卖主提供详细的说明
服务 重要 性高	设备支持服务： 卖主的经验和声誉很重要 卖主能提供及时响应 指定人员核查外包服务是 否令人满意	员工开发服务： 特定行业的经验很重要 注重卖主的识别和选择 由员工评价卖主绩效	专业服务： 将卖主鉴别和选择纳入高层 管理 卖主声誉和经验非常重要 由高层管理者评价绩效

下面对每类外包服务的重点加以说明。

（1）便利支持服务（实物对象+服务重要性低）

便利支持服务的购买类似实物购买，可以制定严格的质量规范，购买决策重视报价的高低。在购买这类外包服务时，要特别注意服务质量和服务提供的及时性。对于确定性较高的服务，可以通过比较服务前后的效果来衡量绩效（如维修服务比较维修前后的使用情况，干洗服务比较清洗前后的清洁程度等）；对于重要性较高的服务，管理者应注重服务质量；对重要性不高的服务（如食品服务、簿记服务等），价格起到决定性作用。

（2）设备支持服务（实物对象+服务重要性高）

这类服务外包中，卖方必须接近顾客以提供及时响应和紧急服务。此外，这类服务的重要性较高，如行业设备的维护或产品检测很重要，因此外包服务供应商应对所处行业有丰富的经验，其声誉是顾客购买该类服务的重要选择标准。

（3）员工支持服务（人+服务重要性低）

这是针对人提供的服务（如雇用临时工），因此买主对服务规格的（如临时工的技能）水平将随投入而提高。选择卖主（供应商）的步骤应包括客户推荐、一般性的实践（实习）等。相应的职能部门要对服务进行定期评价，并以此作为延长服务合同的标准。

（4）员工开发服务（人+服务重要性高）

员工开发服务是对企业人力资本的开发和保障类服务，如对员工的培训服务、健康医疗服务等。它通常涉及人力资源管理部门或者其他高层管理部门。选择买主是一个复杂过程，企业高层必须说明需求和卖主选择标准，并从企业外部搜寻和获取有价值的信息。卖主声誉和特定行业拥有的经验是重要的选择标准，如一个知名的专业培训机构会拥有良好的声誉，拥有大量客户。员工对外包服务的评价是最重要的绩效评价。

（5）设备便利服务（流程+服务重要性低）

这类服务的确定性程度低，主要用于处理支持组织运作的信息，如簿记服务、旅游预订服务等。在识别、选择卖主的过程中，对卖主的公开评价或对卖主进行比较的信息具有主要作用。

当选择标准难以确定时，买主要从外界寻求决策支持信息。在某些情况下，最终的选择可能基于一些次要的因素。例如，当多家旅游代理都拥有良好的声誉、提供相同的标准化的旅游预订服务时，买主可能会依据其所能提供的辅助服务加以决策，按月结算送票费用而不是每次购买后都结算会成为买主的选择标准。此外，外包服务供应者和买主之间的关系也是决策要考虑的重要因素。

（6）专业服务（流程+服务重要性高）

专业服务会影响组织战略的顺利实施，因此企业必须高度重视，并从一开始就参与外包服务的选择与购买流程。购买流程始于需求识别，进而贯彻购买过程的全部阶段，其中最重要的是绩效评价。对外包服务供应商的信任是主要因素，因此买主的声誉和行业经验是唯一重要的指标。当定制化程度增大时，类似顾问、公关关系、法律等服务的传递可能要延长一定时期，对卖主（供应商）的绩效评价也会相应推迟。

9.3 服务库存管理与控制

9.3.1 库存的概念和功能

1）库存的概念

库存是指用于将来目的而暂时处于闲置状态的资源。一般情况下，人们设置库存的目的是防止短缺,以及保持生产过程连续性、分摊订货费用、快速满足用户订货需要。当顾客订货后要求收到货物的时间(订货提前期)比企业从采购原材料、生产加工到运送货物至顾客手中的时间要短的情况下,为了填补这个时间差,就必须预先库存一定数量的该商品。

库存习惯被认为是资源的储备或暂时性的闲置。但是近年来,深层次的研究发现,库存是一种组织行为问题,对库存的新的理解是:库存是企业之间或部门之间没有实现无缝连接的结果。

2)库存的分类

一般来说,企业按生产计划进行生产。在采购生产阶段,为了保证生产过程的连续性,需要有一定的原材料、零部件的库存;原材料投入生产之后,变成各种在制品,不论在制品是处于运动状态还是停顿状态,它们都构成在制品库存;在销售阶段,为了能及时满足顾客的要求,避免发生缺货或延迟交货现象,需要有一定的成品库存。原材料、零部件库存,在制品库存,成品库存是在生产过程中产生的三类库存。

另外,从经营过程的角度,可以将库存分为以下六种类型。

(1)经常库存(又称周转库存)

指企业在正常的经营环境下为满足日常的需要而建立的库存。这种库存随着每日的需要而不断减少,当库存降低到某一水平时(订货点),就要进行订货来补充库存。这种库存可能具有定期性或周期性的特点。

(2)安全库存(又称缓冲库存)

指企业为了防范需求和补货提前期的变动而建立的库存。它是在为满足平均需求和平均提前期所需的定期性库存之外的一些补充。

(3)生产加工和运输过程的库存

生产加工过程的库存是指处于加工状态以及为了生产的需要暂时处于储存状态的零部件、半成品和成品的库存。运输过程的库存是指处于运输状态或为了运输的目的而暂时处于储存状态的物品的库存。

(4)预期库存

由于需求和采购的季节性,必须在淡季为旺季的销售或是收获季节为全年生产储备的存货。预期库存的建立,除了考虑季节性的原因,还要考虑使生产保持均衡。

(5)投机库存

指为了避免因物价上涨造成损失或为了从商品价格上涨中获利而建立的库存。

(6)积压库存

指因物品品质变坏不再有效用的库存,或因没有市场销路而卖不出去的商品库存。

3)库存的功能

库存的作用有以下几方面。

①缩短订货提前期。当制造厂维持一定量的成品库存时,顾客就可以很快采购到所需的物品,这样就缩短了订货提前期,加快了社会生产的速度,也使供应厂商争取到顾客。

②稳定生产的作用。外部需求的不稳定性与内部需求的均衡性是矛盾的。要保证满足

需求方的要求,又使供应方的生产均衡,就要维持一定量的库存。

③分摊订货费用。如果只根据需求进行采购,可以不需要库存,但是由于订货费用的存在,就不一定是经济的。如果采取批量采购,则分摊在每件物品上的订购费用就大大减少,但这时就需要库存了。因此,库存有分摊订货费的作用。

④防止生产中断。在生产过程中维持一定量在制品库存,可以防止生产中断。

在供应链管理环境下,库存不仅仅是单个企业的库存,更是整个供应链上系统上的库存,它不再作为维持生产和销售的措施,而是作为一种供应链的平衡机制,通过简化供应链和经济控制论等方法解除供应链上的薄弱环节来寻找总体平衡,库存的功能将是战略层次上的。也就是说,供应链环境下库存的基本功能是使供应链在各节点处很好地连接,以减少由于预测需求和实际需求的差异,以及由于供应链中的各种不确定性所带来的供应链效率的降低。

9.3.2 库存的成本

库存成本是与库存系统经营相关的成本,它是建立一切库存控制模式的基本参数。库存管理的重点之一是控制库存成本,消灭库存成本,因此,对库存成本及其特性的全面认识是非常重要的。库存成本主要包括三大类:订购成本、库存持有成本、缺货成本。

1)订购成本

订购成本是补货时采购商品的相关成本。它又包括采购成本、请购手续成本、进货验收成本、进库成本等。如果由企业内部供货,订购成本就要反映生产启动成本。

一般情况下,订购成本与订购次数直接有关,而与订货数量无关。

2)库存持有成本

库存持有成本是因一段时间内存储或持有商品而导致的,大致与所持有的平均库存量成正比。该成本可分成四种:空间成本、资金成本、库存服务成本和库存风险成本。

空间成本是因占用存储体内立体空间所支付的费用。如网站空间成本、仓库空间成本、道路空间成本等。通常基于移入移出的产品数量或时间来计算的。

资金成本是指库存占用资金的成本。该项成本是库存成本中最捉摸不定,最具主观性的一项,主要是利息和机会成本。关于资金成本的计算,许多企业使用资金成本的平均值,另一些则使用企业投资的平均回报率,也有人使用最低资金回报率计算。

库存服务成本主要是指有关库存的保险费。

库存风险成本指的是与产品变质、短少(偷窃)、破损或报废相关的费用。这项成本的计算可用产品价值的直接损失来估算,也可用重新生产产品或从备用仓库供货的成本来计算。

在衡量计算库存成本时,人们常常陷入一种误区:往往将库存的空间成本作为库存特有成本看待,而忽略了价值更高的资金成本、风险成本等。如餐厅可同时供 50 人就餐,而现在只有 20 人就餐,缺 30 人就是成本损失,而忽略了这所房子若不是开餐厅,而是其他用途将可能带来的更高利益。

3)缺货成本

当客户下达订单,但所订货物无法由平常所指定的仓库供货时,就产生了缺货成本。缺货成本有两种：失销成本、保留订单成本。

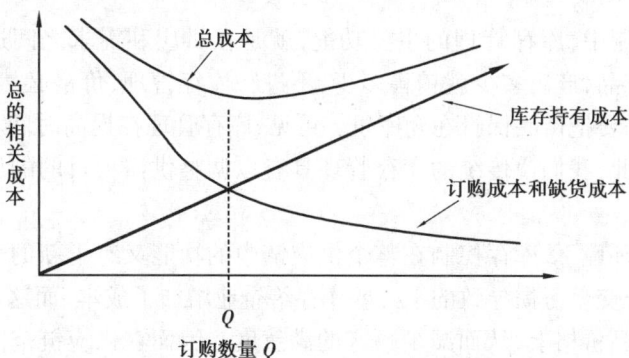

图9.5　库存与成本之间的关系

失销成本是当顾客选择收回购买要求时产生的，它是本应获得的销售的利润，也可能包括缺货对未来销售造成的消极影响。

保留订单成本，是当客户愿意等待订单履行从而出现订单履行的延期而产生的。它是当保留的订单不通过正常的分拨渠道来履行，而可能由于订单处理、额外的运输和搬运成本而产生的额外的办公费用和销售成本。同时也会无形地失去未来销售机会的成本。保留订单成本的准确计算比较困难。

这三种成本之间互相冲突或存在悖论关系。要确定订购量补足某种产品的库存就需要对其相关成本进行权衡。通常这三种成本的关系可用图9.5表示。

9.3.3　库存控制的概念及功能

1）库存控制的概念

（1）传统的库存控制

在供应链概念提出之前，对库存的管理和控制是由单个机构（如仓库或零售店）基于其自身的利益和准则单独实施的。库存控制是指为了满足用户的需求和降低成本，而对库存物料实施数量控制、同时保证质量及其时效性的一系列工作。库存控制管理中需要确定库存物料的订货时间及订货数入库时间、储存时间等。

（2）供应链下的库存控制

随着供应链概念的提出，库存控制的内涵也发生了巨大变化。基于供应链的库存控制，要求企业从传统的只注重自身的库存控制转向注重整个供应链的库存控制，尽量减少需求放大现象，建立供应链上企业的战略联盟关系，实现信息共享和协同作业，通过整个供应链服务水平的提升和库存成本的降低，实现供应链上企业的共赢，进而实现供应链上各节点企业的客户响应水平的提升和运营成本的降低。

在供应链环境下，库存不再是资源的闲置或暂时性的储备，而是企业之间或部门之间没有实现无缝连接的结果，因此，库存控制和管理的真正本质不是针对物料的物流管理，而是针对企业业务过程的工作流管理。库存管理从以物流控制为目的向以过程控制为目的的转变是库存管理思维的变革。

2）库存控制的功能

在传统库存控制中，库存管理的主要功能，就是在供应和需求之间进行时间调整。此外，生产或收获的产品，产出多少就销售多少，不进行库存管理，价格必然暴跌，为了防止这种情况的发生，也需要把产品保管在仓库里。可见，库存管理在提高时间功效的同时还有调整价格的功能。因此，我们说传统的库存管理具有以调整供需为目的的调整时间和调整价格的双重功能。

在供应链管理环境下，库存控制在整个供应链中的功能又有了新的表现。从供应链整体来看，过去的传统交易习惯导致的不必要库存给企业增加了成本，而这些成本最终将反映在销售给客户的产品价格上，从而减少顾客的满意度。因而在供应链范围进行库存管理不仅可以降低库存水平，从而减少资金积压和库存维持成本，而且还可以提高客户的满意度。

9.3.4 库存控制的原理

1）传统库存控制方法的基本原理

传统的单仓库的库存控制方法，是基于满足用户需求和降低成本的目标而建立的。因此，其核心就是根据库存物资的需求特点，在实现一定的客户服务水平的条件下，使年总库存成本费用为最小，主要是解决两方面的问题：即订货量和订货时间的问题。

根据存货成本费用之间的互相联系和互相制约的关系，以总库存成本最小化为目标函数，早期的学者发展了一套较成熟的库存控制理论和方法，这里不再详细叙述这些方法。所有的传统库存控制方法都是基于一个不变的假设：需求可能是不变的或者是随机变化的，但是无论如何，需求的规律是可以完全被我们掌握的。随着物流管理的发展，人们开始寻求目标企业总物流成本的最小化，以及客户服务水平的提高。在这样的背景下，库存管理要求尽可能从企业总体物流成本最小化以及服务水平的最大化出发制定策略，于是，出现了一些以库存、运输联合优化或者库存—服务水平优化为目标的库存策略。

2）供应链环境下库存控制方法的原理

（1）供应链下的库存控制原理

在供应链环境下，库存是一种组织行为问题，是企业之间或部门之间没有实现无缝连接的结果。库存控制则是针对企业业务过程的工作流管理。因此，供应链管理下的库存控制方法主要是针对企业的业务流程进行库存设计，通过实现供应链上物流、信息流、组织流的畅通，以及不确定性因素的最小化，寻求供应链企业之间实现无缝连接的库存策略。

在一个典型的供应链中，主要的目标在于降低整个系统的成本，以及提高系统的响应速度，因此，库存控制的重点在于考虑各机构之间的相互作用以及这种相互作用对各机构库存策略的影响。在供应链库存管理中，组织障碍是库存成本增加的一个重要因素。不管是企业内部还是企业之间，相互协调是实现供应链无缝连接的关键。在供应链中，库存控制不再是一种运作问题，而是战略问题。要实现供应链管理的高效运行，必须加强企业的协作，建立有效的合作机制，不断进行流程改革。这时，库存管理并不是简单的物流过程管理，而是企业之间工作流的管理。基于工作流的库存控制策略把供应链的集成推到新的高度——企业间的协作与合作。

（2）供应链下的战略库存控制

供应链下的库存控制是个很复杂的企业管理问题，尽管目前已有许多数学模式能够辅助库存管理，但这些模式和算法都很难解决库存控制中的一个十分重要的问题——战略性库存决策问题。战略性库存决策问题属于宏观的管理决策问题，纯粹用传统的基于算法求解的方法不能解决这个问题。

①战略库存的组成。关于这方面的文献比较少，王炬香认为，供应链中的战略库存=解耦库存+约束缓冲库存+运送缓冲库存+供应链中的传输库存+其他材料和成品库存。也就是说供应链中的战略库存控制主要在于设置合理的解耦库存和缓冲库存。

缓冲库存是根据系统论和约束理论，设置在供应链最薄弱环节（瓶颈）的约束缓冲库存，以及为了保证准时交货而设置于系统末端的运送缓冲库存。

解耦库存，是为了使供应链在解耦点处很好地连接，减少由于预测需求和实际需求的差异所带来的供应链效率的降低而设置的库存，它用来减小由于需求的不确定性所带来的波动。

②解耦点的确定。解耦库存的设置点我们称之为解精点。我们假设最终顾客的需求信息沿着供应链逆向传递时，零售商将会实时传递销售信息（订单信息），直到某一节点 T 都能获得真实、有效的实时销售信息，也就是说从零售商到节点 T_n 的供应链阶段上的节点企业都实现了供应链需求信息的共享。而 T_n 节点的下一阶企业 T_{n+1} 将不能获得这一信息。这时，供应链上的解耦点就是 T_n 点，解耦库存应设置在节点 T_n 处，如图 9.6 所示。

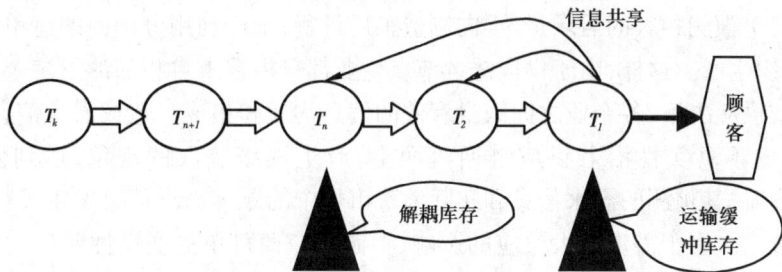

图 9.6 供应链中的战略库存

③缓冲库存的设置。为了确保供应该整体利益的最大化，供应链伙伴应合作识别系统的约束，将约束缓冲库存设置在该约束的前面，将运送缓冲库存设于整条供应链的末端。约束缓冲库存和运送缓冲库存水平可控制在一定范围之内，而其他既不存在约束缓冲又不存在运送缓冲的供应链伙伴则尽量将自身的库存排出。系统约束的生产率应尽量与市场的实际需求相接近，供应链其他伙伴则应尽量与系统约束的生产率同步。这种供应链伙伴间的协调和信任将使供应链产生最大效益。

对于约束缓冲库存的位置和数量的选定，应根据供应链的整体目标，对比此约束的弱点和能提供的缓冲能力，综合确定。

我们从战略库存的构成可以发现，供应链中信息共享的程度越广泛，解耦库存点就越少；供应链节点企业的满足顾客需求的能力越强，约束库存就越少。这样，战略库存的管理就越简单。

9.3.5　供应链中的牛鞭效应

1）牛鞭效应的现象及危害

在供应链的运作过程中，发现有些商品的顾客需求较稳定，变动不大，但是上游供应商往往比下游供应商维持更高的库存水平。这种现象是由宝洁公司在调查其产品"尿不湿"的订货情况时发现的。该产品的零售数量较稳定，波动不大，而分销商向宝洁公司订货时，其订单的波动程度比零售数量的波动要大得多，宝洁公司向其供应商订货时，订单的变化量更大了。这种越往供应链上游走，需求波动程度越大的现象，称为牛鞭效应、长鞭效应或"需求放大效应"。

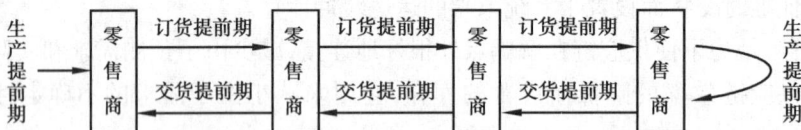

图 9.7　典型的供应链

图 9.7 是一个典型的供应链，由单个零售商、单个批发商、单个分销商和单个工厂组成。零售商观察顾客需求，然后向批发商订货；批发商接受零售商的订单，并向其供应商——分销商订货，为了确定订单的订货量，批发商必须预测零售商的需求，如果批发商不能准确获知顾客的需求数量，他必须利用零售商已发出的订单来进行预测；同样，分销商也利用批发商已发出的订单预测顾客的需求量，再向制造工厂订货；工厂利用分销商的订单预测顾客需求量，然后组织生产。这样，由于供应链各节点企业都只根据来自相邻的下游企业的需求信息进行生产或供应决策，各企业之间缺少有效的信息沟通和集成。造成需求信息的失真，而且，需求信息的不真实性沿着供应链逆流而上，产生逐级放大的现象，达到供应链的源头——制造商时，其预测的需求信息和实际消费市场中的顾客需求信息发生了很大的偏差，这就是牛鞭效应。由于需求放大效应的影响，上游供应商订单的变动性明显大于下游供应商需求的变动性，为了满足需求，上游供应商往往维持比下游供应商更高的库存水平，从而发生更高的成本。

这种现象常见于汽车制造、计算机制造、日用品制造等行业的供应链中，其结果是给企业造成严重的后果，如库存积压严重、服务水平低下、产品成本过高、产品质量低劣等，最终导致企业在市场竞争中处于不利的地位。

2）牛鞭效应产生的原因

结合需求放大效应的产生机理，我们可以综合出产生需求放大效应的原因主要有：需求预测的波动、提前期的变动、批量订货的影响、价格波动的影响及理性对策的影响等。

（1）调整市场需求预测

供应链中的每个公司都在做产品需求预测，以便在此基础上安排生产调度，协调生产能力，控制库存和生产资源。而预测往往是建立在直接顾客历史上购买产品的订单数据的基础上的。例如，一个业务经理常常用简单的方法决定向供应商订货的数量，如用指数平滑方法作需求预测，根据新的来自下游企业的订单不断地调整未来需求量的预测值。当产品准备时间(leadtime)很长时,这会造成订货量随时间波动,从而超出需求数额。对于上游企业的经理来说,如果他仍然采取指数平滑的方法调整需求预测和安全库存,那么,他向供应商订货的数量可能会发生更大的波动。

另外,在实践中供应链各阶段常使用的库存控制策略为(R, S)库存策略,即无论何时只要库存量低于某一给定的数值(订货点 R),就进行补充订货,把库存水平提高到最高库存水平 S。订货点通常按公式

$$R = L \times \bar{\gamma} + \lambda \sigma_{\gamma} \sqrt{L}$$

确定。由于平均需求和需求的方差是预测值,且具有波动性,而安全库存和最高库存水平都取决于这些估计值,使用者被迫变化订货数量,因此,增大了需求的变动性。

(2)批量订货

供应链中每个公司是通过监控库存水平来向上游企业订货的,当市场需求增加时,由于有安全库存,并不立即向供应商订货而常常等需求累计增加到一定程度时才按批量订货。批量订货有两种形式:推进式订货和分期订货。

在推进式订货中,把来自顾客的订单推向公司,往往每季一次或每年一次,这导致季末或年终出现订货高峰。卖方为了完成配额(guota),可代销或预先签署订货合同,这时,很容易导致长鞭效应。如果顾客每周订货一次,那么长鞭效应会小些。分期订货时需求量的变化对上游企业影响不大。然而,理想情况很少出现,分销商、零售商往往随机地订货,甚至于同一地区的多个零售商重复订货。这种现象越显著,长鞭效应就会越明显。

(3)提前期的变动

在计算安全库存水平和订货点时,将平均需求和日顾客需求的标准差乘上了一个提前期 L。因此,提前期越长,需求变动性的微小变化意味着安全库存和订货点的很大的变化,因此,订货量就会发生很大变化,从而导致需求变动性的增大。

(4)价格波动

据统计,约80%的公司提前向制造商和分销商订货,这主要是由市场中的价格波动引起的。不同时期、不同的销售量,出售的商品折价不同,赠贷券、退款(rebate)等也导致实际价格的变化。尽管这些不居于直接折扣而可以看作促销手段,但这时供应链中关于市场需求变化的信息流与实际不一致。各成员如何理解这些信息显得尤其重要。

上述情况导致当产品价格很低时顾客可能买了未必需求的产品,一旦市场上价格恢复原来的水平,顾客将不再购买这些产品,一直到库存降到合适的水平才思考补充订货问题。尽管这种决策从买方来看是合理的,但这仅当买方增加的持货成本小于市场价格波动时才有意义,否则得不偿失。这是公司各为自政的现象,但各自独立进行市场预测的准确性下降之后,局部最优会导致更大的长鞭效应。

(5)理性对策

当产品需求量增加时,制造商应该理性地评价需求的增加量,尤其产量远远小于需求时。例如,如果顾客仅能拿到50%订单数量的产品,他们为了不致缺货,很可能把订货量增大一倍,等后来取货时订单再取消一半。若市场供给增大,订单数量会突然大幅降低,其结果是顾客订单只给制造商很少的信息,这不是真实的市场需求信息,给制造商的生产带来极

为严重的影响。这种理性对策极为普遍。

3）牛鞭效应的解决措施

减少牛鞭效应或消除其影响的方法包括集中顾客需求信息、减少顾客需求过程的变动程度、缩短提前期以及建立战略伙伴关系。

（1）集中顾客需求信息

最常用的减小牛鞭效应的方法是在供应链内部集中顾客的需求信息，即为供应链每一阶段提供有关顾客实际需求的全部信息。因为需求信息集中起来了，供应链的每一阶段都可使用顾客的实际需求数据来进行更加准确的预测，而不是依据前一阶段发出的订单来预测。为了实现需求信息的高度集中和避免信息失真的存在，可以采用如图9.8所示的信息强化的供应链。

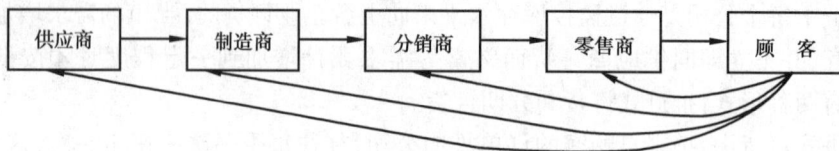

图 9.8　信息强化的供应链

通过需求信息的集中，可以构造出信息强化的供应链，从而实现对市场信息的加深理解，减少信息的不确定性，减少获得信息的时间延迟和保持信息的价值。

但是，必须指出，即使当需求信息完全集中并且供应链所有阶段都使用同样的预测技术和库存策略时，需求放大效应仍然存在。然而，相关分析表明，如果信息没有集中，即如果供应链各阶段没有获得顾客需求的信息，那么，需求变动性的增大是非常大的。因此，得出结论：集中需求信息能够显著地减小牛鞭效应，但仍不能消除牛鞭效应。

（2）减少顾客需求过程的变动程度

通过减少顾客需求过程内在的变化性可以缩小牛鞭效应。如果我们能够减小零售商所观察到的顾客需求的变化性，那么，即使牛鞭效应出现，批发商所观察到的需求的变化性也会减小。例如，我们可以通过利用"天天平价"等策略来减小顾客需求的变动性。当零售商使用天天平价时，它以单一的价格出售商品，而不是以带有周期性价格促销的常规价格出售商品。通过消除价格促销，零售商可以消除与这些促销一起产生的需求的急剧变化。因此，天天平价策略能够产生更稳定的、变动性更小的顾客需求模式。

（3）缩短提前期

前面给出的结果很清晰地表明提前期的延长对供应链各阶段的需求变动性具有显著的影响。因此，缩短提前期能够显著减小整个供应链的牛鞭效应。提前期通常包括两个组成部分：信息提前期和订货提前期。信息提前期是信息自形成时刻开始，到开始传递到各需求成员所用的时间。信息一经形成，随着时间的推移，逐渐失去价值。所以，应通过提高供应链各成员之间的信任程度、使用电子数据交换（EDI）等，压缩信息传递的时间。而订货提前期是生产和运输物品的时间，可通过使用直接转运缩短订货提前期。

（4）建立战略伙伴关系

建立战略伙伴关系改变了信息共享和库存控制的方式，可以消除库存放大效应的影响。

例如,在供应商管理库存中(VMI),制造商管理其在零售店的库存,从而为其自身确定每一期维持多少库存和向零售商运输多少商品。因此,在 VMI 中,制造商并不依赖零售商发出的订单,因而彻底地避免了牛鞭效应。其他种类的伙伴关系也能用来减少牛鞭效应。

(5)减少供应链系统的级数

供应链中的级数越多,则牛鞭效应越显著。因此,减少供应链系统的级数将弱化牛鞭效应。另外,如果供应链中有某些级不稳定,则可以考虑通过整个供应链的重构来消除这些不稳定的子系统,从而保证整个供应链系统的稳定。

(6)供货方式由一次性大批量向多批次小批量转变

当供应链中的各级子系统采用多批次小批量的供货方式时,这将会大大增强系统的稳定性,同时弱化牛鞭效应。

9.3.6 供应链中的不确定因素

1)不确定因素的表现及其产生原因

从供应链整体的角度看,供应链上的库存无非有两种:一种是生产制造过程中的库存;另一种是物流过程中的库存。从某种角度来说,库存存在的客观原因是为了应付各种各样的不确定性,保持供应链系统的正常性和稳定性。

(1)不确定性的表现

供应链上的不确定性表现形式有两种:

第一种是衔接不确定性(Uncertainty of Interface),也就是企业之间(或部门之间)的不确定性,这种衔接的不确定性主要表现在合作性上。为了消除衔接不确定性,需要增加企业之间或部门之间的合作性。

另一种是运作不确定性(Uncertainty of Operation),系统运行不稳定是组织内部缺乏有效的控制机制所导致的,控制失效是组织管理不稳定和不确定性的根源。为了消除系统运行中的不确定性,需要增加组织的控制,提高系统的可靠性。

(2)不确定性的产生原因

供应链的不确定性的来源主要有三个方面:供应商不确定性,生产者不确定性,顾客不确定性。

①供应商的不确定性。供应商的不确定性表现在提前期的不确定性、订货量的不确定性等。供应商不确定的原因是多方面的,供应商的生产系统发生故障延迟生产,供应商的供应商的延迟,意外的交通事故导致的运输延迟等。

②生产者的不确定性。生产者的不确定性主要源于制造商本身的生产系统的可靠性、机器的故障、计划执行的偏差等。

造成生产者生产过程中制品库存的原因也表现在生产者对在制品需求的处理方式上。在以计划驱动的生产系统中,对需求的处理方式是根据当前生产系统的状态和对状态将要发生的变化对整个生产过程进行模拟,然后用计划来表达模拟的结果,并用计划来驱动生产。

如果生产计划的模拟过程能够与实际生产过程足够接近,那么,生产系统总是能够及时地为下一个工作地按计划进行生产提供所需的物料,其下游工作地的等待时间为零。但是由于生产过程的复杂多变,使得对它的精确模拟十分困难,如车间的排序、提前期、物料到位状况、设备的可使用情况等都会造成计划与实际情况的差距。因此,我们总是用生产控制来实时地或阶段性地监督和检查,发现偏差,进行调节和校正工作。而且必须使生产控制建立在对生产信息的实时采集和处理上,使信息不仅及时、准确地为我们所知,还能及时、可靠地转化为控制生产有效的信息。

③顾客的不确定性。顾客不确定性原因主要有:需求预测的偏差、购买力的波动、从众心理和个性特征等。

通常的需求预测的方法都有一定的模式或假设条件,假设需求按照一定的规律运行或表现一定的规律特征,但是,任何需求预测方法都存在这样或那样的缺陷而无法确切地预测需求的波动和顾客的购买心理反应。同时,在供应链中,不同的节点企业相互之间的需求预测的偏差,进一步加剧了供应链的放大效应及信息的扭曲,进一步加大了顾客的不确定性。

本质上讲,供应链上的不确定性,不管其来源出自哪方面,从根本上讲是三个方面原因造成的:

①需求预测水平造成的不确定性。

②订货或生产中的决策支持信息的可获得性、透明性、可靠性。

③决策过程的影响,特别是决策人心理的影响。

2)不确定性对供应链库存的影响

(1)衔接不确定性对库存的影响

传统的供应链的衔接不确定性普遍存在,集中表现在企业之间的独立信息体系(信息孤岛)现象。为了竞争,企业总是为了各自的利益而进行资源的自我封闭(包括物质资源和信息资源),企业之间的合作仅仅是贸易上的短时性合作,人为地增加了企业之间的信息壁垒和沟通的障碍,企业不得不为应付不测而建立库存,库存的存在实际就是信息的堵塞与封闭的结果。信息共享程度差是传统的供应链不确定性增加的一个主要原因。

传统的供应链中信息是逐级传递的,即上游供应链企业依据下游供应链企业的需求信息做生产或供应的决策。在集成的供应链系统中,每个供应链企业都能够共享顾客的需求信息,信息不再是线性的传递过程而是网络的传递过程和多信息源的反馈过程。建立合作伙伴关系的新型的企业合作模式以及跨组织的信息系统为供应链的各个合作企业提供了共同的需求信息,有利于推动企业之间的信息交流与沟通。企业有了确定的需求信息,在制订生产计划时,就可以减少为了吸收需求波动而设立的库存,使生产计划更加精确、可行。对于下游企业而言,合作性伙伴关系的供应链或供应链联盟可为企业提供综合的、稳定的供应信息,无论上游企业能否按期交货,下游企业都能预先得到相关信息而采取相应的措施,这样,企业无须多设立库存。

(2)运作不确定性对库存的影响

在传统的企业生产决策过程中,供应商或分销商的信息是生产决策的外生变量,因而其无法预见到外在需求或供应的变化信息,至少是延迟的信息。同时,库存管理的策略也是考虑独立的库存点而不是采用共享的信息,因而,库存成了维系生产正常运行的必要条件。当生产系统形成网络时,不确定性就像瘟疫一样在生产网络中传播,几乎所有的生产者都希望拥有库存来应付生产系统内外的不测变化。因为无法预测不确定性的大小和影响程度,人们只好按照保守的方法设立库存来对付不确定性。

3)不确定因素的解决措施

供应链中的不确定因素的解决是一个复杂的过程,需要供应链合作各方的共同努力。

首先,要致力于建立供应链企业间的战略伙伴关系。供应链企业之间的衔接不确定性可通过建立战略伙伴关系的供应链联盟或供应链协作体而得以削减,同样,这种合作关系也可以削弱运作不确定性对库存的影响。当企业之间的合作关系得以改善时,企业的内部生产管理也大大得以改善。因为企业之间的衔接不确定性因素减少时,企业的生产控制系统就能摆脱这种不确定性因素的影响,使生产系统的控制达到实时、准确,只有在供应链的条件下,企业才能获得对生产系统有效控制的有利条件,消除生产过程中不必要的库存现象。

其次,要保持供应链的"弹性"。所谓供应链的"弹性"是指整个供应链作为一个整体对用户需求变化的适应程度,与"刚性"相对立。一般说来,增加供应链的"弹性"与供应链的低成本运营存在一定的矛盾,关键的问题是如何在这两者之间取得一种平衡。通常情况下低成本运营所带来的利益是直接的、明显的,如库存费用的降低将直接增加企业的利润;而由此造成的顾客服务水准降低(比如出现缺货)所带来的负面影响,如市场份额丢失、商誉降低等对企业利益的损失是潜在的、长远的。这便增加了这种平衡的难度。但无论如何,顾客的需求总是变化的,富有"弹性"的供应链仍旧是降低供应链中种种不确定性的有效手段。供应链的"弹性"一般包括以下几个方面。

(1)合理的库存

供应链上各个节点合理的库存是防止短缺风险的最简单和有效的办法。尽管供应链上的每个企业在成本的压力下都在追求"零"库存,但如果因为个别节点的短缺而造成整个供应链的中断,每个企业都将蒙受损失。因此,建立合理的库存必不可少。合理库存的前提是首先确定一个合理的用户服务水准。用户服务水准的确立需综合考虑储存成本和缺货成本,100%的用户服务水准通常是不经济的。在实际操作中由于缺货成本往往难以估计(如商誉损失的成本),因而用户服务水准就带有主观的因素,更多情况下是由竞争条件决定的。一旦确定了供应链的服务水准,就可以综合考虑供应链成员的特点,在核心企业的影响下,将供应链的服务水准分解为各成员的服务水准。

(2)保持一定的生产能力冗余

供应链上的企业保持协调一致的生产能力冗余,一方面,减少了由于"满负荷"运转带来的各自设施可靠性方面的风险;另一方面,提高了对用户变化的适应性。因此,作为供应链"盟主"的核心企业,应不断重新评价合作伙伴,审视供应链的薄弱环节即能力瓶颈,通过各种方式,改进薄弱环节。

(3)提高供应链上企业的柔性

整个供应链应该能为客户提供多种产品选择,而且能随客户需求的变化不断地进行快速调整。因此,要求供应链上的企业,尤其是核心供应链上的企业,要尽可能地提高自身的柔性,应能对产品变型、工程更改等作出快速反应,以及缩短新产品投放市场的时间等,避免因不断重新选择供应商带来的风险和低效率,从而提高供应链的整体竞争力。

【案例分析】

YJ 自行车公司的年度库存计划

YJ 公司是一家全国性的自行车及零配件批发商,其销售范围是以其批发中心为中心、半径 400 千米以内的 8 个城市。这些零售商希望在通知 YJ 公司批发中心 2 天后收到所订货物。YJ 公司的批发产品包括一系列成品自行车在内,范围很广。所有的自行车都来源于五种设计框架,每种设计规格齐全。表 9.5 列出了所有车型的分类。

YJ 公司的货品从国内一家生产厂商处购得,在电话或传真订货后,一般要 4 周才能收到货物。费用包括运输费、文字工作等。YJ 公司估计每次订货的费用约为 65 元。每辆自行车的成本约为建议定价的 60%。自行车的需求受季节的影响,春、夏季是旺季,秋、冬季为淡季。前一个销售年度的零售清单通常作为 YJ 公司制定本年度计划的依据,企业每年都要制定年度计划并在适当时间进行计划调整。表 9.6 是过去一年每月各种不同规格自行车的需求量。

表 9.5　各类自行车的价格及规格

设计框架	规　格	变速挡	建议定价/元
A	16,20,24	10	399
B	16,20,24	15	424
C	16,20,24,26	15	469
D	20,24,26	15	519
E	20,24,26	21	649

表 9.6　自行车的月需求量

月　份	自行车设计框架					
	A	B	C	D	E	总计
1 月	0	3	5	2	0	10
2 月	2	8	10	3	1	24
3 月	4	15	21	12	2	54
4 月	4	35	40	21	3	103
5 月	3	43	65	37	3	151

续表

月 份	自行车设计框架					
	A	B	C	D	E	总计
6 月	3	27	41	18	2	91
7 月	2	13	26	11	1	53
8 月	1	10	16	9	1	37
9 月	1	9	11	7	1	29
10 月	1	8	10	7	2	28
11 月	2	15	19	12	3	51
12 月	3	30	33	19	4	89
总 计	26	216	297	158	23	720

随着自行车娱乐的兴起,YJ 公司估计来年的市场将增长 25%。由于多年来预测的增长率最终都没有达到,因此 YJ 公司作出了保守估计,认定增长率为 15%。每辆自行车每月的维持成本随规格的不同而有所不同,一般是成本价的 0.75%。

[案例讨论题]

1.为 YJ 公司制订库存控制计划作为来年年度计划的基础。

2.阐明所选择的库存系统的类型及原因。

3.在所制订的库存计划的基础上,试计算 YJ 公司要求服务水平为 95%时的安全库存量。

本章小结

本章介绍了服务供应的双向关系、服务外包管理和服务库存管理与控制。供应链管理是指企业对从采购提供产品(服务)所需原材料到生产产品(服务)并将其递送到最终用户的全过程进行系统管理的方法,其中的环节包括供应、需求、原材料采购、市场、生产、库存、订单、分销发货等,包括 5 个部分:计划、采购、生产、配送(物流)和退货。"消费者—供应商二重性"包括两种类型:不包含供应商的单层、双向服务供应关系和包含供应商的双层、双向服务供应关系。在单层双向关系中,服务提供者直接向消费者提供服务,不需要任何辅助供应商。在双层双向关系中,服务提供者必须在第三方供应商的帮助下才能完成任务。服务外包是指企业将原来由内部提供的服务职能交由外部供应商来供应的经营模式。库存控制是指为了满足用户的需求和降低成本,而对库存物料实施数量控制、同时保证质量及其时效性的一系列工作。库存控制管理中需要确定库存物料的订货时间及订货数量、储存时间等。

【思考与练习】

1.试阐述服务供应链的"消费者—供应商二重性"的含义,并举例说明。

2.试讨论中国某个企业外包海外呼叫中心(如印度呼叫企业)时,服务外包对本企业员工、消费者、当地经济和其他利益相关者的影响。

3.服务业库存与制造业库存的显著差异表现在哪些方面? 试举例说明。

4.讨论在不同情况(如超市、便利店、快餐店、饭店和健身房)下销售一听可乐的成本差别,如何解释这些差别?

第10章 服务排队管理

对于顾客来说,感知到的等待通常比实际的等待时间更重要。

被感知的等待通常比实际的等待更重要。

> 【学习目标】
>
> 学完本章,你应该能够:
>
> 1.了解等待的普遍性和必然性。
>
> 2.理解排队问题的经济意义。
>
> 3.掌握排队系统的特征及排队模型。
>
> 4.描述排队等待者的心理,并提出相应的管理战略建议。

【案例导入】

处理空闲等待时间的创新性做法

美国波士顿一家大旅馆的经理经常接到客人关于电梯等待时间过长的抱怨。管理层并没有采取安装更多电梯的做法,而是将电梯大厅里的墙面换成了落地镜子,以便让顾客在排队时能够检查自己的仪容,这使得客人们的抱怨直线下降。

美国西南航空公司在处理电话等待时采取了更为幽默的方法。当出现顾客电话繁忙等待的情况时,接线员会播放一段录音,向顾客询问一系列问题。但在录音的最后会告诉顾客,这一调查没有任何目的,只是为了让顾客度过等待电话接入的这段时间。这一措施也收到了良好的效果。

海底捞火锅城顾客的快乐等待

通常而言,就餐排队令人厌烦,一是快节奏的社会生活已经让人们成为了"急性子",不愿意将宝贵的时间浪费在吃饭的等待上;二是传统的等待只是坐在餐馆的椅子上干等,稍微好点的能够奉上一杯水。注意到这一细节后,海底捞火锅城通过一系列创新性举措,让原本怨声载道的等待成为了一种洋溢着快乐的等待。当顾客在海底捞等待区等待的时候,热心的服务人员会立即送上西瓜、橙子、苹果、花生、炸虾片等各式小吃,还有豆浆、柠檬水、薄荷水等饮料,而且都是无限量免费提供。此外,顾客还可以打牌下棋和免费上网冲浪。更令人惊喜的是,女士可以享受免费修剪指甲,男士可以免费享受擦皮鞋等。这使原本枯燥无味的等待时间在吃喝玩乐中悄然而逝,排队等待已成为海底捞的特色和招牌之一。

【案例点评】

顾客在没有获得服务的空闲时间很容易产生厌倦情绪,比他们有事可做时更关注时间。服务企业可以向这些顾客提供一些活动,若活动本身能提供利益,或这些活动在一定程度上与服务有关,就能改善顾客对服务的感知,使企业获益。例如,餐厅拥挤无座时,应为站立等待的顾客提供菜单让其开始点菜;在牙医办公室,为等待就诊的病人提供有关牙齿保健与治疗的宣传手册;汽车修理厂在休息大厅为等待取车的顾客播放流行大片或娱乐节目;银行为顾客提供各类财经报纸、杂志阅览。这些活动是整体服务的一部分,有助于改善等待顾客的服务感知。

若人们在一个集体中等待,其他成员可以分散注意力,与单独等待相比顾客愿意等待更长时间。例如,购买音乐会门票的顾客之间虽然是陌生人,但因为共同的兴趣爱好而开始交谈,这种等待体验可以使等待变得有趣,并成为全部服务体验的一部分。因此,服务经营者应该尽可能创造机会,使顾客之间可以相互交流,这会制造一种群体感,分散顾客注意力,使顾客感觉等待时间缩短了。

10.1 排队等待的普遍性和必然性

在服务管理的术语中,所谓排队就是等候消费服务的顾客在进入点前排队。排队等待在服务中是普遍存在的,毫无疑问,排队等待是在那些高顾客接触的服务中常见的问题。事实上,排队等待是每个人生活中的一部分。我们每天都要在各种排队等待上花费很多时间。在每天清早上班途中,需要排队停车,需要排队等车或者排队乘地铁;在餐馆中,需要等待餐位就餐;在超市中,需要等待结账付款;在电话购物中,需要等待电话订购等。表10.1 表明,人在一生中有许多时间是花在排队等待上的。

表 10.1 人们如何花费他们的时间

活　动	时间	活　动	时间
红灯等待时间	6 个月	做家务	4 年
打开垃圾邮件	8 个月	排队等待	5 年
寻找乱放的物品	1 年	吃	6 年
回电话不成功	2 年		

俄罗斯一位著名的问题专家海德瑞克·史密斯观察到,在俄罗斯,排队问题已经成为一项全国性的现象。"就我所知,人们会排90分钟的队买4个菠萝,花3个小时排队去坐一次2分钟的过山车,花3个半小时排队买3颗大卷心菜,但是当他们快要排到的时候却发现卷

心菜已经卖完了,他们还会花 18 个小时去预订要过一段时期才能到货的毛毯,在 12 月的寒夜里,用整整一夜的时间排队登记购买一辆汽车,然后再等待 18 个月才能拿到手,而他们还会觉得这是了不起的幸运。队伍的长度从几码到长达半个街区的将近一英里长不等,而且通常以令人难以忍受的速度慢慢蠕动。"

排队并不一定是一个服务台前面的一列有形的个体,排队可能是散布于大学校园网的计算机终端前的学生,或者是被电话接线员告知"请稍候"的拨打电话者。典型的排队——人们排成一队等待服务——经常可以在超级市场的收银台和银行的出纳窗口处见到,但是排队系统有着各种各样的形式。顾客排队问题是每个服务企业的管理者都需要面对的问题。现在,由于技术的飞速发展,特别是互联网的发展,企业需要离顾客越来越近,在产品交货及售后服务支持中,顾客排队问题也越来越重要。

为什么会出现排队等待的问题呢? 一般来说,在需求超过服务企业的运作能力时就会出现排队问题。另外,顾客到达时间的随机性与服务时间的差异性也是产生排队问题的重要因素。当难以预料顾客要求服务的时间时,当无法预料服务的持续时间时,排队现象就容易出现。以下通过一个例子说明为什么会出现排队问题。

某大学图书馆借书处的柜台前,在一段时间内服务人员可能是空闲的,然而,大部分时间借书柜台前会出现排队现象。为什么会出现这种现象呢? 假设一个服务人员平均每小时可以处理 20 个学生借书的请求,而每小时有 10 个学生来借书。从表面上看,这将不会出现排队现象。然而,当服务时间和学生到达的间隔时间都存在一定的变异性时,情况将会有所不同。例如,尽管每处理一个学生的借书请求平均需要 3 分钟(每小时 60 分钟处理 20 个借书请求),然而每个借书的请求可能存在显著的不同。同样,学生的平均到达的间隔时间为6 分钟(每小时 60 分钟到达 10 个学生),但每个间隔时间可能是不同的。

如果记录某一天图书馆借书柜台前的相关数据,可以很快看出这种变异性对系统绩效的影响。假设图书馆从早上 8:00 开馆,第 1 位学生 8:30 来到柜台前,他办理借书手续用了3 分钟,并于 8:33 离开柜台。第 2 位学生在第 1 位学生到达后的 6 分钟到达,即 8:36,他用了 2 分钟办理完借书手续,于 8:38 离开。第 3 位学生在第 2 位学生到达后的 1 分钟后到达,即 8:37。第 3 位学生到达时,服务人员正在为第 2 位学生办理借书手续,第 3 位要等待 1 分钟时间,于 8:38 开始才能办理借书手续。第 3 位学生的借书手续相对比较复杂,用了 7 分钟才完成,所以一直到 8:45 服务人员都在为第 3 位学生办理借书手续。第 4 位学生于 8:39到达,与第 3 位学生到达的间隔时间相差 2 分钟,他要等 6 分钟才能接受服务。

表 10.2 学生到达借书柜台和接受服务的情况

到达间隔时间/min	服务时间/min	学生	学生到达柜台时间	服务开始时间	服务完成时间	学生等待时间/min	服务人员空闲时间/min
6	3	1	8:38	8:30	8:33	0	—
1	2	2	8:36	8:36	8:38	0	3
2	7	3	8:37	8:38	8:45	1	0
1	5	4	8:39	8:45	8:50	6	0

续表

到达间隔时间/min	服务时间/min	学生	学生到达柜台时间	服务开始时间	服务完成时间	学生等待时间/min	服务人员空闲时间/min
12	1	5	8:51	8:51	8:52	0	1
18	4	6	9:09	9:09	9:13	0	17
1	3	7	9:10	9:13	9:16	3	0
1	2	8	9:11	9:16	9:18	5	0
10	1	9	9:21	9:21	9:22	0	3

从表 10.2 中可以看出,9 位学生中有 4 位必须等待,服务人员有 5 次空闲发生。由此可以看出,这一服务系统中,存在着顾客(学生)的排队问题和服务人员的空闲问题。出现排队现象的原因是服务机构(服务台等)的能力不能满足服务的需求,使得到达的顾客不能立即得到服务,或者由于顾客的到达规律和提供服务所需消耗的时间难以精确测定,所以完全消除排队现象几乎是不可能的。

10.2 排队问题的经济含义

有这样一个事例:1972 年 6 月 14 日,美利坚合众国银行(芝加哥)举办一次周年销售活动。销售的商品是货币,前 35 位顾客每人可以花 80 美元现金"买到"一张 100 美元的存单。排在后面的顾客也可以享受这样的优惠,只不过优惠金额逐渐减少:接下来的 50 位顾客每人可以赚得 1 美元;再往后的 75 位顾客每人可以赚得 4 美元;再往后 100 人,每人 2 美元;再往后 100 人,每人 1 美元。接下来的 100 位顾客,每人可以花 1.60 美元获得一张 2 美元的存单,再后面的 800 人(后来似乎扩至 1 800 人),每人可以赚得 0.50 美元。在这样一次非比寻常的事件中,需要等待的时间很难预料;但另一方面,它使我们很容易评估出被分配的商品的货币价值。排在队伍最前面的是四兄弟,分别为 16、17、19 和 24 岁。因为最快的一个人用了 6 分钟零 2 秒,所以他们的优先权是有保证的。最小的兄弟卡尔说:"我算过了,我们花了 17 个小时,赚到 20 美元。平均每小时约 1.29 美元。"另一个兄弟补充说:"这要比洗盘子合算得多。"如果他们得到的消息更准确的话,等待的时间会更短。第 35 位顾客是大约午夜前后来排队的,她是最后一名赚得 20 美元的顾客,她等了 9 个小时,平均每小时 2.22 美元。她记下了所有排在她前面的人的名字,以保障其权利。她说:"我为什么会来这儿? 瞧,这 20 美元相当于我一天的工资。而且我还不必为此缴纳个人所得税。这是一份礼物,不是吗?"

这个事例证明,排队等候的人们把用来等待的时间看作是获得一份免费"利益"的代价。等待的经济意义可以有多种解释,故而其真实的成本通常很难确定。鉴于这个原因,等待成本与提供服务的成本二者之间的转换很少能分辨清楚,尽管如此,提供服务者在作出决策时,要考虑到企业成本问题,还必须考虑到顾客在等待时生理方面、行为方面和经济方面的因素。

服务企业的管理者研究排队问题的目的实质上是使总成本最小。排队情形下的成本分为两类:与顾客等候时间相关的成本和与服务能力相关的成本。服务能力成本是指为保持服务提供能力所需花费的成本,例如,超级市场的收款台数、处理设备故障的维修工数、高速公路通道数等有关的成本。当服务场所空闲时,服务能力就失去了,因为服务无法储存。顾客等待成本包括付给等候服务的员工(机修工等候工具、卡车司机等候卸货)的工资,为等候着的空间(医生的候诊室大小、洗车间的车道长度、等候着陆飞机的燃料消耗)付出的成本。以及由于顾客拒绝等候并有可能以后去找其他商家而造成的商业损失。对于外部的顾客来说,等待的成本还包括放弃了在这段时间里可以做的其他事情。另外,还会有厌烦、焦急和其他心理反应的成本。

排队分析的传统经济目标是平衡提供特定水平服务能力的成本和顾客等候服务的成本。这个概念见图 10.1。注意,当服务能力上升时,其成本也相应上升。为简化起见,用线性关系表示上升。尽管阶梯形函数往往更适宜,但使用直线对图像的扭曲也还不算太大。当服务能力上升时,顾客等候数及其等候时间趋于下降,从而使等候成本降低。作为一种典型的平衡关系,总成本被表示成了 U 形曲线,分析的目的是为了找到总成本最低的服务能力水平。理想的最优化(最小)成本位于服务能力成本曲线和顾客等待成本曲线的交点上。

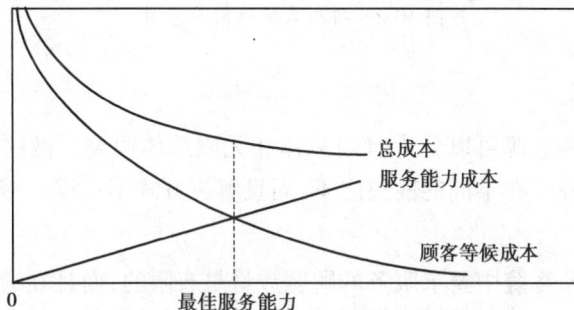

图 10.1 排队等待分析的目的是使顾客等候成本
与服务能力成本这两项成本之和最小

服务企业的管理者必须衡量为提供更快捷服务(更多的车道、额外的降落跑道、更多的收银台)而增加的成本和等待费用之间的关系。

当排队等待的顾客是外部顾客(与员工相对),等候列队的存在能消极反映组织的质量情况。相反,有些组织把注意力集中在提供更快捷的服务上——加快服务交付速度,而不是增加服务者数量。这种努力会使总成本线下移,因为顾客等候成本下降了。

另外,对于企业,等候着的消费者可以来改善运作能力。可以说,等候中的顾客类似一个制造性企业的在制品存货。服务企业实际上是将顾客作为存货来提高服务过程的整体效率。在服务系统中,服务设施的超负荷使用是以顾客的等待为代价的。典型的例子有邮局、诊所和福利部门,这些利用率很高的场所总是排着长队。一方面,企业在权衡加大运作能力的好处;另一方面,在考虑顾客等候的成本。这个成本就是顾客的不满意,顾客的不方便,致使顾客离开,产生销售下降的危险。为了避免这种丢失销售额的情形发生,一种战略是把队伍隐藏起来,使到达的顾客看不见。餐厅采取这种战略的具体做法是让顾客坐在酒吧里等待座位,这样经常能增加其销售收入。像迪斯尼乐园之类的游乐场则要求游客在园外购票,而在外面是看不见园内等待的长队的。赌场在顾客等待观看夜总会节目的地方设置了许多老虎机,这样既隐藏了队伍的真实长度,又刺激了冲动赌博。

10.3　排队系统的特征

排队系统基本由6个主要部分构成:顾客源,顾客到达服务机构的特性,排队结构,排队规则(从队列中选择顾客的方式),服务机构本身特性(如顾客接受服务的优先规则以及对每个顾客的服务时间),顾客离开系统的方式(是否回到顾客源中)。这6个主要部分的相互关系见图10.2。

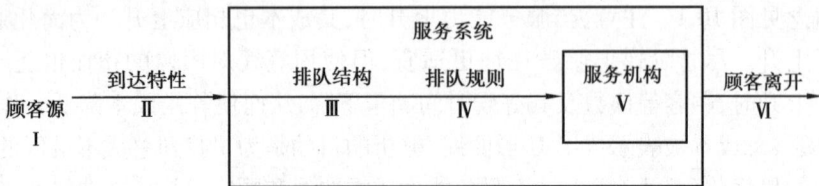

图10.2　排队系统框架示意图

10.3.1　顾客源

到达服务系统的顾客源可以分为有限总体和无限总体两类。做这一区分很重要,因为这两类问题的分析是建立在不同的前提之下,而且解决方式不一样。

(1)有限总体

有限总体是指排队系统中要求服务的顾客数量是有限的,而且在通常情况下排成一队。有限总体的分类很重要,因为顾客源中的某一位顾客离开其位置,顾客总体就少了一个,同时也减少了顾客对服务需求的概率;与之相反,当服务过的顾客又回到顾客源中,顾客总体增加了,同时顾客对服务需求的概率也就增加了。因此,解决有限总体问题的公式和解决无限总体问题的公式是不同的。

(2)无限总体

无限总体是指对于排队系统来说,顾客数量足够大,因而由于顾客人数增减(如需求服务的顾客或服务过的顾客又回到顾客源中)而引起的顾客总体规模的变化不会对系统的概率分布产生显著影响。举例来说,一个维修工负责维修100台机器,若其中一两台机器出现故障停机需要维修的话,那么下一次故障停机的概率将不会有太大变化,这样就可以认为总体是无限的。同样的,如果将解决无限总体的公式应用于有1 000名病人的医院和10 000名顾客的商场,也不会产生太大的误差。

10.3.2　到达特性

在排队论中,另一个需要确定的就是顾客到达特性。图10.3显示了顾客到达特性的4

个主要方面：到达方式（是否可以控制到达）；到达规模（成批到达还是单个到达）；分布方式（相邻两个顾客到达的时间间隔是固定的还是服从某一统计分布，如泊松分布、指数分布或是爱尔朗分布）；耐心程度（到达的顾客是留在队列中等待还是离开队列）。下面将详细讨论这些到达特性。

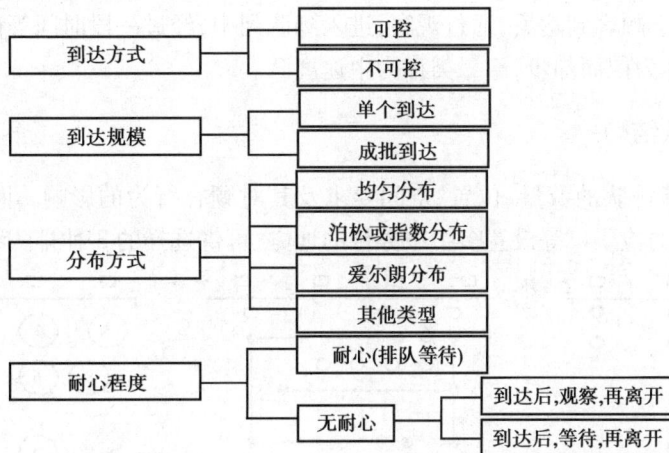

```
到达方式 ──┬── 可控
           └── 不可控

到达规模 ──┬── 单个到达
           └── 成批到达

分布方式 ──┬── 均匀分布
           ├── 泊松或指数分布
           ├── 爱尔朗分布
           └── 其他类型

耐心程度 ──┬── 耐心(排队等待)
           └── 无耐心 ──┬── 到达后,观察,再离开
                        └── 到达后,等待,再离开
```

图 10.3　顾客到达特性

（1）到达方式

系统中顾客到达要比人们想象的更容易控制。美发师可以通过向成年顾客多收 1 美元或者以成年人的价格向未成年人收费，来减少星期六顾客的到达率（假定顾客分散到一星期中其余各天）；百货商场采取季节性削价或者偶尔进行"每日特价"，在某种程度上也为了控制顾客到达人数。出于同样原因，航空公司也提供了短途旅游折扣和反季节折扣，而营业时间公告是最简易的顾客到达控制策略。

某些服务的需求明显是不可控制的，例如对某一城市医疗设施的急救医疗需求。但即使是这种情况，在一定程度上，到达指定医院急救的患者人数也是可控的，比如说，可以通过告诉救护车司机其所去医院的急诊状况进行调控。

（2）到达规模

单个到达是指每次只到达 1 单位顾客（1 个单位是可服务的最小数量）。纽约股票交易所中 1 个单位是指 100 股股票；而在蛋类加工厂则有可能是一打鸡蛋或一排（30 个）鸡蛋；在餐馆中，1 个单位指 1 个人。

成批到达是指每次到达系统的数量是单位数量的倍数，例如，在纽约股票交易所中，一次交易 1 000 股股票，蛋加工厂一次一箱鸡蛋，或是餐馆中一次到达 5 人。

（3）分布方式

排队问题的公式中通常需要一个到达率或者单位时间到达数（如平均每小时有 10 个到达）。固定到达的分布是均匀的，即相继到达的两个顾客之间的时间间隔几乎相同。在生产过程中，只有那些属于机械控制的到达分布才真正符合固定时间间隔的分布。多数情况下，顾客到达呈随机分布。随机分布在排队系统模型中最为常见，比如泊松分布、指数分布或是爱尔朗分布。

(4)耐心程度

耐心的顾客是指在接受服务之前一直在等待的顾客(即使是到达的顾客有所抱怨或者有不耐烦的举动,但是一直等待这一事实足以将其归为排队论中耐心的顾客这一类)。

排队论认为有两类不够耐心的顾客:第一类顾客到达后,先观察服务机构和队长,然后再决定离开;第二类顾客到达后,通过观察,进入到队列中,经过一段时间等待后才离开。

第一类行为称为望而却步,第二类称为中途离队。

10.3.3 排队结构

排队结构是指排队的数量、位置、空间要求及其对顾客行为的影响。图 10.4 列出了在银行、邮局或机场的检票口等设置多个服务台的地方,可供选择的 3 种排队结构。

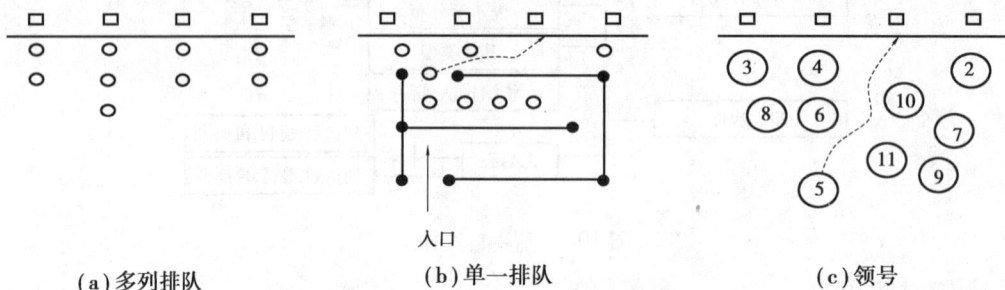

| (a)多列排队 | (b)单一排队 | (c)领号 |

图 10.4　等待区域排队结构的备选方案

图 10.4(a)中有很多列队伍,到达的顾客必须决定要加入哪一列队伍。但是这个并不是不可撤销的,因为顾客可以再转移到另一列队伍的尾端。这种队伍转换行为称为移动。看到自己排的这条队不如旁边的队伍移动得快,无论如何都是一件令人恼火的事情,不过多条队伍的排队结构确实具有以下优点。

①可以提供差别服务。超级市场的快速结账口就是一个例子。购买少量商品的顾客可以在快速结账口得到较快的服务,避免了为很少的商品而等待很长的时间。

②可以进行劳动分工。例如,服务到车上的路边银行安排比较有经验的出纳员负责商业窗口。

③顾客可以选择其偏好的某一特定服务台。

④有助于减少不加入队伍的现象。如果顾客到达时,看到只在一个服务台前排了长长的队伍,他们通常会认为,这说明需要等待很长的时间,于是决定不加入队伍。

图 10.4(b)描绘出另一种常见的安排方式,用红色天鹅绒的缆索连接在铜柱之间,使到达的顾客排成一条蜿蜒曲折的队伍。一旦有一个服务台比较空闲,队首的第一位顾客就上前接受服务。这种方式在银行的大厅、邮局和游乐场中都很常见。它具有以下优点:

A.使所有顾客都遵循先到达者先服务的规则,从而保证了公平性。

B.只有一条队伍,因此顾客不会因看到别人加入的队伍移动得更快而着急。

C.只在队伍的尾端有一个入口,这使得插队和退出队伍变得困难。

D.当每位顾客进行交易的时候。他身后没有人紧随着他,所以提高了服务的私密性。

E.由于缩短了顾客排队等待的时间,所以这种安排方式的效率比较高。

图 10.4(c)是一种不同的单一排队方式,即到达的顾客领取一个号码,表明他在队伍中

的位置,这样就无须形成一列正式的队伍。顾客可以自由地四处走动,与人聊天,坐在椅子上休息,或者寻找其他的消遣。但是。正如前面提到的那样,顾客必须随时警觉自己的号码被叫到,否则就有可能错过接受服务的机会。面包店巧妙地运用"领号"系统来增加顾客的冲动购物,当顾客领到号码后去浏览那些撩人食欲的糕点时,通常都会多买一些回去,而他们来这里的目的只不过是想买一些新鲜的面包而已。

如果等待场所无法容纳所有需要服务的顾客,一些人就会离去。这种情况被称为有限排队,只有有限个停车位的餐厅都或多或少地遇到过这种情况。公共停车场是一个典型的例子,一旦最后一个车位也被占用,停车场就摆出"车位已满"的牌子,拒绝此后到达的顾客,直到又有空车位为止。

隐藏等待队伍也有助于吸引顾客加入队伍。游乐场通常会将游客等待的时间分成几个阶段。首先是游乐项目的大门外排队,接下来是进门后在前厅等待,最后才是在发车处等待空的游览车绕园观赏。图 10.5 为排队结构的分类。

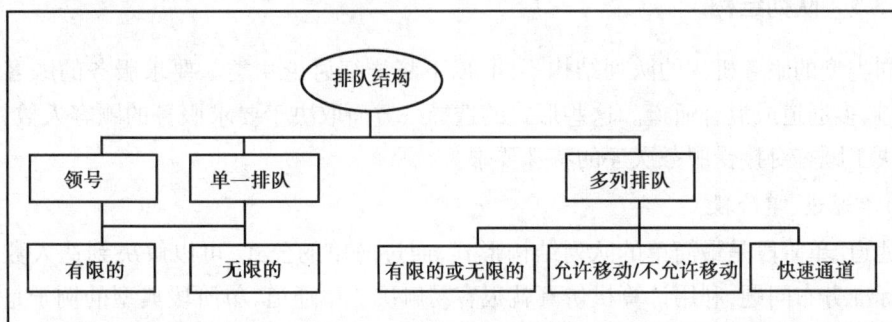

图 10.5　排队结构的分类

10.3.4　排队原则

排队原则是指队列中决定顾客接受服务次序的一个或系列优先规则,见图 10.6。这些优先规则对整个系统的运行有巨大的影响。队列中的顾客人数、平均等待时间、等待时间变化范围及服务机构的效率正是受排队规则影响的几个因素。

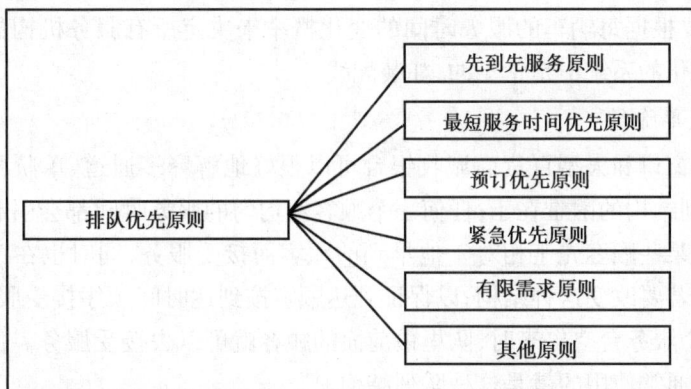

图 10.6　排了优先原则

最常用的优先规则是先到先服务规则（First Come，First Served，FCFS），也称为先进先出规则（First In，First out，FIFO）。FCFS 规则是指队列中的顾客接受服务的次序以其到达顺序为根据，而与其他特性无关。尽管在实际情况中，FCFS 规则作为最公平的规则而被广泛使用，但是 FCFS 规则实际上忽视了要求较短时间服务的顾客的公平。

其他的优先规则有预订优先规则、紧急优先规则、最大盈利顾客优先规则、最大订单优先规则、最优顾客优先规则、最长队列中等待时间优先规则和最短允诺期优先规则等，而且每种优先规则都各有优劣。

诸如指明仅限于"单交易"（银行中）或是"现金"（超市中）专用通道看起来很像是优先规则，但实际上这些只是构造队列的方法，这样的队列只限于向那些具有同样特征的特殊一类顾客提供服务。然而，在排队系统小，优先规则一直用于选择下一个要求服务的顾客。构造队列的典型例子就是超市收银台的等待付款的 12 列顾客长队。

10.3.5　队列结构

不同类型的服务机构的队列结构不同，以下将详细讨论 4 类。要求服务的顾客可以经过单通道、多通道或混合通道。这些形式的选择一方面取决于要求服务的顾客人数；另一方面还取决于顾客对接受服务次序的特殊要求。

（1）单通道、单阶段

单通道、单阶段是最简单的队列结构形式，通过简单的公式，可以解决到达人数和服务时间的标准分布问题，利用计算机仿真就很容易解决。单通道、单阶段典型的例子是单人美发店。

（2）单通道、多阶段

单通道、多阶段队列结构的一个很好的实例是洗车。洗车以一系列非常标准的服务程序——吸尘、打湿、擦洗、冲洗、晾干、洗车窗和停车——进行服务。单通道、多阶段系统中的一个重要因素是该服务由多少个服务程序组成，在各个不同服务程序中又分别形成了队列。

由于服务时间的波动性，最优状态是一个服务台前可以有无限长的等待队列。最差的状态是不允许有队列，同一时间只允许有一名顾客。如洗车，每一个车位是不允许有队列的，但管理者需要根据每辆车的服务时间的变化概率来决定所有服务机构的利用率。这一问题在产品专业化的系统中是常见的，如装配线。

（3）多通道、单阶段

银行的出纳窗口和大型百货商城收银台可以很好地解释多通道、单阶段队列结构。多通道、单阶段队列结构的困难在于：任何一个顾客不均匀的服务时间都会引起队列流动的不均匀。这就导致某些顾客先于相对于他早到的顾客而接受服务，同时也在一定程度上影响顾客挪动队列。若要改变这种结构，以保证到达顾客按到达时间顺序接受服务，则要排列成一个单队，当一个服务台空出来时，队里最前面的顾客就可以去接受服务。像现在的机场里的检票台及柜台通常使用的就是这种队列结构。

（4）多通道、多阶段

多通道、多阶段队列结构与前面的多通道、单阶段队列结构非常相似，只不过这种结构由两个或多个服务台组成。医院接待病人的系统就是这种结构,其具体的程序一般是:与登记处联系、填表、领取病历卡、安排病房、护送病人住进病房等。由于在服务过程中通常可以有多个服务台,因而可以有多个病人同时接受服务。

(5)服务率

排队论公式通常将服务率定义为单位时间内可以服务的顾客数(例如,每小时服务 12 个顾客),而不是指每个顾客的服务时间(例如,平均每个顾客 5 分钟)。固定的服务时间规则是指每一个顾客的服务时间都完全相同(即均匀分布)。正如固定到达一样,只有那些属于机械控制的到达分布才真正符合均匀分布特性。当服务时间呈随机分布时,通常近似爱尔朗分布和指数分布。

爱尔朗分布常常应用在单通道、多阶段的情况下,然而,服从爱尔朗分布的条件是严格的,所以很少有此方面的应用实例。

指数分布常用来描述近似现实的服务时间分布。但是,这种方法可能导致不正确的结果。因为服从指数分布的服务机构必须在比平均服务时间更短的时间内提供服务,所以现实世界中很少有严格服从指数分布的服务情况。

许多其他服务也存在实际的最短时间。一个银行职员可以有 3 分钟的平均服务时间,而其最短服务时间只有 1 分钟,而另一个快速通道可能提供更为快捷的服务。同样,在美发店,平均服务时间可以是 30 分钟,一个人很少在 30 分钟以内或是 1 小时以上完成服务。因此,这类服务就不太符合时间规律,也就不太可能用指数曲线来表示。

(6)能力利用率

一个服务机构忙于提供服务而占用的时间比值就是服务机构的能力利用率。能力利用率描述了服务机构的繁忙程度,而剩余的时间没有顾客,因而可视为空闲的时间。对于单通道服务系统,通常采用到达率与服务率之比来表示能力利用率。例如,如果顾客到达系统的速率是每小时 8 个顾客,而服务率是每小时 12 个顾客,那么能力利用率就是 8/12,即66.7%,说明该服务系统有 66.7% 的时间是繁忙的,而 33.3% 的时间是空闲的。重要的是,在确定服务机构的能力利用率时,要注意到达率与服务率的度量单位需要相同。

10.3.6 顾客离开

顾客接受服务后,顾客离开的情况基本上有两种:一是顾客马上回到顾客源,变成一名新的顾客要求服务;二是顾客重新要求服务的可能性极小。第一种情况的例子是机器例行维护后重新使用,但它可能会再次出现故障而需要维修;第二种情况的例子是机器进行彻底检查和维护后,在最近一段时间内不需要再进行维护。通常称第一种情况为经常性事件,第二种情况为一次性事件。

很显然,当顾客源有限时,对回头客服务的任何改变都会改变顾客到达率。这样会引起所研究的排队问题的特性的改变,因而需要重新分析这一问题。

10.4　等待心理与排队管理策略权衡

梅斯特(Maister)是最先研究人们对排队问题的态度的理论的。他的工作集中在"服务的法则"上。按照该法则,顾客的满意首先是对服务的感受中没有等候。他强调管理者要十分注意等候的心理和对排队的管理。

高效的排队管理可以加快队列运行的进程,但排队仍然是排队,仍然令人厌倦。要想将等待转化为一段令人愉快的经历,甚至是等待过程中顾客的某些需求得以满足,需要富于创造力和竞争性的服务管理者在探索研究等待心理之后制定有效的排队接触管理策略。

大量服务营销调研表明,在排队等待的顾客中存在着一些共性的心理特征。而这样的特征是可以通过创造性的管理策略使之转向有利于服务企业的方向的。了解这些心理特征和管理经验,并从中汲取灵感和思路是服务管理者提高服务企业运营能力和效果的必经之路。

心理学的研究表明,人们感觉到的等待服务时间往往比他们实际等待的时间要长,引用著名哲学家威廉·詹姆斯的话就是"烦躁产生于对时间流逝本身的关注"。梅斯特也系统地阐述了有关等待时间的一些原则:①等待时无事可干比有事可干感觉时间更长;②过程前等待的时间感觉比过程中等待的时间更长;③焦虑使等待看起来时间更长;④不确定的等待比已知的、有限的等待时间更长;⑤没有说明理由的等待比说明了理由的等待时间更长;⑥顾客感受的服务质量越高,就越心甘情愿地等待;⑦孤独的等候比集体等候显得更长。

(1)空虚无聊使等待更难忍

人们对空虚与无聊的等待有一种天然的畏惧。因为近乎无所事事的等待过程是从我们可自由支配的时间(可用于娱乐、学习、休息、工作等)中活生生扣除的,而且无聊状态下排队的姿势、环境,以及对局面无法控制的感受都会让顾客觉得难以忍受。因此,从顾客意识中删除这种空虚无聊的感觉是管理的重要目标。

首先,管理者应根据本企业服务属性,合理估计细分市场顾客可接受的等待时间。在超级市场等待10分钟也许为多数顾客所司空见惯,但在电话机前"聆听"10分钟的忙音恐怕会令人发疯。超出可接受范围内的等待时间便可能给人以空虚无聊的感受。

其次,要用积极的方式去填充空虚的等待时间,使之不再令人难以忍受。这显然需要管理者费一番脑筋。最简单的管理方案莫过于为等待的顾客提供一些舒适的座椅;在等待区域内渲染一种活泼、振奋的气氛(如色彩明丽的布景、新型产品的展示、优雅促销小姐的穿梭、轻快的背景音乐等);播放一些娱乐节目或与服务相关的科普节目。这些管理策略大都普遍适用,核心手段在于分散顾客注意力,平和顾客心态,促进顾客间的交流,从而在顾客意识中去除空虚。管理者的观察和探索会创造一批更加别具匠心的管理方案,它们适均性不强,但很有针对性。比如,在电话内线时导入一套音乐点播系统,远比忙音让人愉快;在电梯旁镶嵌供等待者整理衣冠的镜子会使电梯太慢的抱怨减少很多。

最后,管理者还可以更为有效地利用这段等待时间,使消费者效用提升,企业从中受益。当然,这对管理者而言是不小的挑战。对打电话占线的人们,不再播放音乐,而播放一些本企业的宣传材料和促销通告;对等待金融服务的顾客播放财经信息、商务通知;让等待理发的顾客欣赏发型样本。这样顾客会觉得这段时间被有效地用于信息搜集和知识学习,企业也取得了广告效益。但其中也蕴涵着风险,将服务与等待持续地联系在一起,会使顾客一直处于某种消费心理压力下,有时这对企业是不利的。另外,还有一些极富创造性的经验,比如,让等待就餐的客人在操作间的玻璃窗外欣赏厨师烹制美味的菜肴,对食欲是一番莫大的刺激。当客人落座时,他除了原来打算要的食物之外,一定还要加上那道眼看着出锅的喷香菜肴;在期待一顿惬意的美餐时,他早已忘了去抱怨:"又让我等了这么久!"

(2)"心中没数"使等待更难忍

排队中的"心中没数"是普遍存在的现象。"我是不是排错队了?""队伍怎么一直不动?""前面有人插队吗?""我的号难道已经叫过了?"无论这些疑问是否合乎逻辑,都会给找不到答案的顾客带来焦虑。顾客希望在等待过程中始终受到服务人员的关注,直到服务接触的到来。

管理必须及时识别各种"心中没数"的来源和起因,制定相应的对策以缓解焦虑。与老式的交通灯相比,增加了红绿灯持续时间显示功能,让驾驶员对等待时间心中有数,大大减轻了焦虑。让一名员工置身于排队区域内,与顾客沟通、解决疑问,让顾客觉得自己排队受到关注,排队成果有保障,会使得接下来的等候心平气和。

预约能在一定程度上解决"心中没数"的问题,让企业和顾客都可提前为服务做好物质和心理上的准备。但当预约时间已到,顾客已完全准备好接受服务时,却发现前一个预约延长了,此时的"心中没数"是加倍的。适时地解释和道歉并继而提供令客人满意的服务,才能抵消这种风险,重树良好形象。

另外,有以下3点值得注意。一是言而无信,使等待更长。对预约时间(或通知顾客等待的时间)连续地推后,比一次性推后大段时间更令顾客焦虑。因为每次时间推后都会给顾客一个新的等待预期,预期的连续破灭要比等上一大段时间更令人有被排队"受骗"的感觉。二是不确切使等待更长。排队信息的沟通一定要尽量确切。只说"不会等太久"和什么都不说效果几乎是相当的。明确的排队时间能大幅"释放"等待的压力,并给顾客从容安排这段时间提供了可能。三是不解释使等待更长。解释能消除心中的疑虑。当机长通知乘客飞机出机场要推迟15分钟着陆,乘客们会认为这是小事一桩,而不会因为产生"飞机出故障""飞机失控"的联想而紧张不已。

(3)"进入角色"使等待容易接受

多数等待顾客的理解是,服务的开始与等待的结束是同一个概念。利用这一感知上的误差,管理者可以做不少文章。把菜单递给等待的顾客,把病历发给待诊的病人,这些举动似乎传递了一种良好的预期——服务马上开始了。一旦顾客觉得等候的服务已切实出现在面前,焦虑便会大幅减退。比如,当乘客排在一条长队尾部等候登机时,有机场管理人员上前提醒手续要齐备、行李要挂牌、钱物要管理好,在相互寒暄问候中顾客走上舷梯要比看着前面人的后脑勺向前挪步子更轻松。

(4)公平公正使等待容易接受

当一名顾客在排队过程中发现比自己后来的人更早地接受了服务,那么这种不公平马上会转化为对排队的焦虑和对服务提供者的抱怨,并以之为发泄对象。

为确保"先到者先服务"的公平排队规则得以执行,最常用的管理策略是引入发号系统。这种简单的管理办法可以轻松地保证这种不公平对待现象被避免,又能使顾客预见自己的等待时间,还可以带来一些额外的收益,比如,领到号的顾客可以在等待区域内闲逛,这无疑是对"冲动购买"的鼓励;而被拘泥于队列中的顾客是很难有这种冲动的。

蛇行队列也同样可以保证足够的公平。一条队列的形式使排队者无须担心"插队"的存在。这使其心理压力能有所放松;同时,与队列中前后几人"同舟共济"的友谊会有效地填补了无聊的等待,这正是服务企业所希望的。

但是优先权的存在使这种简单的公平受到致命冲击,于是公正的原则成为支撑排队者等待的核心力量。公正原则体现在排队规则的制定中,并可转化为以下 3 条具体的操作原则。

①对于明显有助于提高排队效率的优先权设定,要用明确的规范制度公之于众,并严格执行。比如,超市中购物较少的顾客单独组成一条"快队"在专门的交款台结账,对购物较多的顾客而言是不"公平"的,但他们并不会认为这种优先权的存在有失公平。

②出于效益(而非效率)的考虑为某些细分市场顾客保留的具有优先权的"专线"(如头等舱乘客候机室、金卡会员结账处、富豪快速登记入住制度等)往往存在着特权待遇的倾向。虽然这些规则本身无可厚非,但对于"专线"远离普通服务顾客的队列,"隐藏"这种"不公正"优先权对减轻顾客因被歧视而产生的忧虑很有好处。

③对于那些无须设定便极有可能严重影响服务质量的优先权,应通过解释、灌输,使之在普通排队者心中成为一种理所当然的"公平"。比如,丢失自行车的案件因为突发的杀人案件而被暂时搁置,报案的都会认为是天经地义的;而闯红灯的违章司机没有谁会把"刚才一辆救护车也闯了红灯"当作为自己辩护的理由。

(5)更高"价值"使等待容易接受

更高"价值"在此处是一个广义的概念,它涵盖了以下几种情况。

①服务本身的绝对价值越高,则摊在单位价值上的等待时间就越少,顾客便会觉得等待更值得。

②服务本身的绝对价值不太高,但由于"物以稀为贵"的法则,对于那些耗时的复杂服务和限量供应的服务,顾客会觉得排队能获得别人无法获得的服务,从而耐心地接受等待。

③专业性强的服务在顾客看来比那些"自己在家也能做"的服务有价值,也许两者在绝对价值上相当,但顾客等待的情愿度会差异很大。我们会在证券营业部为打印一份免费的交割单等上半天,却不会为发放免费汽水而浪费时间。

另外,获得与预期相对应的服务价值会使顾客在回味排队经历时增加许多排队"经验"。当顾客获得了高于预期的"超值服务"时,服务中获得的效用会抵消排队过程中的不满,而使之在下次排队时对服务信心十足;当顾客获得了低于预期的"劣质服务"时,排队中的不满会由此被强化,"为这种服务排队,简直是在侮辱自己!"

(6)"高效率"形象使等待容易接受

当排队的顾客看到工作人员都在紧张忙碌,那么他们便会对接下来的等待信心十足;而松松垮垮的低效率工作氛围,会使顾客觉得排队是无止境的。所以向顾客展示企业高效率的形象是劝说其加入队列、等待服务的有效手段。

"高效率"形象在现实中会转化为以下 3 种具体的服务形象策略。

①"无形象"。将服务全部转移到后台,让顾客无形中接受到高效的服务,自然会引发顾客对"高效率"形象的认同。科学技术的发展为服务者走向后台提供了可能。预约是这一策略的最初形式;银行的自动柜员机使这一策略走向成功;而随着 Internet 的发展,EDI(电子数据交换)会将这一策略发扬光大。

②"省时的形象"。将服务企业节约时间、提高效率的努力让顾客看到,会强化他们等待的意志,因为他们感到了企业对其排队的关注。条形码扫描仪、自动对账机、计算机点菜记账系统等的广泛运用,会使顾客觉得企业的投资是为自己节约时间。这是一种服务之外的附加效用。

③"忙碌的形象"。顾客最讨厌无所事事的服务员工,仿佛是他们使自己排起了长队,所以员工必须营造一种"忙碌"的氛围使顾客安心排队。第一,把没有工作的人员临时抽调到人手紧张的服务台支援工作,或者干脆让他们回避到顾客视线之外的后台,第二,把与顾客无关的工作安排到视线之外,因为这会使顾客觉得正是为完成这些"无关紧要"的事,企业才让顾客排长队;第三,把与服务无关的东西移出排队区域,以免妨碍排队进程,影响排队感受——试想,在超级市场中排长队的顾客最痛恨什么——应该是那排"关闭"着的收款台吧!

【案例分析】

在传统的餐饮行业,点餐的速度是衡量服务质量的一个要素,许多人都有这样一种期待:在眨眼之间就能够把客人点的东西送到他们面前。而在"MM 互联网餐馆"却是另外一番景象。"MM 互联网餐馆"所有的菜谱都显示在游戏桌旁的触摸屏幕上,顾客选中菜单直接通过网络传递到后厨,然后,需要 7—12 分钟,服务员就可以把配餐送到顾客的面前。更加激动人心的是,"MM 互联网餐馆"提供了一些带触摸按钮的四方桌,桌面就是一个显示屏。在顾客等待用餐的时候,可以和伙伴们一起享受游戏带来的快乐。

[案例讨论题]

1."MM 互联网餐馆"的出现是否属于服务创新? 为什么?

2.用排队管理理论分析"MM 互联网餐馆"顾客点餐及其等待问题。

本章小结

本章介绍了排队等待的普遍性和必然性、排队问题的经济含义、排队系统的特征和等待心理与排队管理策略的权衡。排队是等待一个或多个服务台提供服务的消费者队列,包括看得见的等待和看不见的等待。在排队系统中,需求群体可以划分为若干个不同类型的亚群体;消费需求总量可能是有限的,也可能是无限的;消费者是单一或零散的,也可以是成群的。排队系统基本由 6 个主要部分构成:顾客源;顾客到达服务机构的特性;排队结构;排队规则(从队列中选择顾客的方式);服务机构本身特性(如顾客接受服务的优先规则以及对每个顾客的服务时间),顾客离开系统的方式(是否回到顾客源中)。根据排队等待心理的十项原则,可以采用的对策有:充实等待时间;暗示服务已经开始;避免或缓解忧虑情绪;加强与消费者之间的沟通;提供公平的服务;明确服务价值;创造交流机会。

【思考与练习】

1.如何理解排队的内涵?

2.排队系统具有哪些基本特征?

3.如何运用排队模型分析解决等待问题?

4.论述等待心理十项原则及其意义。

5.如何运用排队管理的非技术性手段解决排队等待问题?

第11章 服务接触管理

每天都有五万个塑造企业形象的关键时刻。

——詹·卡尔

【学习目标】

学完本章,你应该能够:

1.掌握服务接触的三元结构。

2.理解服务交互性质以及影响因素,掌握服务交互的管理要素。

3.认识服务交互的类型与管理策略。

4.学会用服务剧场模型、服务产出模型和服务生产系统模型来描述和分析服务交互。

5.理解服务关键时刻模型,学会在实践中发现一项服务的关键时刻。

【案例导入】

及时抓住"真实瞬间"

某酒店2509房一位81岁的日籍客人洗浴时,由于浴缸扶手脱落,致使客人摔倒。值班经理得到通报后,立刻采取补救措施:在确认客人没有受伤后,给客人送去了冰块、水果等进行慰问。客人临走时,又赠送酒店小礼品以示安慰,并委派大堂经理送站离店。客人对酒店快速解决问题、真诚待客的态度给予了很高的评价。

【案例点评】

酒店是一个复杂的集合体,各项工作千丝万缕,随时随地可能发生突发事件,这在酒店日常运转中是很正常的现象。以上案例中出现浴缸扶手脱落可能是因为设备老化或设施设备检查保养不到位而引起的。我们姑且不去追究到底是谁的责任,更重要的是在事情发生以后怎样及时提供服务来弥补酒店的过失,赢得客人的最大谅解。案例中出现的81岁的外籍老人摔倒,应该说在酒店运转中是一件很严重的事故,如果处理不当就会带来严重后果,使酒店经济和名誉受损。

该酒店值班经理快速而连续地采取措施,让客人心理上及时得到了安慰,让客人感受到酒店是真正站在客人的立场上,是真心诚意解决问题的,因而赢得了客人的认可和赞许。这也就印证了著名的新加坡管理学教授莫少昆的一个观点:任何组织都要注意把握对顾客服务的真实瞬间。抓住了"真实瞬间"就是及时抓住了有效地弥补自身不足的机会,也就是迅速地缓解了酒店与客人之间的矛盾。变被动为主动,化干戈为玉帛。让客人真正感受到了酒店的真诚,从而给客人留下深刻的印象,培养了客人对酒店的忠诚度,起到了让客人从另一个角度为酒店做正面宣传的作用。

酒店的每一位同行都要从这一事件中吸取经验和教训,及时抓住精彩的"真实瞬间"解决问题,为客人提供周到服务,让每一位客人都能充分享受到酒店"热情、方便、快捷"的"真实瞬间"所带来的愉快。

11.1　服务接触及三元组合

在服务生产过程中,服务提供者和消费者的接触过程是影响消费者满意度的关键。此时,服务组织的每个员工都为一线员工服务,而一线员工直接服务于消费者。

11.1.1　服务接触的概念与类别

1)服务接触的概念

服务接触是一个复杂的过程,因此不同的研究者和服务企业的管理者对服务接触有不同的认知和理解,关于服务接触概念的解释也有许多。从技术角度来讲,服务接触是"顾客与服务提供人员之间的互动"(索普伦南特·索罗蒙,1987)。再宽泛一些讲,服务接触是"消费者直接与服务互动的那个时间段"(舒斯塔克,1985),这样的时间段包含了消费者与服务企业之间的所有互动环节,涉及人员、布局、设计、设施等消费者可感知的所有服务要素。

服务接触(Service Encounter)又称服务交互,是指消费者与服务企业的员工或有形实体要素发生直接接触和交互作用的过程。

从消费者的角度来看,当消费者与服务企业的员工或设施、布局等其他要素接触时,所感受的是最生动的服务体验,这种体验直接影响消费者对服务的满意度,影响其对服务质量的评价;而且,以后的每次接触都会影响消费者的满意度和再次购买或使用服务产品的意向。从企业的角度来看,每次服务接触都是企业或员工为消费者提供卓越价值和提升满意度的机遇。

由于服务企业的性质不同,消费者与服务企业或服务人员的服务接触机会多少也不同。所以,服务接触有可能是一个简单的过程,也有可能是由一系列环节和要素构成的复杂过程。但无论服务接触的多与少,任何一次不愉快的接触都有可能导致消费者整体感知质量的下降。

2)服务接触的类别

根据接触方式的不同,服务接触可以分为面对面服务接触、电话服务接触和远程服务接触三大类。消费者可以通过任何一类接触方式或者综合方式,接受服务并形成服务体验。

（1）面对面服务接触

面对面服务接触是指消费者与服务企业或服务人员的直接接触。比如博物馆,参观者要与售票员、讲解员、保安员以及其他人员发生面对面接触。

在面对面接触中,影响消费者感知服务质量的因素最多,也最为复杂。不仅包括一线员工的语言和行为,服务人员的态度、着装、服务场所的环境以及用于提供服务的设备等因素都会对感知服务质量产生重要影响。

（2）电话服务接触

电话服务接触是指消费者与服务组织通过电话媒介进行接触,从中接受服务。随着科学技术的发展,这种服务接触在日常生活中的应用越来越广泛,在保险公司、公共事业公司、电信公司等很多服务企业中,终端顾客往往可以通过电话服务与组织或服务人员进行服务接触。如今,几乎所有企业（无论是制造业还是服务业）都以电话接触的形式对消费者进行服务、调查、咨询等,接听电话人员的语气、专业知识及沟通能力、反应速度和工作效率等都会影响消费者对服务质量的评价。

（3）远程服务接触

远程服务接触是指消费者通过设备与设备之间的接触而接受的服务。例如,消费者通过自动取款机与银行进行接触,通过自动电话订购系统与邮购服务机构的接触,应用互联网进行交易等。在远程服务接触中,虽然不是人与人之间的接触,但对于服务企业来说,每一次接触都是提高消费者对企业组织感知质量的机会。由于消费者把有形服务以及技术过程和系统的质量作为评估服务企业整体质量的主要标准,服务企业应把以下工作视为影响远程服务接触的关键:有效的软件、软件和硬件的兼容性、跟踪能力（信息、发运等）、自动查询程序、信息和交易的安全性以及保密机制,等等。

11.1.2　服务接触的三元组合

服务的基本特征是消费者直接参与到服务过程之中,与服务企业及其员工发生交互作用。因而,服务接触就是由顾客、服务组织及与顾客接触的员工三者相互作用组成的三角形。在服务接触过程中,每个参与者都试图控制服务的过程,从而导致对灵活性的需求和对接触顾客的员工的授权。服务接触三元组合中三个要素的两两关系,是冲突的可能来源（见图11.1）。

由图11.1可见,顾客通过"与顾客接触的员工"感受到服务提供商提供的服务,从而对服务组织的服务效率和满意度作出自己的评价。这种情况下,顾客的"满意"与"不满"是通过"与顾客接触的员工"获得的,但

图 11.1　服务接触三元组合

服务感知同时反映了服务组织给予"与顾客接触的员工"的自主权和"员工的接受程度"。

在服务接触中,与顾客接触的员工和顾客都期望拥有交互过程的掌控权。员工希望通

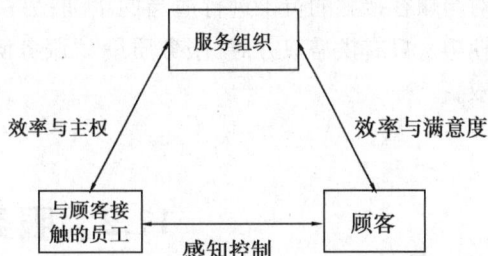

过控制顾客的行为以使服务过程易于操作和管理;顾客则希望控制服务接触的进程来获得更多的利益。而服务组织为了控制服务传递过程,常常会利用规定或程序来限制与顾客接触的员工提供服务时的自主权和判断,这些规定必须建立在对消费需求深入了解的基础之上,否则就可能挫伤"与顾客接触的员工"的积极性和主观能动性,从而引起顾客的"不满"。理想的情况是,服务接触中的三要素协同合作从而创造出更大的利益。然而,在现实中,常常是一个要素为了自己的利益来控制整个服务接触的进程。

1)服务组织支配的服务接触

服务组织支配的服务接触旨在提高服务效率或实施成本领先战略。出于这样的目的,组织往往要建立一系列严格的操作规程使服务系统标准化。这类接触的缺陷主要有:一是限制了员工与顾客接触时所拥有的自主权,由于必须被迫执行"规定",他们的工作满意度也随之降低;二是限制了服务的个性化,因为顾客只能从仅有的几种标准化的服务中选择。这类接触的典型代表是麦当劳,通过一套结构化组织体系的服务接触,只告诉顾客其服务中不提供什么,成功地实施了成本控制,并保证了服务的高效率。

2)与顾客接触的员工支配的服务接触

与顾客接触的员工支配的服务接触要求服务人员具有顾客所不具备的专业知识和技能,并能够设身处地地为顾客着想,以高技能和高素质赢得顾客的信赖。如医生为病人服务,律师为当事人服务等。如果与顾客接触的人员被赋予足够的自主权,他们就会凭借自己的专业知识和技能为顾客提供适当的服务,其专业知识和技能水平的高低,直接影响着顾客对整个服务组织的看法。

3)顾客支配的服务接触

顾客支配的服务接触包括极端的标准化服务和定制服务两种类型。极端的标准化服务如自助餐、ATM等,自助服务是使得顾客可以完全控制所提供的有限服务的选择,这种高效的服务方式在无须提供"服务"的情况下就能够使顾客感到非常满意。定制服务如家政服务,在服务过程中由顾客支配整个流程,服务员工的目标就是最大限度地按顾客的要求灵活完成任务。

满意且有效的服务接触应该能够平衡三方控制的需要。实现这一目标的途径是:一方面对与顾客接触的员工进行适当的培训;另一方面通过有效的沟通方式真正了解顾客的真实期望。只有供需双方对"服务质量""服务满意"达成共识,才能实现服务组织和顾客之间的双赢。

11.2 服务交互性质

11.2.1 服务交互的含义

如前所述,"服务交互"是指服务过程中顾客与服务组织的人员的接触。也就是说,"服务交互"可以定义为:顾客与服务人员进行接触并得到关于服务质量的印象的那段时间或过程。

　　服务交互又被称为"真实的一刻"，其含义是，顾客对一个服务企业的印象和评价往往决定于某一个瞬间或服务过程中某一个非常具体的事件（服务人员的一句话、一个动作等）。"真实的一刻"一词来源于斗牛术用语，意指斗牛士在结束战斗之前采取最后一个行动时面对公牛的那一刻。这个词最早由理查德·诺曼（Richard NorIriann）引入服务管理中，以强调顾客与服务组织交互的重要性。

　　必须强调，服务交互可以发生在任何时间、任何地点。一些非常明显的服务交互是：一位顾客进入一个服务设施，要求服务人员提供向导，被递过来一张表格要求填写，或在服务过程中与服务人员发生其他接触。一位顾客看到一幅广告牌或企业在电视节目中所做的广告，或看到大街上的一辆公共汽车，或看到报纸上的一则新闻，或听到某人讨论某服务组织的服务，或接到一份服务账单，也都会经历服务交互。服务管理人员需要牢记的最重要的事情是，在服务交互中，不管顾客是与组织中的什么人接触，顾客都会把该服务人员当作整个服务组织。换句话说，当顾客受到某名服务人员不好的接待时，他并不认为他是在与一个服务组织雇用的粗暴的员工打交道，而会认为他是在与一个粗暴的企业打交道。当一个顾客坐在一个不太干净的等候区等待服务时，他看到的是一个不太干净的公司，而不是仅仅认为该公司保洁人员的工作没有做好。当一个有线电视公司的技师没能够在约定的时间上门为顾客提供服务时，顾客会认为该公司是不可靠的，而不是认为该技师本人临时有什么情况。简言之，绝大多数顾客将他所接受的一次失败的或质量不好的服务与该公司是失败的或质量不好的等同起来。

11.2.2　服务交互的性质

　　顾客与服务人员的相互交往互动是人际交往的一种特殊形式，具体如下特点：

　　1）服务交互具有目的性

　　顾客与服务人员的交往并非偶然，是双方有目的的接触。服务人员出于商业的目的为顾客提供服务，服务提供者不是利他的（没有私心的）。对于服务提供者来说，服务交互是其日常工作的一部分。服务提供者的最基本目的是完成他为此才能得到报酬的职责。因此，对于他来说，服务交互只是一项"工作"，他有可能对每一个顾客都重复地、机械地完成他的分内工作，而不考虑每位顾客的不同需求。顾客是出于满足自己需求的目的而与服务人员打交道。由于个人在服务双方交互活动中的目的不同，因此对服务的具体操作和评价也会有不尽相同的描述，但服务的互动应该是对服务双方均有利的。

　　2）服务交往属于陌生人交往

　　顾客与服务人员的交往关系是一种特殊的陌生人关系。人们通常不会跟陌生人交往。但是，在服务环境中，顾客会主动接触陌生的服务人员，服务人员也会主动接触陌生的顾客。同熟人交往相比较，陌生人之间的交往会受到更严格的限制。但是，在某些场合，陌生人的交往却更自由、随便。在绝大多数情况下，顾客和服务提供者互不相识。在很多情况下，即使没有互相进行介绍，在服务过程中双方也不会感到不舒服。例如在剧院窗口买票，公共汽车上乘客向司机问路，快餐店里顾客买一个汉堡包。这些服务交互通常不会产生长期结果。但是,也有一些服务交互不仅需要彼此之间的正式介绍还需要给予更多的信息,通常是由顾客给予更多的信息。例如,一个牙科病人第一次去看病时,不仅需要告诉医生他的名字,还需要告诉医生他的住址、电话、年龄、过敏史、医疗保险公司、以往的牙科治疗情况等。结果病人和牙科医生不再是陌生人。

3)服务交往范围受到局限

顾客与服务人员的交往范围受服务性质和服务内容的限制。双方之间的交谈通常限于服务有关的内容,但在非正式服务环境中,顾客与服务人员之间的信息交流,可以与服务工作无关。顾客与服务提供者之间相互作用的范围取决于服务任务的性质。医生通常不会和病人谈论他的汽车如何修理。汽车技师在与他的顾客进行服务交互期间也不会提供有关治病的劝告。从重要性来看,与服务工作有关的信息交流占支配地位。在有些情况下,二者可能很难分离。例如,一个旅行社在为一对夫妇制定度假计划时,除了谈论有关度假地点等安排以外,旅行社的人员可能还会谈起自己以往在这些地方的度假情况。这些谈话可以被看作与任务无关的谈话,也可以看作为顾客提供了有用的信息。

4)顾客与服务人员扮演的角色非常明确

陌生人之间的交往必须遵循一整套基本行为准则,扮演好双方的角色。顾客对面对面服务的人员有着非常相似的期望,他们期望"柜台人员"热情友好、举止文雅、微笑服务、尽快完成服务工作。在面对面服务中,顾客与服务人员的地位发生暂时的变化,双方必须暂时中止各自的"正常"(甚至是引以为自豪的较高的社会身份)社会地位。例如,具有较高的社会身份的律师可能会为一个身份极为低下的罪犯提供服务;一个法官在大街上可能因为交通违章被交警阻拦住。

5)服务交互中其他顾客的影响

许多服务是同时为很多人提供且同时由多人消费的。这些服务中的一部分可以由顾客坐在家中不与其他顾客接触就享受到,例如互联网服务、广播电视节目等。但是,另外一些服务,诸如航空和铁路施行、游船度假、游乐园、体育赛事以及传统的教育等,都需要顾客在场,且是与多个其他顾客一同在场。在这些情况下,一个顾客或一组顾客的行为可能会对其他顾客的服务互动结果产生影响。例如,飞机上一个醉酒的乘客可能会给其他乘客以及服务人员带来非常不愉快的体验;游船上一群志趣相同的顾客有可能因为相互结识而使旅行变得更加愉快。因此,对于服务管理者来说,必须设法使其中的每一个顾客的服务交互都变得愉快。

11.2.3 从不同角度理解服务交互

1)社会交往过程

当顾客与服务人员接触,形成人与人之间的互动时,服务首先是一种社会现象。服务双方都有必要按照社会上的惯例行事,适当的问候、礼貌和客气都是服务双方最基本的素质。有时服务双方会在服务的过程中聊天,包括一些简短的交谈,例如天气、最近的体育赛事等,但最多的还是和服务相关的内容。社会交往方面的服务标准在服务业中是统一的,所有的顾客应受到同等的对待,服务员对所有的顾客应该提供同样水平的服务。

2）经济交往过程

有些服务表现为顾客与服务机构间的资源交换。具体地说,一个服务机构以提供劳动力、技术、技能或信息的形式来满足消费者的需求或者使其获得物质上的利益;消费者也相应地以货币、时间和劳动力等资源来回报。服务互动的本质可以看作一种经济交换。在其中,顾客和服务组织的资源被互相交换。更具体地说,服务组织用劳动、技能、技术和信息满足顾客的某些要求,为顾客提供价值,反过来,顾客也要付出他的一些资源,例如,金钱、时间和劳动等。

3）资源转化过程

服务机构为了满足消费者的需求,需要不断地配置其资源,包括劳动力、技术、信息和设备器材,服务是服务机构将其资源转化为消费者利益的过程,虽然大多数资源是服务机构提供的,但消费者也在资源转化过程中提供劳动力、信息等资源。顾客来到一个服务组织的目的是满足某些需求。例如为了得到食物或得到某种收益(例如受教育)。为此服务组织必须运用包括劳动力、技术、信息和设施等在内的资源,通过这些资源的合理使用创造出预期的结果。因此,服务互动是一个生产过程,在其中,各种资源被变换为顾客满意度和顾客利益。

4）契约关系

服务也可以认为是服务机构和顾客之间的一种契约关系。顾客雇用服务组织为他完成一定的工作,通过这种合约,顾客授权服务组织为他或他的资产做出一定的决策或处置。因此,双方在一种严密的合约下行动。例如,外科医生在病人的同意下为病人做手术,在手术当中,病人可能失去知觉,但是医生必须作很多决策,这些决策相当于都是在病人的授权下作的,并被认为是对病人的最好选择。服务是顾客雇用服务机构按照自己的意愿提供服务,通过契约,顾客授权给服务机构,让其代理行使某种权利,服务机构要尽相应的义务。服务的双方都在契约的范围内行使权利和履行义务。

5）准雇佣现象

有些服务要求顾客积极参与配合。例如,顾客在餐馆的沙拉吧自己准备沙拉。在这些情况下,顾客提供了必要的劳力,从这个角度上说顾客暂时受雇于服务机构,很显然,这不是一种意义上的雇佣,这种雇佣通常是对双方都有利的——服务组织节省了劳动力成本,其中的一部分好处又以较低的食物价格的形式返还给了顾客。因此,可以说顾客由于付出劳动得到了服务组织的"报酬"。同时,顾客的口碑效应远远大于广告效果,因此顾客不仅在生产过程是"兼职员工",还同时是服务机构的"兼职营销员"。

11.2.4　服务交互影响要素

服务交互是顾客与服务人员的有目的的相互交往。是人际交往的一种特殊形式。在这一点上,所有的服务是相同的。但是,顾客在不同服务环境中对服务人员的角色行为却有着不同的期望。显然,服务内容差别是决定服务交互之间差别的一个因素。然而,服务内容差别或行业差别也并不能完全说明顾客期望的差别。例如,顾客对不同酒店服务有不同的期望。顾客对服务的期望与顾客对服务特点的感觉、服务人员的角色和服务生产现实有关。因此,我们可以把似乎是不同领域的服务看成是有相同要素的同类服务加以研究。

1)顾客对服务特点的感觉

顾客对服务的期望与顾客对服务特点的看法有关,如表 11.1 所示,顾客的期望是由顾客的消费目的、消费动机、服务结果、服务重要性、服务参与程度等因素决定的。为了享乐目的消费的顾客的期望就高于为了实用而消费的期望。其他因素同理。代价大小是顾客的一种感觉,顾客消费某种服务需要付出的代价会影响顾客的期望。由于许多服务无法事先试用,顾客对服务结果可逆性的看法影响顾客的期望。在顾客的感觉中,不可复原的服务比可以复原的服务期望高。顾客感觉中的风险与代价、可逆性这两个因素有关。某些服务既无形又无质量标准,顾客感觉这类服务的购买风险较大。

表 11.1　顾客对服务特点的感觉

服务特点	顾客感觉期望连续区域(高—低)
消费目的	享乐—实用
消费动机	选购品—必需品
服务结果	增利—减弊
服务重要性	重要—次要
顾客参与度	参与—旁观
消费代价	大—小
可逆性	困难—容易
购买风险	大—小

2)服务者特点

服务人员对服务互动的影响是由服务人员的专业知识、技能和个人素养决定的。服务人员的专业知识和技能通常指服务人员接受过哪些培训,有哪些专业证书,也指服务人员的经验、洞察力、创造性和手艺。另外是否被授权也影响服务互动。服务人员的态度、性格以及基本人员统计特点都影响服务互动。

3)服务生产现实

顾客根据服务生产现实,对不同的服务进行比较,影响服务的互动和评价。

(1)时间因素

某种服务的消费频率和每次消费所需要的时间都是服务生产实现的重要因素。经常消费、费时的服务与偶尔消费、快速的服务相比较,顾客和服务人员之间的相互交往要有所不同。

(2)技术因素

服务过程中采用的技术会影响顾客和服务人员交往的性质。以人工为主和以机械为主的服务会对双方交往产生不同的影响。

（3）地点因素

顾客来店接受服务与服务人员上门为顾客服务是不同的。从行为、语言与时间等均有不同的要求。

（4）服务内容

服务内容是指服务中的物质、精神、感情成分。物质成分为主的服务与精神成分为主的服务有很大区别。但在一些服务中，例如高星级酒店服务中物质、精神、感情成分都很重要。

（5）服务复杂性

服务复杂性是由业务的活动数量和各种业务活动的相互关系决定的。复杂的服务可以是复杂的体力劳动，也可以是复杂的脑力劳动。有些服务性企业的后台操作过程非常复杂，而前台的服务过程却非常程序化，顾客和服务人员都习惯地"无意识"地行动。

（6）定型化程度

定型化程度是指服务工作是否可以根据顾客的需要和服务的环境的变化而改变。越是标准化、程序化、规范化的服务就越定型。民航客舱服务就相当定型。

（7）消费人数

有些服务每次只能由一位顾客消费，另一些服务可以由若干顾客同时消费，还有一些服务却由大批顾客一起消费。无论哪种情况，消费人数不同，双方的交往也会不同。

11.2.5　服务互动的类型

1）顾客与服务系统的互动

（1）顾客与服务人员友好互动

顾客与服务人员之间进行开放式的沟通与积极配合是顾客与服务人员间的友好互动，其结果是令服务达到最佳状态，双方都将对服务过程更为满意。顾客既是服务的接受人，也是服务生产的重要协作者，顾客友好地对待服务人员能为所有涉及该服务过程的人员（其他顾客和服务人员）留下美好的服务经历，也有利于自己的服务体验，使自己的消费升值。

（2）顾客与服务人员不友好互动

顾客与服务人员不友好互动具有相反的效果。对顾客与服务人员相互作用的错误理解，常常是引起不友好互动的原因。有时，不和谐的产生是因为一方无意触犯了另一方的"热键"，如做了不恰当的评论、不合适的姿势或手势等挑衅行为。甚至当时双方的不良情绪也能挑起不友好互动。此类问题的结果，轻则引发较为温和的口头敌对，重则可能引起身体的打斗。总之，任何不友好互动事件的发生，都能殃及服务企业服务效果及其未来发展，不管企业有没有理，顾客永远是顾客，一定要避免与顾客的争吵。顾客不是在为企业工作而是非常以自我为中心的"一代雇主"，要想迫使他们表现得彬彬有礼，一般很难，理由也不充分。如果服务人员必须对不友好或好战顾客予以忍让，那么服务人员的处境也很可怕，这势必导致其职位缺乏吸引力。如果不友好互动普遍存在，将给服务企业的长期健康发展带来可怕的影响。怎样才能使服务企业不再忍受不友好顾客的对待也是进一步要解决的问题。企业不要把问题推到顾客身上,抱怨顾客的难对付,而是要反思是不是你的服务仍不能满足顾客的期望而激怒他们? 只有这样的思路才是将顾客与服务人员的不友好互动转化为顾客与服务人员的友好互动的前提。

(3)顾客与服务人员过于友好的互动

顾客与服务人员间发生过于友好的互动,也会损伤服务提供与服务体验。因为过于友好的行为会令服务人员分心,会推迟对其他顾客接受服务的时间、导致服务成本增加等。管理与控制过于友好的顾客,是件特别困难的事情,因为顾客本意是非常良好的,要发现一些适宜的方式来摆脱过量互动的纠缠通常是件大伤脑筋的事情。因此,企业要加强服务人员在应对过于友好顾客方面的培训,为他们提供躲闪过于友好顾客的手段与方法。

2)顾客与顾客间的互动

顾客的服务体验不仅来自于其参与服务过程中的感觉,还受周围其他顾客行为的影响。

(1)顾客与顾客之间正面互动

顾客之间往往更容易相互沟通,交流服务体验,这种无形的口头传播、现身说法是企业最有效的广告,因为人们对某一事物的信任度在他人,尤其是朋友、亲人或有过亲身经历的人的影响下会有很大的提升,顾客之间正面的相互沟通、相互影响能为企业开发出巨大的潜在市场,并且效果显著。因此要强化顾客之间的正面影响,使顾客成为企业的"兼职营销员"。

顾客之间的相互作用有可能使服务变得非常愉快,例如上述提到的在度假地或游船上顾客的相互结识。管理者可以有意地组织一些活动促进顾客之间的互相交流和结识,并创造一些可以共享的快乐。在另外一种截然不同的环境下,例如医院,患有同种疾病的病人之间的互相交流有可能减轻他们的不安和焦虑。有一家外科医院从病人一住院,就开始为他们创造机会、组织活动,使病人互相结识、分享信息,其中的一项活动是下午的茶点聚会。

(2)顾客间的负面互动

顾客间也会有负面的影响。例如,服务中排队是不可避免的,秩序井然的排队会使顾客感觉良好,但如果个别顾客插队而没有得到制止,就会使其他顾客变得情绪低落,就会影响他们对服务的良好评价。服务企业应该积累经验,学会对个别顾客说"不",不允许个别不满顾客"哇哇乱叫",应及时把个别行为不良的顾客列入"黑客"名单,杜绝类似情形再现,尽快消除和避免顾客间的不良影响。

11.3 服务交互管理

11.3.1 服务交互管理的对象

服务交互主要由四个要素构成:顾客、服务员工、服务提供系统、有形展示。这四个要素就构成了服务交互管理的主要对象。

1）顾客

顾客是服务交互中的最主要要素。服务交互的终极目标是顾客满意,顾客对服务质量的评价、对服务的整体满意度、是否下次再来的决定等,都极大地取决于他在服务交互期间的感受。因此,完善服务产品和服务提供系统的设计必须考虑以一种最有效和最高效的方式来满足顾客的要求。上述关于服务交互特点的讨论告诉我们,最重要的一点是,顾客是人,希望得到礼貌待遇和尊重,还希望得到和其他顾客相同的待遇,得到同等水平的服务。无论什么性质的服务,这都是服务交互的最起码、最基本的要求。

但是,在许多情况下,服务组织连这最起码的要求都做不到。尤其是在"服务于人、作用于人"的服务交互中。这其中的主要原因是,顾客身处服务设施中,且可能需要停留相当一段时间,这给了顾客很多机会观察服务提供情况并对服务质量做出评价。因此,顾客的舒适感、顾客的安全、顾客的整体感觉应该是服务组织的主要考虑因素。如果是顾客的资产要被处理、顾客在服务过程中可以不在场,这时服务组织的焦点应该放在高效运营上,以便给顾客带来最大的便利,同时使顾客为此耗费的时间最短。

当顾客被期望在服务过程中提供其劳力时,顾客可能希望从中得到一些利益。在这些情况下,服务组织应该提供清楚的指导和说明,告诉顾客做什么和如何做,确保需要顾客自己使用的设备是完好的并易于操作。只要顾客"劳力"发挥良好,服务交互就会良性推进,顾客会获得更好的服务结果。如果不能很好地指导顾客,有可能导致服务效率低下,以及不满意的服务交互。另一方面,顾客的行为也可能对服务交互的结果产生重要影响。如果顾客没有提供必要的信息,没有遵从一定的指令,或随意按照自己的想象行事,总而言之,如果顾客是一个"麻烦"的顾客,他有可能给服务提供者的工作带来很多困难,从而使服务交互中的双方,甚至其他顾客都经历不满意的过程。

2）服务员工

这里的服务员工是指直接与顾客打交道的那些人员,他们是服务交互中另一个重要的人的因素。作为人,他希望得到顾客和其他服务员工的礼貌对待,希望得到顾客和服务组织管理者的好评;为了完成服务任务,他必须拥有必要的知识和经过适当的培训。但是,这对于成功的服务交互仍然是不充分的。

一个服务员工代表其服务组织,是保持服务提供系统正常运转的力量。如上所述,他的言辞和行动被顾客认为是服务组织的言辞和行动。顾客期望服务员工是他的最好代理,最大限度地考虑他的利益,因为顾客已经将自己或自己的资产全权委托给了服务员工。这种双重的角色对于服务员工来说有时是有问题的,尤其是顾客的最好利益与服务组织的政策发生冲突,或服务员工受严格的能做什么、不能做什么的规则的约束时。有很多类似这样的情况。例如,当服务对顾客(如外科手术)或其资产(如干洗)有一定风险时,服务员工必须向顾客展示比技术能力更多的东西,他必须有能力和技巧使顾客对服务过程放心。这意味着他必须有人际交往能力。

此外,服务交互对于顾客来说可能是第一次,可能是很少数几次中的一次;而对于服务员工来说,是他日常工作中千百次服务交互中的一次。常年完成同样的任务使得服务员工往往只重视服务交互的效率和有效性,千篇一律地对待顾客,而不是把每一个顾客看作一个具有个性的个体,考虑有的顾客可能缺乏经验、有的顾客有焦虑心情、有的顾客担心服务情况、有的顾客可能有特殊要求等。服务员工能够考虑到顾客的不同情况并采取适当的对应方法,是在服务交互中达到顾客满意的重要因素。在很多情况下,除了服务技能、服务效率,顾客对服务员工所表现出来的诸如友善、温暖、关怀和富有情感等人际交往技能也非常在意,甚至往往是这些因素决定了一次服务交互的成败。因此,管理者有责任帮助服务员工培养这些技能,使组织服务员工能够站在顾客的角度进行服务交往。还需要对员工加以培训,使他们具有一定的行为规范。

一方面,使顾客满意是服务组织最重要的任务;但是,另一方面,使员工满意也是非常重要的。美国最成功的航空公司之一的西南航空公司的 CEO Herb Kelleher 曾说:"企业经营中向来难以回答的一个问题是应该把谁放在首位? 员工,顾客还是股东? 但是这对于我来说从来就不是一个问题。对于我来说,员工第一。如果他们满意、具有献身精神、精力充沛,他们就会为顾客提供最好的服务;如果顾客就此满意了,他们就还会再来;最终股东也会满意。"这段话很好地说明了员工管理的重要性。

3)服务提供系统

服务提供系统包括设施设备、各种用品、服务程序和步骤以及规则、规定和组织的文化。但服务提供系统影响服务交互的,实际上只是顾客能够看到、接触到的那一部分,这一部分也可称为可视部分(the line of visibility)或"前台部分"。这部分的设计和运行必须从顾客的角度出发。而在后台,服务系统的设计主要考虑如何支持前台的运营。一旦建立了这样的前提,就不会妨碍后台设计将焦点放在运营效率上。

4)有形展示

有形展示包括一项服务和服务组织可能形成顾客体验的可接触的所有方面。后台设施和顾客不可视部分的设施不属于有形展示的部分,因为它们不会直接形成顾客的体验。有形展示包括服务企业所在的建筑物的外形设计、停车场、周边风景以及建筑物内的家具摆设、设备、灯光、温度、噪声水平和清洁程度等,还包括服务过程中使用的消耗品、使用手册、服务人员的着装等可触的东西。

有形展示对于服务交互的成功是非常重要的,尤其在顾客必须到场的服务类型中。在这些服务类型中,顾客满意与否通常都在在场的时间内形成。在此时间内,除了服务员工的服务技巧、服务态度以及服务提供系统以外,顾客所看到、接触到的有形展示也成为决定服务交互是否成功的关键要素之一。尤其是,很多情况下,在顾客还未与服务员工接触、提出自己的服务要求之前,如果顾客一进门就看到一个肮脏凌乱的服务场所,这种有形展示可能一下子就决定了顾客对服务企业的印象。此外,一般来说,顾客在服务设施内停留的时间越长,有形展示的重要性越高。

有形展示不仅影响顾客,还更长时间地影响服务员工的行为。服务员工要在服务设施内度过他们绝大多数的工作时间,因此他们的工作满意度以及工作动力和工作绩效也受有形展示的影响。有形展示的设计还应该考虑到如何能够使员工无障碍地执行任务,使顾客和所要执行的任务顺利地通过系统。例如,在类似综合性医院、机场、地铁站、游乐园等大型设施内,醒目的标志牌可以减少人们的迷路、问询的时间,避免拥挤,同时可以节省员工频繁为顾客指引方向所耗费的时间。

11.3.2　服务交互结果的评价

服务人员、顾客和服务企业从各自的角度评价服务交互的结果。三方都希望有"优质的"服务,但三方对"优质的"含义却有不同的理解。全面理解三方的观点,有助于完善服务交互模式,如图 11.2 所示。

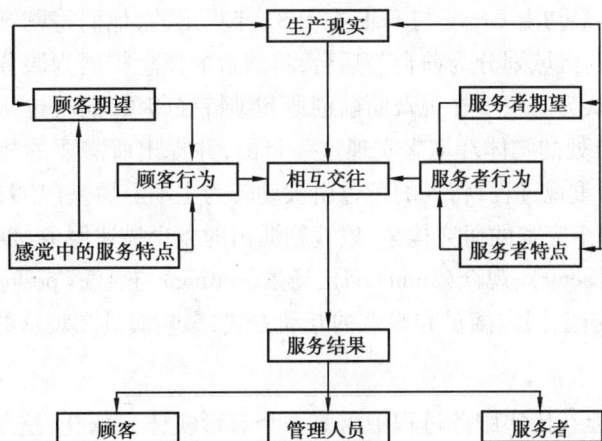

图 11.2　服务交互模式

1)企业评估

管理人员关心的是顾客评估结果对企业的影响。管理人员希望服务交互的结果能促使顾客反复购买本企业的服务,并为本企业做有利的口头宣传。同时,希望通过顾客的评估,激励服务人员努力工作,留住优秀的服务人员。

2)顾客评估

顾客对服务交互的满意程度来源于对功能性服务质量(服务人员服务过程的表现等)和技术质量的判断,顾客对这两方面的质量分别作出评价。例如,餐馆顾客会说"饭菜很好,但服务太差"或"服务很好,但饭菜太差"。分析顾客评价服务应注意以下几点。

①功能性服务质量最重要。如果服务人员从未提供某种服务,即使顾客对双方的相互交往过程相当满意,顾客也会不满意。功能性服务质量是企业成功的关键。

②顾客对相互交往过程的满意只能抵消功能性服务质量的一些小问题,而且这些轻微的缺陷必须是顾客通常可以允许的。

③顾客较容易独自判断相互交往质量和自己的满意程度,服务质量的看法会受到顾客在相互交往过程中满意度的影响,顾客较难判断技术性服务质量。

3)服务者评估

与顾客交往是服务人员的一项重要工作任务。服务人员不仅评估工作完成情况,而且评估与顾客相互交往的过程。服务人员对服务交互过程感到满意,就会产生工作满意感、服务人员能否克服个人情绪冲动、个人的交际能力、服务环境以及顾客行为等,都影响服务人员对顾客交往的行为和满意度。

11.4 服务交互模型

11.4.1 服务交互剧场模型

服务剧场理论是最初由 Grove 与 Fisk 在 1983 年提出的,他们将剧场的观点引进服务研究领域中,并将服务的区域划分为前台与后台,将前台的概念扩展为服务剧场。服务剧场理论把服务比做表演,认为要注重在观众面前创造和维持好印象,同时也认识到可以通过成功管理"表情"和它们所处的实体环境来实现这一目的,并提出所需要的战略及行动方案。两位学者重视人员胜于重视过程,将人的角色由被动转为主动。后来(1992),两位学者将服务剧场的概念发展成一个完整的研究构架,以戏剧演出的概念描述服务接触的过程,其中包含四大组成要素:演员(actor)、观众(audience)、场景(setting)与表演(performance)。剧场具有3 种功能:组织信息交流,限定演员和观众的互动方式,影响演员和观众的人际知觉。

1)场景

服务是无形的,但在传递服务过程中需要一个有形实体来依托,这便是服务的"场景"。剧场理论中的"场景"指的就是提供服务的实体环境。在这里,服务的实体环境不仅仅包含建筑物,还包括服务环境的装饰、布置、照明、甚至连温度与色调也包含于其中,这些都会影响顾客(观众)对服务(演出)的评价。一般而言,顾客直接接触的实体环境属于前台,如餐厅的用餐区。而后台则为看不到的地方,如厨房、仓库等。前台与后台要明确分隔,否则会有服务人员前台演出与后台行为相矛盾的风险。除了一般的实体设施外,服务人员进行服务传递活动时,也需要相关的硬件支持,而这些可视为舞台表演中的道具,也是场景中的一部分。服务人员在前台时,必须熟练地按照已经安排好的剧本演出自己的角色。而到后台以后,服务人员可以卸下表演的面具,返回自己本身的角色。

2)演员

剧场理论中的"演员",即指为观众生产服务的人,又称接触人员。这是因为服务接触占整个服务过程的绝大部分。因此服务人员的行为是服务成功或失败的证据(Baron et al,1996)。在这里,服务人员在与顾客互动时所扮演的角色,会影响顾客对服务的满意度。Grove、Fisk 与 Dorsch 综合多数学者的研究得出结论,认为由于服务人员的因素影响顾客服务体验的因子包括很多:服务人员的衣着打扮、行为态度、专业技术与对顾客的承诺等。

除此之外,Grove 与 Fisk 还特别强调了戏剧表演的"表演团队",团队成员必须遵守"戏剧表演忠诚"(保守有关神圣服务的秘密)的惯例,"戏剧表演纪律"(了解个人的角色或提供服务,并控制错误或其他个人问题的发生)的惯例以及"戏剧表演慎重"(协调参与服务者的角色以保证演出的高质量)的惯例。他们还认为,慎重地选择团队成员,在他们之间分派责任以及对"观众"和背景的了解也能提高消费者的满意度。

3)观众

剧场理论中的观众即为接受服务的顾客。顾客在服务接触的过程中是接受服务的一方,似乎是一个被动、等待的角色。但由于服务具有生产与消费同时性的特点,顾客无法置身事外,他也在生产服务的"工厂"中。因此顾客的角色不但重要,而且其行为会直接影响服务结果。Grove 甚至认为,不管是没有能力还是不愿意,只要存在无法配合参与服务的顾客,就会破坏整个服务接触。他还认为,妥善地管理顾客与顾客之间的互动关系也是服务组织的任务所在,因为顾客与顾客之间的互动关系往往也会影响到服务传递过程能否顺利进行,影响服务满意度。Bitner 甚至认为服务组织可以视顾客为潜在员工,服务组织应协助顾客扮演好他们的角色,使顾客更能有效地参与到服务当中。

4) 表演

在服务接触的过程中,顾客与服务人员的人际互动被称为"表演"。这是服务接触的核心。顾客所感受到的服务表现会形成其对该次服务的体验,也就是服务组织的相关系统、程序、服务人员和顾客间的互动结果。故演员、观众、场景的有机结合,创造出一个可信任的服务表演,同时要求各组成元素之间互相协调,这是表演成功的关键。Grove 与 Fisk 认为,在进行"表演"时,服务企业最应该注意"前台人员"、小心控制"背景"、进而加上成功的"印象管理",要求参与演出的演员必须创造出符合观众要求的表演,只有这样服务人员的演出效果才能达到最佳。图 11.3 显示剧场理论构架下服务表演的戏剧化要素。

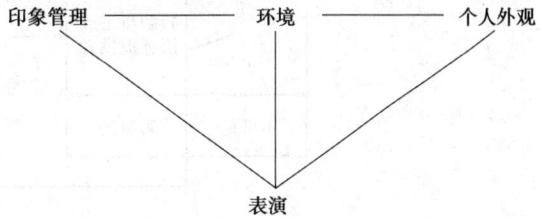

图 11.3 服务表演的戏剧化要素

他们还指出演员的表演可以分为两类,发自内心的真诚表演和仅仅为了完成任务而应付差事。当演员能与角色一体时,传递的是一种真诚的服务,当演员将其表演视为一种任务或获取报酬时,其表演非常拙劣。如果服务员能做到花时间去倾听并帮助客人,他们会传递真诚的服务。不幸是存在很多反面的例子,一些员工很少关注他们的观众的反应。某一员工可能会因取消他人的工作或不能完成自己的任务而破坏了顾客对整个服务经历的体验,要给顾客留下好印象,必须牢记三点:忠诚、守纪律和谨慎。

Grove 与 Fisk 等人透过剧场理论,提出顾客在服务传递中所表达的符号,说明顾客与服务者互动的运作过程。该理论强调以整体的观点将服务接触的过程具体化,以呈现四个因素之间的互动关系。因此该理论特别适合于以互动接触为主的企业,如餐厅、银行、医院、美容院、航空公司等,尤其是服务人员与顾客在服务组织控制下的实体环境进行面对面的接触的情况。服务剧场模型通过比拟的手段利用戏剧表演描述服务体验。我们可以通过研究影响戏剧的诸多要素提炼出来,用于指导服务。因此,我们可以通过改变或重新设计任何一种要素,来赢得与营造不同的服务表现与顾客的服务体验。

演出的整体表现是演员、观众与设施之间动态互动的结果。当然服装、道具、剧本与角色等其他戏剧特征,也能在服务中找到其对等之物,但由于过于复杂,故在此不多描述。

11.4.2 服务交互产出模型

根据服务交互产出模型,如图 11.4 所示,服务交互产出包括不可见的组织关系、可见要素和服务利益包。不可见组织与系统是指那些在顾客的视线之外为服务的产出做贡献的要素。可见要素包括无生命环境(服务发生的有形设施)、接触员工(为提供服务而与顾客发生直接交互作用的员工)、顾客 A(接受服务的顾客)与顾客 B(在场的其他顾客)。顾客所得到的服务利益包,由其与接触员工和无生命环境的交互作用来培育,如接触员工的彬彬有礼与业务水平、环境的舒适程度与格调等,都会影响到顾客的服务体验。而顾客与接触员工和无生命环境的交互作用,又需要幕后行为的支持并受到其他在场顾客的显著影响。例如,酒店入住、交款、用餐、客房清扫与保暖或制冷设施的维护等幕后行为,会显著地影响一个酒店对顾客的服务质量。同样,其他顾客的数量与行为特点,也会影响某顾客对服务组织服务的总体体验。

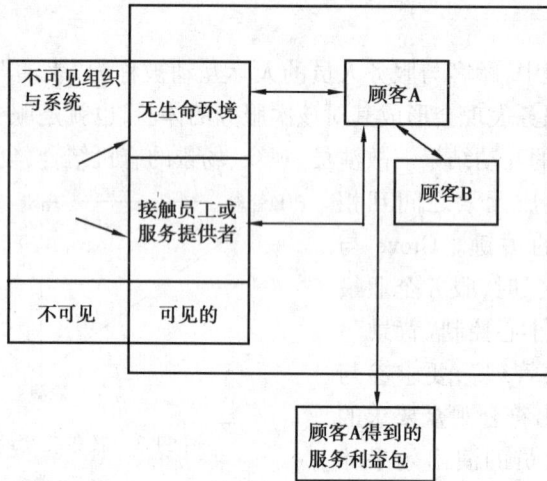

图 11.4　服务交互产出模型

11.4.3　服务生产系统模型

与服务产出模型和服务剧场模型一样,该模型也识别出一些服务交互的关键构成要素,不过与前两者有一些显著的不同。该模型的特色,在于它包括了一些更为深层次的东西:一是向组织内部延伸,把企业使命及服务理念看做服务组织进行服务设计的重要影响力;二是向顾客延伸,把顾客带入服务交互过程的期望及其影响因素(如个人需要、营销沟通等)考虑在内。这些因素的融入,有利于剖析顾客与服务组织间的交互作用。服务生产系统模型如图 11.5 所示。

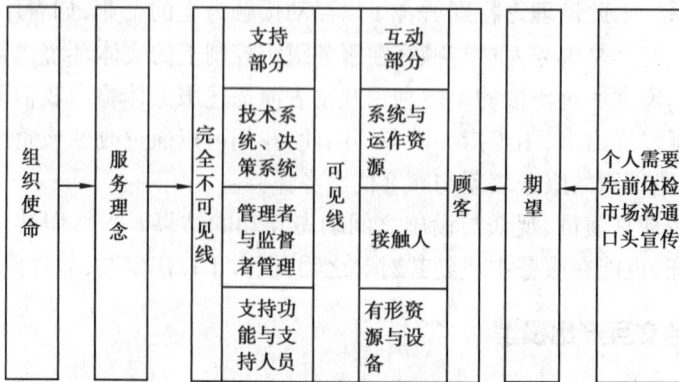

图 11.5　服务生产系统模型

11.5　服务关键时刻模型

11.5.1　"关键时刻"的定义

诺曼(1984、1991、2000)将"关键时刻"这一术语引入管理学文献之中。随后,这一术语被用来说明各类服务企业的服务接触。"关键时刻"是指非常重要的人际互动,因为这种人际互动有可能决定着顾客对整体服务产品的看法。这些众多的服务小插曲可以向顾客展示企业的真正价值——至少促使顾客形成主观的感知。所以此类"关键时刻"既能够"营造"一次美好的服务体验,也可以"造成"一次不愉快的服务体验。

这些个人经历的重要性是不容置疑的,并且是决定顾客对服务质量的看法的最重要因素(贝里、帕拉苏拉曼和扎特哈姆尔,1988)。这些看法反过来又会影响消费者未来的购买意图(哈特林和琼斯,1996)。

在服务业里,"人员因素是质量的终极要素"(奈斯利,1979),因此,人员的因素对服务来说是极其重要的。

11.5.2　"关键时刻"的"瀑布效应"

我们每个人都会在个人的记忆里储存着大量自己亲身经历过的许许多多的"关键时刻"。作为顾客,我们都体验过感到沮丧的时刻,即服务人员或系统(或者两者同时)变得很不友好或无法提供帮助的时候。当然,我们也都经历过非常美好的时刻,即我们感觉受到尊重和关怀,并且真正地被视为贵宾。作为顾客,服务的接受者,我们都会将所经历的"关键时刻"看做是关系到个人尊严的大事。

发生在整体服务体验过程中最初阶段的服务接触尤为重要。如果最初的服务态度接触是积极并且令人感到愉快的,那么顾客往往就会抱着积极的态度来看待随后的服务接触,并且期望更多的善意和满足感。相反,服务接触过程最初阶段出现的失误将会导致顾客在随后阶段中产生不满情绪,因为顾客往往会认为失误是针对他们个人的行为,会把随后出现的失误理解为最初受到"侮辱"的进一步的证据。

这种现象无论是令人感到愉快的还是令人感到不愉快的,都是所谓的"关键时刻"的"瀑布效应",如图11.6所示。

这种"瀑布效应"(cascade)具有真正的实用意义。例如,迪斯尼公司估计,前来迪斯尼游乐园游玩的顾客平均每人会经历74次的服务接触。这是一个庞大的数字,足以说明瀑布现象在成为现实时是何等重要。如果在这74次服务接触过程中的任何一次接触,特别是一些早期的接触,令顾客感到不愉快,那么这次不愉快的经历就会加大顾客对下一次服务接触感到不满意的风险。这将会极大地增加顾客对整体服务体验印象不佳的可能性。与此相反,如果每一次愉快的经历都加大了顾客认为下一次服务接触同样愉快的可能性,那么,他们就会认为整个服务体验是令人感到愉悦的。

```
        ┌──────────┐
        │ 客房预约 │
        └────┬─────┘
             │
        ┌────┴─────┐
        │ 入住登记 │
        └────┬─────┘
             │
        ┌────┴───────┐
        │ 欢迎入住客房 │
        └────┬───────┘
             │
        ┌────┴─────────┐
        │ 客房送餐服务 │
        └────┬─────────┘
             │
        ┌────┴─────┐
        │ 餐厅正餐 │
        └────┬─────┘
             │
        ┌────┴─────────┐
        │ 酒店内服务   │
        └────┬─────────┘
             │
        ┌────┴─────────┐
        │ 办理离店手续 │
        └──────────────┘
```

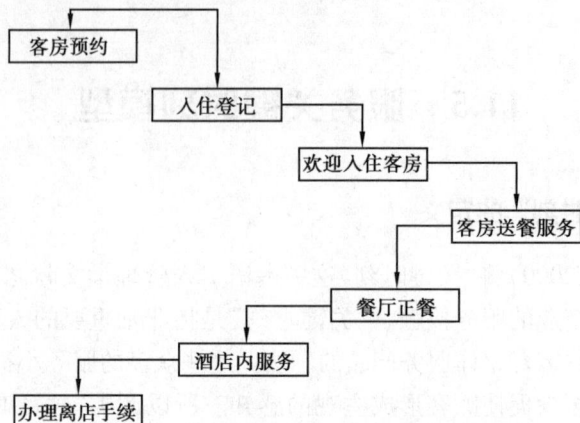

图 11.6 "关键时刻"的"瀑布效应"

11.5.3 服务"一线""前台""前线"的关键作用

在理解服务接触的重要性时,我们必须认识到,代表服务企业"整体形象"基本上是同步进行的,服务产品生产线上的最后一个员工同时还与顾客接触,服务质量是由员工创造的,但却是由顾客来加以判断和评说的。在顾客看来,"在服务接触发生的那一刻,这些与他们接触的员工体现整个企业的形象"(希纳,1989)。因此这个员工在展示服务企业"形象魅力"方面担负着巨大的责任。

事实上,与顾客频繁接触的员工就地位和薪酬而言往往没有得到服务企业最重视的程度。他们工资过低,并且缺乏培训,这使得他们工作积极性不高,对工作感到不满意,频繁变换工作,从而最终导致顾客的不满和营销的失败。

服务接触的有效管理和营销应该包括充分了解上述员工的工作动机和工作表现。因为这些员工的工作表现决定着一次服务接触会让顾客感到满意或是感到不满意。因此,"有效的管理还应该包括培训员工、激励员工和奖励员工,以使他们始终如一地展现出理想的工作表现"(毕特纳、布姆斯和特里奥特,1988)。简言之,有效的服务管理应该包括真正地认识到那些在服务"前线"工作的员工们的重要性,以及真正注重他们的培训并关心他们的福利。真正一体化服务经营的管理必须将生产、营销以及人力资源整合在一起,而不是将其分开。

11.5.4 服务关键时刻模型

服务组织要能够理解和分析每一关键时刻的组成部分,并且了解在这一时刻的服务质量的因素,采用一些模型和方法来分析服务质量的高低。

如何分析关键时刻?一些学者为满足服务组织服务管理的需要,建立了如图 11.7 所示服务关键时刻模型。它列出了很多影响服务关键时刻的因素和各种投入。

1)服务背景

在探讨人与人之间的接触和交往互动问题时有一个非常重要的前提,就是所有交往都发生在一定的背景之下。也就是说,人们周围的一切都会对事情本身及事情的结果产生影响。例如,两个人在一间办公室里面对面讨论服务组织的政策,与两个人蜷缩在壁炉前的沙

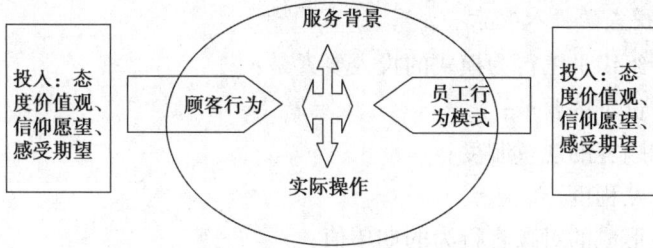

图 11.7　服务组织的服务关键时刻模型

发上聊一些个人关系问题,是在完全不同的环境下进行的。你是否想过为什么在机场完全陌生的人会愿意告诉你他自己的很多情况,这是因为这样一个交往背景:人们都是萍水相逢,也许以后永远不会再见面。

现在让我们看一下服务组织中的情况。我们把服务组织中所有与顾客有关的部分都叫做服务背景。在关键时刻模型图中,服务背景或环境是在关键时刻中发生的所有社会、生理和心理的冲撞。

下面是些有关服务背景的因素,如果把它们加到顾客和员工投入的行为模式中,那么将对关键时刻产生很大的影响。

①环境如何? 包括有形的和心理的两方面的服务背景如何?

②你的服务背景是否事前就让顾客期望有更好的服务质量?

③你的服务背景是告诉顾客"欢迎光临",还是"请遵守章程服务"?

④你的服务背景意味着成功还是失败? 服务背景是否让顾客满意?

⑤如果系统一次又一次地出了问题,你应怎样处理以保证顾客第一?

⑥服务背景是否结合计算机系统? 如果计算机系统出现故障你的员工知道怎么办吗?

2) 行为模式

顾客和员工在关键时刻的思想方法、态度感受和行为组成的行为模式对关键时刻很有影响。每个人的行为模式都是由很多投入组成的,这就是他们个人的态度、价值观、信仰、愿望、感受和期望。有一些投入顾客和员工的行为模式的影响是一样的,例如两个人都按他们的符合社会标准和习惯的方式行事。但也有一些投入双方不同,这时,对同样一个关键时刻两者所持的观点是很不同的。还有一点需要着重指出的就是行为模式可以在一瞬间改变。当顾客感到需要被满足或没被满足时,他的行为模式会有很大不同。随之,顾客对关键时刻的感受也会变化。对为顾客提供产品和服务的雇员也同样如此。

(1)顾客行为模式中的投入要素

帮助形成顾客行为模式的投入要素是:

①和你的服务组织或与你相似的服务组织的交往经历;

②对服务组织的看法;

③由以前经验形成的期望;

④在顾客的人生中已经形成的态度、信仰、价值观、道德标准等;

⑤从其他顾客处听到的反映或劝告。

（2）员工行为模式的投入要素

帮助形成服务组织员工行为模式的投入要素是：

①服务组织对员工的要求；

②有关员工和顾客的规章制度；

③员工感情成熟程度；

④由以往经验形成的对顾客行为的期望值；

⑤员工在生活中形成的态度、信仰、价值观、道德标准等；

⑥提供服务的工具及方法。

3）和谐

应用关键时刻模型时重要一点就是和谐，也就是服务背景、消费者行为模式以及员工行为模式三者之间的协调一致。在前面我们已经指出如果顾客和员工行为模式的投入有很大不同将很不利。和谐意味着对关键时刻步骤的相同看法。顾客与员工的行为模式须有某些一致之处才能在和谐前提下赢得关键时刻步骤。而这又都要与服务背景保持一致。如果缺乏和谐，关键时刻就很危险了。

你常常会看到这样的事。争吵过后，顾客认为自己行为有理有据，而员工也认为自己在理。顾客形容员工没有礼貌，不耐心；而员工则相反，形容顾客粗鲁，无理取闹，多事。事实往往介于两者之间，这是由两者不匹配的投入要素形成不和谐的行为模式所造成的。

11.5.5 服务的"考验时刻"

在接触的众多的关键时刻中，存在一些非常重要的接触时机，它们与服务成败休戚相关，与一些对顾客非常重要的事件相联系，与顾客接受服务并愿意再来有关，它们需要被给予特别的关注。这种接触可能会令顾客对服务组织产生一生忠诚，也可能会让顾客永远离去，我们称这样的接触为服务的"考验时刻"。这类接触的共同特点是，顾客正处于非常特殊和为难的情况，需要服务组织超出服务规范满足顾客。此时，顾客对服务组织的反应非常敏感，他们能清晰地感觉到服务组织是否真诚地关心自己。如果是真诚，顾客就会建立起强烈的信任；否则，顾客就会认为服务组织只不过是唯利是图，甚至对其彻底失望。服务组织应该善于察觉和把握住时机，给顾客留下美好而深刻的印象。

1）买或不买的关键时刻

下次当你准备购买一种服务的时候，请停一会儿想一下是什么使你下定决心选择这个企业的？ 在你的头脑里，到底是哪一刻你在问自己："去不去呢？"这就是买或不买的关键时刻。在每位顾客为买或不买犹豫时，它就发生了。当他们说"是"或"不"时，这是非常富有戏剧性而又宝贵的一刻。我们认为这一刻很大程度受下列一些因素的影响：服务技术水平、服务质量、环境及大量其他关键时刻留给顾客的印象。顾客做出买与不买决定的时候，也是一个心理斗争的过程。

这是纯粹咨询的人和购买者的本质区别。纯粹咨询的人只是看一看，并未经过买与不买这一短暂而深刻的心理过程，而购买者则不同了，甚至在他走进企业大门之前已经经过一番心理过程了。如果不加小心，就有可能在顾客思考买或不买的过程中给以误导或丧失机会。例如游客在动身前通过网络预订或电话预订就已经经历了选择的心理过程。因此,如果你想吸引和留住购买者,那就必须搞清什么时候是顾客买或不买的关键时刻。酒店的预订服务就是买或不买的关键时刻。

2)进行价值评判的关键时刻

所有的顾客在考虑购买前都会做出价值评判。即使你的服务比你的对手便宜,如果不是物有所值,顾客也不会购买。即使你的名声再好,如果顾客在你那儿有不愉快的经历他也不会再去。在经过必要的了解之后,顾客要做的决定就是买!价值评判也在做出买的决定之后发生,进行价值评判的关键时刻受服务质量和技术质量的双重影响。

3)决定再买的关键时刻

紧接在进行价值评判的关键时刻之后的一个特殊的关键时刻,就是做再次购买的决定。想一下,上次你和你朋友去一所从未去过的饭店,如果服务背景适当,如果饭菜质量非常出色,如果服务令人愉快,你的第一个反应也许是:"下次请客,我还到这儿来。"实际上在这一刻你头脑中闪过了一串儿数据。即使这种念头没有出现,但在潜意识里你也决定以后你还会来这所饭店接受服务。这样当下次你和你的朋友决定选择就餐时,你就会想起上次愉快的经历,于是毫不犹豫做出再购买的决定。

顾客是多变的,他们有时看起来保守古董,有时自私,有时要求多而且不可理喻,而有时他们又认为你们做事得体,似乎非常善解人意。即使企业讨好顾客的努力不完全成功,仍有可能影响顾客使其做出再购买的决定。

当组织系统出问题时,员工的表现会对顾客决定再来的关键时刻产生直接影响。在服务系统中如果在出错之后能够快速而准确地采取补救措施,企业将赢得信誉而不是失去信誉,采取快速补救失误的措施将吸引更多的回头顾客。

4)反馈的关键时刻

我们都知道大多数顾客在对某些服务不满意时并不会告诉你。大概有90%的不满意的顾客不会直接抱怨,他们只是不与你来往。但是从服务管理研究中,我们发现虽然不满意的顾客只是静静地离开,但是他们的沉默并不会保持很久。他们会告诉其他人。你可以相信平均来说至少有15人会从对你不满意的顾客嘴里听到他们的经历,这就是反馈的关键时刻。如果顾客对你的服务很满意,是否也会有同样人数听到他们愉快经历呢?非常不幸,答案是"不",但也许人的天性就是如此。人们总是更多地注意反面的东西,当有人理解我们不幸的购买经历时,我们会更加确信自己做得对并获取一种心理上的平衡。平均说来,满意的顾客只向6个人左右诉说他们的经历。

反馈的关键时刻并不是可以控制和直接施加影响的,因为它发生在某些你并不知晓的地方。但是接触过程却可以对顾客思想产生持续影响,而且过后会决定是正反馈还是负反馈。

5)坏消息的关键时刻

我们可以看到在一定的环境下,坏消息的关键时刻可以做得很熟练。有经验的顾客有着异常灵敏的耳朵,他们从门卫那看似礼貌的话中感受到"坏消息"。

这些关键时刻在任何服务活动中都存在,无论服务多么令人满意,服务背景的状况以及坏消息的发布方式决定了顾客的反应。有些坏消息的确令人痛苦。例如医生必须告诉患者得了恶性肿瘤,这种做法需要病人的特别理解,医生不得不把这样的坏消息告诉一个生命受到威胁的人,这对长期受过传统教育的医生来说再没有比之更痛苦的事情了。但是,这类的坏消息,医生也要根据病人的承受能力,对病人病情的交代,要遵守"保护医疗制度",采用不同的做法和处理方式。

需要问你自己一个关键的问题就是:当你的组织某一方面出现漏洞和差错,而且必须以某一方式把这个坏消息通知顾客时,你们的员工有能力应付发怒的顾客吗?

6)永远重复关键时刻

服务中每天都会发生成千次关键时刻,有些关键时刻对顾客有永久的影响,这些是"永远重复的关键时刻"。例如护士每次都重复地把针头扎进血管进行注射或打点滴,大多数时候都准确、快速、一次成功,但是当偶尔出现不成功的时候,病人就会对护士产生不信任感。服务中要确定那些重复的关键时刻,并知道当问题出现时如何补救。

11.5.6　关键时刻影响评估

一旦顾客服务循环中的关键时刻、考验时刻被掌握被认可后,就可以将他们解析成不同的组成部分。这些组成部分可以归为三大类:

表 11.2　关键时刻管理

与维修中心联络		
经验破坏因素	标准期待值	经验促进因素
• 接线生不知所云 • 必须拨打不止一次电话 • 电话录音系统使人感到不受欢迎 • 在等待时一片沉默,令人疑惑是不是该挂电话 • 听起来,接线生是照着程序或者表格在念 • 接线生好像一直在催促我快一点 • 接线生要我去原先购买电话的商店 • 我不能直接找上门,与员工面对面的说清楚问题	• 只要一个电话即可 • 只需要拨市内电话即可得到公平良好的对待 • 不会老是占线 • 接线生在合理的时间内拿电话 • 接电话的是人,而不是语音系统 • 接线生的语气让人愉悦 • 接线生聆听我陈述问题的态度 • 让人觉得他确实了解了问题所在 • 接线生听起来很能干,愿意帮忙,也很聪明 • 接线生承诺在合理时间内替我解决问题 • 接线生的声音美妙,音调柔和	• 接线生理解、分担我的紧迫感 • 接线生真的了解我的问题,也遇到过类似的问题,并知道该如何处理 • 接线生诚恳地致歉 • 接线生询问是否有紧急情况或其他特殊情况,需要加急修理 • 与接线生的对话让我知道他清楚我所在地区 • 接线生根据我的方便来完成修理

1)标准期待值

这是顾客对关键时刻最低限度期待值。标准期待值的范围很大,从顾客认为会被采取的行动到顾客对某一部分体验的感受,都可囊括其中。

2）体验破坏因素

这是指造成顾客对于某一关键时刻感到失望或产生不满的体验。其中有些可能是起因于某些为或不为，又或者只是单纯对于环境中的一些因素和事物的反应。

3）体验促进因素

这些是指发生在某一关键时刻，给顾客的心目中留下极其良好印象的特别体验。还有潜在的促进因素，也就是能引导顾客在某一关键时刻，对公司的服务做出相当正面评价的事情。如表11.2所示以顾客与维修中心联络为例说明关键时刻管理。

【案例分析】

IBM 就是服务

IBM 不仅是一家庞大的硬件制造商，而且是一家积累了数十年 IT 经验的技术和服务公司。IBM 的服务源于 20 世纪 80 年代末，到 90 年代，IBM 树立起"以技术为核心，以服务为包装"的经营理念。

IBM 的服务分为 5 种：与产品相关的服务、集成式服务、顾问型服务、教育训练服务、外包式服务。在 IBM 的全球营业额中，有 30% 来自服务收入。就大中华区而言，IBM 服务占总收入的比例在香港是 51%，台湾达 42%，内地只有 15%，而且 IBM 大中华区的服务业绩以 50% 的幅度攀升。而大中华区的 4 000 多名 IBM 员工，每 100 人中就有 40 人隶属于 IBM 服务部门。这一组数字，让人很容易搞清楚 IBM 的服务到底与别人有何不同。

IBM 在 1997 年提出"以客为荣，服务至上"的口号，并为此实施了一系列方案：化被动为主动的服务策略、全天候机动型的紧急维修、高效率自动化的后勤支援、本土化专业化的技术水准、世界品质标准的服务流程、以客户为核心的服务。1 年后，IBM 又制定了"98 优质服务专案计划"，该计划包括计算机零件支援改善、计算机保固卡计划、新进员工培训、安装服务管理改进、维护业务的推广、ACS 布线业务流程改进和中小企业访问计划。

培养优质的服务人员

在 IBM 的服务系统中，"人"的因素十分重要。目前，IBM 有 13 万服务人员遍布 100 多个国家。2002 年又增加了 2 万名员工。公司对人员的选择非常严格，而一旦选中，则要对其进行不断的、系统周密的培训。

IBM 对于业务人员的基础培训达 15 个月。IBM 的服务人员都要经过专业的培训，服务工程师必须经过 3—5 年的培训，才能单独为顾客方提供服务。公司的培训投资力度相当大，估计要占到每年营业额的 1%~2%。2000 年花在 300 多名技术人员身上的培训费就达 120 万美元。

IBM 的服务质量保证除了由上到下的流程设定外，还发动自下而上的品质活动。鼓励员工主动想办法提高工作效率、保证服务质量，把服务工作做得更好。IBM 的职责是指导、帮助员工提高分析、解决问题的能力，并给予支持、奖励，确保每个人对品质的承诺，使 IBM

对服务质量的追求深入每个员工的言谈举止中。为了确保经常和顾客联系,IBM 每月定期评估顾客满意的程度。此外,每隔 90 天,就要作一次员工服务态度调查。

完善的支持架构

提供如此繁复众多的服务,必须以强大的技术力量为后盾,IBM PSS China（国际商业机器中国有限公司信息系统服务事业部）目前有 300 多人组成了客户支援队伍。他们在网络计算技术、系统集成和项目管理方面都有丰富的经验。而通过 IBM 的 24 小时全球支线支援网络,更是能够随时与国外的 10 万名专家队伍取得联系。咨询各类问题的解决方案。

产品和技术都是 IBM 的优势,关键是如何把产品和技术进行有机的结合。基于丰富的项目管理经验和队伍的专业化细分,IBM PSS 负责牵头设计方案,并自己动手完成最终的实施,IBM 在北京建有中国最大的呼叫服务中心 800-810-1818,它所进行的是电话支持,而 IBM PSS 提供的则是现场支持。

1999 年 5 月,IBM PSS China 顺利通过了 ISO 9001 国际质量管理体系的认证。IBM PSS 是目前国内 IT 服务业第一家也是唯一一家获得 ISO 9001 认证的公司。通过认证后,IBM 的服务形象进一步清晰地树立起来。

实行外包服务

"让一家专业公司来负责自己不专业的业务"是企业服务外包的根本动机。通过外包,企业资源的运用和管理可以更专注于核心业务的发展,更容易提高信息系统应用水平,加速享受企业改造的成果,分摊信息系统开发/管理风险,促进人力资源的运用弹性,增加可用资金,降低营运成本。据预测,2003 年,全球 IT 系统外包业务市场将达到 1 510 亿美元。

目前,IBM 外包服务在港台已有了合作伙伴,其中最大的客户是香港电信,这是一个比较成功的案例。在内地,由于市场条件现阶段还不十分充分,外包业务还没有开展起来。

强化客户关系管理(CRM)

(1)IBM 对 CRM 的理解

"客户是企业战略性资产"的理念,是企业实施 CRM 项目的基础。IBM 所理解的客户关系管理包括企业识别、挑选、获取、发展和保持客户的整个商业过程。IBM 把客户关系管理分为 3 类:关系管理、流程管理和接入管理。

具体而言,IBM 这方面的工作主要体现在以下 3 个方面。

首先,根据客户所处的行业以及地区的差异性,IBM 公司在全球范围内对营销及服务部门做出了重大的重组。营销和服务体系根据行业特征来建设,以便更好地为客户服务。

其次,IBM 站在战略的高度建立了全方位的客户服务体系——全球服务部。今天全球服务部提供给客户包括管理的咨询、信息技术规划、系统的集成及全方位的发展战略。

再次,IBM 在企业内部大力倡导和实践全面服务客户,即 365 天客户服务的企业文化。从 IBM 的最高层做起,以大量的时间亲自拜访客户,倾听客户的意见和建议;在 IBM 内部通过各种培训活动,向员工积极灌输 365 天客户服务的文化,并且使这一理念能够成为所有

IBM 员工的自觉行动;完善客户服务中心,改善与客户的交流,用专门的人员来处理协调客户的意见与建议。

通过 IBM 实施 CRM 战略,从整体上重新树立了蓝色巨人的形象,带给客户的是更高的服务水平与客户满意度。

(2)e 化的 CRM

20 世纪 90 年代后期,国际互联网应用的迅猛发展激励了 CRM 的进一步前进。同样起作用的还有成熟的"电子商务"平台,它能让每一个 CRM 解决方案的采纳者进一步扩展它们的服务能力——通过附加的客户联系点,如客户面对的 Web 站点、在线客户自助服务和基于自动化的电子邮件。这就是所谓的 eCRM。

虽然 CRM 的概念形成于 20 世纪 90 年代中期,但是 IBM 自从郭士纳上任后,就一直在向着服务型公司的方向转变,因此 IBM 的商业流程一直向着所谓的"服务导向"转化。"我认为,CRM 本质上是一个商业流程"。Ibm.com 大中华地区总经理温智流说:"IBM 的商业流程一直在向着以客户为中心的方向发展。"

[案例讨论]

1.IBM 为什么要对员工进行系统的培训?"人"的因素在服务接触中起到了什么样的作用?

2.说明技术支持与服务质量的关系。

3.互联网对 IBM 客户关系管理的正面影响有哪些?

本章小结

本章介绍了服务接触及三元组合、服务交互性质、服务交互管理、服务交互模型和服务关键时刻模型。在每一次服务接触中,除了服务提供系统、有形展示等一些静态要素以外,能够起到能动作用的主体有三个:顾客、直接提供服务的服务员工以及服务组织本身。服务接触中的每一个关键时刻都涉及这三种主体中的两两交互作用,而这三个主体的利益和目标有可能是不一致的,这样就有可能发生冲突,理想的情况当然是三种主体能协同工作,然而,在真实的情况中,常常是一个要素为了自己的利益来控制整个服务接触的进程。服务剧场理论的四大组成要素:演员、观众、场景与表演。剧场具有三种功能:组织信息交流;限定演员和观众的互动方式;影响演员和观众的人际知觉。服务交互产出包括不可见组织与系统、可见要素和服务利益包。服务背景、行为模式与和谐是影响服务关键时刻的 3 个重要因素。

【思考与练习】

1.为什么服务接触如此重要?

2.如何才能使顾客满意?

3.描述你最近的一次远程接触、电话接触和面对面接触,你如何评价这次接触?

4.描述一次去住旅馆的接触层次,你认为该层次中决定你对旅馆服务质量整体印象的最重要的接触是什么?

第 3 篇　服务质量评估

第12章 服务质量管理

品质就是做你说要做的事情。我认为,这是品质革命中最重要的一部分。管理层已经了解,他们确实能对品质管理尽点力,那就是定义品质所必备的条件:找出顾客要什么,说明那是什么,然后满足那个需求。

——菲利浦·克劳斯比

【学习目标】

学完本章,你应该能够:

1. 理解服务质量的涵义。
2. 掌握感知服务质量的构成。
3. 掌握服务质量的评价要素。
4. 掌握服务感知质量模型。
5. 运用服务质量差异模型进行质量管理。
6. 理解测量服务质量的原理。
7. 理解服务质量的控制过程。

【案例导入】

情感服务是酒店服务的灵魂

高考的第一天,浙江某酒店接待了一批高考考生,为了能让考生们有一个安定的备考环境,酒店做了充分的准备,并安排了业务扎实、办事牢靠的小宋去为考生做专门服务。虽然高考团队只住了两个楼层,但小宋自知责任重大。考试时间是万万耽搁不得的,每天中午的1点半要叫考生起床,小宋不厌其烦地一个接着一个房间地叫人,把26个房间全部叫了两遍。在确保房间内没有考生午休后,小宋又在梯厅口主动迎送考生,祝愿每一位考生考试成功。等考生离开房间以后,小宋开始给这些房间做些小整理,看见有衣服晾在窗台的窗轨上,就把晾干的衣服收下来叠好,给他们放在床头,若洗脸盆中有衣服浸泡着,顺手就把衣服洗好挂在晾衣绳上。为了能使考生有个舒适的居住环境,为了能使他们就像在自己家里一样无后顾之忧,小宋默默地工作着。

【案例点评】

这是酒店开展"简捷+亲情化"服务的一例。令客人惊喜要比令客人满意更有难度,标准化的服务只能满足宾客的一般需求,而情感化的服务却能带给客人惊喜的感受。情感服务是酒店服务的灵魂。酒店员工全身心的投入,将自己的热情融入到日常服务中去,必将大大地丰富优质服务的内涵。本案例中小宋的一个个"举手之劳"实质上是酒店"简捷+亲情化"服务的体现。

12.1　服务质量要素

12.1.1　服务质量的定义

质量是现代管理学最基本的概念,也是最难以定义的概念之一。在相当长的一段历史时期内,人们普遍认为质量就是符合性,即产品符合设计要求,达到设计要求就等于产品合格,质量过关,这似乎已成为一条定律。

随着社会生产力的极大发展,买方市场的形成,这种质量观念的局限性日益暴露,已越来越不能顺应当今社会经济生活的需要了。原因在于它较多地站在供方立场上考虑问题,而对用户的利益和感觉缺少关心。

在买方市场中,企业的生存与发展依赖于市场,要想赢得顾客,提高市场竞争力,就必须摆脱符合性质量观的束缚,正确认识和理解质量的内涵和特性。从顾客的角度出发,质量意味着产品或服务达到或超过顾客期望的程度。国外学术界给质量下了许多的定义,其中国际标准中对质量概念的表达被认为是最为恰当的。

在国际标准 ISO 8402:1994 中,对质量作了明确的定义:质量(quality)是指"反映实体满足明确和隐含需要的能力的特性的总和"。定义中"实体"的概念十分广泛,是指"可单独描述和研究的事物"。实体可以是活动或过程,可以是产品,可以是组织、体系或人,也可以是上述各项的组合。

定义中的"需要",一般指顾客的需要,也可指社会的需要及第三方(非供方,也非顾客)的需要。所谓"明确需要",一般指在合同环境中,特定顾客对实体提出的明确的需要,这种需要常以合同契约等方式予以规定。此外,"明确需要"还包括相应法规的约束,如标准化要求,环境保护要求,安全卫生要求等。所谓"隐含需要",是指顾客对实体的期望,或指那些虽然没有通过任何形式给以明确规定,但却是为人们普遍认同的,无须事先申明的需要。对隐含需要,供方应通过市场调研、比照国内外先进标准等方法加以识别和确定。

人们对有形产品质量的认识大体有四方面:①无瑕疵;②符合某种规范和标准;③对顾客需求的满足程度;④"内部失败"和"外部失败"的发生率。

服务产品属于行为表现,通常是在消费者面前提供的。因此,服务质量在很大程度上是一种体验的主观感受,而不是对实物产品的客观检验。服务质量是由消费者确定的,服务质量意味着顾客得到与所支付的对等的价值,是一种"符合期望"的质量。综合各种观点,我们认为服务质量是顾客的主观感受,它取决于服务期望与服务绩效的对比,从组织角度看,服务质量是指其满足或超过顾客需要的能力。

美国学者帕拉苏拉曼(A. Parasuraman)、泽丝曼尔(V. A. Zeithaml)和贝里(L. L. Berry)——美国的服务管理研究组合 PZB。PZB 最初将"服务期望"定义为"服务应当是什么样的"。1991 年,PZB 将"服务期望"的概念一分为二,界定为"恰当的服务"(adequate service)和"理想服务"(desired service),因此,服务质量是一种平均水平。

12.1.2 服务质量的构成

PZB 提出服务质量是顾客期望与感知的对比,感知服务(体验服务)由服务的技术质量、职能质量、形象质量和真实瞬间表现构成,如图 12.1 所示。服务质量指的是顾客总的感知服务质量,如图 12.2 所示。

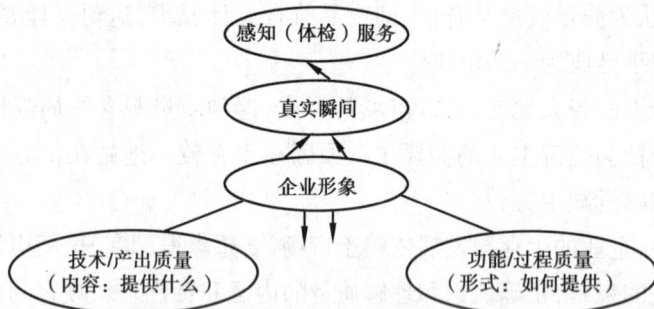

图 12.1　感知服务的构成

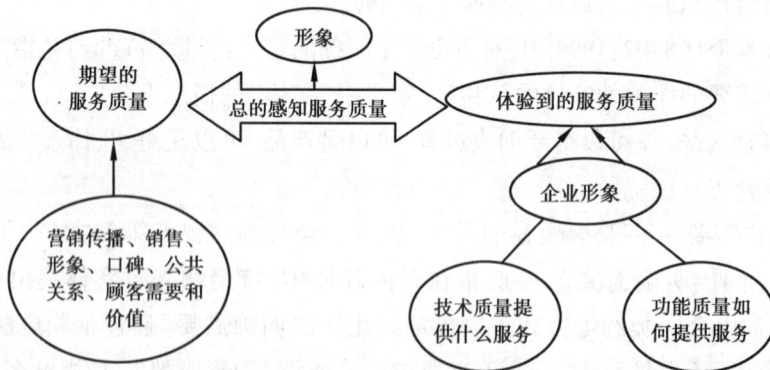

图 12.2　顾客总的感知服务质量

1)技术质量

技术质量也称产出质量,是指服务的结果,即顾客从服务过程中最终得到的东西。例如,医院为患者解除病痛、宾馆为旅客休息提供的房间和床位、饭店为顾客提供的菜肴和饮料、航空公司为旅客提供的飞机舱位等。对于技术质量,顾客比较容易感知,也便于评价。

例如,旅馆设备是否舒适、饭店的菜肴是否可口、民航的舱位是否宽敞等。

2)职能质量

职能质量也称过程质量,是指服务传递的过程中顾客所感受到的服务人员在履行职责时的行为、态度、穿着和仪表等给顾客带来的利益和享受。职能质量完全取决于顾客的主观感受,难以进行客观的统一评价。技术质量与职能质量构成了感知服务质量的基本内容。

3)形象质量

形象质量是指企业在社会公众心目中形成的总体印象。它包括企业的整体形象和企业所在地区的形象两个层次。顾客通过视觉识别系统、理念识别系统和行为识别系统多个侧面认识企业形象。企业形象质量是顾客感知服务质量过滤器。如果企业拥有良好的形象质量,些许的失误会得到顾客的谅解;如果失误频繁发生,则必然会破坏企业形象;倘若企业形象不佳,则企业任何细微的失误都会给顾客造成很坏的印象。

4)真实瞬间

真实瞬间是服务过程中顾客与企业进行服务接触的过程。这个过程发生在一个特定的时间和地点,这个时刻是企业向顾客展示自己服务质量的良机。同时真实瞬间也是服务质量展示的有限时机。一旦时机过去,服务交易结束,企业也就无法改变顾客对服务质量的感知,如果在这一瞬间服务质量出了问题也无法补救。真实瞬间是服务质量构成的特殊因素,这是有形产品质量所不包含的因素。顾客光顾一家服务组织时,他要经历一系列"真实的瞬间"。例如,乘坐飞机航班,乘客从抵达机场开始,直到取回行李离开机场为止,要经历许多这样的瞬间。服务生产和传送过程应计划周密,执行有序,防止棘手的"真实的瞬间"出现。如果出现失控状况并任其发展,出现质量问题的危险性就会大大增加。一旦真实的瞬间失控,服务质量就会退回到一种原始状态。服务过程的职能更是深受其害,进一步恶化质量。

12.1.3　服务质量的特点

1)服务质量具有很强的主观性

服务产品的生产有消费者介入,必须根据顾客的要求来生产,顾客说服务质量是"什么",就是"什么"。服务质量是顾客感知的对象,而不是设计者和操作经理所感觉的质量的好与坏。服务质量更多地要按顾客主观认识加以衡量和检验。

2)服务质量具有极强的差异性

在不同的时间、不同的服务提供者所提供的服务是不同的,即使同一个服务提供者在不同的时间提供的服务质量也存在着差异;不同的顾客,乃至同一个顾客在不同的时间对服务质量的感知也是不相同的。服务质量发生在服务生产和交易的过程之中,顾客的素质,如文化修养、审美观点、兴趣爱好和价值取向等,直接影响着他们对服务的需求和评价,而同一位顾客的口味还会改变和提高,因而服务质量也应随之而改变和提高。

3）服务过程质量比产出质量更重要

顾客感知服务质量由顾客所追求的"结果质量"（技术质量）和"过程质量"（功能质量）两个方面组成。有形产品的质量是可以用一些特定的标准来加以度量的，消费者对有形产品的消费在很大程度上是结果消费。而服务则不同，顾客对服务的消费，不仅仅是对服务结果的消费，更重要的是对服务过程的消费。服务结果与服务过程相辅相成、不可或缺，忽视任何一个方面都会给服务质量带来灾难性的后果。基于前人所做的大量研究，得出这样的结论：如果服务产品的技术质量是可以接受的，那么，过程质量在总的顾客感知中常常要比产出质量重要得多。无论接受什么服务，能够让人们对交易过程有深刻印象的是服务过程，组织与顾客的人际接触是最具影响力的因素。服务质量的提高需要内部形成有效的管理和支持系统。

4）顾客感知服务质量是在服务提供者与服务接受者的互动过程中形成的

与有形产品不同，在绝大多数情况下，服务的生产和消费是无法分割的，服务质量是在服务生产和服务消费的互动过程之中形成的。因此，互动性是服务质量与有形产品质量一个非常重要的区别。

5）形象是影响顾客感知服务的重要因素

如果在顾客心目中企业形象是好的，那么如果顾客遇到不满时，都会由于形象的感觉起到某些程度的抵消作用。当然，如果问题连续出现，企业形象最终会受到伤害。如果企业形象不佳，质量问题很容易被感知比实际更糟。

12.1.4　服务质量的评价要素

PZB 提出了服务质量的评价要素，他们确定了顾客按相对重要性由高到低用来判断感觉中的服务质量的五个基本方面：可靠性、敏感性、保证性、移情性、有形性。

1）可靠性

可靠性是指企业可靠地、准确地履行服务承诺的能力。可靠的服务是顾客所希望的，它意味着服务以相同的方式、无差错地准时完成。许多以优质服务著称的企业都是通过"可靠"的服务来建立自己的信誉。比如，麦当劳的顾客会发现，在去除文化背景因素之外，无论在美国还是在中国，你都能吃到具有同一质量水平的汉堡包。可靠性实际上要求企业避免在服务过程中出现差错，因为服务差错给企业带来的不仅是直接意义上的经济损失，而且可能意味着失去很多的潜在顾客。在服务过程中，最令顾客恼火的莫过于企业失信。航空公司的可靠性表现在安全、准时、速度上。假如，一位旅客准备乘坐上午 9:30 的飞机从北京飞往深圳参加下午 3:30 的会议，事实上整个航程只有 3 个多小时，但是，旅客候机却等了 6 个小时，因为飞机晚点了 5 个小时。飞机晚点不仅耽误了旅客的行程，而且严重破坏了公司在乘客心目中的形象，在这种情况下，向乘客道歉往往是没有用处的。

2）敏感性

敏感性也叫响应性，是指帮助顾客并迅速提供服务的愿望，是顾客感觉到的服务企业的态度，即企业随时准备愿意为顾客提供快捷、有效的服务。对于顾客的各种要求，企业能否予以及时的满足将表明企业的服务导向,即是否把顾客的利益放在第一位。同时,服务传递的效率则从一个侧面反映了企业的服务质量。研究表明,在服务传递过程中,让顾客等候,特别是无原因的等候,会对顾客质量感知造成不必要的消极影响。出现服务失败时,迅速解决问题会给质量感知带来积极的影响。在误点的航班上提供补充饮料可以将乘客潜在的不良感受转化为美好的回忆。

3)保证性

保证性是指员工所具有的知识、礼节以及表达自信与可信的能力。服务人员的友好态度与胜任工作的能力,能够增强顾客对企业服务质量的信心和安全感。当顾客同一位友好、和善且学识渊博的服务人员打交道时,他会认为自己找对了公司,从而获得信心和安全感。友好心态和胜任能力二者是缺一不可的。服务人员缺乏友善的态度自然会让顾客感到不快,而如果他们对专业知识懂得太少也会使顾客失望,尤其是在服务产品不断推陈出新的今天,服务人员更应该拥有较高的知识水平,给顾客专家的感觉。

4)移情性

移情性是设身处地为顾客着想和对顾客给予特别的关注的能力和愿望。移情性有以下的特点:接近顾客的能力(可接近性和便捷性),敏感地和有效地理解顾客需求(甚至是私人方面的特殊要求)并予以满足,做到换位思考,使整个服务过程富于"人情味"。

5)有形性

有形性是指服务的实体设施、设备、环境、人员外表以及服务中与顾客的实体接触等有形证据。由于服务是无形的体验,本质上是一种行为过程而不是某种实物,具有不可感知的特性,所以,顾客在很大程度上借助这些与服务有着密不可分关系的有形设施设备、环境美化与卫生、工作人员的仪容仪表、各种指示符号与标志、价目表等来把握服务质量的高低。从而做出自己的判断和评估。另外,有形的环境条件等是服务人员对顾客更细致地照顾和关心的有形体现。比如,旅客乘坐某某航空公司的班机,清洁、典雅的机舱和美丽、大方的空姐不仅展示出该航空公司的服务水准,而且顾客在评估其服务质量时自然会给予较高的评价。充分利用有形性有两个方面的作用:一是提供有关服务质量本身的有形线索。二是直接影响顾客对服务质量的感知。

顾客主要从以上五个方面将预期的服务和接受到的服务相比较,最终形成自己对服务质量的判断。期望与感知之间的差距是服务质量的量度,既可能是正面的也可能是负面的。

12.2 服务质量的期望与感知

12.2.1 感知服务质量模型

1982年,格罗鲁斯第一次提出了顾客感知服务质量概念。他的研究基本上是建立在消费者研究理论基础之上,而且借鉴了许多消费者研究理论。顾客感知服务质量被定义为顾客对服务期望与实际服务绩效之间的比较。实际服务绩效大于服务期望,则顾客感知服务质量是良好的,反之亦然。从而将服务质量和有形产品的质量从本质上区别开来。如图12.3 所示。

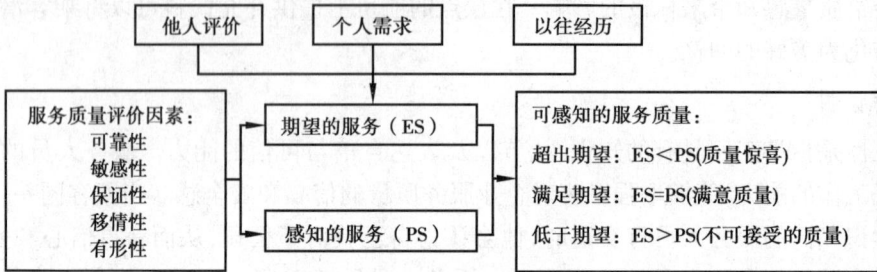

图 12.3　感知服务质量模型

12.2.2　感知服务质量模型的矛盾

1)好与差服务的混淆

根据感知服务质量模型有时候会出现把实际上差的服务认为是好的。顾客期望如果是低的,差的服务也是好的,因为期望和经历之间没有差距。如果顾客的期望很高,好的服务也会意味着坏的质量。这个矛盾出现的原因是把低水平服务和差服务的概念混淆了。感知服务质量模型告诉我们,只要满足了顾客的期望,服务质量就是好的,就是可以接受的。如果顾客的期望很低,要求的服务水平比另外的顾客低,那么,他会认为得到的服务对他来说是好的、合适的,这就叫低水平的好服务而不是差服务。但当顾客的感知低于期望时,就是差服务。相同的质量对一些人来说是好的质量,对另外一些人来讲却是差的质量。这完全取决于顾客的期望水平。期望必须依赖于某一顾客的真实需要和愿望。

2)营销矛盾

营销的结果往往提高了顾客的期望,顾客的经历低于期望造成了感知质量的低下。那么,营销是告诉顾客服务并不那么好,降低顾客的期望以获得较高的服务感知吗? 显然这样做是荒谬的。营销中关键要把顾客的期望控制在一定的水平,有时在顾客容忍区间里甚至要降低顾客的期望水平,前提是清楚顾客的期望水平和容忍区间。

3)学习矛盾

顾客如果在前一次的服务中得到了超过他预期的比较好的服务,那么他对服务满意的同时,在下一次接受相同服务时会产生更高的期望,如果得到与第一次一样的服务,他就会产生期望与经历的差距。按照感知服务质量模型,就会出现质量逐渐变坏的矛盾。顾客的学习会使质量变坏,这显然是讲不通的。当我们记住感知服务质量模型是个静止的模型时,这个矛盾就很好解释。在时间轴上,每一个新的情形都是一个独特的质量感知,静止的模型不可能描述动态的过程。由学习矛盾引起的问题主要是管理问题,管理者应该研究使学习的顾客保持长期满意的对策。

12.3 服务质量差距模型

12.3.1 服务质量差距模型

美国(A.Parasaraman, Valarie A.Zeithaml, Leonard L.Berry)在顾客感知服务质量概念的基础上,对服务质量的构成要素及其评价方法进行了更为深入的研究。他们通过对若干服务行业的实证研究,构建了"服务质量差距模型"(The Five—Gap model of Service Quality)(1985),提出了五种服务质量差距。通过这种模型可以分析质量问题的起源,从而协助服务企业管理者采取措施改善服务质量。图12.4为服务质量差距分析模型框图。

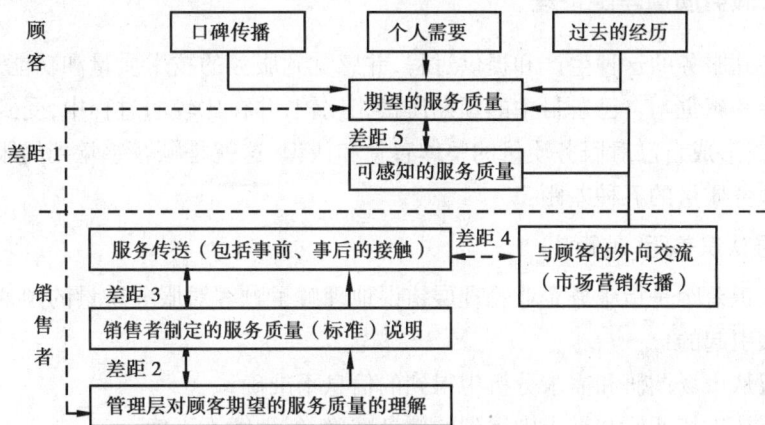

图 12.4 差距分析模型示意图

差距1——管理者认知差距

指顾客对服务的期望同管理者对顾客期望的认知之间的差距。最直接、也最明显的差距往往是,顾客想要得到的服务和管理人员认为顾客希望得到的服务两者之间的差异。

差距2——服务质量规范差距

指管理人员对顾客期望的认知同企业制定的服务质量标准之间的差距。即使管理人员已经准确理解了顾客的需求,有时也不能将其融入到制定的服务质量标准中。

差距3——服务传送差距

指服务质量标准同企业实际所提供的服务之间的差距。存在这一差距意味着企业向顾客提供的服务未能达到企业制定的服务标准。

差距4——市场信息传播差距

指企业进行外部市场沟通时承诺的服务同企业所提供的实际服务之间的差距,即承诺—兑现差距。

差距5——感知服务质量

即古墨森(Gronroos)提出的顾客对服务的期望与顾客对服务的感知之间的差距。这一差距实质上是前4个质量差距之和。

模型的上半部分与顾客有关,下半部分与服务提供者有关。顾客对服务质量的期望是口碑沟通、个人需要和以前的服务体验等几方面因素共同作用的结果,同时还受到企业与顾客外部沟通时所做的营销宣传的影响。顾客实际感知的服务就是顾客对服务的体验,它是服务组织一系列内部决策和活动的结果。管理者对顾客预期服务的感知决定了企业所制定的服务质量标准;一线员工按照服务标准向顾客交付服务;顾客则根据自身的体验来感知服务的生产和传递过程。该模型还指出,营销传播对顾客的感知服务和预期服务都会产生影响。

该模型向希望改进服务质量的管理人员传递了一个清晰的信息:弥合顾客差距的关键在于弥合差距1~4,并使其持续处于弥合状态。由于差距1~4中是一个或多个差距的存在,顾客感知的服务质量会有缺失。服务质量差距模型,可以作为服务组织试图改进服务质量和服务营销的基础框架。

12.3.2 服务质量差距管理

顾客体验到服务的这种生产和提供过程,并感觉到服务的技术质量和功能质量,于是就会将这种体验和感觉与自己心目中的预期质量相比较,并在比较的过程中,受到企业形象的调节作用,最终形成自己对服务质量的整体感觉和认识,这就是顾客感觉到的服务质量。以下具体讨论服务质量的五种差距:

1)管理层认识差距(差距1)

管理层认识差距是指服务企业管理层错误地理解了顾客对服务质量的预期。这种差距是由下列因素引起的:

①管理层从市场调研和需求分析中得到的信息不准确;

②管理层从市场调研和需求中得到的信息准确,但理解不正确;

③服务企业对顾客的需求缺乏正确分析;

④企业与顾客接触的一线员工向上传递给管理层的信息不准确或没有信息传递;

⑤服务企业内部机构重叠,组织层次过多,影响或歪曲了与顾客直接接触的一线员工向管理层的信息传递。

以上五种因素可以综合为市场调查、向上沟通和管理层次三个方面。服务企业要减少管理层认识差距,只有根据形成该差距的原因对症下药,才能彻底消除由于管理层认识差距而导致的服务质量低下。服务企业需要改进市场调查方法,在调查中侧重服务质量问题,并要求高层管理者克服客观上的限制,抽出时间亲临服务现场,通过观察与交流,了解顾客需求,或通过电话、信函定期与顾客联系,就可以更好地理解顾客。服务组织还必须采取必要的措施,改进和完善管理层和一线员工之间的信息沟通渠道,减少管理层次,以缩小认识差距。

2)服务质量规范的差距(差距2)

服务质量规范的差距是指服务企业制定的服务质量规范与管理层对顾客的质量预期的认识不一致。产生这种差距的因素有:

①企业对服务质量规划管理不善或规划过程不完善;

②管理层对企业的规划管理不善;

③服务企业缺乏清晰的目标；

④最高管理层对服务质量的规划缺乏支持力度；

⑤企业对员工承担的任务的标准化不够；

⑥对顾客期望的可行性认识不足。

服务质量规范的差距是由管理层认识差距决定的。管理层的认识差距越大，按这种认识对服务质量进行规划的偏差也就越大。不过，即使服务企业对顾客的质量预期有着充分而准确的信息，也会造成质量标准规划失误。这是由于企业的最高管理层对服务质量认识不够、重视不够，也就没有真正承担对服务质量的义务，没有把服务质量看成是企业优于一切的目标。确立服务目标，可以使提供服务的员工真正理解管理者希望传递的服务是什么。因此，服务目标必须具有可接受性、可衡量性、挑战性和全面性，包含具体的各项服务质量的标准或规范，从而缩小服务质量规范的差距。服务企业的一线员工也应该认识到，自己有责任严格按照服务规范操作。同样，制定服务规范的人员应当清楚，没有充分听取一线员工的意见，制定的服务规范也必定是不完善的。关于规范，没有具体操作人员的配合和严格执行，这样的规范形同虚设。同时，还要注意，服务规范太具体、太细致，也会制约一线员工的主观能动性，从而影响服务质量。服务规范既要得到企业的管理者、规划者的认同，又要得到服务的生产者和提供者的认同，服务规范还必须有一定的柔性，不制约员工的灵活性，这样制定的服务规范才可以尽可能地减少差距2对服务质量的影响。

3) 服务传送的差距（差距3）

服务传送的差距是指服务在生产和供给过程中表现出的质量水平，未达到服务企业制定的服务规范。造成这种差距主要有如下因素：

①质量规范或标准制定得过于复杂或太具体；

②一线员工不认同这些具体的质量标准，或严格按照规范执行，员工可能会觉得改变自己的习惯行为；

③新的质量规范或标准与服务企业的现行企业文化，如企业的价值观、规章制度和习惯做法不一致；

④服务的生产和供给过程管理不完善；

⑤新的服务规范或标准在企业内部宣传、引导和讨论等不充分、使职工对规范的认识不一致，即内部市场营销不完备；

⑥企业的技术设备和管理体制不利于一线员工按服务规范或标准来操作；

⑦员工的能力欠缺，无法胜任按服务质量规范提供服务；

⑧企业的监督控制系统不科学，对员工依据其服务表现而非服务数量进行评价的程度不足；

⑨一线员工与顾客和上级管理层之间缺乏协作。

引起服务传送差距的原因较多，纠正的方法也相应不同。综合以上各种因素大致可以归纳为三类：管理与监督的失误、技术和营运系统缺乏支持、员工对规范或标准的认识失误以及对顾客的期望与需求的认识不足。在诸多原因中，管理和监督方面的问题可能很多。如管理者的方法不能鼓励优质服务行为，或者企业的监督机制与重视服务质量的活动发生冲突，甚至与服务规范自相矛盾。在服务企业中，如果服务规范或标准的制定过程与企业职工的奖惩机制相互脱节,可能会导致较大的服务传送差距。企业中的控制和奖惩机制一般具体体现了企业文化,表明了企业管理层的态度。如果对这些问题的认识发生混乱,企业的正常生产秩序将被打乱,也就不能贯彻执行质量规范或标准。当质量标准对服务的要求与现有的控制可建立系统发生冲突时,企业的一线员工作为服务的提供者,当顾客提出合情合理的要求,服务人员也有能力予以满足时,却由于违背了企业制定的服务质量规范或标准而使员工感到非常为难。如果这种情况发生频繁,而服务企业又不能及时修正服务质量标准或规范,则不仅会赶跑顾客,还会伤害企业员工为顾客提供良好服务的动机。

要解决这方面的问题,既要改变营运系统,使其与质量规范或标准一致;又要加强员工培训,使员工认识到他们的权限,即在企业允许的范围内提倡独立思考、自主判断,提供顾客服务的最大灵活性。

引起服务传送差距的原因也可能是由于服务企业的技术设备和经营体制不支持企业提供优质服务。所谓技术设备是指企业的硬件设施,即设施、设备;而经营体制则是指企业的软件环境,即企业的营运系统,包括企业的内部机构设置、职责及职能的分工、规章制度等。企业的技术设备不支持企业提供优质服务,是指企业的设备达不到服务质量规范或标准的要求。企业的经营体制不能支持企业提供优质服务,可能是企业之间分工不明或各职能部门缺乏有效地衔接,以致发生矛盾和冲突,也可能是由于质量规范或标准难以执行。解决这类问题,需要在技术上进行更新和对营运体系进行适当变革,支持质量标准的正确执行;或者加强对员工的培训和内部营销管理,达到缩小服务传送差距的目的。

造成服务传送差距还可能是由于员工无法胜任。一方面,可能是企业人事制度有一定的缺陷性,把不具备生产和提供优质服务的专业技能和工作态度的员工安排到服务企业的第一线,即使这些员工有其他方面的长处和优势。这需要改革现有的人事制度,并对现有人员进行适当调整。另一方面,可能是员工没有正确对待服务工作,不把解决顾客的实际问题作为自己的工作职责。解决这方面的问题只有制定严格的操作规程和服务项目内容细则,同时加强对员工的培训,尽可能提高企业内部运作效率,使顾客得到满意的服务。

4)市场信息传播的差距(差距4)

市场信息传播的差距是指企业在市场传播中关于服务质量的信息与企业实际提供的服务质量不相一致的程度。造成这种差距的因素有:

①企业的市场营销规划与营运系统之间未能有效地协调;

②企业向市场和顾客传播信息与实际提供的服务活动之间缺乏协调;

③企业向市场和顾客传播了自己的质量标准,但在实际提供服务时,企业未能按标准进行;

④企业在宣传时夸大了服务质量,顾客实际体验的服务与宣传的质量有一定的距离。

对造成市场信息传播差距的原因可能是由于服务供方的信息传播和企业经营管理体系之间缺乏充分和有效的协调,也可能是由于企业在做广告和其他市场传播中过于夸大其词或过分承诺。

为了解决第一种原因,需要在服务企业内部建立一套有效的机制,加强服务企业内部的水平沟通,即在企业内部、部门内部和部门之间加强横向信息流动,使部门之间、人员之间相互协作,实现企业的既定目标。只有企业内部的水平沟通得以畅通,才能提供顾客能满意接受的服务质量,也利于顾客形成合理的质量预期。对于第二种原因,即在市场信息传播进行计划管理和实施严格监督,选择思维稳健的人来管理广告策划,不盲目向市场和顾客承诺。同时,企业的管理层要负责监督信息传播,发现不适当的信息传播要及时纠正,减少负面影响。

5) 服务质量感知差距(差距5)

服务质量感知差距是指顾客体验和感觉到的服务质量与自己对服务质量的预期不一致,多数情况是顾客体验和感觉的服务质量较预期的服务质量差。服务质量感知差距会导致以下结果:

①顾客认为体验和感觉的服务质量太差,比不上预期的服务质量,因此,对企业提供的服务持否定态度;

②顾客将自身的体验和感觉向亲朋好友等诉说,使服务具有较差的口碑;

③顾客的负面口头传播破坏企业形象并损害企业声誉;

④服务企业将失去老顾客并对潜在的顾客失去吸引力。

当然,与此相反,顾客质量感知的差距也可能对企业有正面影响,使顾客感觉到他们消费了优质服务,不仅留住了老顾客,还吸引了潜在顾客来消费。

由于服务质量管理中存在着许多企业难以控制的因素,在看似简单的管理过程中存在许多问题并导致低劣的服务质量。下面就几个常见的问题进行探讨。

在服务战略方面,最常见的问题在于服务管理的错误理解。比如说,试图以同样的服务系统去为不同的目标市场提供服务。另外,不深入了解顾客期望,根据管理人员的主观想象制定服务战略也是常见的失误之一。

在管理措施的制定和实施中,导致服务质量不高的原因主要有以下几个:

(1)企业高层管理人员不重视服务质量

企业高层管理人员的行为对员工起榜样的作用,如果他们不注重服务质量,不把提高服务质量作为取得竞争的关键,即使企业已经制定了服务质量标准,也不会长期为员工们接受和实施。

(2)把服务质量作为专业人士的问题

许多企业还没有把服务质量放在整体的观念上去考虑,往往把提高服务质量和服务质量控制认为是应由专门的部门解决的问题,认为服务质量的评估、处理和沟通应由专门的部门来完成。但服务与消费同时发生的特性告诉我们服务质量及其控制的责任属于实施服务工作的部门,也就是说,企业的各个部门都应将优质服务的观念贯彻在平时的工作中,应认识到服务质量贯穿于整个企业的工作里。

(3)角色模糊

在关于什么想法与行为能产生优质服务这一问题上,如果服务人员与管理人员没有共识,就会导致"角色模糊"。因为服务人员不了解管理人员的具体要求,在与顾客的面对面服务过程中就无法依照质量标准做好服务工作,无法满足顾客的需求。

(4)难以保持长期的努力

适当的服务质量管理措施在短期内能提高服务质量水平,通常这样的管理措施是以合理的计划,富于魅力的领导者以及一些有效的交流工具为前提,但仍存在着一定的风险。就是这种"第一阶段的质量提高"很有可能存在时间不长,除非企业采取系统化的努力措施以保证持续地提高质量的机制。

(5)没有重视服务质量与社会进步的关系

顾客的期望在不断变化,很多企业管理人员不重视社会的发展及所带来的顾客需求的变化,不能理解这些变化对服务及服务质量的影响。在管理中遇到类似问题时,管理人员不是根据顾客需求而改变管理要求和措施,而是代之以调整价格的方法。

通过以上叙述我们可以将引起服务质量问题的根源和症结找出来,从而可以根据造成服务质量问题的原因对症下药,制定正确的发展战略,并通过合适的处理措施来缩小差距,提高顾客的满意度和服务质量。

12.4 服务质量的测量

对服务质量进行测量难度极大,因为服务包含许多无形因素和心理因素,难以设定精确的量化标准。因此需要特殊的方法来实现这一评估。

12.4.1 SERVQUAL 模型

SERVQUAL 模型是目前从顾客角度评价服务质量的最有影响力的模型。该模型于1988 年由 PZB 提出,是一份包括 22 项测试问题的调查问卷,被应用于服务业评价顾客感知服务质量。1990 年,PZB 又提出了服务质量差距模型,即在前文所提的服务质量差距模型;在此之后,他们对 SERVQUAL 又进行了改进和扩展。

根据研究,PZB 提出了服务质量五维度的观点,这五个维度分别是:可靠性(reliability)、敏感性(responsiveness)、保证性(assurance)、移情性(empathy)、有形性(tangibles)。并根据这五个维度设计了包括有 22 个问项的调查表,建立了 SERVQUAL 感知质量评价方法。这种方法的工作原理就是前一节讨论的服务质量差距理论,即对顾客的期望和实际服务体验分别评估,然后对比两种评估的结果,找到其中的差距而得到最后的对服务质量的评价。SERVQUAL 量表由两份组成,见表 12.1。量表项目、填答方式均相同,只是指导语不同。第一份表的指导语要求被试者在量表上确认"提供某种服务的企业在多大程度上符合量表项目陈述中所描述的特征",获得顾客对某行业服务质量的期望水平。第二份表的指导语要求被试者在量表上确认"对于提供该服务的某具体企业在多大程度上符合量表项目陈述中所描述的特征",获得顾客对具体企业服务质量的认知。SERVQUAL 分数 = 实际感受分数(PS)-期望分数(ES)。SERVQUAL 分数一般为负值,其绝对值越大,表明企业的服务质量越差。

当 PS>ES 则 SQ>0 服务质量超出顾客期望,表现为服务质量惊喜。

当 PS=ES 则 SQ=0 服务质量满足顾客期望,表现为服务质量满意。

当 PS<ES 则 SQ<0 服务质量低于顾客期望,表现为服务质量低下。

表 12.1　SERVQUAL 调查问卷的期望质量调查问卷

SERVQUAL 调查问卷
问卷一 　　说明:这份调查问卷目的是为了收集您对某类服务的看法。您认为提供_____服务的企业在多大程度上符合下列特征。在每个条款后我们设计了 1~7 个分数供您选择其一。如果您非常赞同这类企业应当拥有这项特征,您就选择 7。如果您非常反对,您就选择 1。如果您的期望在这两者之间,那么您就根据您的支持程度选择其中的某个数字。答案没有正确和错误之分,我们所关心的是,最能表达您提供_____服务企业的期望值。 　　E1 他们应当装有现代化设备 　　E2 他们的设备应当在感官上吸引人 　　E3 雇员的穿着打扮应当漂亮、整洁 　　E4 这些公司的设备从外观上应当与它所提供的服务和谐、一致 　　E5 当这些公司许诺在某一时间做某事时,他们应当信守诺言 　　E6 当顾客有困难和问题时,公司应当给予同情与关心,使其消除疑虑并放心 　　E7 这些公司应当是可靠的 　　E8 他们应当按照他们所承诺的时间服务 　　E9 他们应当记录准确 　　E10 顾客不希望被告知接受服务的精确时间(−) 　　E11 顾客期望公司的雇员给予及时的服务是不现实的(−) 　　E12 员工并不总是乐于帮助客人(−) 　　E13 如果他们太忙,不能及时地满足顾客的要求也没有关系(−) 　　E14 员工是值得信赖的 　　E15 顾客在与公司雇员的交往接触中应该能够感到安全 　　E16 他们的雇员应当是有礼貌的 　　E17 公司的雇员应当从他们的公司得到适当的支持,以做好他们的本职工作 　　E18 顾客不应当期望公司给予他们个人的关注(−) 　　E19 顾客不能够期望这些公司的雇员给予他们个人的关注(−) 　　E20 希望雇员知道他们的顾客需要什么是不现实的(−) 　　E21 希望公司真心地从他们的顾客的最大利益出发是不现实的(−) 　　E22 不应当期望公司的营业时间为所有的顾客提供方便(−)

表 12.2　SERVQUAL 调查问卷的感知质量调查问卷

SERVQUAL 调查问卷
问卷二 　　说明:这份调查问卷目的是为了收集您对_____公司服务工作的意见。请对_____公司是否应当拥有下列条款中所描述的特征,来表达您的意见,即在多大程度上支持这项条款。在每个条款后我们设计了 1~7 个分数供您选择其一。如果您非常赞同_____公司应当拥有这项特征,您就选择 7。如果您非常反对_____公司拥有这项特征,您就选择 1。如果您的期望在这两者之间,那么您就根据您的支持程度选择其中的某个数字。答案没有正确和错误之分,我们所关心的是,最能表达您对_____公司的_____服务工作的期望值。

续表

SERVQUAL 调查问卷
P1 该公司应当装有现代化设备
P2 该公司的设备应当在感官上吸引人
P3 雇员的穿着打扮应当漂亮、整洁
P4 该公司的设备从外观上应当与它所提供的服务和谐、一致
P5 该公司许诺在某一时间做某事时,他们应当信守诺言
P6 当顾客有困难和问题时,公司应当给予同情与关心,使其消除疑虑并放心
P7 该公司应当是可靠的
P8 该公司应当按照他所承诺的时间服务
P9 该公司应记录准确
P10 顾客不希望被告知接受服务的精确时间(−)
P11 顾客期望公司的雇员给予及时的服务是不现实的(−)
P12 该公司的员工并不总是乐于帮助客人(−)
P13 如果他们太忙,不能及时地满足顾客的要求也没有关系(−)
P14 顾客应当能够信任该公司的雇员
P15 顾客在与该公司雇员的交往接触中应该能够感到安全
P16 该公司的雇员应当是有礼貌的
P17 该公司的雇员应当从他们的公司得到适当的帮助,以做好他们的本职工作
P18 顾客不应当期望公司给予他们个人的关注(−)
P19 顾客不能够期望该公司的雇员给予他们个人的关注(−)
P20 希望雇员知道他们的顾客需要什么是不现实的(−)
P21 希望该公司真心地从他们的顾客的最大利益出发是不现实的(−)
P22 不应当期望公司的营业时间为所有的顾客提供方便(−)

注:本问卷采用 7 分制,7 表示完全同意,1 表示完全不同意。中间分表示不同的程度。问卷中的内容是随机排列的。

在 SERVQUAL 被建立起来以后,许多学者都对它的信度和效度在很多行业进行了多次测量。尽管在很多测量中 SERVQUAL 量表都表现出了较强的信度和效度,但是仍然有不同的呼声存在。Carman(1990)指出:SERVQUAL 的稳定性虽然较好,但是其 5 个维度并不都是"中性"指标,对不同的行业并不具有完全的适用性。有的学者将 SERVQUAL 测量模型改进为 $Q=I(P-E)$,其中,I 表示服务质量属性的重要程度。而 Bolton 和 Drew(1991)更关注服务经历对服务质量的影响,他们指出:顾客现在的看法是建立在上一次服务质量的感知基础之上的,服务经历也许会改变他们未来对服务质量的态度。

具有代表性的服务质量评价模型还有 SERVPERF 模型、Q 矩阵评价模型、基于心理学标准的比较评价模型、价值曲线评价模型等。本书主要借鉴顾客感知服务质量差距模型 SERVQUAL 模型,在此对后几种模型不做详细介绍。

12.4.2　服务质量测量的程序

服务质量测量一般采取评分量化的方式进行,其具体程序如下。

测量顾客的预期服务质量 ES；

测量顾客的感知服务质量 PS；

确定服务质量 SQ，即：服务质量＝预期服务质量－感知服务质量。

对服务质量的评分量化方法具体步骤如下：

①选取服务质量的评价标准：可靠性、敏感性、保证性、移情性、有形性。

②根据各条标准在所调查的服务行业的地位确定权数：9、7、6、4、2 等。

③对每条标准设计 4~5 道具体问题：先进的设备、同情心、穿着得体、整洁等。

④制作问卷。

⑤发放问卷，请顾客逐条评分。

⑥对问卷进行综合统计。

⑦分别测算出预期质量和感知质量。

⑧求出差距值，其差距值越大，表明感知质量离预期质量差距越大，服务质量差，相反，则服务质量好。

⑨问卷二中的"（－）"表示对这些表述的评分是反向的，在数据分析前应转为正向得分。

12.4.3 服务质量测量的范围

服务质量包括内容很广，总的来看由五大要素组成。以医疗服务质量的测量为例，其质量范围明显超出照料患者的含义，它还包括医疗服务对家庭与社会的影响。

1）服务内容

服务业门类广泛，每一种服务都有其特定的服务内容。旅游业为旅游者提供食、住、行、游、购、娱等服务；医疗服务为人们提供诊断、开方、手术、保健等服务。

2）服务过程

服务过程是指完成服务提供的方法或服务提供的顺序。通过问卷调查来测量服务中的事件顺序是否恰当。

3）服务结构

这里指有形设施布局结构和服务组织结构设计是否匹配。尤其是人员资格是重要的质量因素。

4）服务结果

顾客对服务质量的最终评估。通过与行业平均水平的对比来监控，同时服务人员对自己的表现是否满意也是服务结果的重要部分。

5）服务影响

这里是指服务对顾客的长期影响，包括对社会和社区造成的影响。例如，教育机构对某地升学率提高的贡献，医疗服务对社会平均寿命延长所做出的努力等。

12.5 服务质量的控制

12.5.1 服务过程控制

服务过程控制可视为一种反馈控制系统。在一个反馈系统中,将输出结果与标准相比,与标准的偏差被反馈给输入,随后进行调整,使输出保持在一个可接受的范围内。例如,温度、等待、顾客抱怨等。表 12.2 列出了以饭店为例的服务质量控制管理方法。

12.5.2 统计过程控制

在明确知道了服务中存在的质量问题后,必须对之进行分析找出原因,才可能对症下药,采取正确的质量改善措施。

1) 因果图诊断问题产生的原因

因果图是用于思考并显示已知结果(质量问题)与其潜在原因之间关系的一种工具,因而它是组织人们提出各种设想、揭示各种潜在的根本原因的有效方法。

(1) 因果图的由来及特点

因果图是日本质量管理先驱石川馨于 20 世纪 50 年代初所创。因该图形类似鱼骨,故又称为鱼刺图、石川图。如今因果图成为质量管理界所偏好的一种重要分析工具,而将其运用于服务质量的分析则更具有开创性的意义。

因果图有下列优点:

①PA 结构的、系统的方法将所有有关成员的注意力都集中于特定的问题上。

②使复杂情况能被表述,且容易被理解。当某一问题在诸多原因复杂的交互作用中受到潜在影响时,因果图能清晰地显示出各要素间的关系。

③这是一种具有良好交流沟通作用的工具,有助于员工之间的思想交流和培养团队精神;同时也容易在人际间达成共识,鼓励员工的创造性思维。

(2) 因果图的构建

共分为六步:

第一步:为了识别原因,必须用书面形式清晰地定义结果或症状。

第二步:将待分析的结果或症状填入右边方框中,在中间画一根粗线并指向它。如图 12.5 所示。

第三步:运用头脑风暴法或一种合理方法逐步识别可能的原因。

①识别大原因。大原因即指可能产生待分析的结果的主要原因。在大类原因中又会有一些具体的细化的中、小原因。对服务业一般来说,5P 分类法有助于将所有可能的原因都包括在内。这 5P 是人员(People)、供给(Provisions)、程序(Procedures)、地点(Place,也称环境)和客户(Patrons)。当然并非每个类别在所有情况下都要采用,重要的是需要将问题的所有可能因素都考虑在内。具体地说,大原因的数目根据需要而定。但过多的大原因可能是由于对过程未充分了解所致。有些大原因实际上可能是导致其他一些大原因的子原因。

表12.3 饭店服务质量监控管理方法一览表

序号	类别	方法	目的	使用频度	注意事项	跟踪	责任人与部门	激励
1	互动调查	对顾客进行服务过程的满意度调查	及时反馈、及时改正	经常	1.科学的问卷设计 2.对经常顾客的调查	公布结果	综合部	发送小礼品还可达到宣传作用
2	神秘顾客	调查者假扮顾客，经历和评价服务质量	1.衡量个体员工的服务行为，用以指导、培训、绩效评价、提升和奖励 2.识别服务系统存在的优势和劣势	每季度	1.调查者可能比顾客更具有批评的眼光 2.成本限制了重复使用 3.防止潜在地伤害员工的士气	组织全员培训	总经理	为调查者授权和奖励
3	对新来顾客的调查	为什么选择我们酒店？需要我们提供的个性化服务有哪些？	1.争取并不断发挥优势 2.留住客人	经常	1.运用好沟通技巧和设计好问卷 2.致欢迎卡（如酒店房卡常放在欢迎卡内等）	1.建立客人档案 2.培育顾客	前厅部	发送小礼品还可达到宣传作用
4	对离去顾客的调查	为何离开？去了哪里？	1.了解竞争对手 2.完善顾客忠诚策略	经常	1.识别与掌握顾客的服务惯例 2.表达酒店永远敞开大门的真诚	1.公布结果 2.组织培训	营销部	发送小礼品还可达到宣传作用
5	重点小组会见	针对一个具体问题直接询问小组成员，一般为8~12人，人员组成由顾客、潜在顾客、员工组成	1.提出改进服务的想法和建议 2.对服务产生快捷、非正式的反馈	按需要	与有计划的调查联合使用，会得到意想不到的信息		综合部	
6	顾客回访	让顾客评价服务，了解顾客的意见	1.识别顾客的期望和感知 2.对酒店的未来提出展望	半年	1.费时费用高 2.促进顾客忠诚		营销总监与大堂副理	发送小礼品还可达到宣传作用

续表

序号	类别	方 法	目 的	使用频度	注意事项	跟踪	责任人与部门	激 励
7	投诉处理	衡量顾客对服务的全面评价	1.识别服务失败的原因及改进方法 2.加强与顾客关系的良好机遇	经常	1.主动询问 2.全面了解和追究深层原因		大堂副理	
8	管理咨询小组的全面市场调查	研究还包括外部顾客及竞争对手的顾客	1.评价酒店的服务绩效 2.识别需要改进的服务 3.跟踪服务全过程	半年	衡量顾客对服务的总的评价		综合部	
9	一线员工报告	一线员工的真知灼见	管理层分享来自一线员工收集的顾客对服务的期望和感知的真知灼见	每月	1.有些员工不能完成有效的反馈 2.有些员工不愿意提供反面信息	公开信息	餐饮部 客房部 其他对客服务部门	表扬+

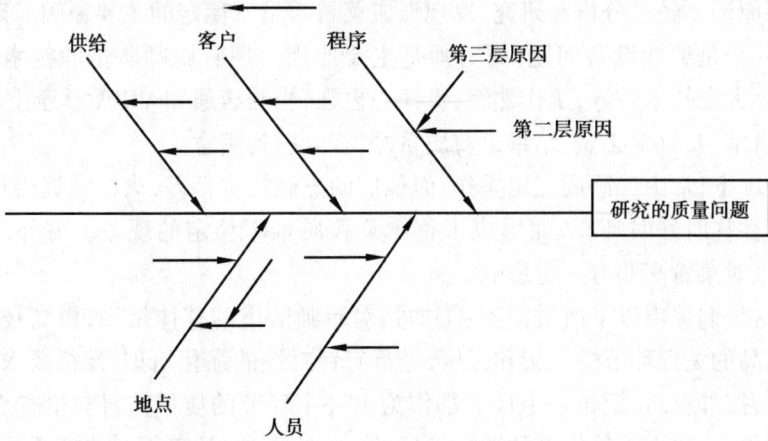

图 12.5　因果图示意

②依次选定大原因并系统地识别其中、小原因。

③需要的话,可重排、修改。

第四步:将每个大原因填于主干分支的末端,并用直线与中间的粗线相连。

第五步:为大原因在线端上填入中原因。有小原因的话,在中原因线上引出分支线并填入。

第六步:检查每个因果链的逻辑合理性。

(3)因果图分析的实例

某家酒店是一家中等规模、中等档次的酒店。该酒店通过对服务质量测量发现,客人对菜肴质量不满意是一个主要问题。经过再次调查和观察,发现重要客人满意而普通客人不满意,归纳起来,菜肴质量不稳定是其根本原因。菜肴质量不稳定的原因很多,他们采用"鱼刺图"法进行分析,如图 12.6 所示。从影响菜肴质量的原因看,主要有厨师、设备、原料和配料方法等因素,这些因素分别受其他因素影响。

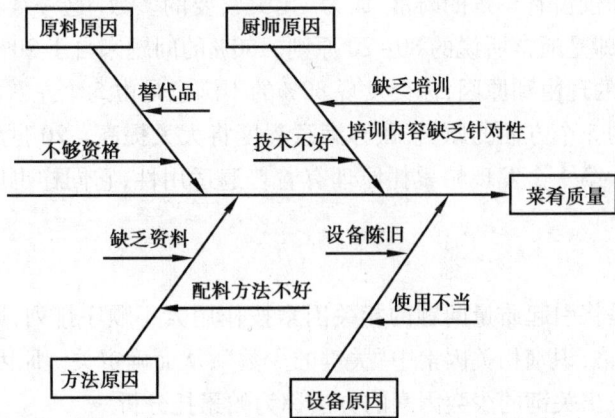

图 12.6　菜肴质量问题分析因果图

菜肴主要是由厨师烹制的,在设备正常、原料配料保证的基础上,厨师的烹调技术对菜肴的色香味形起着决定性的作用。酒店组织人力对主要厨师人员逐个进行了技术考核,很快找到了主要原因。经过分析和研究,发现形成菜肴质量不稳定的主要原因有两个:一个是厨师问题,另一个是炉灶设备问题,而厨师是主要原因。现有厨师队伍的技术能力参差不齐,相差过大。大厨技术较好,工作熟练,责任心也强,当酒店通知 VIP 客人到达或有特别叮嘱时,大厨亲自掌勺,每菜必做,结果菜肴质量好,客人感到满意。

在一般情况下,常由二厨或三厨操作,而他们的烹制技术稍差,火候掌握得也不够好,做出的菜肴质量往往时好时坏,从而形成了整体菜肴质量不稳定的现象。另外,炉灶设备落后,火力不匀也对菜肴烹制有一定影响。

通过分析,他们提出以下改进措施:①加强对厨师队伍的整体培训,提高技术能力。特别是对影响出品的关键环节的二厨和三厨,进行有针对性的强化培训,严格要求。②制定严格的生产规程,按部就班,把每一个环节都作为上一个环节的质量监督与检查点,每一个员工都是质量监督员,出现不符标准的地方,宁可停止,也不放过,确保最终菜肴质量。③运用绩效考核方式,对厨房所有人员定期进行考核,并与工资待遇挂钩,激励每一个员工不断学习技术,提高工作能力和质量,并不懈努力地投入工作中去。④前馈控制、过程控制和反馈控制相结合,在每天完成生产或每次重要接待工作后,要不断询问听取客人的反映,及时调整花色品种,制作出更优的菜肴。⑤在搞好以上工作的基础上,对厨房炉灶进行简单维修,调整火力旋钮,更换部分配件,以方便厨师操作。

2)帕累托图寻找改进的重点

在识别了产生质量问题的众多可能原因后,需要知道这些原因中哪些是最主要、最关键的因素,从而为正确的质量改善决策提供依据。帕累托原理及帕累托图是一个有力的分析工具。

(1)帕累托定律

帕累托图又称主次因素排列图,是意大利经济学家帕累托(Vifredo Pareto)首创。帕累托在研究社会财富分配时,发现"极其少数"的人占有社会大部分财富,成为"关键的少数";而社会上大多数人却仅占有少量的财富,成为"无关紧要的多数"这一社会现象。而后发展成为帕累托定律,这即是通常所说的 80~20 原则。80%的问题来自于 20%的原因,如果你找出 25 个顾客不满意的理由和原因,你会发现 80%的不满意是由 5 个左右的原因所致。这说明解决了这最重要的 5 个方面的原因,顾客满意程度将大大提高。20 世纪 40 年代,美国质量管理权威朱兰博士第一个发现帕累托原理有着普遍适用性,它同样也应用于服务业的质量管理中。

(2)帕累托图

所谓帕累托图是将引起质量问题的相关因素按作用大小顺序排列,通过做出累计百分比曲线、柱状图或表格,识别相关因素中"关键的少数",从而确定关键原因的一种直观图形。

采用帕累托图找出关键的少数因素的方法称为帕累托分析。

一张构建得很好的排列图和表格应包含 3 个基本要素:

①对总结果产生影响的因素,通过计算它们各自所占的比例大小,按序排列。

②每个因素的大小用数值表示出来。

③已排序的每一个因素确定其累积百分比数。

具体来说,每一个影响因素的累计百分比数是指该影响因素的大小与排列在其前的所有其他影响因素的大小之总和除以总数再乘以 100 所得。

(3)分析排列图

根据需要,可制作表格或画出帕累托柱状或曲线图。图 12.7 是某家酒店菜肴质量问题的帕累托图。

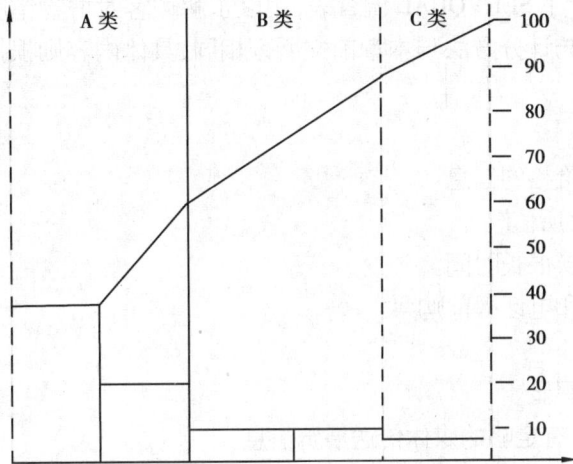

图 12.7　某家酒店菜肴质量问题的帕累托图

帕累托排列图一般的分析方法为:从右边纵轴坐标值为 80%、90%处分别向左引出平行于横轴的虚线与累计曲线相交。累计百分比值在 0%~80%的因素为所求的"关键的少数",称为 A 类因素;80%~90%的因素为次要因素,称 B 类因素;90%~100%者为一般因素,称 C 类因素。故帕累托分析法又称为 ABC 分析法。从图 12.7 可看出,厨师问题、炉灶落后是"关键的少数",配料、原料方面是次要原因。

必须注意,只有根据客观的数据和事实,而不是凭主观的看法和感觉基础上构建起来的帕累托图才是最可靠的,其分析也是最有效的。有时所列之"关键的少数"会使管理者感到意外,但数据分析的结果清楚地表明它们是重要的。

【案例分析】

艺术与设计博物馆的质量评估

艺术与设计博物馆是芬兰赫尔辛基的一家私人小博物馆,建立于 20 世纪初,一直致力于展示艺术与设计方面的最新成就。每年博物馆要举办三四个大型展览,平时还有一些小展示会和馆藏展览。博物馆内设有一个小咖啡厅和一个小礼物店。

起初参观者主要是专业设计人员,他们大多为中年妇女。但随着展出的日益增多和博物馆名气扩大,来自社会其他阶层的参观者也多起来。博物馆近期进行了一次内部装修,并聘请了一位客户联络经理,加大博物馆的宣传力度,最近一年的广告费已超出过去几十年的总和。这些努力取得了明显的成效,前来参观的人数已达 10 万人。这个数在赫尔辛基只有 5%的博物馆能达到。

博物馆的经费有 60% 由政府拨款,40% 必须由营业收入来填补。营业收入的来源有门票收入和咖啡厅以及礼物商店的消费,另外还有一些与展览相关活动时产生的其他收入。主要竞争对手是赫尔辛基的一些专业型博物馆。

为提高服务质量增强竞争力,博物馆决定建立一个质量评估系统,发现质量问题。该系统运用了 SERVQUAL 的基本方法和服务差距理论。

首先,博物馆设计了 SERVQUAL 调查表,用以了解顾客对博物馆服务的期望和实际感受。该调查表的格式与计分方法与本章前文所列相同,具体内容则根据博物馆的服务特点另行设计如下:

(1)门票服务

①容易得知门票价格的信息。

②门票价格"物有所值"。

③购票时不需等候很长时间。

④能通过互联网和电话提前购票。

(2)信息服务

①展览区域标志明显。

②抵达博物馆时,有足够的媒体传送展览信息。

③信息能用顾客所熟悉的语言表达。

④有讲解导游服务。

⑤展品的信息传送很充分。

⑥对展品的讲解十分清楚明白。

⑦有多种讲解媒体(如录像讲解)。

⑧有自助服务设备。

⑨很容易从员工那儿得知额外的信息。

⑩员工能热情友好地为顾客提供信息帮助。

(3)经历与环境

①参观路线很清晰。

②走廊很宽敞。

③照明充足。

④有令人愉快的背景音乐。

⑤展品摆放整齐,易区分。

⑥有机会与展品进行互动式交流。

⑦可触摸、闻、倾听展品。

(4)设施设备

①设施设备上有明显标志。

②洗手间容易找到,也很卫生。

③食品质量不错。

④食品和饮料的品种较多。

⑤在咖啡厅能抽烟。

⑥小礼品很符合顾客需要。

⑦小礼品物有所值。

（5）满意度

①服务能满足顾客需求。

②整个服务很出色。

③顾客愿意再次光临。

④顾客愿意向亲戚朋友推荐这个博物馆。

有 2/3 的顾客填写了调查表。博物馆对这些信息进行了分析，找到涉及服务质量五个方面的差距，即顾客的期望和实际感受之间的差距。质量问题主要集中在讲解语言的多样性、设施标志的明显度和参观过程的互动性。

SERVQUAL 是有效的评估服务质量的方法。建立以 SERVQUAL 为依据的质量评估系统能帮助服务组织了解服务质量的实际状况，并以此确定主要质量问题，采取针对性改进措施。

[案例讨论题]

1.博物馆设计的 SERVQUAL 调查表依据是什么？

2.如何利用 SERVQUAL 调查表进行服务质量的测量？

本章小结

本章介绍了服务质量要素、服务质量的期望与感知、服务质量差距模型、服务质量的测量和服务质量的控制。服务质量具有很强的主观性、差异性、过程质量比产出质量更重要、形象是影响顾客感知服务的重要因素。服务质量按相对重要性由高到低判断感觉中的服务质量可以从可靠性、敏感性、保证性、移情性、有形性五个维度进行评价。顾客感知服务质量被定义为顾客对服务期望与实际服务绩效之间的比较。可感知的服务质量有三种情况：超出期望、满足期望、低于期望。服务质量差距分析模型是分析质量问题的起源，从而协助服务企业管理者采取措施改善服务质量。服务企业存在五种差距：①管理层认识差距是指服务企业管理层错误地理解了顾客对服务质量的预期；②服务质量规范的差距是指服务企业制定的服务质量规范与管理层对顾客的质量预期的认识不一致；③服务传送的差距是指服务在生产和供给过程中表现出的质量水平，未达到服务企业制定的服务规范；④市场信息传播的差距是指企业在市场传播中关于服务质量的信息与企业实际提供的服务质量不相一致的程度；⑤感知服务质量差距是指顾客对服务的期望与顾客对服务的感知之间的差距。SERVQUAL 模型是目前从顾客角度评价服务质量的最有影响力的模型。关于服务质量的控制用得最多的就是因果分析图和帕累托图分析方法。

【思考与练习】

1.为什么服务企业要把"一流质量"作为追求的目标？

2.感知服务质量的构成有哪些?

3.如何评价一项服务的质量?

4.描述质量差距的五个方面。

5."可靠性"是否是服务质量的最重要的一个方面?

6.讨论解决质量差距1的可能的解决办法。

7.讨论解决质量差距2的可能的解决办法。

8.讨论解决质量差距3的可能的解决办法。

9.讨论解决质量差距4的可能的解决办法。

10.为什么测量服务质量很困难?针对某一服务说明测量的内容。

11.讨论如何控制服务质量?

第13章 顾客满意管理

顾客满意就是高利润。

——美国著名企业家泰托

【学习目标】

学完本章,你应该能够:

1.掌握服务质量与服务满意度之间的关系。

2.理解顾客满意与顾客满意战略的内涵。

3.认识顾客满意度的影响因素。

4.理解顾客满意的价值。

5.了解顾客满意度衡量的方法。

6.理解服务承诺的含义、方式及其重要性。

7.理解服务补救的概念和意义。

8.掌握服务补救的程序和补救的方法。

【案例导入】

"态度"与"服务"的关系

笔者某次去外地,下榻一家酒店。住下来的第一天晚上,发现不管怎么拨弄浴缸下水口塞子的开关,就是无法将塞子顶起来。淋浴之后脏水装了半浴缸无法排出。由于已近夏季,天气闷热,又没有空调,浴缸里的脏水冒着热气,弥漫到整个房间,感觉实在不舒服。于是拨通了房务中心电话,要求派一名修理工来处理一下。

没过多久,门外有人敲门。我心想,服务还不错——对客人的要求反应挺快的。没想到打开门之后,出现在眼前的竟是一位女服务员,她笑容可掬地说:"很对不起,晚上只有一个电工值班,他不会修浴缸,只好请你克服一个晚上,明天再修理好吗?"大概是我本能地流露出失望的神色被察觉到了,她满面笑容地赶紧补上一句:"要不然换一个房间?"我只好答应。接下来当然是让我忙碌一阵后才能休息。

第二天,陪我吃早餐的总经理客气地问我昨晚休息得怎么样,我如实将昨晚的事告诉

· 293 ·

他。他对酒店硬件老化给我带来的不便表示了歉意。当我夸奖服务员的服务态度还不错时,他释然地笑了,说道:"硬件不足软件补嘛。我们酒店硬件不怎么样,但十分注意抓员工的服务态度,所以服务质量还不错。"

【案例点评】

其实,服务态度好不等于服务质量高,假如能事先避免把有问题的客房提供给客人,假如有万能工值夜班,能将客人的问题及时解决,那样才谈得上服务质量不错。要知道,光靠服务员的微笑是远远不够的。

服务质量与服务态度是两个不同的概念,这两个概念的混淆对改进服务质量实在没有好处。服务质量固然包括了服务态度,但如果认为服务态度好就标志着服务质量高,那就大错特错。表现在实践中,最为典型的思想莫过于"硬件不足软件补"一说(而且还将"软件"狭窄地理解为服务态度),所以这里有澄清的必要。

客人对一家酒店的产品质量评价,是从多方面感受后作出的。ISO 9000 质量管理体系认证中,对产品的概念明确表述为硬件、软件、流程性材料和服务 4 个方面。服务是产品,是整个产品的一个方面。ISO 的定义看似将服务与硬件等方面分开而述,但事实上许多的服务都要凭借硬件支撑和软件支持共同完成。从这点意义上说,服务质量如何,还与硬件、软件(包括制度程序、授权放权、企业文化)等方面的优劣有关。不过,传统上对"服务"是从狭义上去理解的,通常是指向客人面对面提供劳务性的人工服务。那么,能体现服务质量的内容究竟包含哪些方面呢?笔者认为至少包括以下 3 个方面,即服务水平、服务态度以及由此产生的服务效果。其中,服务水平首先体现为服务项目的多少以及是否适应客人的需求。项目愈多,适应的程度愈高,当然就意味着服务水平越高。其次体现在服务的规范与技巧上。再次体现在服务的操作水平和服务效率上(包括整体的快速反应)。最后体现在服务的心理效能方面,如服务的感情化、个性化以及心理体验上。而服务态度如何,则表现在对客人是否主动、热情、耐心、周到和真诚等方面(而不仅仅表现在热情上)。最终表现出来的服务效果包括了卫生、安全、舒适、方便、温馨、快捷、细致(关注细节)、准确、可靠和礼貌这 10 个方面。不难想象,优良的服务效果,如果没有优良的硬件支撑和软件支持恐怕也很难取得。

由此可见,服务质量包含了服务态度,但服务态度不等于服务质量。要想提高服务质量,仅仅靠服务态度不可能解决问题的全部。唯有提高服务水平的方方面面,再辅以良好的服务态度以及优良的硬件支撑和软件支持,才可能取得理想的服务效果,从而提高整体的服务质量。

评判服务质量的高低,应当以是否适合和满足客人的需求为标准。适合和满足的程度越高,客人对服务质量的评价也越高,反之亦然。当然,这里所说的适合和满足的对象与范围,应当是该酒店目标市场的绝大多数客人及其绝大部分需求。

13.1　服务质量与服务满意的关系

服务质量与服务满意是两个相似的概念,二者均为顾客感知服务水平与期望服务水平之间差距的函数。由于并没有对两者进行严格的区分,以至于两者经常被交互使用,影响了对满意度的全面认识。

13.1.1　服务质量与服务满意的区别

顾客是否满意是衡量服务质量的重要内容,顾客满意与服务质量之间有直接的关系,相关程度很高,但服务质量并不等同于顾客满意。顾客满意与服务质量两者之间存在本质上的区别,是两个不同的概念。

1) 顾客对二者的判断不同

顾客可能认为企业组织所提供的服务质量是"好的",但并没有从享受服务中得到满意,顾客在判断服务质量和自己满意方面存在区别。如表 13.1 所示。

表 13.1　顾客对服务质量和满意的判断

服务质量	顾客满意
以具体的客观事实为依据	建立在实际需要的基础上
建立在对"优秀"的感知的基础上	更全面的判断
认知性判断	情绪化判断

2) 影响服务质量与顾客满意的因素不同

服务质量是各种服务特征和特性的表现,服务质量是顾客一种长期地对整体评价所形成的态度;顾客满意则包括对服务质量、产品质量和价格等多方面的感受程度和心理反应,并受环境质量和个人因素的影响。顾客满意是一种短期的与特定交易相关的度量标准。同时,顾客满意与服务质量两者的内涵不同,顾客满意受到多种因素的影响,服务质量只是让顾客满意的一个重要组成部分。图 13.1 直观地显示出影响顾客满意与服务质量的因素。

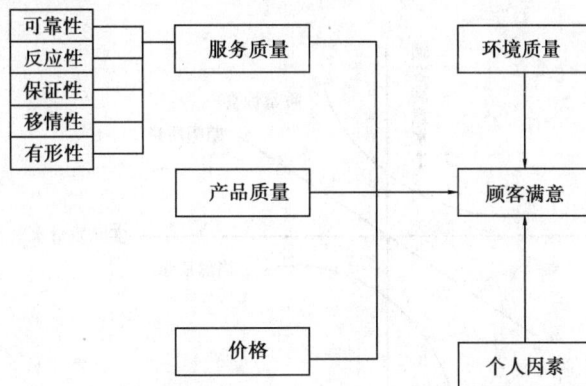

图 13.1　服务感知质量与顾客满意的关系

3）服务质量和服务满意对顾客忠诚的影响不同

基于学者的实证研究,服务质量和服务满意均对顾客的认知、情感、意向、忠诚有显著的影响。但是,顾客满意对行为性忠诚有直接的影响,而服务质量对顾客的行为性忠诚没有直接影响。消费者行为学的"认知—情感—行为"理论表明,只有高的服务质量,而没有高的顾客满意度,尽管达到了顾客认知、情感的忠诚,但不会有顾客的反复购买。只有顾客的满意度积累,逐渐形成态度忠诚,最后才由态度忠诚来促使行为忠诚。如图 13.2 所示,满意度与顾客忠诚的关系,只有非常满意才能提高忠诚顾客保留率。

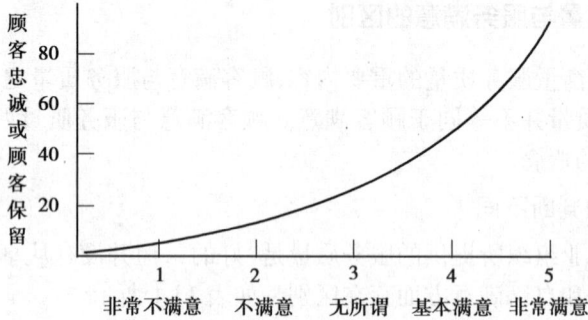

图 13.2　竞争行业中顾客满意与顾客忠诚的关系

13.1.2　服务质量是影响服务满意的主要因素

服务消费中服务质量对服务满意的影响占有很大比重,服务质量主要受难以量化评估的可靠性、敏感性、保证性、移情性、有形性五个方面特性因素的影响,顾客对这些质量特性的感知是在服务提供过程中通过与服务人员的接触和互动来体验的。因此,顾客是否满意取决于对所接受的服务的感知和对服务的期望相比较的结果,服务质量在影响顾客感知方面起主要作用。如图 13.3 所示:当感知服务质量超出期望时,顾客对服务感到惊喜,带来满意度的大幅度上升,非常满意;当感知服务质量等于理想期望时,顾客能够接受服务,质量实现程度与顾客满意水平同步增长,比较满意;当感知服务质量等于最低期望时,顾客认为是理所当然的事情,往往对它不做明确的表达,不会带来满意度的提升;但是当感知服务质量没有达到最低期望时,服务是不可接受的,招来顾客的强烈不满。服务质量对顾客满意度有直接的正向影响。

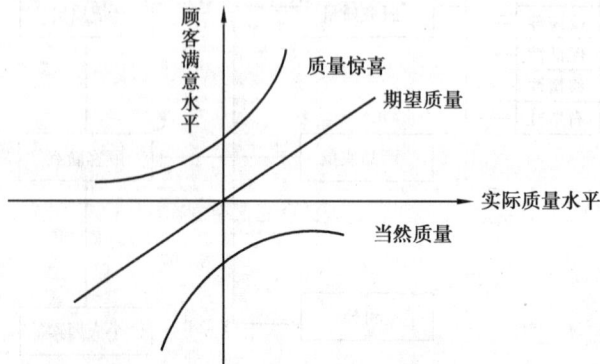

图 13.3　服务感知质量与顾客满意的关系

13.2　服务满意度的生成因素

13.2.1　顾客满意的内涵

从服务提供者的角度出发,服务质量意味着服务特性对组织规定与要求的符合程度,这种经营导向的典型做法是关注生产率和内部效率,其效果反映在以最小的成本获得最大的产出方面;从顾客角度出发,服务质量意味着服务达到或超过其期望的程度,其效果反映在所提供的顾客满意方面。顾客导向定义与提供者导向定义的一大关键区别,在于前者意识到不同顾客会对同样的服务感知到不同的质量水平。因此,服务质量被称作感知服务质量,其定义为所提供的服务达到或超过顾客期望的程度。顾客满意是顾客对产品或者服务性能,以及产品或者服务本身的评价,它给出了(或者正在给出)一个与消费的满足感有关的快乐水平,包括低于或者超过满足感的水平。顾客的满意度越高,顾客与服务提供者之间的关系就会越牢固。也就是说,满意的顾客忠于服务组织,与组织建立了稳固的关系。接着服务组织又会定位于为这些忠诚的顾客提供高质量的服务,而这又会进一步加强组织与顾客的关系。

13.2.2　顾客满意战略的内涵

顾客满意(Customer Satisfaction)的英文缩写是"CS",顾客满意战略即"CS"战略。顾客满意战略 CS 的核心思想是:组织的全部经营活动都要从满足顾客需要出发,以提供满足顾客需要的产品为组织的责任和义务,使顾客满意为组织的经营目的,营造适合生存发展的良好的内外部环境。

1)横向层面上的顾客满意战略

在横向层面上,顾客满意战略包括五个方面的满意内容:

(1)组织满意

即组织经营理念带给内外顾客的满足状态,包括经营宗旨满意、经营哲学满意和经营价值观满意等。

(2)行为满意

即组织全部的运行状况带给内外顾客的满足状态,包括行为机制满意、行为规则满意和行为方式满意等。

(3)视听满意

即组织具有可视性和可听性的外在形象给内外顾客的满足状态,包括组织标志(名称和图案)满意、标准字满意、标准色满意以及上述三个基本要素的应用系统满意等。

(4)有形产品满意

即组织有形产品带给内外顾客的满足状态,包括产品质量满意、产品功能满意、产品设计满意、产品包装满意、产品品位满意和产品价格满意等。

（5）服务满意

狭义的服务满意，即组织服务带给内外顾客的满足状态，包括服务绩效满意、服务质量保证体系满意、服务的完整性和方便性满意以及情绪和环境满意等。

2）纵向层面上的顾客满意战略

在纵向层面上，顾客满意战略包括三个逐次递进的满意层次：

（1）效用满意层次

即顾客对组织服务本身的一些属性，如服务的效果、质量、设计和品种等所产生的满意。

（2）感受满意层次

即顾客对组织服务的形式层和外延层，如服务的有形展示、促销分销、售后反馈等所产生的满意。

（3）社会满意层次

即顾客在对组织服务的消费过程中所体验到的社会利益维护程度，主要指顾客整体（全体公众）的社会满意程度。它要求在对组织服务的消费过程中，要具有维护社会整体利益的道德价值、政治价值和生态价值。

13.2.3　顾客满意度的生成要素

顾客满意度的生成要素如图 13.4 所示。

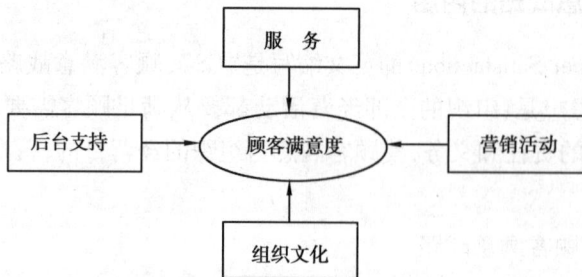

图 13.4　顾客满意度的生成因素

1）服务

服务要素不仅指服务本身，还指服务过程因素。服务对顾客满意度的影响包括以下三方面：

（1）服务设计

设计符合顾客需要的服务是组织令顾客满意的首要工作。组织在进行服务创新时如果没有把顾客需求考虑进去，招致失败不可避免。服务设计不仅影响到顾客对产品的购买，还影响员工工作的信心与态度、广告与促销的效果、顾客投诉、提供售后反馈的成本等，最终影响顾客满意度。

（2）信息沟通

这里所说的沟通指的是服务生产和设计人员从顾客那里得到信息。服务设计人员越是接近顾客，直接了解顾客的需要，就越能得到有用的反馈信息，越有可能设计出令顾客满意的产品。而对顾客需求的深入了解更能帮助服务生产人员不断完善自己提供的服务产品。

（3）服务过程

服务过程对顾客满意度具有极大的影响。坚持对服务过程尤其是对真实瞬间的监督和控制,能保证服务质量得到持续改进,并由此形成服务优势,建立顾客忠诚。其间获得的顾客满意度不言而喻。

2）营销活动

营销活动包括售前活动和售中活动。顾客在准备消费前对所要购买的服务就已经形成了自己的想法,包括他们的需求、服务给自己带来的好处以及他们所愿意接受的服务表现,这也是我们常说的"顾客期望"。售前的营销活动影响的便是顾客预期,它与销售中的所有营销活动共同影响着顾客满意度。

（1）信息

组织通过各种渠道把信息传递给顾客以影响顾客的期望和实际感受,进而影响顾客的满意度。这些信息可分为显露信息和隐藏信息。显露信息由组织明确、详细地传递给顾客,包括广告、推广活动、销售说明、具体的报价和邮件等。隐藏信息通过潜意识的信号传递给顾客,包括销售地点的选址、销售人员的衣着、店堂设计、设施布局等。

（2）态度

在顾客购买过程中服务人员的态度、与顾客的沟通、人员销售的努力、对顾客的承诺及如何保证这一承诺的实现都会对顾客的购买经历产生影响。因此,对服务人员的培训,无论是在服务技术和意识养成方面,还是在与顾客沟通方面都能起到积极的作用,当然也会对顾客满意带来间接的促进。

（3）行为

组织员工尤其是服务人员的行为在销售活动中对顾客满意度的影响至关重要。这些行为主要包括:在对待顾客需要及问题时要有友好的表现,具有丰富的服务技术和服务中关注于满足顾客的需求等。组织在这方面的努力可以通过培训和奖励两方面完成。

（4）中间商

许多服务组织通过中间商销售自己的服务承诺。一般说来,组织不易控制这些中间商的行为,而中间商的行为对全面的顾客满意度具有重要的影响,并影响顾客对组织和服务的态度。组织应在中间商的选择、培训及其对顾客满意度的理解、评估、行为控制等方面给予足够的重视。

3）后台支持

随着顾客满意度观念的深入发展,为服务提供后台支持的工作范围也得到扩展。由原有的对服务的统筹安排、对员工的监督激励,扩展到对服务信息的整合分析、对顾客投诉及意见的反馈、对服务质量提高的设计和规划以及对促销、分销、有形展示等营销活动的战略性安排等。这些后台支持性的工作可归结为两大方面:支持性服务和顾客反馈。它们不仅通过服务过程的有序度直接影响着顾客满意度,还以对服务中失误的补救和对服务的不断完善而强化着顾客满意度。

（1）支持性服务

支持性服务包括对员工持续不断的激励和培训,为服务过程提供适时的信息支持,通过预订系统维持供求协调,通过制度安排保持服务的有序进行、建立服务标准、规范服务质量、规划有形展示、宣传服务质量等。后台提供的这些服务无疑对提高服务质量、形成顾客满意有重大影响。

（2）顾客反馈

这部分工作表现为对顾客反馈信息的分析、整理,对顾客投诉的检查、纠正,对服务争议的解决,对索赔纠纷的调解和处理等。这些工作看似在幕后进行,但作用对象是消费者,所以直接影响到组织树立令顾客满意的市场形象,而且这也是在所有满意度形成过程几乎结束时的最后补救机会。

4）组织文化

组织的文化指的是组织的信仰、准则、思路、战略以及价值观。组织的生存和组织文化是组织服务、销售活动和售后反馈背后的有力推动者。信奉"顾客满意度能保证长期成功"的组织在其经营管理各环节中会尽力贯彻这样的思想。组织文化又分为正式的组织文化和非正式的组织文化两部分,同时影响着组织的顾客满意度。

（1）正式的组织文化

正式的组织文化在组织关于组织任务的规划中,在目标、行动计划、政策的详细说明中都有明确的表达,对组织的经营管理活动具有指导作用。

（2）非正式的组织文化

从长远意义讲,非正式的组织文化才是组织经营目的的真实评价。这些非正式因素由组织的管理层次、组织管理层次的管理效率及流传于组织中的逸事与传说所暗含,它们从深层次上决定了新员工的态度和价值观。

顾客满意度的生成要素,决定了任何一个组织要实施顾客满意战略,都需要首先做好以下三方面的基础工作:

第一,必须建设新的组织文化,使员工形成重视顾客需求、以 CS 为努力目标的价值取向。

第二,建立以 CS 为导向的组织结构,赋予员工更多的权限和提供更多的工作支持。组织内部要保证通畅的双向沟通,养成鼓励创新的组织氛围,建立对顾客需求的快速反应机制,使之能够满足实现组织目标的要求。

第三,培养员工优良的综合素质。

13.3　顾客满意度的衡量

13.3.1　提高顾客满意度的意义

服务组织盛行以顾客为尊、顾客至上、顾客满意为导向的经营策略,这里的顾客既指外部顾客,也指内部顾客。经常引述的一项数据是:开拓一位新顾客的成本是维持一位旧顾客成本的 6 倍。以顾客满意为导向,深刻认识顾客的价值,带来了一场组织价值观的革命。高的顾客满意度才能提高忠诚顾客的保留率,忠诚的顾客对组织具有非常重要的价值。

1)忠诚的顾客是服务组织利润的主要来源

服务利润链是一种表明利润、顾客、员工和组织四者的关系链,其内在逻辑表述如下:组织获利能力的强弱主要是由顾客(外部顾客)忠诚度决定的;顾客忠诚是由顾客满意决定的;顾客满意是由顾客认为所获得的价值大小决定的;价值大小最终要由工作富有效率、对组织忠诚的员工(内部顾客)来创造;而员工对组织的忠诚取决于其对组织是否满意;满意与否主要应视组织内部是否给予了高质量的内在服务。服务利润链理论表明:忠诚的顾客是服务组织利润的主要来源。

2)顾客的价值在于与组织保持长期关系的终身价值

在现代竞争环境下,服务性组织与顾客保持长期关系,才是不断地提高经济收益的主要途径。举一个最典型的例子很容易帮我们来理解顾客终身价值的内涵。在美国巴尔的摩地区,某个多米诺比萨加盟店的管理人员估计每位忠诚的顾客每年平均购买 50 个比萨饼,每个比萨饼售价为 8 美元,平均购买期为 10 年。那么,该店可以从每位终身顾客那里获得 50×8×10＝4 000 美元营业额(如果该店管理人员估计顾客口头宣传的影响,这个数额会更高)。他们通过内部沟通活动,让全体员工了解终身顾客的价值,要求员工在每次送货服务时都牢记终身顾客的价值是 4 000 美元,绝不是当时送上门的一张 8 美元的比萨饼的营业额。为了保证服务质量做出规定:如果顾客认为自己未能按时收到比萨饼,该店就按服务质量承诺制度的规定,给予顾客赔偿。此外,还根据比萨生产和送货数量,奖励顾客从未投诉过的员工。管理人员和服务人员都充分理解终身顾客的价值,尽力为顾客提供优质服务,保持与顾客的长期关系,是该店成为当地最成功的多米诺比萨加盟店的主要原因。

3)忠诚的顾客给予组织的利益

(1)忠诚的顾客群是组织最重要的资产

长期客户订单通常比较频繁且相似,购买量也较大,从而可以降低服务成本。忠诚顾客重复消费次数多,为组织带来了可观的利润。美国哈佛商业研究报告表明:多次光临的顾客比初次登门者可多为组织带来 20%～80% 的利润,一个组织如果能多保留 5% 的客户,这个组织的利润就可以增长 100%。因此,组织做好客户定位,留住老客户,能够给组织带来意想不到的利润。

(2)忠诚的顾客受价格影响较小

忠诚顾客都会为选定了理想的服务提供者而高兴,他们认为自己得到了有价值的服务,他们还愿意从组织购买附加服务,对服务价格变动的承受力强,能接受和认同组织的价格调整,对新产品易接受,而不容易因价格的竞争转向竞争者,组织从忠诚顾客中获利最高。

(3)忠诚顾客保持对组织的感情

忠诚的顾客常常会通过口碑推荐,给组织带来新客户,从而降低吸引新客户的成本。顾客也希望成为向其提供服务的组织的"关系顾客",通过与服务组织的代理人或服务提供者建立和维持更亲密、更私人化的关系,得到最亲切的关怀。因此,忠诚的顾客对服务中的事故、失误持比较宽容的态度或"好言相劝"。更可贵的是在组织遇到困难的时候,能够与组织同舟共济或是伸出援助之手帮助组织渡过难关。如果组织能够保持持续性发展或是美誉度不断提高,他们会感到幸运和自豪。

(4)忠诚顾客是组织竞争的核心

保持回头客使竞争对手很难简单运用低价和诱导转换等策略打入某一市场或增加市场份额。

除上述直接效应外,客户忠诚度还会增强组织员工和投资者的自豪感和满意度,进而提高员工和股东的保持率;反过来,忠实的员工可以更好地为客户提供产品和服务,而忠实的股东也不会为了短期利益而做出损害长远价值的行为,从而进一步加强客户忠诚,如此形成一个良性循环,最终可以实现组织总成本收缩和生产力提高。对于组织来说,通过满意度研究掌握客户对组织产品的信任和忠诚程度,对组织发掘潜在客户和需求,增加未来市场销售具有重要的指导意义。

13.3.2 顾客满意度模型

20世纪80年代以来,为了科学地了解顾客的期望及对企业提供的产品和服务是否满意,一些公司开始尝试建立一个顾客满意测评指标系统进行检测。1989年,美国密歇根大学商学院质量研究中心费耐尔博士总结了理论研究的成果,提出把顾客期望、购买后的感知、购买的价格等多方面的因素组成一个计量学的逻辑模型,即费耐尔逻辑模型。这个模型把顾客满意度的数学运算方法和顾客购买商品或服务的心理感知结合了起来。根据费耐尔逻辑模型运用偏顾客微分最小二次求解所得出的指数,就是顾客满意指数(Customer Satisfaction Index,简称CSI)。费耐尔博士的研究成果是迄今为止最为成熟和被广泛运用的顾客满意度指数理论。

自1990年美国政府推出ACSI(美国顾客满意度指数)后,一些国家的专家、学者也开始介入,并不断地完善了顾客满意的研究技术,顾客满意开始得到普遍的关注。目前,许多发达国家已经制定了国家性指数,从宏观的水平评估和追踪消费者的满意情况。顾客满意度的研究在这些国家中已经不仅仅是研究它对企业服务的指导意义,甚至是将顾客满意度指标视同为生产力水平和物价指数这些传统的标准一样,可以成为评估国家经济是否健康的工具。

ACSI模型基于这样一个理论,即顾客满意度同顾客产品购买前的期望和在产品购买中及购买后的感受有密切关系,并且顾客的满意程度低或高将会导致两种基本结果:顾客抱怨和顾客忠诚。ACSI使用的是一种由多重指标(问题)支持的6种潜在变量(概念)组成的模型。如图13.5所示。

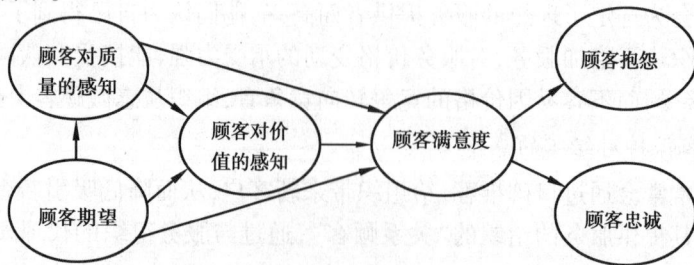

图 13.5　ACSI 模型

ACSI 模型显示,在以上 6 种潜在变量中,顾客期望、顾客对质量的感知和顾客对价值的感知是 3 个前提变量;顾客满意度、顾客抱怨、顾客忠诚是 3 个结果变量,前提变量综合影响并决定着结果变量。展开来说就是,顾客满意度是由顾客在购买和使用产品的经历中,产生的对产品质量和价值的实际感知。满意度正是将这种感知同购买前或使用前的期望值做比较,而得到的感受和体验。若顾客满意度低就会产生顾客抱怨以致投诉,若顾客满意度高就会提高顾客的忠诚程度。同时,如果重视并妥善处理好顾客投诉,化解了顾客的抱怨,同样可以提高顾客忠诚程度。

顾客满意度的测评并不是对顾客提一个这样简单的问题:"您对本公司的服务是否满意?"然后给出"很满意、满意、基本满意、不满意和很不满意"这几个答案供顾客选择。这样的调查了解不到实质性的问题,同时所获得的结论对企业的管理或经营也起不到任何作用。因为即使您得到一个对顾客满意程度的了解,也无法了解这种服务的差距所在。真正的顾客满意度调查是要找出一些影响顾客满意与否的多种"变量因素"(满意指标),对每一个因素进行测评,然后得出一个综合分析的数据。在这些满意指标当中,产品及服务中的任何一项因素都有可能影响客户的满意度。

对顾客的调查是通过测评变量进行的。这些测评变量在问卷中的一般形式如表 13.2 所示。

表 13.2　测评变量

结构变量	测评变量
顾客期望	1.对质量的总体期望 2.对满足顾客需求程度的期望 3.对可靠性的期望
顾客对质量的感知	4.对体验质量的总体评价 5.对满足顾客需求程度的评价 6.对可靠性的评价
顾客对价值的感知	7.在给定价格的情况下,对质量的评价 8.在质量给定的情况下,对价格的评价
顾客满意度	9.总体满意度 10.与期望的比较 11.与同类理想产品的业绩相比较
顾客抱怨	12.无论是正式还是非正式提出,顾客对于产品是否有抱怨? 其处理抱怨的效果如何?
顾客忠诚	13.重复购买的可能性 14.重复购买条件下的价格容差(涨价的承受力) 15.引导重复购买的价格容差(减价的吸引力)

根据影响程度的不同,在调查中还应明确各因素的"权重"或"响应系数",这样不仅可以使调查结果更具科学性、合理性,同时对企业在资源配置方面也可以给予具体的、有效的建议。因为通过顾客满意指标系统对服务的检测,往往可以快速地掌握企业在服务方面的不足与缺陷,同时可以直接了解不同顾客的不同需求,从而及时做出调整和修正,这样就可

以避免顾客的流失,赢得更多的忠诚价值。

必须指出的是,顾客满意度概念所强调的是企业"目前"的表现与客户"目前"的要求之间的一种关系,因为企业的产品及服务总是在不断地改进或变化的,而客户的期望和要求也随着客户自身条件的变化(职业、收入、地位等)以及市场竞争或经济的发展而不断变化。因此国外很多企业一般都是半年或是一年定期做一次顾客满意度的测评,从而找出差距,帮助企业持续不断地提升产品及服务质量。

另外,我们还要明确的一点是,"顾客满意"中的"顾客"不仅包括企业产品(或服务)的使用者和购买者,同时还包括企业的合作者、供应商、销售(代理)商等供应链中所有成员,内部员工也是企业必须考虑的"顾客"之一。由此可见。"外部顾客"的满意是企业最终目标,而要达成"外部顾客"的满意,企业必须从经营"起点"开始,确保每一个环节、每一类顾客的满意,才有可能获得"外部"顾客的满意,并以此实现经营目标,这才是"顾客满意"管理战略的真正内涵及意义所在。

为了更准确和全面地评价耐用消费品的 CSI,在对耐用消费品的评价中,ACSI 把感知质量分解为有形产品感知质量和服务感知质量两个结构变量,它们的测评变量具有相同形式。

13.3.3 ACSI 测评的原理

1)测评方法的特点

ACSI 作为一个旨在对经济产出的质量和业绩做出准确测评,并能对经济收益进行预测,为经济决策提供可靠信息的新型的综合指标,作为针对各类测评对象的综合顾客满意程度的一种普遍适用而又具可比性的测量尺度,它的测评方法应具有以下基本特点:

①保证所收集数据的准确性。

②有效性,即测评方法本身具有较强的判断能力。ACSI 的调查问卷采用了 1~10 级制,使测评有效性相应得到了增强。

③可靠性。测评的可靠性受到测评数据的平均值和标准差的综合影响,能综合反映调查抽样方案、调查手段、问卷或问题的设计、测量方法或工具以及数据输入处理等测评的总体质量。

模型中的 CSI 和其他构成成分代表了多种无法直接测量的顾客评价,为此,CSI 采用多重指标的方法将综合顾客满意程度作为一种潜在变量来测量。因此,其结果能普遍用于企业、行业、部门、地域和国家间的比较。作为一个对顾客满意程度进行综合测量的尺度,CSI测量所使用的方法不仅能说明顾客的消费体验,而且必须是前瞻性的。

2)ACSI 的变量

模型中的结构变量是由相关的一组测评变量的数据通过加权求和得到的,而测评变量的数据则是通过实际调查所获得的。下面对 ACSI 的变量进行介绍。

(1)顾客期望(Customer Expectations)

"顾客期望"是顾客在消费某种商品之前对其质量的综合估计,通常它反映了那些来源于顾客以前对该品牌的产品的消费或使用的直接经验,包括来源于相关的广告、亲友推荐甚至小道消息等间接渠道等非经验性的信息;也反映了对该品牌未来质量水平的预期。如果顾客先前形成的经验传递给顾客的信息是较积极的,则顾客就会预想他们将购买的产品的质量是较高的;反之,顾客的预想就会较低。因此,顾客期望是该品牌以往市场业绩和形象的综合表现。

顾客对质量的认识主要包括满足需求和可靠性两个方面,有些顾客较注重产品满足个性化需要的程度,而有些则较注重可靠性。因此,用如下三个测评变量(显变量)来表达顾客期望:

①满足顾客需求的期望。

②可靠性的期望。

③总体期望。

其中"满足需求的期望"表示了顾客在消费前对产品是否满足自己特定需求的期望。它们包括产品的基本功能以及所附加的其他特点。

"可靠性的期望"是指顾客对产品的可靠性质量特征的期望。可靠性是指产品在实现其功能时表现出来的性能水平,如可信性、标准化和无缺陷或故障频率的程度等。

"总体期望"说明了顾客购买前对于产品总的看法,它综合了满足需求和可靠性两方面的因素。

(2)感知质量(Perceived Quality)

"感知质量"是顾客消费某种产品之后对其质量的综合感受。它是建立在实际消费过程基础上的主观感受,有时同产品的符合性质量不完全一致,并且在一定程度上还受到顾客自身主观因素的影响。

感知质量的三个测评变量同顾客期望的测评变量相对应:

①满足顾客个人需求的程度。

②对可靠性的感知。

③总体感知。

(3)感知价值(Perceived Value)

"感知价值"体现了顾客在综合考虑了质量和价格两个因素之后对于所得利益的主观感受。模型中这一结构变量的设置使得其对不同的企业、行业和部门之间的测评结果增加了可比性。

感知价值表现为如下两个测评变量:

①给定价格下对质量的感知,通常顾客都会以所支付的价格为基准,通过比较实际感知质量和顾客认为该价格下应该具有的质量水准来评价他所得到的价值。一般而言,实际感知质量越高,感知价值越大;而价格越低,感知价值也越大。

②给定质量下对价格的感知,顾客也会以所得到的产品的感知质量为标准,通过比较实际支付价格和顾客认为该质量等级所对应的价格标准来评价感知价值。

这两个测评变量所反映的侧重点并不相同,给定价格来评价质量时,顾客的注意力集中在产品的质量上,此时只要是高质量的产品就会得到认同;而给定质量来评价价格时,刚好相反,顾客的注意力集中在价格上,价格越低越能得到认同。这两个测评变量可以反映顾客是受质量驱动(往往收入较高)还是受价格驱动(通常收入较低)的,通过对它们的分析,对组织的产品开发或营销活动具有指导意义。

（4）总体满意度（Overall Customer Satisfaction）

"总体满意度"对应了我们要测定的顾客满意指数。它体现为三个测评变量：

①实际感知同期望之间的差异。从心理的角度而言，这是影响顾客满意程度的重要因素。

②实际感知同理想产品之间的差别，即以同一范畴内顾客心目中的理想产品作为基准对于测评产品实际感知的评价。这个变量同时指出了产品质量进一步改进提高的潜力。

③总体满意度是指顾客在综合各方面因素后对产品质量的总体感受。

（5）顾客忠诚（Customer Loyalty）

"顾客忠诚"的测定可用于了解和研究产品的盈利能力及市场趋势。

顾客忠诚可以由如下两个观测变量来描述：

①重复购买可能性。顾客对产品感到满意就会产生一定程度上的顾客忠诚。在行动上表现为对该产品的重复购买。满意度越高，忠诚度也就越高，重复购买的倾向也就越大。相反，不满意的顾客可能会降低重复购买的可能性，甚至成为竞争对手的顾客。

②价格变化的容差。如果顾客满意度较高，则他们对价格上涨的承受能力较强；反之，则承受能力较低，少许涨价，就可能使他们放弃重复购买。

对于满意顾客，价格下降并不是吸引其保持忠诚度的主要因素。相反，对于不满意顾客，降价吸引力往往是促使其保持忠诚的主要因素。

上述关于顾客忠诚的行为描述不一定符合具有垄断特征的行业的情况。在垄断市场中，顾客很少甚至根本没有选择产品的余地，这时，消费的价格弹性很小。频繁的重购现象反映的是虚假的忠诚和被掩盖的低满意度。

（6）顾客抱怨（Customer Complains）

顾客满意程度越高，抱怨就会越少、越轻微；顾客满意程度越低，抱怨就会越多、越严重。顾客抱怨越多越严重，就会影响顾客的忠诚度。而如果顾客没有抱怨，也不表明顾客就非常满意或忠诚度很高。一旦顾客产生了比较严重的抱怨（包括投诉），而组织却漠然视之，不做妥善处置，则会导致顾客与组织的关系恶化，从而通过口碑传播，影响其他顾客的满意度和忠诚度。如果组织高度重视对顾客抱怨的处理，则不但会取得顾客的谅解，还可能会增强顾客的满意度或忠诚度。

该结构变量反映了顾客对购买的商品从抱怨（含投诉）的程度及对抱怨投诉的处理的角度所感受并折射的满意程度。顾客抱怨包括如下两个观测变量：

①抱怨或投诉的程度。

②商品的提供者处理抱怨或投诉的效果。

13.3.4　顾客满意度调查程序

全面而正式的调查可以更为真实地测评顾客满意程度。顾客满意度调查是用来测量一家企业在满足或超过顾客购买产品的期望方面所达到的程度，也可以用来测量一个国家或一个行业在满足或超过顾客购买产品的期望方面所达到的程度。它可以找出那些与顾客满意或不满意直接有关的关键因素，根据顾客对这些因素的看法而测量出统计数据，进而得到综合的顾客满意度指标（用统计指标来反映，有时称之为绩效指标）。它也是近年来市场营销调研行业中发展最快、应用最广泛的调查技术。

1) 成立调研部

在国外,一些大的公司或者专门设立调研部,以进行顾客满意度调查和其他调查,搜集各种研究发展信息;或者在营销部门设立调研分部,专门进行顾客满意度调查。更多的公司则是委托专业的调查咨询公司对本公司进行顾客满意度调查。不仅如此,还常常有专业的调查咨询公司定期对每个行业的所有企业(或具有代表性的企业)进行顾客满意度调查,甚至对政府也进行顾客满意度调查,因为每个公民都是政府的消费者,都有权发表自己是否满意的意见。一些国家已经进行了全国范围内的顾客满意度调查,瑞典最先建立了全国性的顾客满意度指标,用以评价国民福利;美国对其调查和测评方法进行了完善,宏观上用于衡量国民经济的质量,微观上用于服务经济实体,促进企业间的竞争;欧盟多国、韩国等均按美国的模型构建了本国的顾客满意度调查测评体系。

许多国家非常重视顾客满意和顾客满意度调查。对于理解顾客的期望和要求的重要性,外国已经有大量的书籍和文章进行论述。众多企业或者自己,或者通过与其他公司合作进行顾客满意度的实际调研。美国商务部于1987年设立的马尔科姆·鲍德里奇国家质量奖,就是最有代表性的例子。它每年奖励在质量成果和质量管理方面表现优秀的美国公司,顾客满意度是该奖项的最大组成部分,占30%的权重。奖项中的顾客满意度分为8个子项:对顾客要求和期望的认知程度,顾客关系管理,顾客服务标准,对顾客的承诺,对质量改进要求的解决,顾客满意度的确认,顾客满意效果和顾客满意度比较。顾客满意度调查在外国已经有规范的操作办法,许多机构接受企业(公司)的委托,每年都在进行大量的顾客满意度调查。

我国对顾客满意和顾客满意度调查还没有引起足够的重视。许多企业在理论上似乎是很重视的,每天都在喊着"顾客就是上帝"、"一切为了消费者的利益"和"顾客是企业的衣食父母"等口号,但在实际上却欺骗顾客、坑害顾客,根本不把顾客的想法放在心上。顾客满意度调查更是不能排上企业的工作日程,许多企业从主观上和客观上都不想开展这项工作,也没有开展这项工作。

2) 顾客满意度的调查步骤

(1) 确立调查目标

顾客满意是一种理念同时也是一个目标,以科学的方法调查和分析顾客满意度,可以确定产品和服务在多大程度上满足了顾客的欲望和需求,并以顾客为导向不断地改进产品和服务的质量,以期得到顾客满意和赢得顾客的忠诚。就其调研目标来说,应该达到以下目标:

① 确定导致顾客满意的关键绩效因素。

② 评估公司的满意度指标及主要竞争者的满意度指标。

③ 明晰企业竞争的优势和劣势。

④ 判断轻重缓急,采取正确行动,改善公司服务质量。

⑤ 建立顾客满意意识,控制顾客满意和服务质量的全过程。

(2) 选定调查对象

确定调查的对象对于顾客满意度的测评至关重要,因为这是所有调研测评的前提和确保数据有效性的保证。一旦调研的对象选错了或者不太合适,所有的调研活动和最终制定出来的行动方案也必将失败。美国质量奖的要求也强调了识别顾客的重要性:要通过访问、面谈和其他方式识别细分市场、目标顾客和潜在顾客(包括竞争者的顾客),以及他们的要求和期望。

谁是我们的顾客? 这个问题看似简单其实不然。首先,产品的使用者和其购买者或决策者经常是不统一的,一个成年人购买的保健用品可能被一个老年人吃了。谁是商场的顾客? 对于大型商场来说,顾客的多样性也为区分顾客带来很大的困难。例如,一个百货公司,它的顾客可能是小孩、成年人、老人,甚至是一些单位,那么谁是顾客? 我们应该选取哪些顾客作为抽样才能够保证调查结果的真实和有效? 这都是调查之前要考虑的。

这种全面顾客观念对加强企业的服务意识和提高服务质量具有积极的意义。因为,达到顾客满意需要公司全体员工的参与,这种员工相互之间的关系也直接影响他们如何对待顾客的理念和行为。一个内部和气、相互尊重的公司气氛显然会有助于这些员工更好地服务外部顾客。需要注意的是顾客满意度的调查要将内部顾客和外部顾客的研究区分开来并且尽量做到将企业目标顾客进行细分。对外部顾客可以按照社会人口特征(性别、年龄、文化程度、职业、居住地等)、消费行为特征(心理和行为特征)、购买经历来分类。只有首先确定了要调查的顾客群体,接下来才更便于有针对性地设计问卷。例如,一个百货公司除调查整体顾客满意度外,还可以单独对电器、服装等楼层作一些简单的调查评估,并相应地选取适当的调查对象。

(3)制定满意指标

顾客的要求和期望可以归纳为一系列的满意指标(也称绩效指标),这些指标是表明顾客如何判断一个产品或一个公司的重要问题,这也是顾客满意度研究的重要目的。满意度调研首先应揭示出不同顾客满意的指标在重要性上的差异、顾客满意的程度,而且应找出满意和不满意的内在原因,并能比较各个竞争对手和自身在不同指标上的优劣。

这些指标的确定应该主要来自于顾客而不是公司方面主观想象的结果。一般我们都要综合利用定量和定性研究方法来确定关键的满意度指标。探索性定性研究是定义关键指标的第一步,深入访谈和焦点小组访谈要涉及公司主管、和顾客打交道的员工、现在和以前的顾客、销售人员以及供应商等人,这些访谈为识别和理解重要的满意度指标提供了一个框架。开放型问题在这一阶段较为适用,能抓住顾客的直觉反应和自发性,捕捉到从公司角度出发无法想象到的重要指标。其次要借助于对顾客进行邮寄、网上调查或电话访问来筛选、确定一系列满意度指标。确立顾客产生满意或不满意的绩效指标是顾客满意度调查的核心内容。在确立顾客满意指标的过程当中,我们必须注意以下几点:

①绩效指标必须对顾客是重要的,而不是调查公司的自我设计。因此,要使指标来源于顾客。

②绩效指标必须是可以控制的。绩效指标的调研会使顾客产生对改进指标的期望,对一些无法改变的指标,我们不必浪费精力。

③绩效指标必须是具有普遍意义和代表性的。因为每个顾客的期望和满意指标体系具有较为明显的差异性,因此建立顾客满意指标体系时必须考虑到不同类型客户的期望或要求,保证所设立的指标体系是具有综合性的、可代表总体的测评体系,而不是个别顾客的期望因素。另外,顾客满意指标可以不断细分,具体到各个方面会有很多小的指标,尤其是不同顾客的期望因素的不同,更造成了这种满意指标的多样化,而企业如果要对顾客满意做出

一个科学的评价,也不可能将这种种指标全数罗列,这将会给这种调查、统计和分析带来极大的不便。事实上也未必是指标越多越科学。我们关键要做的是尽量保证指标系统中的每一个要素的重要性和具有普遍意义,同时保证整体上的科学性。

④绩效指标是不断变化的。顾客的期望和要求是一个不断变化的过程,因此,这种指标体系也应随着社会环境和客户要求的变化而变化。同时,企业对顾客满意度的测评也应成为一项经常性的工作,一般一年测评一次较为合适。

⑤绩效指标必须是具体的,而不是概括的,它能够明确指出问题出在哪里,具体是哪个环节、哪个部门(或人)。例如,如果我们将一个顾客满意指标定义为"产品质量"或"售后服务"则会显得过于空泛,而没有实际的意义,因为虽然通过大量的调查获得了一个顾客对这种"产品质量"和"售后服务"的总体评价,但我们却无法参考用这种结果来改进我们的服务,因为我们不知道顾客最终是对"产品质量"和"售后服务"的哪个具体方面满意或是不满意。正确的方法应该是在这些指标下,再设立一些具体的小指标,使每一个指标具体化。

我们以商业企业为例列出了一种满意指标细分的方式。如表13.3所示。

表13.3 满意指标

一级指标	二级指标	三级指标
顾客满意度	产品价值	货品质量评价
		货品款式评价
		价格接受程度
		货品的安全情况
		货品种类是否齐全
	环境价值	购物环境舒适情况
		场地清洁状况
		陈列货品整齐状况
		浏览货品是否方便
		休息场所的要求
	服务价值	营业人员服务态度
		营业人员业务水平及专业知识
		收银、取货是否快捷
		送货、安装、维修制度
	形象价值	企业信誉评价
		员工仪容、仪表
		员工精神面容
		品牌形象评价

续表

一级指标	二级指标	三级指标
顾客满意度	附加价值	投诉处理情况
		退、换货情况
		意见、建议管理
		交通是否方便
		是否会继续购买
		是否会推荐他人光顾

(4)实际问卷设计

为了方便调查的统计分析,顾客满意指标确定后我们还有必要使用态度量表来设计问卷。最常用的方法是用李科特量表,即分别对5级态度"很满意、满意、一般、不满意、很不满意"赋予"5,4,3,2,1"的值(或相反顺序)。让被访者打分,或直接在相应位置打钩或画圈。例如:

测评指标	很满意	满意	一般	不满意	很不满意
您对本商场货品质量的评价是					
您对本商场环境舒适情况的评价是					
您对本商场场地清洁情况的评价是					
您对本商场陈列货品整齐的评价是					

需要说明的是,在设计具体的调查问卷时应注意以下几点原则:

①避免一般性问题。提问的目的是为了获得某种特定的信息,如果问题过于一般化,结果会使所得到的答案无多大的意义。例如"请为××市场多提宝贵意见"这样的提问,最后收到的信息也必定空泛而失去意义。如果再具体一点:"请您对××的售后服务多提宝贵意见"可能效果会好很多。

②问卷的设计要便于理解,表述要尽量避免使用模糊语言。例如,"请问您最近去过大连旅游吗?"在这个问题中,对"最近"的界定就不清楚,被访问者可能依据自己对"最近"的理解,将其定义为一周、一个月、半年甚至是一年以上。

③避免使用容易产生不同理解的字词。例如,"您家里使用空调机的时间大致是夏季____月,平均每天使用____小时。"其中,这个"月"就导致问卷填写出现两种情况:一种填写夏季"1~2个月",另一种是填写夏季"6~7月"(份)。这样就造成了有效信息的失真。

④避免出现引导性问题。引导性问题是指设计出的问题中所使用的字眼带有趋势性、暗示性,显示出调查者自己的想法。例如,"大多数人经常使用××牌洗衣粉,您也是吗?"

(5)确定调查方式

顾客满意度的调研方法有两种,即定性研究和定量研究。定性研究是指运用文字和言论自由地回答问题。这是一种以较少对象推知深入信息的方法,一般用于探测性研究。定量研究是用数字代表观点,通常是以电话、问卷等方式,从大量的具有代表意义的样本中获得数据信息,并用数学和统计的方法加以处理。需要注意的是,这两种方式在顾客满意度研究中往往同时进行,相互补充。因此,企业在执行顾客满意度调查的时候应该根据具体的内容选择合适的调查方法。

①深度访谈。这是消费者访问中最早的一种访问方式。其优点是访问员与被访者之间能够形成面对面的沟通,便于询问复杂问题,得到深入的答案。

②街头拦访。即选定繁华或者(目标)人流较大的户外场所,访问员随机地或有间隔地拦住过往行人,就地进行问卷调查。街头拦访由于是在大街上进行,不宜问卷太长、太复杂,不需要展示卡片。大部分情况下,街头拦访用来做类似于人流观测、户外广告效果测量等类型项目。

③电话访问。由于面访存在接触难和费用高等问题,电话访问应运而生。最原始的电话访问就是由访问员拨通电话后根据问卷访问被访者,与面访的差别就只在于一个是面对面访问,一个是通过电话访问。一般来说,能够进行真正有代表性抽样的数据采集方式只有入户访问与电话访问。由于入户访问接触率较低,因此,电话访问就成为样本代表性最强的数据采集方式。

④邮寄问卷。邮寄问卷是指先设计好调查问卷,邮寄给被调查者。其优点在于成本较低、回答者无所顾虑、样本量多。

除上述调查方法之外,还有以下几种获得顾客满意度信息的来源,这些途径获得的信息对于顾客满意度的研究也有着重要的参考价值:

①非正式调查。非正式调查能够了解客户喜欢什么,不喜欢什么。虽然非正式调查可能无法进行统计,但能够使商家更深入地了解他们的客户。

②意见卡。意见卡虽然不能提供详细的信息,但是能很快地得到反馈意见,客户在接受服务时就可以填写。

③与部分客户讨论。邀请公司内部客户或核心客户,将他们集中起来,一起讨论公司的现在和未来,研究公司的服务质量,这种方式可以探讨比较复杂的问题,得到深入回答,同时也便于加强与顾客的关系,但其结果不能扩大到总体研究,只能用作定性分析。但对于就某一问题的专题研讨,这不失为一个很好的方法。

④投诉和建议。一个以顾客为中心的组织应为其顾客提供投诉和提意见的方便。许多公司都设计了一些顾客意见表或是意见箱,还有不少公司开设了 800 免费电话,这些都是收集顾客满意度信息的重要渠道。

⑤网络调查。您可以采用电子邮件的方式,也可以将问卷放在公司网站或是链接到其他网站上进行。

(6)分析调查报告

正确分析访问结果,理解顾客的感觉并制定改进的战略计划极为重要。这种顾客满意的分析方法一般来说包括定性分析和定量分析两种。顾客满意度调研的各个阶段都需要对定性信息进行分析。例如,对初期的深入访谈和顾客小组焦点访谈记录的资料进行分析,可以确定初步的绩效指标;对问卷开放题的答案进行分析,可以确定对各个满意度指标的评价和重要性,也可以有助于找出顾客满意或不满意的主要原因。通过编码和汇总分类,我们从开放型问题的回答中识别和提取重要的主题、问题、结构。编码过程中往往会带有很强的主观性,而减少主观性的途径之一就是比较两个或者两个以上独立编码的个人所设计的代码,这样可以检验并讨论想法的差异,并在最终的代码表中包含每个人的最佳意见。内容分析方法是满意度调研中的重要的定性分析方法,通过计算有关满意度的某个具体观点、看法或者观察其出现的次数,进行词语频率分析,确定词语使用水平的模式。在开放性答案中确定初步代码或者从焦点小组中确定初步的满意度指标时,词语的出现次数是很有信息价值的。定量分析是将原始数据转化为易于理解和解释的形式,并通过各种统计技术的应用深入挖掘和分析变量间的关系。在满意度的量化分析中,数据分析既包括对各满意度指标百分率变化的描述性分析,也包括运用复杂的统计技术确定不同的满意度指标对整体满意度的重要性,根据历史数据预测整体满意度,以及比较公司与竞争对手在各满意度指标上的优势和劣势。最终在这些分析的基础上,确定公司在改进产品和服务,提高满意度上应该采取的措施。数据分析从检测百分率变化到运用复杂的统计技术,涉及内容十分广泛。例如对百分率、算术平均值、多元回归分析、判别分析、因素分析等都是顾客满意统计分析技术中不可缺少的数据分析方法,在此,我们暂不做详细介绍。

13.3.5　顾客满意度的运用

任何一项调研的意义在于数据的分析和利用,如果一项调查只是出一份报告然后将其尘封,那么这项调查将变得毫无意义。用考坎姆公司的质量主管 R.L 的话来说:"顾客满意已经成为整个组织业务计划目标的驱动力,我们全面质量管理的目标就是要达到顾客满意。我们要根据顾客满意度的测量结果而采取具体的行动,以赢得市场份额。"

一般来说,利用顾客满意最终必须转化为两个一般目标:一是改善与公司过去业绩相关的绩效,二是改善与竞争者业绩相关的绩效。通过顾客满意度的调查,我们必须能够清晰地掌握公司的哪些绩效指标是关键的,哪些指标是次要的,公司在各项指标中得到的顾客反应如何,以及与竞争者相比是否具有优势。同时,顾客满意度的研究结果也应该尽量让每一个员工知晓,并让他们参与调研的过程,这样可以比较顾客、公司主管和员工之间的感觉差别,消除高层主管与其他员工之间在认识上的差距,采取合适的培训和沟通策略。美国国家质量奖这样强调:"这是一个对公司所有部门部署有关要求的信息,以确保与顾客接触的员工的有效支持,因为公司的顾客服务标准正是由他们去实现。"

如表 13.4 所示,通过顾客满意度调查的结果,结合因素重要性推导模型,我们就可以识别哪些是公司急需改进的因素,哪些是需要继续保持的因素。

表 13.4　绩效指标改善

锦上添花的因素: 对顾客不重要,而满意度评价是较高的	需继续保持的因素: 对顾客是重要的,而满意度评价是较高的
不占优先地位的因素: 对顾客是不重要的,而满意度评价是较低的	继续改进的因素: 对顾客是重要的,而满意度评价是较低的

13.4 服务承诺与服务补救

13.4.1 服务承诺

1)服务承诺的方式

服务承诺(Service Promise)是指服务组织通过广告、人员推销和公共宣传等沟通方式向顾客预示服务质量或服务效果,并对服务质量或服务效果予以一定保证的行为。在服务承诺中,仅仅预示服务质量或服务效果的承诺是不完全承诺,而不仅预示服务质量或服务效果而且予以保证的承诺是完全承诺。服务承诺是服务广告及各种宣传等沟通活动的核心内容。服务组织的广告、人员推销和公共宣传等沟通活动,实质上都是对自己服务质量的承诺。服务承诺有以下几种方式:

(1)显式承诺和隐式承诺

显式承诺指服务组织公开宣布服务承诺制度以便增强促销效果,鼓励顾客投诉服务质量问题。但是,有人认为公布服务承诺制度,一会对组织压力太大;二怕"此地无银三百两",引起顾客误以为该组织的服务经常发生差错,以致损害组织形象。因此,这些组织采用隐式承诺方式,不向社会公开服务承诺。但它们仍然要求员工尽最大努力为顾客排忧解难,满足顾客的要求。在出现服务失误时,根据具体情况,确定赔偿方式和赔偿金额。采用隐式承诺的服务组织主要依靠顾客的口头宣传,以形成良好的市场声誉。

(2)有条件承诺和无条件承诺

大多数服务承诺制度还规定有一些附加条件,只有满足了附加条件,才执行承诺。例如,商店卖出的服装必须没有被弄脏和损坏,才能退货。有条件承诺的组织应该向顾客说明这些附加条件,以免发生纠纷。一般来说,附加条件越多,承诺越难操作,营销效果越差。为此,有些服务组织干脆采用无条件承诺方式,不留后路。这种承诺方式,可增强组织质量管理的紧迫感和责任感,有效提高服务质量和顾客的满意程度。

(3)具体承诺和全面承诺

具体承诺规定了具体的商品质量标准,对达不到这一标准的商品,具体规定采用维修、更换、退货,或按情况分级,再加上一定数量的货币赔偿等方式。这类承诺规定了具体、客观的服务质量标准和明确的处罚条例,便于顾客了解和索赔。对服务组织来说,这类承诺制度规定了赔偿的具体金额,有了赔偿的上限,不会引起太大风险。

采用全面承诺的服务组织无条件保证顾客绝对满意。这类承诺并不规定具体的服务质量标准,只要顾客不满意,就可获得补偿。

2)服务承诺的重要性

承诺的提出与兑现是关系到能否维系顾客的重要因素之一。现在在国内外企业界盛行以客户为尊、以客户满意为导向的经营策略。因为,企业经营管理者已经深深地认识到,在不景气的时期,开拓一位新顾客远不如维持一位老顾客更实惠。企业咨询专家德勒格说:

"与客户保持的联系多5%,便可使企业多盈利50%。"

服务承诺有显著的市场需求,但重要的是,服务承诺能为一个行业重新定义服务的含义。如联邦快递制定小包裹隔夜送到的承诺。具体来说,服务承诺在下列几方面促进了组织效率:

(1)关注顾客

服务承诺使公司必须明确顾客需求。建立有意义的服务承诺的过程,实际上是深入了解顾客要求、不断提高顾客满意度的过程,这样可以使组织的服务质量标准真正体现顾客的要求,使组织找到努力的方向。英国航空公司在对旅客的一项调查中发现,旅客根据四个方面判断它的服务质量:关心和关注、主动性、问题解决以及做错事时改正。最后一项出乎航空公司意料。

(2)设立明确的标准

一项对顾客具体的、有雄心的承诺也为组织设定了明确的标准,它也成为顾客和公众监督组织的依据,使组织受到持续改善的压力。联邦快递承诺"上午10:30前绝对送到",确定了全体员工的职责,强制整个组织以顾客为中心。

(3)承诺的反馈

服务承诺可以产生积极的反馈,有可能使顾客有动力、有依据对服务质量问题提出申诉,从而使组织明确了解所提供服务的质量和顾客所希望的质量之间的差距,为评估质量提供有价值的信息。美国一家名为 Manpower 的临时工代理商,采取主动的方法,在次日打电话给客户,取得客户是否满意的反馈。

(4)促进对服务传递系统的理解

在做出承诺之前,组织的管理者必须确定他们系统中的可能失败的地方和可被控制的限制因素,依据服务承诺确立的质量标准对服务过程中的质量管理系统进行设计和控制。美国佛罗里达的 Burger Bug Killers 除虫服务公司,只有在顾客采用推荐的设施改良(如密封门窗阻止昆虫进入)后,他们才提供服务质量保证或接受工作。联邦快递采用中心辐射网来确认所有包裹在晚上被送到孟菲斯储存,并在每天夜里空运走,以确保包裹在次日上午10:30前送到。

(5)建立顾客忠诚

服务承诺降低了顾客风险,使期望更加明确,留住了因不满意而转向竞争对手的顾客,巩固了市场占有率。

3)无条件的服务保证

哈佛大学教授克里斯托弗·哈特(Christopher W. L. Hart)在《哈佛商业评论》发表"无条件服务保证的力量"文章(the Power of Unconditional Service Guarantees),指出"也许需要一些代价,无条件的服务保证,更能创造出吸引顾客的效果,以及远超过同业的经营绩效"。他主张组织必须提供无条件的服务保证,而不是一般企业"有条件"的服务保证。这类的服务应该具有以下五点特色:

(1)无条件

顾客满意是无条件的,没有例外的。缅因州的邮购商行 L.L.Bean 无条件接受退货并提供更换、退款和信用。Burger Bug Killers 除虫服务公司的创始人首先建立了一种无条件服务的理念,承诺只有全部害虫被杀尽后,顾客才付款。如果施药后仍发现害虫,哪怕只有一只,顾客不但可以索回所有款项,还可以索赔,以购买替代产品。

(2)容易理解和沟通

组织一定要让顾客明确知道,他们在服务承诺中可获得什么,假如组织没做到他们的承诺,顾客可以得到哪些赔偿。一项无误承诺应该既简洁又准确。复杂、令人困惑而且有大量脚注条件的服务保证,即使制作精美,也不会起作用。容易引起误解的服务承诺,会引发有误差的顾客期望。

(3)有意义

好的服务承诺,只有当包含了顾客认为重要的内容,而且有一个合理的总结果时,它才是有意义的。对顾客而言,金钱上和服务上的承诺是重要的。Domino 比萨店承诺:如果点菜后 30 分钟还未送到,顾客可少交 3 美元而不是得到一份免费比萨。因为对顾客而言,他们更希望得到折扣。

(4)容易实行

这种服务必须让顾客容易取得。组织不该让不满意的顾客透过争论或口角,甚至是主动写信的方式,才能得到承诺的服务保证或企业履行这样的保证。花旗银行的一项服务是保证顾客在城市间旅行能够获得最低的机票价格,否则退还多收款。要确认较低的价格和得到退款,只需给代理处打免费电话就可以了。

(5)容易调用

组织必须让顾客容易了解及取得服务承诺的信息,包括组织能在哪些特定的地点或范围提供服务等信息。最好的保证是当场解决问题。

4)不适合承诺的情况

虽然说服务承诺有诸多的利益,但并不是所有的服务活动都要承诺。在下列情况下,就不应该承诺。

(1)组织的现有服务质量低劣

在建立一项承诺前,应该解决所有重大质量问题。当一项承诺确实引起对这些失误和严重质量问题的注意时,完成该承诺的成本会轻易超过任何收益。

(2)承诺与组织形象不符

比如,组织已经因质量高而拥有很高的声誉,事实上已经无形地保证着服务,那么一个形式上的承诺就没有必要。

(3)服务质量确实无法控制

这常常是不做承诺的借口,很少有质量真正失去控制的情况发生。这种情况可能会出现在教育和航空等领域。教育受学生因素影响很大,而航空受天气的变化影响较大。

(4)承诺成本超过利润

对于任何承诺,都要仔细计算相对预期的收益和成本。预期收益包括顾客忠诚度、质量改进、新顾客开发、口碑宣传等。预期成本包括对失误的赔偿和对服务进行改善的成本。预期收益大于预期成本是承诺实施的前提。

（5）顾客无感知风险

顾客在接受服务的过程中感觉不到风险，或服务质量相对稳定，或服务价格相对比较低廉并有大量的替代品时，承诺就没有明显效果。

（6）服务差异性小

服务质量在竞争者之间的差异性较小，这就不好做出承诺；做出的承诺，其特征也不明显。

5）服务承诺的设计

在设计一项服务承诺时，应认真考虑三方面的问题：组织的目标，顾客购买前所重点考虑的事宜，能够削减顾客感知风险和顾客不满的手段与方法。如果服务是全新的，或者是为旧服务融入了某些新的服务特征，则顾客由于对其益处不太熟悉而倾向于接受他人的口头建议。此时，一项服务承诺变成了一种重要沟通工具。对于新开业的干洗店，顾客可能怕衣服损坏、被丢失，或不能及时洗好。因此，干洗店必须设计一套服务承诺，以安慰顾客，并让顾客相信，如果服务不能令人满意，顾客会得到合理的补偿。

在对一项服务承诺做决策时，一个组织必须作三个重要的决策：清晰程度、承诺内容和适用条件。有些组织公布具体详细的承诺，使每位顾客都清楚地了解其服务保证。他们甚至在广告中使用它，或在销售时使用它。另一些服务组织在宣传其服务保证时，要模糊一些，为的是适应任何情景，倾向于具体问题具体解决。服务承诺应包括哪些内容，也是一项重要的决策。最后，组织必须对服务承诺的适用条件做出限制。例如，在什么情况下顾客才能获得服务保证呢？一些零售商店限制商品的退货期限，一般是在最初包装后的几天内，并且顾客要出示原始的购买凭证。在作出上述三个决策时，必须精益求精，如此方能使服务保证对顾客有吸引力，使服务承诺对组织的目标给予支持。

6）服务承诺的履行

服务组织不但要敢于和善于提出服务承诺，而且要切实有效地履行服务承诺。与实物产品承诺不同，服务承诺是关于人、行为及政策的承诺，其中人又包括运行部门（一线人员）、二线人员和顾客三类人。因此，服务承诺的履行涉及服务组织的政策、程序、服务生产线的负荷能力和人的管理，比实物产品承诺的履行要困难许多。服务组织在履行服务承诺的过程中，主要应采取以下管理策略。

（1）加强运行部门与营销部门的协调

营销部门是承诺者，运行部门是承诺履行者。承诺者和履行者之间缺乏沟通和协调，就容易造成服务实绩与服务承诺之间的脱节。加强运行部门与营销部门协调的管理策略是：

①加强横向沟通。例如，利用工作会议促进两个部门的交流。

②利用项目（团队）管理加强运行部门与营销部门的协调。

③将运行部门与营销部门的办公地点安排在相邻甚至相同的地点。

（2）加强后台人员的配合

服务承诺的履行，需要二线或后勤支援人员的配合。后台人员较少直接接触顾客，对顾客的期望和要求以及与之相关的服务承诺了解得不如前台人员多。这可能影响他们在服务

过程中履行服务承诺的责任心及反应。改善后台人员配合的管理策略包括:

①为后台人员创造直接接触顾客的机会,如有计划地组织后台人员与顾客面对面地交流。

②建立后台人员对前台人员的服务承诺制度,以保证后台服务的质量和由此支持前台人员履行对顾客的承诺。

③后台人员的业绩考核增加履行服务承诺方面的考核,推动他们配合前台人员履行服务承诺。

(3)加强顾客的配合

顾客在参与服务过程时,顾客的行为会影响服务质量和效果,顾客有效的参与行为是保证服务质量和满意度的必要条件和重要条件。因此,服务组织对自己承诺的履行,离不开顾客的有效参与和配合。加强顾客配合的管理策略主要是:

①加强对顾客的指导和教育,帮助顾客理解他们在服务过程中的角色要求和期望,其中包括顾客的配合活动和责任。

②加强与顾客的沟通和协调。例如,在服务承诺的条件发生变化和服务承诺可能难以完全履行时,服务组织应及时通知顾客并采取积极的措施,以求得顾客的谅解和配合。美国航空公司就非常重视航班延误时的管理政策,培训机组人员学会当飞机误点时该怎样最快地通知旅客和怎样让旅客接受一个延误时间区间。

13.4.2 服务补救

1)服务补救的概念

服务补救(Service Recovery)概念最早由 Hart 等人于 1990 年提出。不同的学者对服务补救的概念有不同的表述。Tax 和 Brown 将服务补救定义为:服务补救是一种管理过程,它首先要发现服务失误,分析失误原因,然后在定量分析的基础上,对服务失误进行评估并采取恰当的管理措施予以解决。而有的学者则认为,服务补救是服务组织在对顾客提供服务出现失败和错误的情况下,对顾客的不满和抱怨当即作出的补救性反应。其目的是通过这种反应,重新建立顾客满意和忠诚。

第一个概念忽略了服务补救即时性这个最重要的特点,而第二个概念则忽略了服务补救的主动性。服务补救应该是服务组织在出现服务失误时,所做出的一种即时性和主动性的反应。其目的是通过这种反应,将服务失误对顾客感知服务质量、顾客满意和员工满意所带来的负面影响减少到最低限度。

2)服务补救的特点

服务补救概念被引入到服务管理理论中的目的是为了帮助服务组织有效地管理服务失误和顾客抱怨。对服务失误管理,传统的管理方法是顾客抱怨处理。组织要求那些遇到服务失误的顾客向组织提出抱怨,组织分析这些抱怨,从管理角度对其进行处理。通常情况下,不管服务失误是谁造成的,组织一般不会对顾客做出赔偿,除非在特别需要的情况下。顾客抱怨处理的方式一定程度地反映了顾客导向,但从本质上说,抱怨处理绝对不是建立在顾客导向基础之上的,而服务补救则是建立在顾客导向基础之上的,它与顾客抱怨处理是不同的。

（1）服务补救具有实时性特点

这是服务补救与顾客抱怨管理一个非常重要的区别。顾客抱怨管理一般必须要等到一个服务过程结束之后，而服务补救则必须是在服务失误出现的现场解决问题。如果等到一个服务过程结束，那么，服务补救的成本会急剧地上升，补救的效果也会大打折扣。

（2）服务补救具有主动性特点

顾客抱怨管理有一个非常明显的特点，即只有当顾客进行抱怨时，组织才会采取相应的措施，安抚顾客，使顾客满意地离去。据美国消费者办公室（TRAP）所做的一项调查显示：有问题的顾客中，只有4%会向公司有关部门进行抱怨或投诉，而另外96%的顾客不会抱怨，但他们会向9人到10人来倾诉自己的不满（坏口碑）。顾客抱怨管理"不抱怨不处理"的原则，将严重影响顾客感知服务质量和顾客满意，从而影响顾客忠诚和企业形象，使组织在竞争中处于不利的境界。服务补救则不同，它要求服务提供者主动地去发现服务失误并及时地采取措施解决失误。这种前瞻性的管理模式，无疑更有利于提高顾客满意和忠诚的水平。

（3）服务补救是一项全过程的、全员性质的管理工作

顾客抱怨管理是由专门的部门来进行的、阶段性的管理工作。而一般来说，服务补救却具有鲜明的现场性，服务组织授权一线员工在服务失误发生的现场及时采取补救措施，而不是等专门的人员来处理顾客的抱怨。

3）服务补救意义

（1）保证服务的可靠性

管理理论文献的一致看法是：一个企业的竞争优势是由企业因素（主要指企业的能力或企业的核心竞争力）决定的。但是在服务业，这些核心竞争力往往不能满足顾客的期望。在本书我们已经几次提到，研究表明违背服务承诺是令顾客对服务企业感到失望的最重要的因素。从顾客的角度来看，服务企业是否具备核心竞争力是与服务的可靠性紧密联系在一起的。换言之，就是与是否能够提供履行承诺的服务联系在一起的。可靠性是服务质量的核心。服务补救可以实现企业的承诺，保证服务的可靠性。

（2）留住老顾客

尽管对任何一家服务企业来说有时似乎有源源不断的潜在顾客，但企业最主要的目标还是必须着眼于保持现有顾客的忠诚度。这是因为争取新顾客总是比留住老顾客耗费更多的钱财。实际上，有人曾调查"吸引一个新顾客的花费是留住一个老顾客的5倍"（赫斯凯特、萨塞尔和施莱辛格，1997）。另外，不断地寻求新顾客意味着现有顾客没有得到很好的对待，结果只能是失去顾客满意度，损坏企业的声誉。

许多研究人员指出，巩固现有顾客的忠诚度，维系同他们的关系，以及促发他们再次购买的意愿，是与顾客满意度紧密联系在一起的。顾客离开熟悉的服务企业转而寻找新的服务企业已被一再证明是企业核心服务失败所造成的。不满意的顾客不仅仅是离开，而且还散布一系列不利于企业的言论。正如琼斯和萨塞尔（1995）所言，"除了极少数情况以外，使顾客感到完全满意是获得顾客忠诚度、创造可持续的良好经济效益的关键"。在很多服务行业中，服务成本中的固定、半固定成本很高，边际成本较低。留住现有顾客并开展新业务的成本较低,因而利润较高,值得为留住顾客投资。另外,长期顾客所需要的维持成本较低,因为这些顾客对服务组织、员工、服务程序都很了解,因此他们的问题较少,成本较低。这种长远的观点强调,服务策略的目的就是履行服务承诺、提高顾客忠诚度、减少顾客不满意(坎达姆普利,1998)。

（3）"第二次必须做好"提高顾客满意度

从顾客是否重新惠顾的意愿可以清楚地表明这个顾客是否会忠诚于企业或是转向其竞争对手。在竞争激烈的环境中,顾客根据一个企业是否能够提供完美无缺的优质服务来决定是否忠诚于这个企业。这就给服务企业带来了一个问题。服务产品在生产和消费过程中存在很多人为因素,所以失误是不可避免的。考虑到失误的不可避免性,服务企业如何处理失误就成为留住客人的至关重要的因素。"一次成功"与"二次成功"问题对于服务组织来说,强调"一次成功"是必要的,但远远不够。原因非常简单:服务与实体产品不同,生产与消费的同时性、服务的差异性等特性决定了服务无法实现高度的标准化。从实证性研究角度来看,服务传输过程的失误率远远高于实体产品。所以,在注重"一次成功"的前提下,组织必须关注"二次成功"问题,即优质服务重现。

当失误发生时,顾客是从企业处理失误的方式来判断企业对服务质量承诺的履行效果。扎姆克和贝尔共同撰写了有关这一问题的论文,其题目非常简明地概括了这种情况:"服务补救:第二次必须做好"。出现服务失误后,企业必须想方设法使顾客感到满意。如果企业在出现服务失误后没有做到确保顾客满意,顾客对企业的信心就会下降,而对企业的不利宣传就会增加。第一次失误可能会得到原谅,但是如果企业在第一次失误后没有采取服务补救措施,这就是第二次失误,结果会使顾客对企业的负面印象加深。毕特纳、布姆斯和特里奥特(1990)把这种情况称之为"再度偏离"顾客的期望。

4）服务失误与顾客的反应

不论如何努力,最出色的服务组织也难免会出现各种各样的失误。可能是服务提供者、顾客或外界随机因素等原因引起的。面对失误,服务组织就要有针对性地采取行动措施,进行补救。

（1）失误与补救悖论

服务提供者都希望服务能按照预先制定的标准进行,并满足顾客的需要。但事实上总会有一些失误发生,这些可能的失误包括以下几种:

①未按标准传递服务。服务在传递过程中偏离了预先制定的服务标准。

②未履行承诺。没有能力实现承诺,或没有用心去兑现承诺。

③未达到顾客期望。顾客感知的服务与顾客期望的服务有差距。

④员工态度粗暴或漠不关心。没有真正理解顾客的需要与感受。

这些失误可能产生一系列的后果:导致顾客离去;顾客去做反面宣传;顾客去投诉。如果服务在其传递过程中出现了失误,应该及时找出问题所在并设法弥补。

服务出现失误而没有补救,或没有有效的补救,或低劣的补救,会使顾客产生极大不满,进而寻找机会公开批评(反面宣传),这同时也会损害员工士气,甚至造成员工的流失。

服务补救可能会提高顾客满意度和忠诚度,也可能会产生正面影响(顾客的正面宣传)。

不满意的顾客经历了高水平的出色的服务补救,最终会比那些第一次就获得满意的顾客,具有更高的满意度,并可能再次光临。这是否就意味着应故意令顾客失望,再利用补救机会,获得更高的顾客满意度和忠诚度呢? 如果这样做,就会掉入补救悖论的陷阱。

补救悖论的危险是:改正失误要花费代价;只有高水平、出色的补救,才会提高顾客的满意度与忠诚度,否则,不足以弥补失误的负面影响。因此,服务应该在第一次传递过程中做好,避免失误!

(2)顾客对服务失误的反应

顾客对服务失误的三种可能反应:投诉、退出和报复。投诉是顾客与服务的提供者或者其他人进行交流,述说自己的不满意。退出意味着顾客不再继续与服务组织交往,停止使用服务组织的服务。报复是顾客认真思考后,决定采取行动损害服务组织及其未来的业务,例如,对服务组织进行有形损害,向很多有关、无关的人或组织(甚至媒介)宣传,给服务组织的业务带来负面影响等等。图13.6描述了顾客对服务失误的反应。

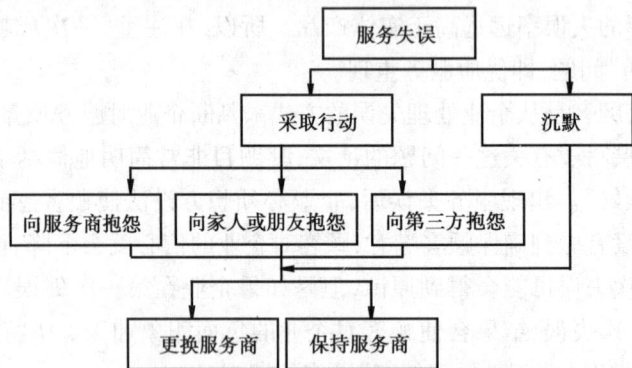

图 13.6　服务失误后顾客的反应

对于服务组织来说,顾客采取行动的第二种和第三种反应都是极为不利的,事实上,不采取行动的不满意顾客是最不可能再次光顾的。对服务组织来说,这些面对不满意采取消极态度的顾客更是一种潜在的威胁。因此,服务组织就有必要尽量诱导顾客作出第一种反应,即投诉。

面对服务失误所引起的不满意,不同的顾客的行为是不同的,可划分为以下几类。

①发言者。这类顾客更愿意向服务人员投诉,但不大可能去做负面宣传或向第三方投诉,也不大可能改变服务商。对于服务组织来说,这应该算是最好的顾客。他们主动投诉,使组织认识到了服务传递中存在的问题,并提供加以改正的机会。

②消极者。这类顾客极少会采取行动,不大可能对工作人员采取报复行动,也怀疑投诉的有效性,并认为花费时间与精力去投诉不值得。

③发怒者。这类顾客更倾向于向亲朋好友做负面宣传并更换服务商,但一般不向第三方投诉。他们也愿意极力向服务商投诉并远离市场,常常转向服务商的竞争对手。

④积极者。这类顾客的特点是向可能投诉的各方面进行投诉,他们向服务商投诉,向亲朋好友投诉,向第三方投诉,并更有可能远离市场。

（3）顾客投诉（或不投诉）的原因

面对服务失误所引起的不满意，为什么有些顾客投诉，而有些顾客不投诉呢？投诉者通常认为：①投诉会有积极有效的结果，能获得补偿并对社会有益，而且其个人标准支持其投诉行为；②顾客应该得到公平对待，有权获得良好的服务，因为那些服务是本应该做好的；③失误是可以弥补的；④投诉是一种社会责任，惩罚服务商，使他人免于受害。也有极少数人就是喜欢投诉，抱怨是其"个性"。

而那些不大可能采取任何行动的非投诉者则持相反的观点，他们的认识通常是：①投诉是无效的，是时间和精力的浪费；②补救无效，不相信服务商的补救行动；③不知道如何投诉，服务商沟通渠道有问题；④认为服务失误对自己的影响不大；⑤感到某些失误可能是无法补救的。

（4）顾客投诉时的期望

顾客面对不满意，花费时间和精力采取投诉行动时，他们的期望最主要的是正义和公平，即能够得到迅速而公平的补偿。这种公平主要体现为结果公平、过程公平和相互对待公平。

①结果公平。顾客希望补救的结果或得到的赔偿能与其不满意水平相匹配。这意味着顾客希望自己遭受的损失能够至少得到对等的补偿，还意味着服务商会公平对待每一位顾客，补偿一视同仁。赔偿的形式可能有：货币赔偿、正式道歉、未来的免费服务、折价等。赔偿一定要适度，过度赔偿也不好，有时会使顾客感到不舒服。

②过程公平。顾客期望投诉渠道畅通，投诉方便，并能快速处理。顾客希望服务组织有明确的投诉受理部门和方便顾客的投诉政策。顾客希望第一位接受投诉的员工能够全程负责，并希望在明确的期限内得到快速处理。如果顾客不知道向谁投诉或各个部门相互推卸责任或应付拖延，顾客就会感到迷惑不解或感觉受到轻视。

过程公平的特点是清晰、快速、无争吵。不公平的特点是含糊、缓慢、拖延、不方便或要求必须提供证据等。

③相互对待公平。顾客希望服务组织有礼貌和诚实地对待自己的投诉。如果顾客在投诉过程中，感到服务组织及其员工对顾客的遭遇漠不关心，并表现出勉强或不耐烦的态度，顾客会感到自尊心受挫而愤怒。即使投诉已经得到迅速解决，顾客也会感到强烈的不满。这种糟糕的表现可能和服务组织的服务理念有关，他们把顾客的投诉视为麻烦和累赘；也可能由于员工心情沮丧、疲惫不堪；或者是由于员工缺乏处理投诉的技能和必要的授权。

5）服务补救的原则

与顾客接触的员工应该发现并解决服务失误，但正如前面所述，解决服务失误必须依靠有效的服务补救系统，而不仅仅是与顾客接触的员工。下列原则对组织建立这一系统有所帮助：

（1）计算服务失误和服务错误的成本

服务失误会导致顾客流失，这样，就需要组织争取新的顾客来弥补顾客流失所造成的损失。更重要的是，顾客流失会给组织带来坏口碑。这些都构成服务失误的成本。争取新顾客的费用通常比维持老顾客的费用要高出几倍。而坏口碑对组织的影响更是致命的，也使得组织争取新的顾客更加困难。良好的服务可以避免因服务失误而付出的额外费用,但组织很少能意识到糟糕的服务所带来的经济损失。所以,顾客流失和服务补救的成本是比较容易算出的,精确地计算出这笔费用对于提高组织的质量意识会有所帮助。出现服务失误后,即使对顾客进行"过度"补偿,对组织来说,也是有利可图的。

（2）征求顾客意见

绝大多数顾客都不会把他们糟糕的服务体验告诉给组织,他们会投向其竞争对手的怀抱。所以,当服务失误出现后,一定要主动地向顾客征求意见,了解服务失误原因、服务系统失误的原因以及顾客不满意的原因等。员工,特别是那些与顾客接触的员工,应当有能力控制服务失误的局势,让组织意识到服务失误的严重性,即使顾客没有提出这样的要求,也应当如此。但是,最先发现问题的肯定是顾客,所以应当使顾客能够很容易地就服务过程中的失误或问题进行抱怨,这是组织能够获取的、关于服务失误的第一手资料。通过对这些资料的分析,可以找到解决问题的策略和方法。有些情况下,可以对顾客进行培训,如通过印发一些小册子或其他文字资料教会他们如何抱怨。有的组织利用信息技术来帮助顾客,为组织提供服务失误的信息。员工必须对那些进行抱怨的顾客表现出应有的尊重和关怀。

（3）发现服务补救需要

服务失误和服务错误可以在任何时间、任何地点发生。但是,通过对服务过程、人力资源、服务系统和顾客需要的详尽分析,我们可以寻找到服务失误的"高发地带",并采取措施加以预防。有些时候,一个服务失误会引发一系列反应（如航班的误点）,对这一类的问题必须加以高度重视,做好预防工作。复杂的 IT 系统是引发服务失误的另一危险"地带"。通过引进新的系统可以较好地解决这个问题。寻找那些服务失误的"高发地带",采取措施,防患于未然,可以使服务补救取得更好的效果。

（4）服务补救必须迅速

一个不满意顾客可能会向 12 个人倾诉他们糟糕的服务体验,而一个满意的顾客在人群中传播组织好"口碑"的机会比这要少得多。服务补救越慢,坏口碑传播得就越快。同时,迅速进行服务补救对于挽回服务失误所造成的较差的质量感知,比缓慢的服务补救要有效得多。

（5）员工培训

与顾客接触的员工必须明确为什么要关注服务失误,为什么要对其做出及时的补救,也必须明白他们所担负的职责。组织必须对员工进行培训,让员工具备足够的能力,能及时发现服务失误和不满意顾客并教会顾客参与到服务补救过程中去,让员工明确自己的职责,即做好受挫折顾客的工作,迅速改正错误并及时做出赔偿。培训的目的是培养员工的顾客意识和处理此类问题的技巧。如果不这么做,员工对服务补救的看法可能就是五花八门的,难以形成统一的认识。这实际上是内部营销问题。

（6）充分授权并使与顾客接触的员工具有服务补救的能力

培训可以使员工更明确服务补救的意义和自己在服务补救中应当扮演的角色,以及必须具备的技巧。但是,员工必须根据管理层的决策来决定对顾客如何进行补偿及补偿多少。他们必须首先了解上层对服务补救、顾客抱怨的看法。这显然不利于服务补救效率的提高。

因此,必须对员工进行授权,并使其了解到关于服务补救的信息和赔偿方法等,以便具备服务补救的能力,如对遭受服务失误的顾客做出何种担保,能否给予顾客免费的票证或者是金钱的补偿等。

(7)使顾客处于知情状态

顾客希望看到组织承认服务失误并知道组织正采取措施解决这一问题。如果不能当场解决服务失误,就应当坦诚地告诉顾客,组织正在努力,请给组织一些时间。当问题得到解决后,应当告诉顾客解决的结果,并同时告诉顾客,组织从这次服务失误中所得到的教训及其将来如何避免此类事情的发生。

(8)从错误中吸取教训

组织必须拥有并创造性地运用服务补救系统。必须从组织、员工等各个方面来查找服务失误、质量问题及其他错误出现的原因。对于组织来说,寻找到失误根源并对服务流程做出相应的修正是一项非常重要的工作,唯有如此,才能避免此类事情的再度发生。

表 13.5　顾客对服务失误的期望

顾客期望	服务组织补救方式
道歉	亲自道歉,即使服务失误不是由组织造成的,但注意,仅仅道歉远远不够
合理赔偿	由与顾客接触的员工当场对顾客做出合理的赔偿
善待顾客	真诚地对待那些遭受到不好的服务体验的顾客,主要是安抚顾客的情绪
超值补偿	把顾客认为有价值的东西送给顾客,有些情况下合理的补偿可以起到这种作用
遵守服务补救中做出的承诺	与顾客接触的员工对服务补救中所做出的一切承诺都要兑现(有不好的消息比没有消息或不准确的消息要好;直接告诉顾客飞机要晚点60分钟比告诉顾客4遍飞机要晚点15分钟要好得多)

总之,一个有效的服务补救系统包括三个组成部分:借助不间断监控服务系统,及时发现服务失误;及时、有效地解决服务失误;从质量问题和服务补救中吸取经验教训。表13.5表明了顾客所期望的服务补救的基本步骤与程序,供参考。

6)服务补救的方法

服务补救有四种基本的方法:逐件处理法、系统响应法、早期干预法和替代品服务补救法。

(1)逐件处理法

逐件处理法强调顾客的投诉各不相同。这种方法容易执行且成本较低,但是它也具有随意性。例如,最固执或者最好斗的投诉者经常会得到比通情达理的投诉者更令人满意的答复。这种方法的随意性会产生不公平。

(2)系统响应法

系统响应法根据规定来处理顾客投诉。由于采用了识别关键失败点和有限选择适当补救标准的计划性方法,它比逐件处理法更加可靠。只要响应规定不断更新,这种方法就非常有益,因为它提供了一致和及时的响应。

（3）早期干预法

早期干预法是系统响应法的另一项内容，它试图在影响顾客以前，干预和解决服务流程问题。例如，一名发货人发现由于卡车故障影响了出货，他就可以马上通知顾客，在必要时顾客可以采取其他方案。

（4）替代品服务补救法

替代品服务补救法通过提供替代品服务补救，从而利用竞争者的错误去赢得其顾客。有时，处于竞争中的组织支持这种做法。例如，在一家超额预订旅馆的工作人员将顾客送到与其竞争的旅馆。如果竞争旅馆可以提供及时和优质的服务，它就可以利用这个机会。由于竞争者的服务失败通常是保密的，因此这种方法实行起来比较困难。

7）服务补救时机的选择

除了要对错误进行及时修正，快速反应和合理补偿也被认为是服务补救最关键的因素。关系理论框架，包括由一系列活动所组成的服务片段（服务接触）和总的关系，可以被用来说明不同的服务补救方式及其意义。图 13.7 以关系框架的形式显示了三种服务补救方式的服务补救时间安排。服务补救的方式可以分为三种，即属于被动的服务补救方式的管理性的服务补救（Administrative Service Recovery）、属于主动的服务补救方式的防御性服务补救（Defensive Service Recovery）和属于超前的服务补救方式的进攻性服务补救（Offensive Service Recovery）。下面利用机场中行李丢失的例子来说明服务补救时机选择的问题。一个三口之家乘飞机到海边度假，到达目的地后，发现行李丢失了。随身携带的只有一些换洗的衣服，在这种情况下，组织显然应当对其及时进行补救。

（1）被动的服务补救

图 13.7 中的图（a）表示了管理角度的服务补救是如何进行的。例如，机场管理人员为顾客填写了行李丢失单，然后象征性地给顾客一点补偿金。这个顾客认为这点钱连支付度假费用的零头都不够。管理人员告诉顾客，如果是这样的话，他们只能在度假结束后向航空公司正式提出意见。从例子中我们可以看出，这种方式不是在服务失误发生后立即在服务流程尚未结束时加以解决，而是等服务流程结束后，由顾客服务部等专门处理顾客抱怨的部门来加以解决。服务补救被作为一个单独的服务片段，列在主服务片段之后（整个度假过程包括三个情景，即飞往度假目的地、在目的地度假和返回本地）。这种服务补救方式与传统的顾客抱怨处理是基本相同的。

更重要的是，服务失误所造成的顾客情绪问题被忽略了，这将直接影响顾客感知服务质量。同时，对顾客感知服务质量的这种负面影响难以轻易消除，即使顾客得到了完全合理的赔偿。

（2）防御性服务补救

图 13.7 中的图（b）表明了防御性服务补救的特点。按照这种补救模式，机场管理人员会告诉顾客他们可以自己先垫钱，购买自己需要的东西，等假期结束后，由机场有关部门予以报销和补偿。在服务流程设计中，服务补救仍然是一个独立的情景，但这个情景被纳入到主服务情景之中（作为度假的一个组成部分）。出现服务失误后，不等整个服务流程结束，顾客也不必到规定的部门去提出正式的意见，问题就会得到解决。但是，这种模式之所以称其

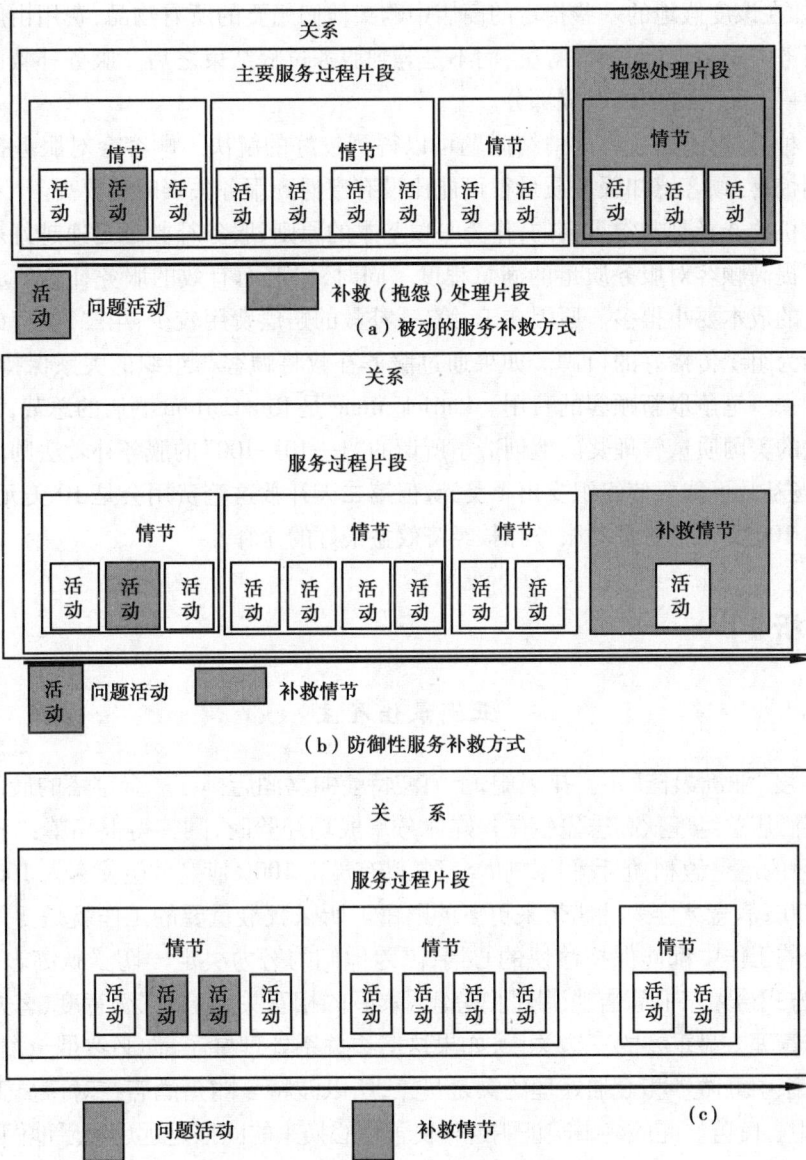

（a）被动的服务补救方式

（b）防御性服务补救方式

（c）

图 13.7　关系框架中的服务补救时间安排

为主动服务补救方式，是因为它要求顾客自己来解决问题，而正式的补救措施只能以后实施，尽管这个流程也被列入到总的服务片段之中。

这种模式与前一种模式有相同的弊端：没有充分地考虑顾客的情绪，尽管在这种模式中情绪问题对顾客感知服务质量的影响比前者要小得多。顾客从一开始就清楚，他们能够放心地去购买自己需要的物品，所以通过这种补救，也许可以挽回服务失误对顾客感知服务质量的不良影响。

（3）进攻性服务补救

图 13.7 中的图（c）说明的是进攻性服务补救的特点及运作方式。按照这种补救方式，

航空公司会在出现服务失误的现场立即解决问题。比方说,管理人员可以提出各种不同的补救方案,如在该度假地的一些指定的商店中购买他们想要的所有物品,费用由航空公司支付。出现服务失误后,立即加以解决,而不是等到服务过程结束之后。服务补救已经成为服务主流程中一个不可分割的组成部分。

按照这种补救方式,顾客的情绪问题可以得到较好的解决。顾客会对服务提供者的补救行为感到惊喜,顾客感知服务质量很可能比没有遭遇到服务失误时还要高。

补救时机的选择是非常重要的,作为一项基本的原则,服务补救越迅速越好。快速的服务补救可以提高顾客对服务质量的满意程度。同时,快速而有效的服务补救的成本比缓慢的服务补救的成本要小得多。原因在于:第一,补救的赔偿费用较少;第二,快速的服务补救可以使顾客为组织传播好的口碑。如果通过服务补救将顾客与组织的关系保持下去,那么组织又会省去一笔争取新顾客的费用。Patrick Mene 是 Ritz Carlton 酒店的总裁,该酒店曾获得了服务业的美国质量管理奖。他创造了所谓的"1—10—100"的服务补救法则。出现服务失误后,当场补救可能要使组织支出 1 美元,但第二天补救这笔费用会是 10 美元,以后补救则会上升到 100 美元。这是对服务补救经济效益最好的诠释。

【案例分析1】

亚洲最佳雇主

2003 年度"亚洲最佳雇主"排名中,上海波特曼丽嘉酒店排在了金字塔的最顶端。上海波特曼丽嘉酒店总经理狄高志先生在与媒体分享成功经验时,回答得很简单:"我们是在做生意,最终目的还是盈利,但我们深刻体会到,只有员工 100%满意才会使客人 100%满意,而只有客人 100%满意才会为酒店带来更多的财富。所以我最重要的工作就是要保证酒店的员工在每天的工作中都能保持愉快的心情,因为他们的努力决定一切。"狄高志还用"金字塔"的图解方式给大家很简洁地说明了关键因素间的相互关系:员工满意度、客人满意度和利润是酒店管理方最重要的三边关系,如果这三边关系处理好了,你必然是一个好的雇主。而这三方关系中最微妙和最难处理的又是员工,所以波特曼丽嘉酒店在对待员工的方式方法上,可谓用心良苦。而最终事实证明这种良苦用心换来的回报是远远大于他们的预期。

波特曼丽嘉的员工餐厅,大概是上海滩上最漂亮的"食堂"。这里不仅有美味的食物,幽雅的用餐环境,更让人觉得酒店非常尊重员工。波特曼丽嘉集团的全球总裁高思盟(Simon Cooper)说过这样一句话:"我们提供专业的服务,但我们绝非仆人。"与此相对应的是,波特曼丽嘉提出"我们以绅士淑女的态度为绅士淑女们忠诚服务"的座右铭,时刻提醒全体员工作为专业服务人士,要以相互尊重和保持尊严的原则对待客人以及同事。

在波特曼丽嘉,无论是老板、主管还是普通员工,如果想表示对他人工作的尊重和感谢,都可以在"一流卡"上写上鼓励的话,装在信封里交给他,只是为了谢谢你的帮忙,或是说声你做得不错。狄高志还有一个别出心裁的方式来款待酒店的绅士淑女们——逢年过节,他会用自己的那辆三轮摩托载着两名员工在市中心兜上一圈。"这可是总统级的待遇",员工们笑言,因为这个"总经理市容观光游"通常只是为入住酒店总统套房的贵宾准备的。

上海市四星级以上酒店的员工流失率平均为 22%~23%，而在波特曼丽嘉，2003 年这一数据仅为 18%，为业内最低。根据酒店的调查，让员工最满意的方面除了"酒店把我们当绅士淑女看待"之外，是他们的贡献得到了充分的肯定和奖励。这也是他们愿意留在酒店并付出更多努力的最重要动因。狄高志认为首先"要给员工一种作为个人被认可的感觉"。当经理人对一个部门或一个团队说"你们所有的人都很棒"，固然很好——但这与单独对某一个员工说"你这件事情做得很不错"，留下的印象深刻程度是完全不同的。如果仅仅表扬集体，忽视个人需要，那么从心理学角度，个人就会产生一种匿名感而被消极影响。

与一些高高在上的经理们不同，波特曼丽嘉从总经理到各级部门总监、主管都会经常在酒店巡视，关注每位员工的工作；平时也会注意收集自己员工的兴趣爱好，在奖励他或过生日时投其所好。用狄高志的话来说"作为管理者，应当多花点时间去了解每位员工做了些什么特别的事情，他需要什么样的鼓励和肯定。这对于让员工保持积极心态是非常关键的"。除了日常的关注和奖励之外，酒店会在每个季度正式评选出五位五星奖员工和一位五星奖经理。这个奖项由员工相互评选，只要认为是在此期间个人表现特别优秀的，都可以获得提名。颁奖那天，酒店举行一个由全体员工参加的隆重晚宴仪式，被提名的员工会得到一张认可证书。最后评选出的 6 位员工除了奖金外，还被授予一座精致的奖杯以及一枚可以每天佩戴的五星徽章。随后在年末，本年度的 24 位获奖者中会再评选出年度五星奖，有机会到波特曼丽嘉集团在全世界管理的其他酒店中去分享经验。

为了使客人获得更好的服务，波特曼丽嘉给每位员工 2 000 美金的授权。在这个范围之内，员工不用请示上级就可以做出力所能及的决策，碰到突发事件也可以及时给客人满意的答复。波特曼丽嘉的员工基本守则里有一条是：所有员工都必须圆满完成其工作岗位的年度培训课程。酒店拥有一套非常全面、完善的培训体系，保证每一个员工一年有 150 个小时左右的培训时间。这一数字相当于任何其他亚洲最佳雇主所提供培训时数的两倍。在领班、主管、经理这一级别上，波特曼丽嘉几乎从来不考虑外聘，而是选择内部提拔。每年都有超过 100 位员工，可以在原来的岗位上得到提升。本地员工也有机会取代较高位置的外籍员工，目前前厅部经理、宴会厅总监、餐饮部副总监等重要职位都是由本地员工担任的。管理层对自己培养的员工寄望很高，并且认为让他们看到职业发展的前景，不仅有助于在工作中产生更大的动力，还能够给其家庭以信心并获得支持。

即使对那些一时表现不好的员工，人事部门也会仔细探求背后的原因——可能是最近家中有事使他无心工作；或是根本没有人好好教他，他不会做；也可能他主观上就不愿意做这个工作。狄高志坦言，酒店尊重、关怀每位员工，但无疑期望他们都能够达到酒店要求的高水准，并作出最好的贡献。员工在举止、行事上出现偏差时，首先不是要责备，而是向他明确酒店标准并引导他改正。如果有需要，还可以为他调换工作岗位。

波特曼丽嘉的沟通制度是：每天的部门例会上，员工可以向主管反映前一天工作中发生的小问题，大家一起回顾具体出错的环节在哪里；每个月大部门会议，会讨论员工满意度的情况，向部门总监提出需要改进的地方，然后各部门会不断跟进事情的进展；另外，每个月人事总监还会随机抽取 10 个左右的各部门员工，一起喝下午茶。话题大到酒店硬件设施的维修，小到制服的熨烫，都会反馈到相关的部门加以解决。有一次，一位酒店女员工反映，多年以来发的连裤袜都是很薄的丝袜，但是今年春天上海天气很冷，有员工提出丝袜不够保暖，希望可以换成天鹅绒、羊绒的厚袜子。尽管这样一来成本肯定是提高的,但波特曼丽嘉公司觉得这是合情合理的要求,所以很快就换了。

狄高志每月也会邀请不同部门的员工与他一起共进早餐,问问大家最近的工作情况。这个早餐会仅仅是狄高志与员工交流方式中的一种。作为酒店的总经理,他把70%左右的工作时间投入在与800名绅士淑女有关的事务方面。他认为自己了解员工需要和工作状况的最好方式,就是走到每个员工的实际工作环境中,亲身体会他们的感受,一起讨论如何更好地改进。而员工也可以自由地到总经理办公室来,提出他们的建议和想法。他说:"尽管我们每年都会进行员工满意度的调查,但员工满意与否是每天都要衡量的问题,而不是在进行某种调查时才存在。"

[案例讨论题]

1.结合案例讨论让内部顾客满意的策略。

2.讨论员工满意与顾客满意的关系。

【案例分析2】

马尼拉奇遇记——服务补救实例(1)

两位大学讲师前往马尼拉参加会议,他们在文华东方酒店预订了客房,这是公认的亚太地区最好的酒店之一。文华东方酒店声称能够提供"不仅体现其自身利益,更重要的是体现客人、员工和股东利益"的个性化服务。这种服务承诺是为了与总公司"成为全球公认的最豪华的饭店集团之一,在每一家连锁饭店都为客人带来不同寻常的满足感"的目标相一致。事实上,这个饭店集团由于其出众的服务和优异的管理而经常荣获国际大奖。两位客人被告知他们将在机场享受到酒店的专人接机服务。一切都正常,他们一下飞机,就很快找到接机服务员。这名服务员告诉他们这项服务的费用,然后他们就乘坐豪华轿车迅速地抵达了酒店。

在到达酒店后,这两位客人受到门童的接待,门童把他们带到前台。前台一位笑容可掬的女士向他们表示欢迎,为他们办理了入住手续。然后她把他们领到了客房。在去客房的途中,她着重介绍了酒店以及客房的各种有特色的服务。

两位客人从年轻服务员的介绍中看出了第一个问题。不经意之间,她透露出接机服务员只向他们推荐了酒店最贵的豪华轿车的迎接服务,实际上,从机场到酒店还有同样可靠的出租车服务(但是费用便宜得多)。想到他们有限的经费,再想想服务员不告诉他们乘坐出租车这一选择,两位客人开始怀疑服务员只向他们介绍豪华轿车服务是不是想"宰"他们。但是在他们受到热情的接待后,他们决定把这次的经历归结于自己运气差。

第二天,两位客人打算步行10分钟去会议地点。因为那时正在下雨,他们就走到服务台,请求借一把雨伞。在四处找了5分钟之后,服务员抱歉说所有免费的雨伞都借出去了。客人接受了这个解释。但考虑到这是台风季节,于是客人就想最好还是为以后几天预订两把雨伞,这个请求马上被记录下来。

当天晚上,其中一位客人想用客房的直拨电话给家里打电话。他仔细研究了一下计费方法,最后算出如果加上服务费、各种税费以及外汇兑换费用等,他大概需要花费 5 澳元。打完电话后,他急着想查看账上的收费情况是不是这样。当他得知他打的 4 分钟电话需要交费 45 澳元时,可以想象他是多么地震惊! 他检查了最初的计算,发现最初计算的费用是对的。他把这个情况反映给客服部经理。客服部经理作了调查,承认服务指南上的电话计费方法容易让人产生误解,并向这位客人保证她会考虑怎样解决这个问题。

后来的 3 天一直在下雨,两位客人一再要求借雨伞,但都没有借到。他们不相信像文华东方酒店这样的酒店会没有足够可供出借的雨伞,也不明白为什么老是得不到每天预订的雨伞。质问了服务台以后,他们终于明白他们的怀疑是对的:

服务部根本就没有可供借用的雨伞,他们一直受到欺骗。但是两位客人被告知他们可以在酒店的零售店购买雨伞!

两位客人决定向酒店的管理层进行投诉,他们写了一封投诉信,表达了对雨伞欺骗事件、豪华轿车欺骗事件、误导性的电话收费指南的不满。他们在信中还对如何防止此类事件的再次发生提出了建议。针对这封投诉信,文华东方酒店采取了一系列出色的服务补救措施,这给两位客人留下了难以磨灭的印象。要想知道后来发生了什么事情,请看"马尼拉奇遇记——服务补救实例(2)"。

[案例讨论题]

1.顾客为什么要进行投诉?

2.酒店的管理有哪些不足?

【案例分析3】

马尼拉奇遇记——服务补救实例(2)

在经历了一系列恼人的服务失误事件后,我们两位在马尼拉的朋友最后写了一封具有建设性的投诉信。

很快一名客房服务员来到他们客房,赠送给他们一篮奇异的水果,还带来了一封楼层经理的信件。接着服务部经理来了并承担了"雨伞问题"的责任。她为给客人带来的不便表示道歉,并且向两位惊讶的客人赠送了两把雨伞,还为他们提供免费的豪华轿车送机服务。不久客服部经理来了,告诉他们有关电话费问题的解决办法。她很有礼貌地解释说电话费用没有错,但是她对服务指南所造成的误解表示道歉。为了安抚客人,她提出给客人的电话费打 10% 的折扣。过了一会儿,他们又收到住店经理的道歉信。这位经理对服务部未能借客人雨伞承担了全部的责任。

这一切服务补救措施给人留下了深刻的印象。酒店为其失职承担了责任,各有关部门的经理也及时承担了各自应该承担的责任,一切问题都得到了圆满解决。

此外,酒店还设法防止此类问题的再次发生。当天晚些时候,这两位客人亲眼目睹前台的员工忙着往柜子里摆放雨伞,以供将来客人借用。酒店还马上通知机场的接机服务员以后必须告知每一位客人所有的交通选择。至于电话收费,酒店及时修改了服务指南,清楚地说明了电话的计费方法。

显然,文华东方酒店的员工们真正把这封投诉信看成是一次提高服务质量的机会。事实上,这两位客人一致认为整个服务补救过程给他们留下了深刻的印象。如果一开始就接受完美无缺的服务,他们所得到的印象就没有这么深刻了!

他们以后还会入住文华东方酒店吗?回答毫无疑问是肯定的!他们会向朋友和同事推荐这家酒店吗?答案毫无疑问还是肯定的!

[案例讨论题]

1.文华东方酒店的补救措施有哪些?哪些方面是可以避免顾客误解的?

2.讨论服务补救带来的收益和所付出的成本。

本章小结

本章介绍了服务质量与服务满意的关系、服务满意度的生成因素、服务满意度的衡量和服务承诺与补救。服务质量和服务满意均对顾客的认知、情感、意向、忠诚有显著的影响。但是,顾客满意对行为性忠诚有直接的影响,而服务质量对顾客的行为性忠诚没有直接影响。顾客满意战略包括横向层面上的顾客满意战略和纵向层面上的顾客满意战略。顾客满意度的生成要素包括服务、营销活动、后台支持和组织文化。顾客满意度模型(ACSI)基于这样一个理论,即顾客满意度同顾客产品购买前的期望和在产品购买中及购买后的感受有密切关系,并且顾客的满意程度低或高将会导致两种基本结果:顾客抱怨和顾客忠诚。顾客满意度调查的具体程序为:成立调研部;确立调查目标;选定调查对象;制定满意指标;实际问卷设计;确定调查方式;分析调查报告。

服务承诺的履行涉及服务组织的政策、程序、服务生产线的负荷能力和人的管理,比实物产品承诺的履行要困难许多。服务组织在履行服务承诺的过程中,主要应采取以下管理策略:加强运行部门与营销部门的协调;加强后台人员的配合;加强顾客的配合。顾客面对不满意花费时间和精力采取投诉行动时,他们的期望最主要的是正义和公平,即能够得到迅速而公平的补偿。这种公平主要体现为结果公平、过程公平和相互对待公平。服务补救有四种基本的方法:逐件处理法、系统响应法、早期干预法和替代品服务补救法。服务补救的方式有被动的服务补救、防御性服务补救和超前的服务补救。服务补救的原则为:计算服务失误和服务错误的成本;征求顾客意见;发现服务补救需要;服务补救必须迅速;员工培训;充分授权并使与顾客接触的员工具有服务补救的能力;使顾客处于知情状态;从错误中吸取教训。

【思考与练习】

1.服务质量与服务满意区别是什么?

2.服务质量和服务满意对顾客忠诚的影响有什么不同?

3.简要说明顾客满意战略的内涵。

4.顾客满意度的生成要素的具体内容是什么?

5.提高顾客满意度有什么意义？

6.讨论你对 ACSI 模型的理解。

7.了解顾客满意度调查程序。

8.服务承诺有哪些方式？有何意义？

9.无条件服务保证有何特征？

10.如何设计和履行服务承诺？

11.为什么服务企业要对它的服务做出保证？这对所有的服务企业都十分有用吗？

12.服务补救为什么十分重要？服务企业应该如何防患于未然？

13.服务补救与顾客抱怨有何区别？

14.服务失误中顾客的反应有哪些种类？

15.明确服务补救的基本程序和方法。

16.讨论服务补救时机的选择。

参考文献

[1] 方爱华,张光明.运营管理[M].武汉:武汉大学出版社,2015.

[2] 叶万春,王红,叶敏,等.服务营销学[M].3 版.北京:高等教育出版社,2015.

[3] 陈章龙.中国现代服务业发展报告 2013[M].北京:中国人民大学出版社,2015.

[4] 孙明波,高举红.运营管理[M].北京:机械工业出版社,2015.

[5] 赵文明.客户服务管理工具箱[M].北京:中国铁道出版社,2015.

[6] 许国君.服务科学与服务管理[M].厦门:厦门大学出版社,2015.

[7] 罗伯特·F.雅各布斯,理查德·B.蔡斯.运营管理[M].原书第 14 版.任建标,译.北京:机械工业出版社,2015.

[8] 李凡.服务管理案例研究[M].天津:南开大学出版社,2014.

[9] 吴迪.运营管理[M].上海:上海财经大学出版社,2014.

[10] 詹姆斯·A.菲茨西蒙斯,莫娜·J.菲茨西蒙斯.服务管理:运作、战略与信息技术[M].原书第 7 版.张金成,范秀成,杨坤,译.北京:机械工业出版社,2014.

[11] 汤兵勇.服务管理[M].北京:化学工业出版社,2013.

[12] 赵海峰.服务运营管理[M].北京:冶金工业出版社,2013.

[13] 徐飞.战略管理[M].北京:中国人民大学出版社,2013.

[14] 陈旭,等.服务运营管理案例[M].北京:中国人民大学出版社,2012.

[15] 瓦拉瑞尔·A.泽斯曼尔,等.服务营销[M].张金成,白长虹,等,译.北京:机械工业出版社,2012.

[16] 王丽华.服务管理[M].北京:中国旅游出版社,2012.

[17] 戴维·A.科利尔,詹姆斯·R.埃文斯.运营管理[M].马风才,编,译.北京:机械工业出版社,2010.

[18] 克里斯托弗·洛夫洛克,约亨·沃茨.服务营销[M].6 版.谢晓燕,赵伟韬,译.北京:中国人民大学出版社,2010.

[19] 罗伯特·约翰斯顿,格雷厄姆·克拉克.服务运营管理[M].英文第 3 版.北京:中国人民大学出版社,2010.

[20] 张淑君.服务管理[M].北京:中国市场出版社,2010.

[21] 路易斯·戈麦斯-梅西亚,戴维·鲍尔金,罗伯特·卡迪.管理学——原理、案例与实践

［M］.3 版.詹正茂,等,译.北京:人民邮电出版社,2009.

［22］蔺雷,吴贵生.服务管理［M］.北京:清华大学出版社,2008.

［23］尼密·乔杜里.服务管理［M］.盛伟忠,马可云,等,译.上海:上海财经大学出版社,2007.

［24］张淑君.服务业就业效应研究［M］.北京:中国财经出版社,2007.

［25］邢以群,张大亮.企业文化建设［M］.北京:机械工业出版社,2007.

［26］丁宁.服务管理［M］.北京:清华大学出版社,北京交通大学出版社,2007.

［27］于干千,秦德智.服务管理［M］.昆明:云南大学出版社,2006.

［28］中国旅游报社.酒店服务管理案例精选［M］.北京:中国旅游出版社,2006.

［29］张俊宁.服务管理［M］.北京:经济管理出版社,2006.

［30］王春林.饭店管理沟通实务与技巧［M］.北京:中国旅游出版社,2006.

［31］杨建华,张群,杨新泉.运营管理［M］.北京:清华大学出版社,北京交通大学出版社,2006.

［32］谢彦君.旅游体验研究:一种现象学的视角［M］.天津:南开大学出版社,2005.

［33］刘建军.金牌服务管理［M］.广州:广东经济出版社,2005.

［34］刘建国,申宏丽.服务营销与运营［M］.北京:清华大学出版社,北京交通大学出版社,2005.

［35］刘君强.案例解读波特战略［M］.北京:中国人民大学出版社,2005.

［36］郭少棠.旅行:跨文化想象［M］.北京:北京大学出版社,2005.

［37］刘光明.现代企业文化［M］.北京:经济管理出版社,2005.

［38］龚鹏程.文化符号学导论［M］.北京:北京大学出版社,2005.

［39］申跃.给予满意度的顾客抱怨模型研究［M］.北京:清华大学出版社,2005.

［40］梁新弘,张金成.服务补救管理体系的战略竞争力逻辑——平衡记分卡［M］.科技管理研究,2005(11).

［41］Richard Metters, Kathryn King-Metters, Madeleine Pullman.服务运营管理［M］.金马,译.北京:清华大学出版社,2004.

［42］秦启文,周永康.形象学导论［M］.北京:社会科学出版社,2004.

［43］谢彦君.基础旅游学［M］.2 版.北京:中国旅游出版社,2004.

［44］刘丽文.服务运营管理［M］.北京:清华大学出版社,2004.

［45］杨永平.旅游企业文化研究［M］.北京:经济科学出版社,2004.

［46］季建华.运营管理［M］.上海:上海交通大学出版社,2004.

［47］柴小青.服务管理教程［M］.北京:中国人民大学出版社,2003.

［48］汪祥春,夏德仁.西方经济学［M］.大连:东北财经大学出版社,2003.

［49］蔺雷,吴贵生.服务创新［M］.北京:清华大学出版社,2003.

［50］陈觉.服务产品设计［M］.沈阳:辽宁科学技术出版社,2003.

［51］王小平.服务业竞争力［M］.北京:经济管理出版社,2003.

［52］尤建新.顾客抱怨管理［M］.北京:石油工业出版社,2003.

［53］王大悟.酒店服务学［M］.合肥:黄山书社,2003.

［54］柴小青.现代服务管理［M］.北京:企业管理出版社，2002.

［55］党忠诚，周支立.酒店服务质量的测量与改进［M］.北京:旅游教育出版社，2002.

［56］陈福军.运营管理［M］.大连:东北财经大学出版社，2002.

［57］范秀成，赵先德，庄贺均.价值取向对服务业顾客抱怨倾向的影响［J］.南开管理评论，2002(5).

［58］韦福样.对服务补救若干问题的探讨［J］.天津商学院学报，2002(1).

［59］杨俊，刘英姿，陈荣秋.服务补救运作策略问题研究［J］.外国经济与管理，2002(7).

［60］史丽萍.运营管理［M］.哈尔滨:哈尔滨工程大学出版社，2001.

［61］汪纯孝，等.服务性企业整体质量管理［M］.2版.广州:中山大学出版社，2001.

［62］黄少军.服务业与经济增长［M］.北京:经济科学出版社，2001.

［63］叶万春.服务营销学［M］.北京:高等教育出版社，2001.

［64］郭鲁芳.旅行社经营管理［M］.大连:东北财经大学出版社，2001.

［65］黄磊.顾客服务锦囊丛书［M］.上海:上海财经大学出版社，2000.

［66］韩伯棠.管理运筹学［M］.北京:高等教育出版社，2000.

［67］林宁.顾客心理与营销决策［M］.广州:广东经济出版社，2000.

［68］余炳炎.饭店管理概论［M］.广州:广东旅游出版社，2000.

［69］崔立新.顾客感知服务质量管理研究［D］.天津:南开大学国际商学院博士毕业论文，2000.

［70］汪纯孝，岑成德，等.服务性企业整体质量管理［M］.广州:中山大学出版社，1999.

［71］OEM Warranty & VSC［EB/OL］. 2010-08-19. Warranty Week. http://www.warrantyweek.com/ archive/ww20100819.html.

［72］Spohrer J., Maglio P., Bailey J., Gruhl D. Steps towards a Science of Service Systems［J］. IEEE Computer，2007，40(1):71-77.

［73］James A., Fitzsimmons, Mona J, Fitzsimmons.Service Management: Operations, Strategy, Information Technology, 5th ed.［M］.New York: McGraw-Hill Companies, Inc.2006.

［74］Johnston, R.Service Operations Management: Return to Roots［J］. International Journal of Operations & Production Management, Vol.19, No.2, 1999.

［75］Shostack, G.L.Breaking Free from Product Marketing［J］.Journal of Marketing, Vol.41, No.2,1997.

［76］Singh, J.Consumer Complaint Intentions and Behavior: Definitional and Taxonomical Issues［J］.Journal of Marketing,Vol.52,No.1,1988.

［77］Lovelock C.H., Classifying Services to Gain Strategic Marketing Insights, Journal of Marketing, 1983,47.

［78］Singelmann, Joachin. From agriculture to services: the transformation of industrial employment［M］.Beverly Hills and London: Sage Publications, 1978.

［79］Singlemann J., From Agriculture to Services: The Transformation of Industrial Employment.Stage Publications, Inc., 1978.

［80］Clark, M.A.Colin.The Conditions of Economic Progress［M］.London: Mcmillian Co.

Ltd, 1974.

［81］Daniel Bell. The Coming of Post—industrial Society ［M］. Heinemann Educational Books Ltd., 1974.

［82］Fuchs V.R.The Service Economy ［M］.New York：Columbia University Press, 1968.

［83］W.W.Rostow.The stages of Economic Growth ［M］.Cambridge University Press,1960.

［84］Fisher A.The Clash of Progress and Security ［M］.London：Mcmillian & Co.Ltd., 1935.

后　记

　　世界正在进入服务经济时代,但到目前为止,国内针对旅游本科层次教学的理论性系统性很强的服务企业运营管理教材较少。我结合多年服务管理、旅游管理和酒店管理教学及研究的经验与积累尝试出版这样的教材。由于针对旅游服务的内涵挖掘还很不够,不敢冒昧称为旅游服务企业运营管理;殷切地盼望着旅游服务企业运营管理著作的问世。

　　服务企业运营管理看似简单、平常,实则千头万绪。通过查阅大量相关资料,拜访诸多服务企业运营管理者,综合国内外种种服务企业运营管理理论与实践案例,尝试出版服务企业运营管理的课程教材。编者怀着对服务研究的挚爱和对服务业的拳拳之心提交了书稿,但依然存在着志忐不安之情,因学识和时间所限,疏漏和错误之处仍然难免,真挚地希望广大读者和学界、业界的同仁对本书提出宝贵的意见。

　　借此书即将付梓之际,特别感谢我的家人、朋友、同事、学生及同行的无私奉献与帮助,是你们的爱、理解和支持给了我前进的动力,谢谢你们!

李　雯

2016 年 5 月